梦想正在照进现实，人类或许已经在学术理论上找到了市场经济最终通向共产主义的具体路径和方法！

但“遗憾”的是，对那些思想行为懒惰和贪婪，以为可以坐享其成和为所欲为的人来说，他们会非常失望；对那些充满投机和偏激思想行为的人来说，他们会因为失去表演的舞台感觉如堕地狱！

共产主义社会，是那些充满想象力和创造力的人的天堂，在那里他们会如鱼得水、如鸟离笼，纵情游翔！

在共产主义社会，人们并非就再也没有烦恼，而是同样存在情感、生活、工作等方面的烦恼。不过，此时主要变成了向自己的兴趣或使命目标进发过程中一时遇挫的烦恼，一旦战胜了这些挫折，就将获得人生最大的快乐（最高级的愉悦体验），而且这些兴趣或使命也会一定程度地淡化其他方面的烦恼。

新市场经济论

——西方经济学（市场经济理论）问题述要与市场经济理论底层重构

周　强◎著

· 这是一本可能改变人们对经济学家形象认识的书

——从占卜师到工程师

· 这是一本普通人也能看得懂的学术书

· 这是一本希望获得别人尊重和尊敬的人都应该看的书

· 这是一本值得每个人终生拥有、随时查阅的非辞典类图书

——无论公职人员、企事业单位管理者、学者、科技人员、文体工作者，还是一般岗位人员，包括我自己

云南大学出版社
YUNNAN UNIVERSITY PRESS

图书在版编目（CIP）数据

新市场经济论：西方经济学（市场经济理论）问题述要与市场经济理论底层重构 / 周强著. -- 昆明：云南大学出版社，2015

ISBN 978-7-5482-2534-8

Ⅰ. ①新… Ⅱ. ①周… Ⅲ. ①西方经济学—研究②市场经济—经济理论—研究 Ⅳ. ①F091.3②F014.3

中国版本图书馆CIP数据核字(2015)第308497号

策划编辑： 郾康贵
责任编辑： 段义珍
封面设计： 王婳一

新市场经济论

——西方经济学（市场经济理论）问题述要与市场经济理论底层重构

周　强◎著

出版发行： 云南大学出版社
印　　装： 昆明市五华区教育委员会印刷厂
开　　本： 787mm×1092mm　1/16
印　　张： 20.5
字　　数： 397千
版　　次： 2015年12月第1版
印　　次： 2015年12月第1次印刷
书　　号： ISBN 978-7-5482-2534-8
定　　价： 52.00元

社　　址： 昆明市翠湖北路2号云南大学英华园内
邮　　编： 650091
电　　话：（0871）65031071　65033244
网　　址： http://www.ynup.com
E－mail： market@ynup.com

序

一

西方主流经济理论，即市场经济理论存在很多问题，既不能合理解释经济现象，也不能有效指导经济发展，以至于西方一些大学的学生发出“学习这样的经济学有什么用”的质疑和抗议，这种抗议已经从英国的曼彻斯特扩展到了世界各地，并要求重新编写经济学教材，解决他们所关心的金融不稳定和不平等。[①] 但是，经济学教材都是建立在既有经济理论发展水平基础之上的，不是想编就能编得出来的。

虽然伦敦大学已经开始在进行修订经济学入门课程，但是也只能引入一些既有的非主流学说，这么做显然并不能解决问题，如果真能解决问题，这些学说可能早就被人们学习应用了。

因此，要编写出能指导经济实践，即真正有用的经济学教材，就必须先发展市场经济理论。

在经济实践中，人们十分确信作为世界经济理论主流的西方市场经济理论存在重大错误，但是也不是一无是处，这就好比一个应用程序，已经零零碎碎地写了出来，但是还有很多 bug（错误），只是我们不知道错在哪里，也不知道如何修改，所以它在使用中老是出问题，不能达到我们预想和希望的目标——有些目标短期看好像是实现了，但长期看却会造成更大的问题。只有知道它错在哪里，我们才能真正避免错误，促进经济稳定和可持续发展。

而要知道它错在哪里，最根本的办法是针对现实中发现和存在的问题从底层开始进行系统的探寻，重建市场经济理论，然后把正确的市场经济理论与错误的市场经济理论进行对比，错在哪里就一目了然了。

本书就是对市场经济理论的全新探寻和底层系统重构，再在此基础上，对西方

---

① 约翰·凯：《我看经济学教学改革》，http：//www. ftchinese. com/story/001061726。

市场经济理论的错误和不足进行了非常简要的对比分析并将其放在了每章的最前面。

当今主流市场经济理论默认市场只有一种模式——自由市场经济模式（笔者认为这实际上是自然平衡市场模式），而且他们认为人类已经走到终点站了——即西方现在的市场经济模式已经是最好的了，不可能有新的更好的模式。这是日裔美籍学者弗朗西斯·福山研究得出的结论，茅于轼等部分中国经济学家和国外主流市场经济学家内心也都默认或公开接受这种观点。笔者不接受这个观点，因为现在西方市场经济模式还有很多问题和不足没有解决，如周期性的经济危机和经济衰退仍未摆脱、两极分化越来越严重、劳而无获与不劳而获并存等。

通过研究笔者发现，当前人们对市场经济现象和规律的认识还处于非常低的阶段，只相当于哥白尼之前人们对地球与太阳关系的认识水平，只看到了市场经济的表面现象，还未真正了解市场经济的本质规律，现在主流的市场经济理论就如同当年的“地心说”，在重大根本问题上是错的，人类亟须把市场经济学说从“地心说”推进到“日心说”。

笔者认为，市场经济自形成以后，不是只有自然放任的所谓“自由市场”这一种模式，而是先后将会经历三种主要模式：自然平衡模式、公平平衡模式和自由平衡模式，当今很多经济学家们把三种模式的问题和现象放在一种模式中来分析和解释，才导致了各种矛盾和无法自洽现象的出现，就像“地心说”，由于认为地球是中心，所以很多现象永远也解释不清楚，而且经常相互矛盾。

目前，欧美主要市场经济国家已经基本完成了自然平衡模式市场的发展，正处于自然平衡模式向公平平衡模式过渡的阶段，但是由于市场经济理论的滞后，市场经济的“日心说”一直没有出现，人们不知道市场经济下一步应该如何发展，所以虽然已经走到“公平平衡模式”的门口，但是总是不得其门而入，一直在门外徘徊打转。一旦人类拿到了进入市场经济第二站的“叩关秘籍”——新市场经济论，将打开通向真正自由的大门，市场经济的发展将进入一个全新的境界。

因此，人类不是已经走到终点站了，而是才刚刚来到迈向自由的第一站，还需要再走两个站才能实现真正的马克思所说的全面自由状态，人类社会发展的春天和美好时刻还远没有到来。

二

本书认为，经济衰退与经济危机是两种原因引起的不同问题：经济衰退是由于分配不公平引起的，经济危机是由于市场不透明引起的，必须采用不同的办法分别解决。

经济的运行，就像一个处于科技发展形成的推力和收入差距扩大形成的摩擦阻力共同作用之下滚动的钢球。科技发展在促进社会总收入和边际消费总购买力增加，形成推力的同时，达尔文主义分配方式又在加剧收入差距扩大，使边际消费总购买力减少，形成摩擦阻力。当科技发展形成的推力较大，大到足以克服收入差距扩大形成的摩擦阻力时，经济就表现为增长，且科技发展越快经济增长越快；当科技发展形成的推力太小，不足以克服收入差距扩大形成的摩擦阻力时，经济就表现为衰退。如果把达尔文主义的分配方式改为公平的分配方式，那么即使很小的科技发展也能推动经济增长，从而避免经济衰退。

不公平的收入主要有劳动剩余价值、资本剩余价值、保障分配不合理、公共产品供应不均等、投机收入、非法收入。建立统筹普惠式的社会保障体制不但能解决保障分配不合理的问题，还能消除劳动剩余价值。建立以代理投资为核心的有保证的资本分红体制，可以有效消除资本剩余价值；建立由中央财政全额支付的均等化公共产品供应体制，可以根本解决公共产品供应不均等问题；市场供需信息透明化，可以基本消除投机；基于法制化的公共管理决策执行行为公开，可以基本消除非法收入。

经济危机是市场供需信息不透明产生的投机泡沫破裂引发的经济超跌，分为泡沫破裂产生的正常下跌和恐慌引起的过度下跌两部分。消除经济危机的根本方法是通过市场供需透明化去除投机。

三

本书预测，到了成熟的社会主义社会：由于统筹普惠式产品化社会保障体制的建立基本消除了劳动剩余价值、实模式投资与消费体制的建立基本消除了资本剩余价值，收入差距极大地缩小，共同富裕（但不是平均富裕）完全实现，除重大自然灾害外，不会再发生经济衰退；又由于国家级公共市场平台的建立与供需信息透明化的实现，投机基本消除，经济危机从此不再出现。

政府财政收入全部来自个人，包括 3 项：个人所得税、个人消费税，个人财富遗赠。

每个公民都有 5 项收入：个人劳动薪酬（无劳动能力者、不在工龄段的人及服刑人员除外）、个人资本收益（未自己投资的人除外）、国有股收益分红、增发货币赋值收入、当期物质资源租售收入；进行 3 种消费：社会保障品消费、公共产品消费、自主购买品消费；追求 3 个层次的需求：消费品需求（含物质产品、文化产品、服务产品）、尊重需求（通过工具科学理论发现或工具创造改进、自然科学或社会科学理论发现、发明创造或制度设计、产品生产或管理活动来获得）、尊敬需求（国家激励体系建立后，通过财物贡献激励体系、成就贡献激励体系、付出贡献激励体系等获得)；实现3类自由：消费自由（一部分人为生存层次、一部分人为生活层次）、人权自由、发展自由，并以发展自由为核心。

实行计划生育，每对夫妻的子女，从怀孕到大学本科毕业，教育与生活费用全免，由财政全额均等提供，硬件设施与教育水平均等且达到当时技术条件下最佳，父母定期参加学校组织的亲子活动，由于收入差距较小，人们选择学校、专业和职业主要是根据自己的兴趣爱好和内心使命，从而为实现人人生而平等和以发展自由为核心的全面自由提供坚定的条件。

四

本书认为，衡量一个人人生高度的，不是其所占有的财富的多少、获得的职位的高低，而是其所创造的价值的大小。如果不能用既有的财富和职位最大化地进行价值创造，就会对社会造成相对负价值，就是在一定程度地浪费社会资源。

本书认为，共产主义最终实现的秘密就藏在三大消费和人的发展自由中，只有人们普遍找到并形成自己的发展兴趣或发展使命，实现发展自由，社会才能实现三大消费的融合统一，才能进入共产主义状态。而且，对个人而言，共产主义状态是一个人人过关才能进入的状态，一个人（未成年人、退休人员、严重疾病或有严重身心健康问题者除外）只有找到和建立了发展兴趣或发展使命，形成了来自个人自身内部的发展动力，才能实现三大消费的融合，进入共产主义状态；否则就不能实现三大消费融合，不能进入共产主义状态——即使身处共产主义社会之中。

本书认为共产主义社会一定有这样一种机制：如果一个人，他还没有找到和建立发展兴趣或发展使命，获得来自自身内部的发展动力，他的三大消费是不能实现融合统一的，如果建立了发展兴趣或发展使命后，这种兴趣或使命又消失了——自身内部的发展动力消失了，那么他已经融合的三大消费又会退回到非融合状态，即个人生活退回到非共产主义状态。

五

个人认为，本书或许能成为物理学中的经典力学、天文学中的日心说，从此让经济学家像物理学家一样准确分析判断经济形势，让政治家像航海家一样精准驾驭经济，使经济不再成为一艘无法有效掌控的航船；同时也会帮助个人或企业等集体认清什么是该要和不该要的，什么是该做的和不该做的，减少或避免迷茫和矛盾。

如果说此前人们看经济学家更像算命先生，主要是解释经济现象和预测经济趋势并且常常出错的话；或许此书之后，人们看经济学家将更像工程师，主要是设计经济制度和诊断经济问题并给出优化方案，使之运行更稳定和更高效，而且几乎不再出错。

个人相信，通过本书的理论和方法，包括希腊、英国、美国在内的世界各国都可以依靠自己的力量最终彻底解决债务危机，实现经济发展，并从此避免经济衰退和经济危机的出现。但是，现实各国的制度和内部力量对比允不允许，又是一回事。

六

总之，人类或许已经在学术理论上找到了市场经济最终通向共产主义的具体路径和方法！但“遗憾”的是，对那些思想行为懒惰和贪婪，以为可以坐享其成和为所欲为的人来说，他们会非常失望；对那些充满投机和偏激思想行为的人来说，他们会因为失去表演的舞台感觉如堕入地狱！

共产主义社会，是那些充满想象力和创造力的人的天堂，在那里他们会如鱼得水、如鸟离笼，纵情游翔！

在共产主义社会，人们并非就再也没有烦恼，而是同样存在情感、生活、工作等方面的烦恼。不过，此时主要变成了向自己的兴趣或使命目标进发过程中一时遇挫的烦恼，一旦战胜了这些挫折，就将获得人生最大的快乐（最高级的愉悦体验），而且这些兴趣或使命也会一定程度地淡化其他方面的烦恼。

在共产主义社会，人们依然面临健康、灾害、事故等风险的威胁，而且随着人类寿命的延长和生存空间不断拓展，风险的比例还会增加，但是防控风险的能力会变得越来越强，风险防控水平会越来越高，所以民众各方面的安全感也会越来越高。

在共产主义社会，不同的集体同样会有管理，只是这样的管理让人愉悦而奋进，基本不会有不舒服的感觉。

不同集体同样会有罚条，只是很少有人再被迫或故意触碰这些罚条，但无意的碰触还是有的。

在共产主义社会，每个人同样同时存在利己性和利他性的天然人性，但是绝大多数人的利己性与利他性已经实现了高级统一，整体上和长远导致负价值的利己性和利他性的行为基本避免或消失。

作　者

2015 年 8 月 3 日

目　　录

绪　论 …………………………………………………………………… (1)

引　论 …………………………………………………………………… (1)

新理论的主要观点和方法概述 ………………………………………… (3)

旧理论的主要错误和不足简析 ………………………………………… (11)

第一章　产品价格变化的两大原因与两种方式 ……………………… (16)

第一节　“看不见的手”实为看得见的“追求利益的脚” …………… (16)

第二节　成本与主流利润水平是决定产品价格的根本因素 ………… (19)

第三节　不等价交换与实现交易公平并不矛盾 ……………………… (23)

第四节　产品价格因科技进步快慢而单调下降或上涨 ……………… (24)

第五节　不等价交换有利于人们共享科学进步的增量价值 ………… (26)

第六节　价格波动是由于供需不透明引起的投机造成的 …………… (28)

第二章　经济的基本原理与经济衰退的根本原因 …………………… (30)

第一节　经济增长与衰退的基本原理 ………………………………… (30)

第二节　剩余价值的两种类型及其产生原因 ………………………… (32)

第三节　信用投资消费模式建立的原因与困境 ……………………… (34)

第三章　人的需求层次与利己性和利他性的统一 …………………… (37)

第一节　人需求的层次与非消费需求的激发条件 …………………… (37)

第二节　人的利己性与利他性 ………………………………………… (39)

第三节　利己性与利他性的集体性与相对性矛盾 …………………… (42)

第四节　人处理不同集体之间及一个集体内利益的方法 …………… (43)

第四章　价值的类型与产品价值分配利用的原则 …………………… (47)

第一节　价值的本质与来源 …………………………………………… (47)

第二节　价值有正负两种性质 …………………………………………（49）
第三节　价值的三种类型 ……………………………………………（52）
第四节　不同类型产品价值的分配利用原则 ………………………（55）
第五节　人的价值类型与社会发展的推动力量 ……………………（59）

第五章　市场经济下个人的三类消费与供需方式 ………………（63）
第一节　社会保障体制建立的原因 …………………………………（63）
第二节　保险救济式货币化社会保障模式的作用与困境 …………（64）
第三节　统筹普惠式产品化社会保障模式的建立方法 ……………（65）
第四节　公共产品的类型与供需常规主体 …………………………（67）
第五节　政府提供公共产品的原则与方式 …………………………（68）
第六节　社会保障品与公共产品供应的共同首要原则 ……………（71）
第七节　市场经济下个人三类消费及其不同作用 …………………（73）
第八节　个人三类消费品的消费原则与融合条件 …………………（74）

第六章　科技产生正价值的方法与负价值形成的原因 ……………（79）
第一节　科技产生正价值的方式 ……………………………………（79）
第二节　科技改变自然物质资源稀缺性的方法 ……………………（80）
第三节　自然物质资源节约的原因 …………………………………（81）
第四节　科技产生负价值的原因 ……………………………………（82）

第七章　公共管理的正价值促进与负价值成因 ……………………（84）
第一节　公共管理产生的原因及其类型 ……………………………（84）
第二节　不同类型集体公共管理的内容与差异原因 ………………（86）
第三节　公共管理的程序制度及其改革 ……………………………（88）
第四节　公共管理负价值的类型及其产生原因 ……………………（92）

第八章　非科技和管理放大型价值的正价值与负价值 ……………（96）
第一节　文娱产品正价值的二重性 …………………………………（96）
第二节　文娱负价值的五种类型 ……………………………………（98）
第三节　传媒的两大正价值 …………………………………………（99）
第四节　传媒负价值产生的五种原因 ………………………………（101）
第五节　教育正价值的两个层次 ……………………………………（102）
第六节　教育负价值产生的五大原因 ………………………………（104）

第七节　土地私有化的六大矛盾与负价值 …………………………（105）
第八节　消除土地私有化负价值的根本方法 …………………………（108）

第九章　分工的类型及其决定因素 …………………………（111）
第一节　分工的性质类型及其与市场的关系 …………………………（111）
第二节　科技发展是劳动分工产生发展的原因 …………………………（113）
第三节　市场规模和资本充足率决定生产分工的实现度 …………………………（115）
第四节　社会科学理论发展水平决定管理分工达到的水平 …………………………（117）

第十章　竞争的本质特征及其形式的发展变化 …………………………（119）
第一节　竞争的本质特征及其与零和博弈及战争的区别 …………………………（119）
第二节　竞争引入的原因与其促进价值增加的方式 …………………………（121）
第三节　自然竞争的主要不公平及其产生的负价值 …………………………（123）
第四节　市场竞争的两种形式与发展趋势 …………………………（125）

第十一章　市场的含义与市场发展的趋势 …………………………（127）
第一节　人的基本市场身份与维护 …………………………（127）
第二节　狭义市场的不同层次含义与广义市场 …………………………（128）
第三节　生产单位的生产要素与要素品市场 …………………………（130）
第四节　市场参与主体及其市场角色 …………………………（133）
第五节　各市场主体参与的市场及参与方式 …………………………（136）
第六节　衡量市场水平的指标及提高方法 …………………………（138）

第十二章　企业产生的原因目的与存在的条件依据 …………………………（142）
第一节　企业产生的根本原因与本质 …………………………（142）
第二节　人类创建与发展企业的根本目的 …………………………（144）
第三节　企业生产的根本目的与存在的根本条件 …………………………（147）
第四节　企业创建的根本理由与生存的根本依据 …………………………（149）
第五节　产品合格的因素与不同的合格标准 …………………………（152）

第十三章　人劳动的动力与激励的方案 …………………………（155）
第一节　人劳动创造的两种动力 …………………………（155）
第二节　激励的本质与愉悦的性质类型 …………………………（157）
第三节　激励的正确方式与方案 …………………………（158）

第四节 贡献激励的体系类型与层次 …………………………… (161)
第五节 国家层次贡献激励体系的建立方法 ……………………… (162)

第十四章 社会生产总能力与 GDP 的决定因素 ………………………… (165)
第一节 社会生产总能力的决定因素和通用计算公式 ………… (165)
第二节 GDP 的测算方法与 GDP 的类型………………………… (168)
第三节 封闭市场购买 GDP 的决定因素和通用计算公式……… (171)
第四节 开放市场内企 GDP 的决定因素和通用计算公式……… (174)

第十五章 货币的类型与信用货币发行的根本依据 …………………… (177)
第一节 货币的本质与功能 …………………………………… (177)
第二节 货币的类型与人们选择的依据 ………………………… (179)
第三节 信用货币发行的主要决定因素及相互关系 …………… (182)
第四节 信用货币的循环与发行 ……………………………… (184)

第十六章 信用货币发行的决定因素与影响因素 ……………………… (187)
第一节 信用货币的初始赋值与发行的对象方法 ……………… (187)
第二节 投资货币增发的原因 ………………………………… (190)
第三节 资本货币的流动性与生产单位临时占款 ……………… (192)
第四节 资本的来源类型及发展趋势 ………………………… (194)
第五节 投资货币发行的对象与方法 ………………………… (195)
第六节 决定信用货币实际增发量的因素 …………………… (198)
第七节 非必要货币占款的消除方法 ………………………… (200)

第十七章 信用货币反作用于经济的原则与发行操作 ………………… (203)
第一节 再生消费与生产投资最大化的正确方法 ……………… (203)
第二节 信用货币运行的原理模型 …………………………… (207)
第三节 信用货币发行的操作方法 …………………………… (210)

第十八章 财富的权属变化与信用货币发行 …………………………… (213)
第一节 公共财富的类型 ……………………………………… (213)
第二节 产品公共财富的来源与发展 ………………………… (215)
第三节 公共财富私有化与信用货币需求 …………………… (216)
第四节 资源公共财富私有化的原则和方法 ………………… (219)

第五节　公共财富私有化收入权属与分配 …………………………… (222)
第六节　财政收入的支出顺序与方法 ………………………………… (224)

第十九章　个人财富的构成变化与信用货币发行 ………………… (226)
第一节　个人财富的构成及其变化 ………………………………… (226)
第二节　个人创造的价值与收入和自主支配财富 ………………… (228)
第三节　个人财富与其信用货币需求 ……………………………… (229)
第四节　个人财富负值出现的原因与最终的结果 ………………… (230)
第五节　个人财富储存方式的演变与信用货币需求 ……………… (232)

第二十章　纳税的原因与税收对象的发展变化 …………………… (235)
第一节　纳税的本质与两大税种 …………………………………… (235)
第二节　税收对象的转移与回归 …………………………………… (237)
第三节　税收权的下放分解与回收统一 …………………………… (240)

第二十一章　经济衰退和经济危机的根除方法 …………………… (242)
第一节　实模式投资消费体制的建立方法 ………………………… (242)
第二节　公企管理体制的建立方法 ………………………………… (244)
第三节　事业单位高性价比提供产品的方法 ……………………… (248)
第四节　经济危机的原因与根除方法 ……………………………… (250)

第二十二章　法定劳动时间调减的原因与方法 …………………… (252)
第一节　失业的三种性质与失业率变化的原因 …………………… (252)
第二节　控制长期失业率的直接方法与主要作用 ………………… (254)
第三节　法定劳动时间调减的依据与原则 ………………………… (255)

第二十三章　科学 GDP 和科学管理实现的途径 ………………… (258)
第一节　科学 GDP 及其与购买 GDP 相等的实现途径 …………… (258)
第二节　个人的道德、能力和态度对 GDP 的不同影响 …………… (262)
第三节　道德合格管理者管理产生的两种 GDP 负增量与原因 …… (265)
第四节　经济调节的基本原则与监测的主要项目 ………………… (266)

第二十四章　市场经济的内在要求与平衡模式 …………………… (270)
第一节　共同富裕是市场经济的内在要求 ………………………… (270)

第二节　市场经济理论滞后导致共同富裕难以实现 ……………………（271）
第三节　市场供需平衡的三种方式与三个阶段 ……………………………（272）
第四节　公平的两大类型与分配公平的主要原则 …………………………（274）
第五节　成熟社会主义社会的主要特征 ……………………………………（276）

第二十五章　个人全面自由的构成与人类全面自由的实现 ………………（279）
第一节　自由的本质及其行为的边界 ………………………………………（279）
第二节　个人的全面自由及其三大构成 ……………………………………（281）
第三节　人类自由的原始状态与发展水平 …………………………………（283）
第四节　人类自由发展的最终目标与根本实现途径 ………………………（287）
第五节　人类全面自由对科学发展的影响及实现后的情况 ………………（290）

结　语 ……………………………………………………………………………（295）

附录说明 …………………………………………………………………………（299）
附录一　习近平在中共中央政治局第二十八次集体学习时强调：立足我国国情和我国发展实践，发展当代中国马克思主义政治经济学 ……（301）
附录二　国内外著名学者对经济学的反思及对其研究的倡议 …………（303）
附录三　云南省社会科学院专家对本书初稿的评价建议及作者的反馈 ……（306）
附录四　云南大学经济学院施本植院长对本书初稿的评价建议及作者的反馈 ……………………………………………………………………………（309）

绪　论

引　论

当个人的收入超过自己生活层次的消费自由所需（即目前人们通常所说的获得财务自由）时，人们再获取收入主要有四个动机：一是获得更大的安全感，二是进一步证明自己的能力（或做自己想做的事——实现个人的发展自由），三是满足收入对比愉悦，四是进行奢侈维度的消费。

如果社会保障体系不健全或公共产品供应不足，获得更大的安全感往往是此时再获得收入的主要目的。但是，仅仅个人收入的增加虽然能一定程度地增加某方面的安全，却并不能解决其所有安全感，也不能彻底解决其安全感，只有建立健康的社会保障体系和提供充足的公共产品，才能使人们获得真正的安全感。

此时，个人收入的不断增加能够但也只能一定程度地增加其以下几个方面的安全感：一是因失业或经营失败等原因突然一时失去收入来源时的安全感，二是可能出现的较大急病时治疗需要的安全感，三是因急病或意外失去劳动能力时的安全感。但是，这种安全感的解决是有限的。比如，人们经营失败可能出现的亏损可能是无限大的，有限的收入并不能消除可能无限大的亏损的安全感，而如果有好的经营制度设计，个人经营时就不会出现或承担无限大的亏损。又如，个人出现重大急病时，需要的医疗费用可能是很大的，个人多少收入也无法完全消除这方面的安全感，而如果建立了良好的医疗保障体系，根据个人疾病的客观需要，在现有技术条件下给予充分治疗，那么就能彻底消除个人在这方面的安全感。同时，个人收入无论如何增加都不能解决以下这些方面的安全问题：一是火灾、洪水等自然灾害的一朝破坏；二是小偷、强盗、劫匪、骗子、黑客等不法分子的洗劫；三是亲友或身边不法者的觊觎；四是税收、法律等政策变动导致的损失；五是暴乱的打砸抢烧、派系混战、外部侵略掠夺造成的损失等。这些方面安全感的增加和解决，只能靠政府公共产品提供水平的提高。

在没有社会保障和充分有效的公共产品供应时，个人安全的获得主要来自收入的不断增加，但是如果有政府提供社会保障和进行充分有效的公共产品供应时，个人所能获得的安全感就远高于个人收入增加所得到的安全感，这种安全感就是对国家的安全感。对国家的安全感，是对政治体制、社会保障体制、公共产品供应体制和政府有信心，对经济的健康持续发展有信心，并且确信国家的军事和警察力量能够保护个人的生命财产安全。因此，个人收入无论如何增长，无论有多少，其所带给人的安全感都是十分有限的，只有社会保障制度的有效建立和公共产品的充分有效供给，即经济社会发展给人带来的安全感才是全面的、无限的安全感。

为什么一段时间内中国有大量的富人移民国外呢？主要原因有两个：第一，收入来自非正当收入；第二，对中国的国家安全感低于所移民国家或地区——主要是社会保障水平低，公共产品供应不平衡、不充分。如果中国可以获得不正当收入的人减少了，社会保障体系有效建立了、公共产品均等充分供应了，想移民国外的人就会极大减少，此时将会是更多的外国人想移民中国，且无需任何优惠政策，就能吸引大量高水平知识和才能的人移民中国。

为什么政府公务人员队伍收入长期十分微薄还能稳定且有很多人想进入呢？一个十分重要的原因就是有相对高的收入安全感——确信这份薪酬是有安全保障的。如果收入很低，又打破了安全感，那么公务员队伍马上就会不听招呼，就会涣散。但是，光有安全感是不够的，只有在科学维度消费自由基础上的安全感，才能消除人们的后顾之忧，才能让人们完全地、毫无牵绊地将个人需求从消费需求转移到尊重需求和尊敬需求上来；才能使其产生和形成自己的发展动力，自觉更多更好地为社会的个人或组织提供公共服务；才能不断提高服务效率、能力和水平，才能为减少贪腐和违纪提供需求的物质基础和物质保证。因此，必须提高公务人员的收入到其实现当时科技条件下生活层次的消费自由的水平，才能为从根本上解决愿服务、主动服务和不腐败提供物质保证。

收入可以一定程度地证明个人的能力，但是这种证明是不充分的，也不一定是有效的。因为个人的收入可能是偷来的、抢来的、贪污腐败来的、行贿得来的、坑蒙拐骗来的、制售假冒伪劣产品得来的、盗采资源得来的、偷挖私占文物得来的、投机得来的、中奖得来的、拆迁得来的等等。由于以上原因和大量的分配不公存在，收入常常并不能真正证明个人的能力。虽然能够获得这些收入，也被有的人当作是能力，但这种能力并不一定是正当的能力。不正当的能力，不可能真正获得人们的尊重与敬意，个人也永远不可能获得像正当能力那样的内心满足感。因为人们只会对进行价值创造的有正当能力者产生发自内心的尊重和敬意，而不会对不正当能力产生真正的尊重和敬意，对不正当能力人们有的只是鄙视、不满、愤怒和畏惧，他们只能获得道德错误或一些失去了正误判断力的道德无感者且正当能力不足的弱者的艳羡。因此，一个真正有能力的人是不屑于用收入或一直用收入来证明自己的能力的。他们更愿意用收入来做事，创造更多对社会有用的价值，实现个人的发展自由。发展自由，本质是价值创造自由（军警的价值守护行为，从根本上说，也是一种价值创造，但不同于一般的价值创造——会直接增加社会总价值或促进社会长期总价值的增加，它的价值在于守护社会既有的价值和价值创造环境）。

收入的对比愉悦激励，对企业劳动者是适合的，也是主要激励手段。因为企业的交易原则是，以既定某一种或多种产品最大限度地换取和分配收入，只有让他们有机会获得更多的收入，才能激励他们进行更好的产品提供。但是，对事业单位和政府人员（非勤杂人员），不宜采用收入对比愉悦激励，而应采用贡献愉悦激励。因为这些单位的交易原则，是以既定的收入最大限度地提供产品，因此在收入达到当时科技条件下生活层次的消费自由后，必须将其注意力和精力转移和集中到不断提高产品生产能力和供应水平，即获得尊重与尊敬上来。

奢侈消费是可有可无的非必要消费，是一种错误维度的消费，它对经济有三大主要危害：一是会导致浪费，造成资源供应不可持续，影响人类发展；二是会增加负外部性，导致环境发展不可持续，影响人类发展；三是会降低社会总购买力，造成经济发展不可持续，影响人类发展。因此，必须反对和消除奢侈维度的消费，把人们的消费引导到不断发展的科学维度的消费上来。

新理论的主要观点和方法概述

为了便于读者对本书主要内容的快速了解，下面先将本书做一个简要的概述。概述基本以章节为单位顺序进行，但并不完全按此顺序；概述也没有概括章节内的全部内容，而是只选取了比较关键的内容。

“看不见的手”其实是可以被看见的，看见后发现，所谓的手原来不是手，而是劳动者、投资者、企业（管理者）、客户“追求利益的脚”，他们分别围绕主流薪酬、主流收益、主流利润或成效（购买成本与效用）比，在不同的企业、行业、区域或市场中流动。价格变动有两种原因：科技发展原因与供需信息不透明原因。科技发展原因引起的价格变动是价格的单调下降（科技进步快的产品，如电脑、手机）或单调上升（科技不进步或进步慢的产品，如食品、服装）；供需信息不透明原因引起的价格变动是价格波动（以生产成本为中线）。前一种价格变动是有益变动，是不可控也不能控的，后一种变动是无益变动，方法对了，是可控也能控的。

经济的运行，就像一个处于科技发展形成的推力和收入差距扩大形成的摩擦阻力共同作用之下滚动的钢球。科技发展在促进社会总收入和边际消费总购买力增加，形成推力的同时，达尔文主义分配方式又在加剧收入差距扩大使边际消费总购买力减少，形成摩擦阻力。当科技发展形成的推力较大，大到足以克服收入差距扩大形成的摩擦阻力时，经济就表现为增长，且科技发展越快经济增长越快；当科技发展形成的推力太小，不足以克服收入差距扩大形成的摩擦阻力时，经济就表现为衰退。如果达尔主义分配方式改为公平的分配方式，那么即使很小的科技发展也能推动经济增长，从而避免经济衰退。

每个人都存在或潜在存在消费、尊重、尊敬三个层次的需求。一个人在生存或生活层次的消费需求满足后，都可能会追求尊重或尊敬层次的需求。在此之前，迫于生计，常常会使人“英雄气短”，放下面子（尊重）与做事的理想（尊敬），先解决生存生活问题。因此，要使人们追求尊重和尊敬层次的需求，先要让人们获得生存或生活层次的消费需求满足。消费层次的需求有科学维度和奢侈维度，一个人消费层次的需求如果选择了奢侈维度，则其需求可能永远进入不了尊重或尊敬层次。因为奢侈是无止境的，浪费也是无止境的，可以得到的消费层次的对比愉悦也是无止境的，所以奢侈维度的消费会使人的内心永远被消费和占有欲望占据，蒙蔽双眼，永不餍足地利用各种手段攫取物质或货币等财富，看不到人还有尊重和尊敬等更高层次的需求，体会不到尊重和尊敬需求带给人更高层次（主要是精神层次）的愉悦，从而也无法将自己的需求层次进行升级。因此，必须把人们消费层次的需求特别是收入较高者的消费需求引导到科学维度上来，只有这样，他们才能够看见和追求尊重或尊敬层次的需求。

价值有正价值和负价值两种性质，事物对人的有用性就是正价值，事物对人的有害性就是负价值。无论正价值还是负价值，从价值的特征上看都有三种类型：一是损耗型价值，二是放大型价值，三是整体型价值。目前世界上绝大多数国家所进行的分配都是社会达尔文主义的非公平分配，所以导致了贫富差距不断扩大、经济衰退、经济危机和经济发展不可持续等各种各样的问题。公平的劳动产品及其收入分配既不是按随机、先占、力量、等级等自然原则分配，也不是按有效劳动时间或必要劳动时间分配，而是按劳动创造的产品的性质类型与劳动的结果来分配。根据既已创造或正在创造的价值情况，损耗型价值按劳分配，放大型价值按需分配，整体型价值按劳与按需分配相结合。

市场经济下，个人消费由三个部分构成：社会保障品消费、公共产品消费、自主购买品消费，个人可以没有自主购买品消费，但是绝不能没有社会保障品和公共产品消费。没有社会保障品消费，个人将随时因为失业或投资失败而消亡；没有公共产品消费，个人就只能以一般动物的方式生存；而没有自购产品消费，个人只是不能实现生活层次的消费自由，其他一切不受影响。政府绝不能把社会保障品消费和公共产品消费当成GDP的负担，它就是GDP本身，而且是最基础最重要的GDP。在个人的需求层次整体升级到尊敬层次之前，这三类产品消费是不可以相互取代和合并的，并且贯穿于每个人从出生到离世的全过程，尤其是社会保障品和公共产品消费。当社会为每个人都提供了安全可靠的生存层次的社会保障品和高水平的公共产品，个人自主购买品消费又选择为科学维度时，绝大多数人会形成以兴趣或使命为核心的发展动力——兴趣或使命激发的劳动一般为创造性劳动，非创造性劳动则由自动化的机器替代。这时，发展动力会取代消费动力成为一个人劳动创造的主要动力，自主收入和自主消费对个的激励作用会不断弱化，甚至不再发挥激励作用，在这种情况下，就可以把社会保障品升级到科学维度生活层次的消费自由，实现社会保障品和自主购买品消费合并——成为自选消费品，从而进入“各尽所能，各取所需”的共产主义社会。在共产主义社会，个人的三项基本消费变成自选消费品和公共产品两项消费，此时所有的消费都变成了像吃高级“自助餐”一样，人人各取所需，不占有、不浪费；在此基础上，每个人像打游戏过级一样，沉迷于自己的发展兴趣——与游戏不同的是，这种沉迷是创造真实价值和实现真实成就的有益沉迷；而这种发展兴趣又会促进“自助餐”“菜品”的快速升级和种类的不断丰富。但是，部分特殊岗位的职务消费除外，如党和国家领导人的安保级别，交通、住宿保障等。

自然物质资源的稀缺性源于其有限性，但是自然物质资源的有限是相对的而不是绝对的，科技的发展可以改变自然物质资源的有限性，从而改变其稀缺性。尽管科技的发展可以解决自然物质资源的有限性，但是任何自然物质资源都必须坚持节约利用的原则，否则就可能出现环境和人的发展不可持续，以及自然物质资源利用“接不归”等无法承受的后果。

管理分为个人自身事务管理和集体公共事务管理。个人自身事务管理，就是个人管理；集体公共事务管理，就是公共管理。公共管理之所以产生，是因为人类是群体性生物，为了实现某一群体的生存、发展，或解决群体生活中出现的矛盾和问题，必须要有专门的人员对这些公共事务进行决策，拿出可行的办法措施，并执行落实这些办法措施，以实现该集体成员的共同愿望和目标。公共管理的方法，从程序上，分为决策与执行；从制度上，分为维持运行与制度改革。公共管理既可能产生巨大的正价值，也可能产生巨大的负价值。公共管理的负价值分为绝对负价值、一般负价值和相对负价值。造成公共管理负价值的主要原因有理论、制度、决策、执行、个人五种。无论是国家还是企业，在和平发展且管理者思想道德合格的情况下，落后主要是因为自己的管理——没有促进正价值最大化发展。所以，如果美国有一天落后了，且假设其国家和企业管理者等思想道德都合格，根本原因不是因为中国发展了，而是因为其理论、制度、决策、执行和管理者都存在与科技发展水平不相适应的问题。

文娱、教育、传媒和土地都是放大型价值，但又有别于科技和管理，这些放大型价值既可能产生正价值放大，也可能产生负价值放大，政府要通过正确的方法促进其正价值放大，避免和减少负价值产生和放大。文娱产品有两种价值：一种是消费性价值，另一种是娱乐性价值。文娱的消费性价值是有发展极限的，而科学性价值是无发展极限的，所以正确的文娱产品创作生产态度是，在保证消费性价值处于合格以上水平的情况下，就应把主要精力用于追求科学性价值上来，当消费性价值接近于极限时，就要将精力全部用于追求科学性价值，否则就是舍本逐末，空耗精力却创造不出真正有价值的文娱产品。文娱需要批评现实，但不能只有批评现实，更需要思考解决问题的方法以及对未来的构想，只有这样才能让人们变得积极乐观和富于开拓创新。传媒有两大正价值：一是信息的价值，二是评论的价值。传媒作为事实与理论的传播机构，既可能传播正价值的事实与理论，也可能传播负价值的事实与理论。传媒价值的正负与所传播的价值本身的正负没有关系，其价值的正负主要取决于传媒机构的传播行为。与文娱和传媒相比，教育对事实和理论的传播更专业、准确、全面、系统。教育除了传播和放大价值以外，还有发展再生新价值的功能，即通过启发引导，促进人们去创造新的价值。因此，教育有两项主要功能：一是知识传授，二是启发引导；产生两种主要价值：一是放大既有价值的价值，二是发展创造新价值的价值。与一般消耗性或非必要自然物质资源不同，土地作为人们生产生活必不可少且生命无限的自然物质资源，其私有化可能造成很多无法解决的矛盾和巨大的价值利用损失，影响社会的和平稳定和可持续发展。解决这些矛盾的根本办法是土地公有化基础上的租赁化使用。

人类社会自形成以来主要形成了自然分工、生产分工、市场分工和管理分工四种性质的分工。这四种性质的分工可分为两大类：一类是自然分工，另一类是非自然分工（劳动分工）。非自然分工又分为管理分工和非管理分工（技术分工）两类。非管理分工又分为生产分工和市场分工（行业分工）。现实中，人们所说的分工，主要指非自然分工，即劳动分工，主要包括生产分工、市场分工和管理分工。无论生产分工、市场分工，还是管理分工，都是由科技发展决定的，科技不仅决定生产什么产品，还决定如何生产产品。其中，生产分工和市场分工是自然科学发展的要求，管理分工是社会科学发展的结果。

竞争与零和博弈、战争，都存在价值转移或地位取代问题，但是参与各方最终价值相加得到的总价值是完全不同的。战争是参与各方总价值之和减少的价值转移或地位取代；零和博弈是参与各方总价值之和不变的价值转移或地位取代；竞争是参与各方总价值之和增加的价值转移或地位取代。竞争衍生的主要功能有：排序筛选功能、对抗促进功能、破旧立新功能和链接融合功能。竞争的排序筛选功能，能发现人们的兴趣偏好，对人的能力进行分类排序，为某项生产创造筛选出最合适的劳动者，从而为实现最好的发展提供人才条件；竞争的对抗促进功能，能对抗人懒惰的负面性，激发人的内在动力，最大限度地促进生产效率的提高；竞争的破旧立新功能，能破除人保守的负面性，使人不断开拓创新，从而促进科学和人类的不断发展；竞争的链接融合功能，能把人的利己性与利他性链接起来，实现二者的融合统一，从而促进人类的和谐发展。竞争从性质上看，分为自然竞争和公平竞争两类。自然竞争，本质上是战争，是普遍形式的战争，是不公平的竞争，会使筛选、促进、立新、融合功能失效，导致经济失去效率、动力和发展能力。人类引入竞争，并不是要淘汰任何人（导致其不能生存和发展），也绝不能淘汰任何人，而只是为了通过竞争的筛选功能让每个岗位与个人的能力更加匹配以及激发人们更大的劳动创造热情，对于竞争可能造成的人的生存问题和不公平竞争影响人的劳动创造积极性问题，必须通过社会保障体制的建立和促进竞争公平有序来避免。竞争有平行竞争和垂直竞争两种基本形式。职务晋升、多党选举、招投标都属于垂直竞争。平行竞争主要存在于市场竞争之中，但随着科技的发展，市场也可能出现更多的垂直竞争。

相对自然经济的熟人经济而言，市场经济本质上是生人经济，是相互陌生的个人、企业之间通过分工生产和相互信任、互不欺诈的自由平等交易实现各种需求的相互满足。决定与衡量一个国家或地区市场水平的，不是城市大小、店铺多少，也不是科技发展水平、金融化程度，更不是政府放任企业的各种行为，而是企业诚信率、消费公平率、商业廉洁度和供需透明度四个指标。狭义的市场是企业提供产品的市场，主要有四种含义：一是交易平台，二是交易对象，三是交易范围，四是交易容量，不同的时机和场合，人们所说的市场代表了不同的含义。事业单位和政府也生产产品，也有自己的产品需求者，这些产品需求者所产生的需求也相当于市场需求，即广义市场需求。广义市场需求也会形成相应层次的市场含义，但是具体含义有很大的差别。除企业外的广义市场，是通过一定的平台向既定的部分或全部需求主体免费（已经或将会通过税收形式付费）直接提供产品，其平台不是选择平台——市场平台，而是供应平台。其供应平台也分为物质平台与虚拟平台，前者如通过党、政、军、法等政府机构提供的政务、安全、国防和法律服务，后者如通过相应的广播、电视、网站提供的信息服务。产品提供的对象和范围，对于不同的事业单位来说是特定的人群或组织，对于政府来说是所有公民和组织。其产品的市场容量是最大化的。产品供应主体都是在一定科技水平的基础上，按需求者的客观需求，在能力范围内最大限度地提供产品，需求者支付的费用就是其纳税——以有限的费用获取最大化的服务。

企业是为解决稀缺性和发展消费需求而存在的，直接或间接地解决稀缺性和发展消费需求就是人类创建与发展企业的根本目的。不能解决稀缺性，企业就没有产生和存在的必要。企业制造稀缺性就走向了其反面，要么改正错误做法，要么退出市场。企业是以分配销售收入为目的的集体共有产品生产组织。企业存在的根本条件有三条：一是必须要能生产出合格的正价值产品，二是生产出的产品必须能销售出去，三是产品销售获得的利润必须维持在主流利润水平以上。以上任何一个条件缺失，企业就不能或无法存在下去。企业创建的根本理由有六种：一是填补既有产品的市场空白，二是产品的绝对价值更高，三是产品的性价比更高，四是购买产品的体验更好，五是购买产品的成本更低，六是能够创造出新的产品和市场。占据以上六个理由之一，都可以而且应该创建新企业。以上六个理由，也是企业持续生存的依据。在其他方面维持正常水平且无不可预测的意外发生的情况下，持续占据某一种理由，企业都能够持续有质量地正确生存。如果一个企业既占据的某一种生存理由即将失去，就必须提前寻找和及时占据其他某种理由才能继续有质量的正确生存。

人劳动创造的动力有两种：一种是恐惧动力，一种是愉悦动力。恐惧动力包括三种：一是害怕自己或自己所关心的人消费需求得不到有效满足，二是害怕自己或自己所关心的人遭受肉体上的痛苦，三是害怕自己或自己所关心的人遭受精神上的痛苦。愉悦有三种主要类型：第一类是消费愉悦，第二类是精神愉悦，第三类是对比愉悦。恐惧动力使人厌恶劳动，并造成劳动积极性下降，创造力减弱；愉悦动力使人自觉劳动，并使劳动积极性提高，创造力增强。随着人类认识水平的提高和社会的发展进步，人类将越来越多地通过愉悦激励激发人进行劳动创造，恐惧动力将越来越多地被抛弃。国家层次激励体系的建立会极大地有助于愉悦动力的形成和发展。

GDP 是一个市场经济国家一段时间的实际（产品）价值生产总量。由于计算方法不同，GDP 有购买 GDP、生产 GDP、有效 GDP、科学 GDP、实消 GDP、统计 GDP 和全值 GDP 等多种概念，每种概念的 GDP 的内涵是不同的，其数值也不相同。消费需求的边际满足分为非科学维度的边际满足和科学维度的边际满足。一个国家消费需求非科学维度的边际满足率越高，说明该国的收入差距越大，经济越不健康，经济发展的可持续性越差；一个国家消费需求科学维度的边际满足率越高，说明该国收入差距越小，经济越健康，经济发展的可持续性越好。当消费需求科学维度的边际满足率达到 1 时，科学 GDP、有效 GDP 和购买 GDP 都达到最大值并且相等，这时市场经济就进入了共产主义阶段。一个国家应该通过国家制度和企业制度改革，使购买 GDP 不断接近于科学 GDP，并让科学 GDP 接近于最大值。全值 GDP，即全部价值的 GDP，是一个国家当期生产的全部价值的总量，包括有效 GDP 和已经生产但未转化为当期有效 GDP 的那部分非消费品和非最终消费品的价值。购买 GDP、有效 GDP、科学 GDP、实消 GDP，都属于消费 GDP。消费 GDP 是花和果，除消费 GDP 外的全值 GDP 是根、茎、叶，没有根、茎、叶就没有花和果，因此消费 GDP 以外的全值 GDP 是非常重要且必不可少的 GDP。

信用货币是循环流动的，而价值是单向流动的。信用货币循环的这个过程好比用流体（或传送带）运输，水不断地循环（或传送带不停地转动），而通过水（或传送带）运输的物资却不断地积累或因使用而部分消失。信用货币需要随着科技的发展和制度的进步带来的社会生产总能力的增加而增发。一个国家信用货币发行主要由四大因素决定：一是科学发展总水平，二是人力资源分布值，三是投资货币总需求，四是社会消费总量。除此之外，还受非必要货币占款影响，必要货币占款有四类：一是企业部分个人收入临时占款，二是生产单位非法占款，三是投机占款，四是沉睡货币。这些占款应通过货币发行之外的方法来减少和消除，而且不同的占款有不同的具体消除方法，一把钥匙只能开一把锁。目前信用货币发行的方法是错误的，是货币政策常常陷入“两难”困境的根本原因。正确的货币发行方法不是将增发货币贷给银行，而是直接平均发给民众以形成新增消费力或资本。信用货币发行正确后，不但可以有效解决生产能力不能充分发挥的问题，也对减小民众收入差距、降低政府财政赤字和降低经济衰退有重要作用。

财富的公有和私有都是人类对财富消费使用的必要所有方式，资源公共财富不是不可以私有化，但哪些该私有、哪些不该私有、什么时候该私有、进行多大量的私有，要根据财富的性质、科技发展的水平和人们的需求来确定，既不能对一切资源公共财富一概私有化，也不能一下子全部私有化，否则就会出现各种各样的问题。个人财富是历史累积的存量，一开始都为正值。由于发展出了透支型借贷，个人财富的累积量才开始出现不一定为正值的情况，包括零或者负值。解决的办法是建立实模式的投资消费体制，以及实行大宗消费品消费的租赁化。个人财富储存方式的变化趋势是，由实物储存到资本储存——即财富资本化，由物质产品财富储存到知识产品财富储存——即财富再生消费化，由自主支配财富储存到非自主支配财富储存——即财富公有化。

纳税实际是个人进行非自主消费品购买，是个人延期、当期或预先支付的社会保障品与公共产品消费费用，以及自主消费品消费中资源耗占或超量耗占费用。其中，前者为所得税，后者为资源消费税。一切税最终都是个人税，个人税主要有所得税和消费税两种。企业税、遗产税都是社会发展一定阶段的税种，最终将会消失。人类社会发展之初的纳税主体是个人（含家庭），只是由于征收企业税等间接税能降低个人的纳税痛苦指数，所以随着企业的出现和不断增加，政府才逐步从向个人征收直接税转为向企业征收间接税。随着信息技术的发展，以及人们对社会保障品和公共产品提供原则与提供方式认识的加深，社会保障品和公共产品将全部由中央政府规划，并由企业、事业单位和政府自身分别均等提供，中央政府将收回全部授予或分配给地方政府的税收权，各级地方政府的薪酬也将由中央政府统一支付，从而最终实现各地均衡和共同发展。

经济衰退与经济危机虽然都与收入差距扩大和购买力减少有关，但是却属于两种原因引起的不同问题：经济衰退是由于分配不公平引起的，经济危机是由于市场不透明引起的，所以两个问题的解决方法也是不一样的，一种方法只能解决一个问题，一个问题的解决并不会带来另一个问题的解决，必须采用不同的办法分别解决。经济衰退是由于劳动和资本剩余价值的存在造成贫富分化扩大，抵消科技发展带来的社会边际消费总购买力增长并使其下降造成的。劳动剩余价值可以通过统筹普惠式产品化社会保障体制消除，而资本剩余价值需要通过实模式投资消费体制才能消除。经济危机，是市场不透明产生的投机泡沫破裂导致的严重经济收缩——生产供应量与收入及其所产生的边际消费总购买力超正常水平的减少。经济危机时的经济下跌实际上分为两个层次的下跌，第一层次的下跌是泡沫破裂产生的正常下跌，第二层次的下跌是恐慌引起的过度下跌。消除经济危机的根本方法是通过市场供需透明化消除投机。

失业有三种性质，一是临时失业，二是长期失业，三是不定期失业。临时失业主要是竞争引起的，长期失业是科技发展引起的，不定期失业是经济衰退和经济危机引起的。临时失业是必要的，不可控也不能控的；长期失业是非必要的，是可控的也能控的；不定期失业是错误的，必须而且能够从根本上消除。缩减法定劳动时间是控制长期失业率直接也是最基础的方法，不但可以起到立竿见影的效果，而且也能为人们进行创造性劳动和实现发展自由提供必要的时间基础。如果政府消除了引发经济衰退和经济危机的原因，不定期失业就不会再出现。法定劳动时间的缩减并不是任意的，首先要根据科学发展提高社会生产效率的情况及长期失业率的大小来确定，其次还要有正确的缩小方案，否则不但不能有效降低失业率，还可能造成企业成本增加和对外竞争力下降。

市场经济的生产总能力大于社会边际消费总购买力，实际生产总量是由社会边际消费总购买力决定的。社会边际消费总购买力是由收入分配均匀度和消费边际决定的。收入分配越均匀，边际消费总量越大，社会边际消费总购买力越大；收入差距越大，边际消费总量越小，社会边际消费总购买力越小。因此，市场经济内在要求收入分配越均匀越好（即共同富裕）。平均分配虽然是最均匀的分配，但是平均分配会导致人们劳动创造积极性丧失，所以市场经济所要求的均匀分配并不是平均分配，而是以有利于最大限度地调动人们劳动创造积极性为前提的均匀分配——公平分配。实行市场经济的国家之所以没有实现共同富裕，人们从现在的市场经济现实中也看不到实现共同富裕的可能性，原因在于现在的市场经济理论发展水平还很低，对很多经济现象的认识是完全错误的，所给出的应对方法也是错误的。这就好比人们还处于“地心说”的时期想登月，当然觉得无从下手；但是随着“日心说”的建立特别是现代天体理论的建立，登月就不再是“不可能实现的任务”。

根据马克思主义的发展观，一切事物都是发展变化的，市场经济理论和市场经济的形式也是一样。用发展的观点来研究市场经济，可以发现，市场将会经历自然平衡、公平平衡和自由平衡三种主要平衡模式：以“弱肉强食、强者愈强”的自然法则作为平衡方法形成的不稳定不充分的市场供需平衡关系就是自然平衡模式——早期资本主义的市场平衡模式；以“环境公平、分配公平”的公平原则作为平衡方法建立的较稳定较充分的市场供需平衡关系就是公平平衡模式——成熟社会主义的市场平衡模式；以“各尽所能（以兴趣、使命为工作）、各取所需（按个人带偏好的科学维度的需求而不是主观欲望进行消费）”的自由原则作为平衡方法建立的很充分很稳定的市场供需平衡关系就是自由平衡模式——共产主义的市场平衡模式。

自由是个人在集体中所享有的权利多少及行使权利的状态。自由需要集体的认可和赋予才能享有，也需要集体的保障和保护才能实现。每一种自由权利都有各自的边界，个人在行使这些自由权利时不能触碰和逾越这些边界，否则就将失去该方面的自由甚至基本的权利。个人的全面自由，是指国家这一集体能够给予并保障和保护的个人的全部自由。国家这一集体能够给予个人的自由包括消费自由、人权自由和发展自由三类。一个人只有实现了发展自由，才算实现了全面自由，如果没有实现发展自由，即使消费自由和人权自由水平再高，也未实现全面自由。实现所有人的全面自由是人类自由发展的最终目标，在实现人类全面自由之前，可以先在一个国家内部实现所有人的全面自由。无论个人、国家还是全人类所有人的全面自由，都只有通过发展才能实现。科学源于实践又服务于实践，但是并不是所有的实践都能产生科学，没有自由的实践就是一种周而复始的机械活动，难以产生科学，只有有自由的实践才能产生科学的火花。人类所有人全面自由的实现又会促进经济更快发展和人类更加自由。

旧理论的主要错误和不足简析

虽然之前也认识到旧的市场经济理论有很多重大的错误和不足，但是却很难说清错误和不足在哪里，也很难说清其原因，在新的市场经济理论方法从底层重新构建起来后，通过对比，这个问题就十分清晰了，三言两语就能讲清楚。现罗列如下：

西方市场经济理论，认为市场价格是受“看不见的手”支配的，觉得价格变化是不可认知和影响的，从而使人们一直没有或者不敢对其进行认知，这是导致市场经济理论无法发展的一个重要原因——思想被禁锢，没人敢越先贤的雷池。

西方市场经济理论，虽然知道是科技促进了经济的发展，但是没有搞清经济衰退的真正原因——收入差距不断扩大，也没有搞清二者的相互关系；信用投资消费模式虽然促进了近期经济增长，但却加深了远期经济的衰退，使经济在错误的道路上越走越远，最终导致经济发展不可持续——严重的经济透支。

西方市场经济理论，主要关注的是人的利己性及利己性的正面性，而没有关注利己性的负面性；虽然也关注了利他性，但是关注不够，也没有看到利他性的两面性，因而没能把利己性与利他性有机地结合起来，导致了大多数人的需求层次无法升级和各种矛盾的激化。

西方市场经济理论，虽然也关注价值分配和利用问题，但是没有从价值性质的角度来解决这个问题，没有区分损耗型价值、放大型价值、整体型价值，也没有发现三种类型的价值需要分别采用不同的分配方式才能实现价值的公平分配与最大化利用，因而没能解决好价值的公平分配与利用最大化问题。

西方市场经济理论，没有把社会保障品消费与公共产品消费区别开来，也没有认识到它们都是个人的必要消费品，并且常常将其与个人自主消费品消费对立起来，使社会保障品不能以实际产品的形式有效提供，使公共产品供应不均等、不充分，不但影响经济总量，也制约了经济发展的潜力。

西方市场经济理论，主要关注的是科技发展带来的正价值，虽然注意到了生产的外部性，但是没有仔细研究科技可能生产的负价值，造成对科技负价值的主动防控不足；同时也没有充分关注和有效运用科技在改变资源稀缺性方面的唯一决定作用，对科技发展规律与资源稀缺性关系的认识和规律的运用也不充分。

西方市场经济理论，只把国家管理看作公共管理，没有认识到企业管理本质上也是公共管理——只是它是单一特定任务的公共管理；同时，也没有关注和研究公共管理的两种负价值：绝对负价值和相对负价值，造成人们在管理者的选用上常常出现严重错误，给国家或企业等集体造成巨大的价值损失。

西方市场经济理论，对文娱产品、传媒、教育和土地私有化的负价值也没有关注，对其对经济总量大小和经济发展的影响也没有研究和计入，从而造成价值生产过程中不能对其负价值进行有效的区分和防控，其中土地私有化造成的负价值和对经济发展可持续性的影响最为深远和严重。

西方市场经济理论，虽然认识到分工对产品生产的影响，但是仅限于对生产效率的影响上，对于其他两项作用：缩短任务时间和做出大型复杂产品没有关注；同时，也没有注意到自然分工不会影响生产和交易；更主要的是，没有认识到分工是受科技决定被动产生和改变的，也没有认识到分工的实现还有多种制约因素，因而难以正确充分地利用分工的积极作用。

西方市场经济理论，发现了竞争的积极作用，但对竞争本身未作深入的研究，对竞争与零和博弈、战争的本质特征没能进行有效区别，对竞争是在哪些方面如何发挥积极作用认识不清晰，对什么是正确的竞争及如何确保竞争的公平正确研究得还不是很深入具体，导致错误和不公平的竞争借竞争之名损害或阻碍经济社会发展；而且，它没有关注和研究竞争发展变化的形式和趋势，不能识别甚至打压变化形式的竞争，导致不能充分正确利用竞争。

西方市场经济理论，只研究了企业的商品生产和商品市场，没有关注到事业单位和政府生产的产品及其需求人群（市场），没能对两种类型的产品生产和根本分配原则进行研究和区分，因而对事业单位和政府产品的重要性认识不足，对如何发挥这两种产品生产主体的积极性研究不够，不但影响了这些产品的有效供给，也最终影响了商品的生产能力提高和需求满足。

西方市场经济理论，颠倒了企业与人的主次关系和存在的因果关系，造成了政府关注点和工作重心错位，影响了政府对企业负面性的有效防控，特别是放纵企业炒作和人为制造产品稀缺；再加上对企业创建和存在根本依据的认识不足，导致政府在服务企业过程中不能正确有效发力，不但造成财物和人力浪费，而且常常效果不明显，甚至认为政府是无用的或“必要的恶”。

西方市场经济理论，对劳动动力的研究不全面，激励方式过于注重和强调消费激励和等级激励，没有注意和采用贡献激励，没有建立多层次的激励体系来满足每个人不同层次的需求，从而造成对人的激励不充分，导致人的利己性与利他性不能实现最终统一和有效融合。

西方市场经济理论，只研究国内生产总值（GDP），没有研究社会生产总能力及其影响因素，以及两者之间的关系，造成政府在总体把握和促进经济时心中无数甚至方法手段错误；另外，对开放市场对 GDP 的具体影响研究不深入具体，导致出现大量错误的贸易保护，影响世界经济的发展与平衡。

西方市场经济理论，没有把产品货币与信用货币区别开来，没有弄清决定货币形式发展变化的因素和人们选择货币的主要决定因素，尤其是没有真正搞清信用货币与产品生产之间的联系与各自运动的规律，使政府一直以错误的方法在发行货币，影响了个人生活和企业生产，也导致货币不能充分有效地服务于经济。

西方市场经济理论，没有认识到决定货币发行的根本因素是社会生产总能力的增长，也没有搞清货币发行的正确对象和方法，造成增发货币因得不到初始赋值而产生通胀；同时，对影响货币发行的非必要因素没有具体研究，也没有消除和防范措施，既影响货币使用的效率，更影响经济的充分发展。

西方市场经济理论，研究了通过政府来促进GDP增加和扩大就业的问题，但是具体的理论和方法不正确，错把消费当成投资，再加上不是通过增发信用货币而是通过政府负债来激活未有效发挥的社会生产总能力，从而导致了市场经济国家普遍的滞胀和政府债务不断扩大甚至国家破产问题。

西方市场经济理论，没有注意到资源是天然存在的人类公共财富，对产品公共财富对于人类的重要性和必要性也未予充分的关注和研究，过分夸大私有财富对个人生存发展的重要性和经济发展的作用，而忽视了公共财富的基础性、长远性作用，对资源的正确私有化方法也没有充分关注和研究，这是导致很多市场经济国家发展出现困境和不可持续的重要原因。

西方市场经济理论，通常静态地研究当时财富储存的现象和方法，没有历史地研究其发展的动态和推测可能的变化趋势，对个人发展和政府规划国家发展不能起到正确有效的指导作用；同时对个人自主支配财富和公共财富出现负值的问题的原因研究不够，对可能出现的后果估计不足，所以也就没有寻找从根本上解决问题的办法。

西方市场经济理论，忽视了政府也是在生产和提供人们必需的产品，没有注意到纳税其实是个人消费的一种形式，是个人在进行社会保障品和公共产品消费，因而没有建立起公民正确的纳税意识；同时虽然关注了税收向企业转移的问题，但没有研究税收的回归问题，并导致政府服务主体发生偏移，个人的社会保障和公共产品需求得不到合理充分的满足——有关的满足是政府因为各种原因被动为之的，如选举压力或社会稳定压力等，而不是经济理论证明和要求的。

西方市场经济理论，把经济衰退与经济危机的概念混淆了，从而一直没有分别找出导致经济衰退和经济危机的各自原因，也无法从二者的叠加效应中找到分别解决各自问题的真正办法，使经济衰退和经济危机历经数百年的反复而不能避免，甚至认为是不可能避免的，不但影响了个人和企业的生存发展，也制约了经济的可持续和向更高水平发展。

西方市场经济理论，虽然十分关注失业问题，但是并没有把三种原因导致的不同失业区分开来，从而无法分别对不同的失业采取不同的应对措施，尤其是在应对长期失业率上升方面，没有将其与法定劳动时间的调减联系起来（其法定劳动时间的调减主是工人运动或人权运动促成的），这是导致市场经济国家失业率居高不下的主要原因。

西方市场经济理论，对GDP的类型没有研究，也就没有也不会研究如何提高科学GDP水平的问题，造成政府不能正确有效地促进GDP向健康科学的方向发展，影响了经济的可持续发展能力；同时对个人（包括各类管理者和非管理者）道德、能力和态度可能产生的两种GDP负值——绝对负值和相对负值，没有关注和研究，更没有相应的防控对策。

西方市场经济理论，认为市场只有一种平衡模式——自然平衡模式（当前很多经济学家称之为自由市场，它排除政府的作用），但实际上自然平衡模式只是市场发展的初级模式，市场最终将经历三种平衡模式（另两种平衡模式是公平平衡模式和自由平衡模式），这种缺乏发展思想的认识，导致市场的平衡模式和平衡水平一直得不到升级，使低水平平衡模式对个人、企业和国家经济产生的负面性一直得不到有效解决。

西方市场经济理论，没有关注和研究人如何实现消费自由问题（尽管很多人已经实现了消费自由——类似现在人们通常所说的财务自由），从而导致尽管科技的发展已经具备条件，但却没能实现国民普遍的消费自由；同时它没有把个人的人权自由、发展自由等联系起来，也没有认识到三者之间的关系，从而影响了个人发展自由，特别是国民普遍发展自由的实现——即所有人（不包括无劳动能力者、不在劳动年龄段的人和服刑人员）全面自由的实现。

以上这些总结，可能不完全准确，也可能会引起西方经济学家的质疑。原因有两个：一是我对流派林立、碎片化的西方经济学的了解不够全面，不够深入，也不够细致；二是我是站在对经济规律全新认识的基础上对比得出的概括，所以看到的问题肯定会与西方经济学家看到的有很大的不同。

第一章　产品价格变化的两大原因与两种方式

旧市场经济理论的问题述要：

西方市场经济理论，认为市场价格是受“看不见的手”支配的，觉得价格变化是不可认知和影响的，从而使人们一直没有或者不敢对其进行认知，这是导致市场经济理论无法发展的一个重要原因——思想被禁锢，没人敢越先贤的雷池。

第一节　“看不见的手”实为看得见的“追求利益的脚”

在市场经济中，劳动围绕“主流薪酬水平”在不同行业、企业或区域中流动；资本围绕“主流收益水平”在不同行业、区域或企业中流动；企业围绕“主流利润水平”在不同的产品中流动（创立、关闭，或进入、退出）；客户围绕“产品的性价比＋自身购买成本”（购买成本与效用比）在不同的品牌、区域市场或不同形态的市场中流动。其中，企业包括消费性物质、文化、服务产品个体生产者，如个体手工业者、个体商贩、独立作家、独立艺人、独立律师等，以及以销售为目的进行研发的独立学者，如自然科学研究者、经济学研究者、人体科学研究者、心理科学研究者等。

主流不是平均，主流是一个统计学的概念，而平均是一个数学的概念。

主流薪酬水平，是劳动者普遍接受的全部最低劳动报酬水平，在自然平衡的不成熟市场经济体制下，福利、保险、股票激励等实际上也属于薪酬。主流薪酬水平分为全国总体主流薪酬水平、行业主流薪酬水平和地区主流薪酬水平。行业或地区主流薪酬水平低于全国总体主流薪酬水平时，劳动就会向主流薪酬水平高的行业或地区流动。

主流收益水平是一个国家或地区的投资者在本国家或地区投资普遍接受的收益水平的底线，低于这个底线人们就认为这样的投资是不划算或不成功的。主流收益水平也分为全国总体主流收益水平、行业主流收益水平和地区主流收益水平。

行业或地区主流收益水平低于全国总体主流收益水平时，资本就会向主流收益水平高的行业或地区流动。

主流利润水平，是企业进行某产品生产提供时普遍接受的不包括管理者和非管理者劳动薪酬的除分摊到当期的一切成本（费用）后的净利润。也就是说，主流利润由两项利润构成：一是管理者和非管理者的劳动薪酬，二是资本的收益。它是当期的销售收入减去分摊到当期的一切成本费用后得到的。这些费用包括，当期的房屋或土地租金（若是自购、自有、免费或政策性优惠的房屋土地，也要按当期同地段市价租金进行扣除）、水电费、原材料成本、设备折旧费、纳税、各种行政事业性收费（如果有的话）、差旅费、公关费、广告费、各类罚款（如果有的话）、赞助费或捐款（如果有的话），等等。主流利润水平也分为全国、行业和地区三种指标，也遵循低的行业、地区向高的行业、地区流动的规律。

主流薪酬水平、主流收益水平和主流利润水平都是一个动态指标，不同时段的水平往往是不同的。一般来说，它们会随着科技的发展而不断提高。另外，如果是开放市场，那么这种流动就会延伸到开放国家之间。

为什么劳动者、投资者和企业是以主流而不是最大薪酬、收益和利润为底线流动呢？原因有三个：一是最大薪酬、收益和利润水平是小比例和小概率事件，能容纳的人数极为有限，都达到最大薪酬、收益和利润没有现实可能性；二是在主流薪酬、收益和利润水平以上即意味着不落后，有安全感，也能得到外部的尊重和认可；三是未知的机会损失风险，使劳动者、投资者和企业的薪酬、收益和利润在主流水平以上时，不敢轻易进行转向、跳槽或转行，因为搞不好他们的最终薪酬、收益或利润有可能反而更低。

为什么劳动者、投资者和企业是以主流而不是零或者以下的薪酬、收益或利润为底线流动呢？原因有两个：一是因为劳动者、投资者和企业的薪酬、收益和利润低于主流水平后，劳动者、投资者就觉得自己落后了、没有面子，影响自尊心使其处于不安分状态，企业管理者则处于不被信任状态；二是劳动者、投资者和企业的薪酬、收益或利润低于主流水平后，就已经开始影响人们的生存或生存健康，尤其是劳动者。因此，有很多劳动者、投资者和企业不会等到零或者以下的薪酬、收益或利润才开始流动，而是薪酬、收益或利润低于主流水平时就开始跳槽、转投或转行，那些等到薪酬、收益或利润到了零或以下水平才流动的劳动者、投资者和企业，要么是后知后觉者，要么对企业的未来还有信心，要么就是因有其他特殊的原因。

主流薪酬、收益和利润水平都有可能比较低，造成比较低的原因主要是市场建设的方法不正确或不完善，市场水平比较低。此时，社会贫富差距较大，社会不稳定，容易发生抗议、游行、罢工或社会冲突对抗。主流薪酬、收益和利润水平过低还有一种原因是科技发展水平低造成的，如果内外部都低则影响不大，比如工业革命以前；如果只是内部低但外部高，就会影响社会稳定，出现移民偷渡等问题。

但是某些特殊的情况下，一些主体的行为也可能或暂时可能出现例外。对劳动者来说，在没有社会保障制度或社会保障制度不健全的情况下，一些劳动者为了个人或家庭的生存，通常会接受低于主流水平的劳动薪酬；还有的劳动者做兼职，也可能接受兼职行业的薪酬水平低于主流水平。对投资者来说，如果投资者预期被投资企业将来收益可以回升到主流水平上时，可能接受一定时期内的收益低于主流收益水平；以投资之名行投机之实者，也可能接受被投资企业的收益低于主流收益水平，因为这些人并不是通过企业的投资收益赚钱。对企业来说，在创立初期或生产出新产品时，由于产品不为消费者所知，还在推广产品或培育新产品市场，企业都会接受利润水平低于主流利润水平；经济危机、事故灾害等外部原因出现时，企业也可能暂时接受利润水平低于主流利润水平。非全职的个体经营者，如农民或工人利用空余时间做些小生意（如流动摊贩，兼职工匠），也可能接受低于主流利润水平的利润，这时个体经营者的利润同时包含劳动薪酬、资本收益的两项。

不过，这些特殊情况并不改变各种主体的总体行为规律。

另外，以上主体的行为并不单纯由直接收入水平决定，还受到很多其他因素影响或决定。劳动者的流动除了由主流薪酬水平决定，还受个人知识技能、跳槽成本、家庭因素、用人单位的非能力门槛等因素影响；资本的流动除了由主流收益水平决定，还受投资转移成本、其他行业或地区设置的进入门槛等因素制约；企业的开关进退除了由主流利润水平决定，还受技术门槛、资本门槛、劳动门槛、企业转行或迁移成本、税收水平、行政门槛和效率等因素影响。但是，这些影响因素，要么总体上仍然服从于主流收入水平，要么是非市场因素，所以主流收入水平才是决定这些主体行为的根本因素。

客户包括个人、企业、事业单位、政府和其他社会组织等购买主体。“产品的性价比＋自身购买成本”，实际上就是购买成本与效用比，简称成本效用比。成本效用比包括性价比，但不等于性价比。其中，性价比，只指功能、质量、安全都合格的产品，不合格的产品不适用本规律，也不纳入考虑。效用就是质量、性能或效果。成本，就是客户自身购买成本，是指每个个体的客户进行所需的产品购买过程中自己单独付出的成本，包括交通、通信费用等硬成本，时间、劳动、精力等软成本，以及为此而影响其他工作、做出更多更好的产品或赚到更多收入的机会成本等。客户选择便利店、超市或网络市场，都是从成效比因素考虑的，不同情况下会有不同选择。如果要上班或做别的事，来不及，就上便利店；如果有时间，要价格便宜就上超市；如果不急用，希望价格更低就在网络市场购买。

但是，个人在非理性或由于不合法、不公平等原因收入来得太快太多时，企业、事业单位、政府和其他社会组织存在腐败等问题时，可能违背此规律。

同样，客户的行为也不是只受利益因素决定，情感（如民族情感，个人对某企业产品的情感印象等）、法规（如武器禁运、因为意识形态等造成的产品禁运、公车购买规定、弱势国内产品保护规定等）及其他因素也会影响客户的购买行为，但这些是非主流或非市场影响因素。

由此可见，“看不见的手”是可以被看见的，当“看不见的手”被看见后，可以发现，它原来并不是“手”，而是“追求利益的脚”，他们分别围绕主流薪酬、主流收益、主流利润或成本效用比，在不同的企业、行业、区域或市场中流动。这些脚概括起来包括四类，他们分别来自企业劳动者、企业投资者、企业管理者和产品需求者，是他们分别控制着劳动、资本、企业和客户在不同企业、行业、区域或市场中流动。对劳动者、投资者和企业来说，哪个企业、行业或地方收益高于主流收入水平，他们就奔向哪里；哪个企业、行业或地方收入低于主流收入水平，他们就从哪里流出。对客户来说，哪个地方或通过哪种方式获得原料、设备或消费品直接支付的成本与机会成本之和更低，他们就奔向哪里或采用哪种方式；哪个地方或通过哪种方式获得原料、设备或消费品直接支付的成本与机会成本之和更高，他们就离开哪里或放弃哪种方式。在市场经济发展之初，投资者和管理者常常重合，即是相同的人，但随着市场经济的不断发展，特别是随着职业经理人和股份制的出现和发展，二者的分离会越来越明显。

劳动者、投资者、企业和客户“脚步”的运动都是科技发展带来的，因为新科技在不同企业运用与否或运用先后的不同，会使不同劳动者的薪酬水平、投资者的收益水平、企业的利润水平和客户的支出水平出现或将出现不同，出于自身利益最大化考虑，这些主体会依据上述规律流动。

第二节　成本与主流利润水平是决定产品价格的根本因素

虽然供求关系是决定产品价格的重要因素，但是它并不是决定产品价格的根本因素，决定产品价格的根本因素是成本加主流利润水平。产品的正常交易价格总是大于其生产成本加主流利润水平。

主流利润水平包括资本的主流收益水平和劳动的主流收入水平。成本含原料、能源、房租、税收等各种费用，但不包括劳动成本和融资成本，因为劳动者和投资者都是企业收益分配的主体，企业就是为劳动者和投资者挣钱的。对企业来说，产品成本是软约束，可以通过技术升级和管理优化的方法降下来，资本的主流收益水平和劳动的主流收入水平是硬杠杠，是无法通过企业自身的努力降低的。如果企业一定要降低资本收益或劳动收入，投资者和劳动者就会离开，当投资者和劳动者都离开后，企业也就无法再存在下去。

正常情况下，产品的价格是以“成本 + 主流利润水平”为底线，随着生产者的增加和竞争的加剧，从远离成本加主流利润的价格向接近成本加主流利润的价格下降，并受产品供求关系、通胀通缩等因素的影响。

在某种产品出现之初，产品的价格通常高于甚至远高于该企业的生产成本加主流利润水平，这主要是因为市场上没有竞争者或生产能力不足。随着竞争者和生产能力的不断增加，产品会从远高于生产成本加主流利润水平的价格向接近该企业生产成本加主流利润水平的价格下降。这一阶段通常被称为蓝海市场。

当产品的价格下降到接近成本加主流利润水平，即通常所说的红海市场后，产品的价格就会最终维持在该价格水平上，整体不再下降——相同材料、配置或服务产品的价格会十分接近甚至完全相同，这时就看各企业的成本控制与削减水平。

此时，如果一个企业的收入小于成本加主流利润水平，即劳动者们的薪酬和企业投资者们的收益都小于或者有一方小于当时当地劳动的主流收入水平和资本的主流收益水平，企业就无法正常经营，通常会关闭退出。如果一个企业的收入大于成本加主流利润水平，即劳动者们的薪酬和企业投资者们的收益都不低于当时当地劳动的主流薪酬水平和资本的主流收益水平，企业就能够正常经营。最终，留下的企业总是那些利润接近当时当地主流利润水平的企业，退出市场的企业都是那些利润低于当时当地主流利润水平的企业。

企业控制和削减成本的方法主要有两种：一种是发展工具技术，提高产品的生产效率或合格率，如蒸汽机换电动机、手动控制改自动控制；另一种是发展管理模式，改进组织方式或激励方案，如苹果、小米等企业由过去先生产产品再营销到先营销再生产产品，海底捞等企业由单纯的物质激励到使员工获得尊重感或尊敬感等精神激励来激发其劳动创造动力或提高产品质量。

当某个企业的生产技术发展或管理水平提高时，常常会带动产品价格继续下降。因为，此时这个企业的生产成本下降，低于同行其他企业，它降价既能使自己保持主流利润水平，又能扩大市场份额，增加利润总量。最终，那些生产技术和管理水平相对落后的同类产品生产企业就会退出市场并让出市场份额。所以，在后红海市场，一种产品的生产企业往往只会剩下为数不多的几家（这种情况可称为后期自然垄断，它是相对于产品出现之初的自然垄断而言的），直到掌握了更先进工具技术、发展出更先进管理方法或创造出替代产品的企业出现，才能打破这种局面。

当工具技术和管理水平在一定时期出现发展极限后，企业往往会发展产品技术。企业发展产品技术，本质是出新产品，只是它进行的不一定是全新功能的产品创造或替代式产品升级，也包括对既有产品进行局部和整体创新，如对既有物质产品的功能、款式的改进，用新的方式或技术表现原来的文艺作品，更全面、细致的服务等。非全新功能产品创造或替代式产品创新，会使该产品技术创新企业以缩小版的形式重新经历一次初创产品从远高于成本加主流利润水平的利润到接近成本加主流利润水平的利润的经历。这就是企业进行产品小改进能赚到更多的利润的原因。

在进入红海市场后，当一个企业的既有技术和管理不能支撑该企业在当地继续生存下去时，它也可以换到劳动主流收入水平更低的地方去，以实现继续生存。因为劳动主流收入水平低的地方可以提高资本的主流收益水平，从而确保企业不会因为资本的退出而关闭或退出。这就是一些企业在发达国家和地区生存不下去，而在发展中国家和地区却能生存下来的原因。当然，也有很多企业是为了让资本获得更多的收益而主动向劳动主流收入水平低的地方转移。

此外，在企业的生产技术、管理水平相当的情况下，由于不同地方政府或国家管理水平的不同，对企业成本的影响也不相同。政府对成本的影响主要有三个方面：一是税（费）率的高低；二是公共产品供应水平，包括基础设施的建设水平（交通、通信、能源、用水、市政设施等），劳动者的道德文化水平（劳动者总体的诚信情况、劳动态度、劳动纪律、劳动技能等），政府服务的质量效率（企业注册或审批速度、对侵犯企业权益行为查处的比例及遏制情况等）；三是政府的清廉程度。企业的税率高、被收取的费用多，基础设施落后、劳动者受教育水平低，政府服务效率低及腐败等，都会增加企业的生产成本，降低企业的主流利润水平。政府管理水平不同，也会导致政府管理水平低的地方或国家的企业因利润低于全国或全球主流利润水平而退出或被淘汰，这些企业也可以通过向政府管理水平高的地方转移将自己的利润维持在全国或全球主流利润水平之上来继续生存。

除了成本与主流利润水平外，通胀通缩和市场供求关系也会对产品的价格产生影响。当发生通胀或通缩时，产品价格会因此而相应上涨或下跌。通胀和通缩分为货币性和投机性两类：货币性通胀通缩是由于货币发行对象方法错误造成的，货币发行的对象方法搞正确后就能消除；投机性通胀通缩是市场不透明造成的，实现市场透明化后就可以基本消除。通胀和通缩消除后，由此而引发的价格涨跌就会消失。

当某种产品的供应远小于市场需求时，产品的价格往往会远高于成本加主流利润水平，此时企业会不断扩大生产能力或有大量新企业加入；当某种产品的供应大于市场需求时，产品的价格往往会接近或低于成本加主流利润水平，此时常常已经出现行业或整体经济困境。产品供大于求的局面，主要是由于市场不透明引起的投资生产过剩或投机引发的泡沫破裂造成的。供需关系会主要影响企业的利润水平，而投机导致的价格超跌——低于成本加主流利润水平现象，是非正常的，也是可以完全避免的。由于很多企业往往是在利润低于主流利润水平就开始退出了，而不是等到亏损以后才退出，所以当有一天货币发行对象和方法正确，市场因实现供需透明不再发生投机泡沫，管理者都具备正确专业的企业经营知识不盲目胡乱投资时，是可以实现所有企业都盈利的。此时，差别主要是企业盈利和生存时间的长短，有的企业盈利时间比较短，从蓝海市场到红海市场的过程中，赚一段时间钱后，因利润低于主流利润水平就关闭退出了；有的企业盈利时间长，在蓝海市场、红海市场和后红海市场都能长期维持主流利润水平以上的利润，实现持续生存。

由此可见，企业的生产成本与主流利润水平之和是决定产品价格的内在原因和根本依据。一个企业，只要利润高于主流利润水平，就有降价的空间，但如果利润小于等于主流利润水平，就没有了降价空间，如果一定要降价，也只是暂时的，长期下去，企业就会选择关闭或退出。供求关系只是决定产品价格的外在原因和重要影响因素，它对价格虽然有很大影响，但这种影响是外在的和可消除的。也就是说，市场产品供需情况是决定产品价格的重要因素，但并不是决定因素，各企业的生产成本与当时当地的主流利润水平才是产品价格的根本决定因素。

那么，主流利润水平又是由什么因素决定的，它为什么在不同的地方会不一样呢？决定主流利润水平的根本因素有两个：一是科技水平，二是管理水平。科技水平越高的地区，科技进步快的行业的劳动者和投资者能够得到的技术的价值收入越多，人们的劳动薪酬和投资收益水平越高，科技进步慢行业要留住生产者和投资者，就会提高物价以提高利润，从而使当地主流利润水平越高。管理水平，包括企业的管理水平和政府的管理水平。管理水平越高的地区，企业生产的效率越高，税费负担越低，享用的公共产品越好，支付的腐败费用越少，分摊到产品中的成本越低，人们获得的劳动薪酬和投资收益越多，当地的主流利润水平就会随之变得更高。

主流利润水平越高的地区，人们的绝对收入水平也越高，因为劳动者和投资者的劳动薪酬和投资收益也会随之增加。总体来说，绝对收入水平的提高会使人们的生活水平提高——可以购买到的产品的价值总量会增加，即数量会增加、质量会提高，也就是说二者总体呈正相关关系。但是，绝对收入的提高与人们的生活水平的提高并不一定总是成正比的，即有时候绝对收入增长较多，但生活水平提高并不多，甚至有时候绝对收入水平提高了，但是生活水平并没有提高。这是什么呢？因为在一定阶段，人们在食品、服装、房屋等科技进步慢行业上的产品消费占的比例比较大，这些产品价格的上涨会抵消甚至超过人们绝对收入水平的增长，从而导致人们生活水平不能相应提高甚至反而下降。由此，我们也可以给生活水平下一个定义，一个地区人们的生活水平，就是该时该地的人们的收入在该时该地能够购买到的产品的数量和质量情况，即价值总量的多少。也就是说，绝对收入水平并不是衡量一个地区人们生活水平高低的根本标准，单位时间内的总收入能够购买到的产品的价值总量才是根本标准。

另外，需要注意的是，网络采购和购物的发展可以削弱科技进步慢产品价格上涨对人们收入增长带来的生活水平提高的抵消作用，因而最终有助于缩小绝对收入增长与生活水平提高之间异步和不成比例变化的问题。

第三节　不等价交换与实现交易公平并不矛盾

从前面的分析可见，产品并不是按等价值交换原则来进行交易的，而是按成本加主流利润水平的原则进行交易的，虽然供需关系、通胀等对交易的价格也有影响，但都不是根本性的。这一点，还可以从不同产品价格变化的规律得到证明。

电子产品、网络影音、宽带服务等科技进步比较快的产品，品质越来越好，价值越来越高，但是价格却越来越低；农副产品、现场演出、餐饮服务等没有明显科技进步的产品，品质无明显变化，价值也无明显变化，但是价格却越来越高，而且这种价格下降或上涨变化都是不可逆转的。

如果市场产品是按等价交易原则来交易的，不可能有些产品价值越来越高，价格却越来越低，也不可能有些产品在价值不变的情况下，价格却越来越高。如果说是市场价格波动原因引起的话，那这些产品的价格应该是来回上涨或下降、经常反复，而不会是单调变化、不可逆转的。如果说是通胀原因引起的话，应该是所有的产品价格都上涨，而不是只有那些科技未进步或进步慢的产品价格上涨，而科技进步快的产品价格却不可逆转地逆势下降。

市场进行不等价交换，从原因上来看，主要是因为市场是为不同的使用价值进行交换而产生和存在的，相同的使用价值没有交换的必要，一定是有某种差异的产品才有交换的必要，而这种差异性的价值量是无法比较的。不同产品使用价值的差异性和人们对这种差异性的需求，决定了这种差异性是无法比较的。无法比较就无法判断是不是等价值，也就不能实现等价交换。也就是说，使用价值的差异本身决定了它们之间无法进行等价交换，如果一定要进行等价交换，那么只是使用价值完全相同的产品，但这样一来就没有交换的必要了。

马克思曾设想通过无差别的人类劳动和社会必要劳动时间来衡量不同产品的价值，从而实现等价值交换，这在事实上被证明是行不通的。首先，这会导致无法对资源定价，因为资源中不包含人类劳动，如果按劳动来定价，资源就无法定价，但是资源又不能不定价。其次，在相同的劳动时间内，不同的个人因为主观努力程度不同，相同时间生产出的价值会相差很大。比如，一个争分夺秒工作的人和一个“磨洋工”的人在相同的时间内创造出的价值肯定是不同的。再次，能力差别是客观存在的，同一项工作不同的人做一定存在一定的快慢、好坏、差错率高低等差别，他们在相同时间内创造出的价值肯定是不同的。最后，由于劳动对象性质的不同，相同时间产生的价值有时候相差巨大。比如，一个人种一辈子庄稼产出的价值肯定远不及爱因斯坦发现相对论的价值。

按等价交换原则进行产品交换或市场交易，是人们对实现交换或交易公平的一种方法上的设想，这种设想在市场经济条件下是不可能成立和实现的。

虽然等价交换或交易不能实现，但是并不意味着市场交易不需要考虑公平，也不意味着交易公平不能实现。事实上，公平是交易的生命，人们还可以通过其他方法促进和最终实现交易公平（有关内容后有详述）。

马克思给出的实现交易公平的方法虽然不可行，但是他对公平的关注是完全正确的，而且正是马克思对交易公平的关注，促进了人们对交易公平问题的关注和思考，并必将激发人们最终解决交易公平问题。人们所要做的，不过是在追求交易公平的目标时需要找到一种行得通的方法，或者说是通向交易公平的道路上需要换一条走得通的道路。

第四节　产品价格因科技进步快慢而单调下降或上涨

那么，产品的价格变化有什么具体可见的规律呢？产品价格变化的规律是，产品价格因科技进步的快慢而单调下降或上涨，其中，科技不断进步的企业围绕主流利润水平进行“降价—产品升级—再降价”的循环，使科技进步快的产品价格不断下降或性价比不断提升；科技无明显进步的企业围绕主流利润水平反复进行涨价，从而使其价格不断上涨或性价比不断下降。

科技的发展会带来物质、文化和服务产品价值的变化，在竞争的作用下，科技发展越快的产品性价比越来越高，同等性效情况下产品的价格越来越低，比如手机、电子书、宽带。因为科技的发展会产生放大价值，等量劳动或投资的情况下，或者会产生数倍甚至数十倍于科技未进步情况下的价值，或者会节约大量的成本，这些由科技发展带来的大量新增价值或节约的大量成本，就会部分成为这些科技进步快的行业企业的利润，并成为劳动者的薪酬及投资者的收益，使其薪酬或收益高于主流薪酬水平或主流收益水平。

科技发展缓慢的产品的性价值比越来越低，同等效能情况下价格越来越高，比如钻石、音乐会、餐饮。这是因为科技进步快的企业劳动者薪酬水平和投资者收益水平的提高会向直接或间接相关的企业传递，并最终拉高当地劳动者的主流薪酬水平和资本的主流收益水平。具体地讲就是，有些科技进步慢的行业的产品往往又是消费者不能或不愿放弃的产品，如餐饮、服装、珠宝等，这些行业的企业为了留住或吸引投资者和劳动者，就必须涨价，提高企业劳动者的薪酬水平和投资者的收益水平，以吸引劳动和资本——借机调整的价格涨幅有可能使企业的利润水平超过当地主流利润水平。由此可见，人们不能强行阻止这些企业涨价，否则这些企业的劳动者和投资者就会退出这些行业或企业，这些行业的企业就会退出市场，如果他们生产的是生活必需品，就会严重影响人们的生存或生活。

这就是科技进步快的产品价格不断下降，科技进步慢（含未进步）的产品的价格不断上涨的原因。

可见，科技进步慢的行业或企业利润水平的增加实际上是搭了科技进步快的行业或企业的“顺风车”，甚至还可能借机超涨。如果没有那些科技进步快的行业或企业的快速科技进步，科技进步慢的行业或企业的劳动者的绝对薪酬水平和投资者的绝对收益水平是不可能提高的。这就是科技发展水平高的国家或地区劳动者总体薪酬水平高而科技发展水平低的国家或地区劳动者总体薪酬水平低的根本原因；同时也是科技发展水平高的国家的资本总体收益水平高于科技发展水平低的国家或地区资本总体收益水平的原因。

这一点，可以从发达国家或地区与发展中国家或地区的科技进步快与科技进步慢的产品价格差别得到证明。发达国家的工业品价格之所比发展中国家低，就在于发达国家的工业品生产科技水平高，成本相对发展中国家低很多，所以在竞争的作用下，即使以远低于发展中国家或地区的价格供应产品，其劳动收入和资本收益也能维持在当地劳动主流收入水平和资本主流收益水平之上。而不发达国家或地区由于生产科技水平低，成本高或受进口关税等非市场因素影响，所以工业产品的价格比较高。发达国家或地区的食品和服务价格较高而发展中国家或地区的食品和服务价格较低，根本原因就在于发达国家或地区与发展中国家或地区食品和服务的生产科技水平差别不大，成本相对发展中国家或地区减少不明显，但是发达国家或地区资本的主流收益水平和劳动的主流薪酬水平较高，所以只能提高食品和服务价格，否则企业资本和劳动就会退出，企业就得关闭或退出。

一般来说，在劳动和资本市场竞争的作用下，科技进步产生的收入增量高于市场劳动、资本的主流薪酬、收益增量的行业的产品都会降价；科技进步产生的收入增量低于市场劳动、资本的主流薪酬、收益增量的行业的产品都会涨价。

同时还要看到，科技发展快慢是相对的，当社会多数产品的科技发展都很缓慢时，主要是科技不发展的产品涨价；而当多数产品科技发展比较快时，那些科技发展慢的产品也会成为涨价者。

另外可以发现，竞争只能促进科技发展快的行业和企业的产品降价，不能促进科技发展慢（含不发展）的行业和企业的产品降价。

到底多快的科技发展速度是降价或涨价的分界线呢？这个分界线是客观存在的，也是可以观察统计的，但它不是固定不变的，而是不断变化的，其变化主要与该区域整体科技发展的速度有关，越多的产品取得科技发展且科技发展速度越快，该分界线越高，此时某种产品需要越快的科技发展才能降价；反之，越少的产品取得科技发展且科技发展速度越慢，该分界线越低，此时某种产品较低的科技发展也可以降价。

第五节　不等价交换有利于人们共享科学进步的增量价值

为什么有些产品的价值越来越高而价格却越来越低呢？原因在于，竞争促使这部分企业让渡了一部分产品的价值。

为什么这些让渡了产品价值的企业，其投资者和劳动者还能够获得高于甚至远高于当地劳动主流薪酬水平的薪酬和资本主流收益水平的收益呢？原因在于科技和管理进步产生了增量价值。由于这些增量价值具有可复制性和放大性，可以产生很大甚至无限的增量价值，劳动者或投资者的价值让渡不是一方价值增加（客户）另一方价值减少（劳动者或投资者）的零和让渡，而是一种增量让渡，客户、劳动者或投资者的利益都在增加，所以即使在竞争的作用下，企业让渡一部分价值给客户，劳动者或投资者仍然可以获得高于甚至远高于当时当地劳动主流薪酬水平的薪酬或资本主流收益水平的收益。

以演唱为例，在录音和唱片技术出现以前，只能进行现场演出，每一场演出都要投入大量的场租、劳动、道具等成本，而收入只能来自门票销售，且每一场演出的门票销售收入是很有限的；但是唱片技术出现以后，演唱的场租、道具和劳动投入减少了，一次演唱可以被无限复制和进行成千上万次的播放，即便以很低的价格销售唱片，由于生产成本极大降低、市场容量极大扩大，艺人和演艺公司反而可以赚到比原来多得多的劳动薪酬和资本收益。而这种价值就是唱片技术的复制性带来的增量价值，这种技术产生的增量价值既能使劳动者和投资者分享到，也能让技术创造者和消费者得到。技术创造者通过卖唱片录制技术获得收入，艺人因为录制和销售唱片以更少的劳动获得了更多的收入，原来买门票消费的消费者可以以更低的价格更多次、更方便地听到自己想听的歌曲，原来没有时间或无力购买门票的消费者也可以听到这些歌曲。实际上，这些技术创造者能获得收入、劳动者能得到更多薪酬、消费者能以更低的价格得到更多更好的产品，都源自于技术发展让更多的原来不能消费的消费者也能消费到这些产品——这些消费者的加入使同一产品（歌曲）能够获得的收入极大增加。

企业之所以愿意让渡一部分科技创造的新增价值，是因为企业能从扩大的市场份额中提高利润总量。因为客户是按“产品的性价比+自身购买成本”趋利流动的，企业通过降价让渡一部分新增价值会极大地增加客户，让渡的那部分新增价值完全可以通过增加的客户弥补，甚至极大地增加利润总额。

管理也是一样，管理的进步会提高生产效率、产品合格率或减少要素品浪费，从而降低企业的成本，扩大其利润幅度，企业可以通过一定幅度的降价使劳动者、投资者和客户共同分享的这些增幅利润。

科技和管理发展进步越快的产品，会越来越正向远离等价交换——或价格不变的情况下使用价值越来越大，或相同的使用价值情况下价格越来越低，或使用价值增加的同时价格也在降低，如电脑、手机、汽车等。科技和管理发展进步越慢的产品，会越来越负向远离等价交换——或使用价值不变的情况下价格越来越高，或相同价格情况下使用价值越来越少，或使用价值减少的同时价格不断升高，如黄金、珠宝等。这其实就是黄金珠宝增值的根本原因。因此，在科技和管理进步比较慢的手工业时代，黄金、珠宝的价格几乎不会上涨或上涨非常慢，其增值作用并不明显。可见，黄金、珠宝的所谓增值其实是寄生增值，而不是本身价值有增长，其本质是在分享科技和管理进步创造的增量价值。黄金、珠宝的保值是相对于货币而言的，其实不仅黄金、珠宝，所有的资源和产品都有保值功能，如果货币发行方法正确，也就不存在保值一说或保值功能了（如何避免通胀通缩后有详述）。

可见，科技和管理产生的增量价值所有人都可以直接或间接地分享到，无论是引入科技的企业的劳动者、投资者和客户，还是创造该技术的个人或企业；无论是科技进步行业的劳动者、投资者和客户，还是科技未进步行业的劳动者、投资者和客户，甚至包括投机者等非劳动者。

因此，市场产品不实行等价交换是积极的而不是消极的，对个人和经济社会发展是好事而不是坏事，因为不等价交换其实促进了价值的让渡和分享，促进了社会产品价值产出与消费使用量的增加。

第六节　价格波动是由于供需不透明引起的投机造成的

科技发展原因引起的价格变动是单调上升或单调下降，还有一种原因也会引起价格变动，即供需信息不透明原因。供需信息不透明原因引起的价格变动是价格的来回波动。这是自然平衡市场经济下最常见，也是对人们生产生活造成负面影响最大的价格波动。价格波动是由于市场资源和产品供需信息不透明引起的投机造成的，供需信息越不透明，投机越严重，供需越不平衡，价格波动越频繁、幅度越大；市场越透明，投机空间越小，供需越平衡，价格越稳定。防止产品供应过剩、不足和价格波动的根本办法是实现市场资源和产品供需信息的透明化。

西方主流经济理论认为，供需变化引起价格波动。这种说法虽然十分主流和普遍，但却是不准确的，因为它没有说明为什么会出现供需变化。实际上，引起价格波动的根本原因是市场资源和产品供应与需求信息不透明，由于供需信息不透明，所以会产生生产过剩或不足，并给投机滋生创造了机会，而投机又会加重这种过剩和不足，于是就会出现价格远高于或低于成本加主流利润水平（零利润甚至是负利润）的来回波动现象。在供需信息透明、没有投机的情况下，即使出现供应过剩或不足，也是轻度的，因为供应者能够及时发现并对其供应作出调整，但是在供需信息不透明、有投机的情况下，投机者为了投机获利，会想办法隐瞒供需的信息，导致供需双方因不能及时发现供需变化情况而过度生产、减产或延购、抢购，加剧产品生产过剩和不足，从而使价格远高于或低于成本加主流利润水平。因此，市场资源和产品供需信息不透明引起的投机是造成价格波动的根本原因，防止价格波动的根本办法是促进供需信息透明化。

市场供需信息一开始是基本透明的，供需是基本平衡的，价格也是基本稳定的；但是，随着科技的发展，市场透明建设落后于交易发展所需，出现了市场不透明，供需不平衡，并造成了价格波动。市场建立之初，一种产品供应和需求的地域、人口和数量都十分有限，市场供应和需求的量，供需双方心里都基本有数，供需处于原始透明状态，比如一个村庄一天大概能消费多少斤鲜肉、熟食等。若无自然灾害、疫情、病虫害等意外发生，正常情况下，这些产品的市场价格基本上是稳定的。也就是说，原始供需状态下，产品供需是基本平衡的、价格是基本稳定的。随着科技的发展，产品供应和需求的地域不断扩大、覆盖人口不断增加，供需总量不断提高，供需由生产者与消费者直接交易变成了经过一个甚至多个第三方的间接交易，供需链条越拉越长。这就给中间商或者职业投机者创造了投机的空间和机会，他们为了确保或扩大自己的收入，利用绝大多数生产者或消费者都没有时间、精力、条件和渠道了解供需信息的特点，以商业秘密等为由刻意隐瞒甚至故意编造虚假供需信息，使生产与消费信息越来越失真，最终大家都只能跟随市场上各种不实或虚假信息跟风生产或购买，从而造成供应相对实际购买需求严重过剩或不足，生产销售商为了降低损失或迫于债务压力不惜亏本销售或趁供应不足大肆加价，这就是价格脱离“成本 + 主流利润水平”，在成本线上下波动的原因。

可见，导致价格波动的真正原因是市场供需信息不透明，如果实现供需信息透明化，就能防止价格波动。在互联网出现以前，随着市场的扩大，供需双方都需要中间商，这时实现供需信息透明化有一定难度，但是还是可能的；互联网的出现，使供需信息透明变得更加容易，成本也更低。市场供需信息透明，既包括当前和今后若干时段内的供需数量信息，也包括功能质量等信息。方法是，由政府建立公共市场平台，要求企业及时准确地发布产品供应信息，允许消费者直接向企业订购物质、文化、服务产品或发布自己的需求信息并向所有企业公开（个人隐私信息经本人授权后只能对指定企业单独开放），同时政府也向市场公开自己的资源出售或（土地）出租计划信息。在这种情况下，一部分中间商或零售商改做展示、支付、运输、储存、售后等配套服务，成为配套企业；必要的中间商或零售商依然还会存在，也同样可以赚钱，这时赚的是运输、存储、销售等服务费，不同的只是由赚在暗处变成了赚在明处。在市场透明的情况下，既不会出现供应过剩，也不会出现囤积居奇，若非特殊原因，价格一般不会出现波动，市场越透明价格越不容易出现波动。因为供应者和需求者对产品的供应量和需求量都是清楚的，所以不会造成供应者过度投资生产而使产品过剩并跌价，又由于供需信息透明的市场，成熟且充分竞争的产品非战争或灾害时是不会出现供应不足的，所以也不会造成因需求者的恐慌而涨价。此时，如果因为消费者收入增长或需求结构调整而出现需求变化，供应者就会及时调整投资与产品生产量，动态增加或减少产品供应，实现供需较稳定较充分的平衡，从而避免价格波动，保持价格稳定（随科技发展而发生的价格单调下降或因劳动主流薪酬水平和资本主流收益水平上升而出现的价格单调上涨除外）。

在战争或灾害情况下，由于资源和产品失去了市场化供应的必要条件，所以应该根据战争或灾害发生的情况和范围，在一定时期一定范围内对部分资源和产品，尤其是战略资源和生活必需品部分或全部实行临时供给制，并根据战争的结束或灾害的恢复情况逐步恢复市场供应——直到最终完全恢复为市场供应。

总之，引起产品价格变化的原因主要有两种：一种是科技发展原因，另一种是供需信息不透明原因。科技发展原因引起的价格变动是价格的单调下降或单调上升；供需信息不透明原因引起的价格变动是价格波动（以生产成本为中线）。科技发展原因引起的价格变动是有益变动，是不可控也不能控的；供需信息不透明引起的价格变动是无益变动，方法对了，是可控也能控的。

路，即使较慢的科技发展速度也能促使经济增长，但实际科技发展速度却很快，动力很大；到了共产主义社会，实现了以发展自由为核心的人的全面自由（有关内容后有详述），人们各取所需，收入差距不再影响购买力且购买力达到最大，像是几乎没有阻力的磁悬浮路，有科技发展就有经济增长，同时几乎每个人都进行的是创造性劳动，因而科技发展速度最快，动力最大——也就是说共产主义社会，不但是所有人实现全面自由的社会，也是科技和经济发展最快的社会。最近，国际货币基金组织发表的一份研究报告——《全球视角：收入不均等问题的前因后果》就证实了这个结论。该报告发现：最富有的20%的人财富增加1%，会导致五年内国民生产总值增速下降1个百分点；最穷的20%的人收入占比增加，会使国民生产总值增加0.33个百分点。但是，该报告没有也难以给出原因和解决问题的方法，本书不但会详细解释出现这种现象的原因，还将给出解决贫富差距问题的行之有效的一般方法，同时也会弥补该结论的单调和不足。比如，该结论没有显示富人收入的增加也会对国民生产总值有贡献；同时，该结论可能导致简单的劫富济贫思想行为。

不过，经济危机中出现的衰退与收入差距扩大原因形成的衰退有所不同，经济危机中出现的衰退是由于市场不透明产生的严重投机泡沫破灭造成的恐慌性生产收缩，是一种超跌状态。经济危机可以而且只能通过市场供需透明化消除投机空间和避免价格泡沫来解决（有关内容后有详述）。

第二节　剩余价值的两种类型及其产生原因

剩余价值就是银行、企业大股东和中高级管理者利用分配支配地位强行或悄然占有的本应该属于普通劳动者或资本原始所有人的一部分劳动收入或资本利润。

剩余价值并非只有劳动剩余价值一种，而是有两种：一种是劳动剩余价值，另一种是资本剩余价值。劳动剩余价值是企业大股东和中高级管理者利用收入分配的支配地位强行或悄然占有的本属于本企业普通劳动者的部分劳动收入；资本剩余价值是银行、企业大股东和中高级管理者利用分配的支配地位强行或悄然占有的本属于普通存款人、企业中小股东的部分资本利润。

这个定义与马克思的具体定义有所不同，但本质上是一致的，本定义应该更全面、更具体、更准确。从这个定义看，剩余价值更准确的称呼应该叫“被强占或秘密占有的部分劳动或资本收入”，出于习惯和方便，仍沿用剩余价值的说法。由于资本可以理解为抽象的劳动，从本质上也可叫劳动，所以两种剩余价值都看成劳动价值也没有错，但不够具体、准确，容易造成误解。

劳动剩余价值是大股东和中高级管理者多占有本企业普通劳动者的收入，是大股东和中高级管理者利用企业内部分配权——即在企业内部收入分配中的支配地位，强行或悄然多占的本属于本企业劳动者的一部分收入。劳动剩余价值主要包括两部分：一是大股东和中高级管理者利用对企业收入的分配权，不断地给自己提高薪酬，这些薪酬中除去其中创造性经营管理活动应该适当奖励的部分后，过高的那一部分所得；二是违背恰当原则，无限扩大和不断增加各种补贴和待遇，如送高尔夫会员卡、设大面积多功能办公室、住高档豪华酒店、坐头等公务舱甚至买私人飞机等。从公共管理的角度讲，这与政府管理者利用手中的权力（关于权力的问题，在下一本书详述）不合理地扩大自身利益或者腐败属于同一性质。企业管理者不断提高自己的薪酬就是利用企业管理权私自或强行扩大自己的利益，商务活动中的高消费就是少数管理者用大家赚的钱来满足个人消费——公务消费对个人消费具有替代性，其中部分替代是必要的、合理的，也有一些是不必要、不合理的。

资本剩余价值有两大产生渠道：一个是信贷渠道，包括企业（含个体工商户）贷款、信托投资、国债（含地方债）以及个人的消费贷款；另一个是现行投资渠道，即各类上市公司在证券市场公开募集资本。

资本剩余价值主要由两部分组成：一是用于再投资的企业利润，包括计提的资产折旧、资本公积、未分配利润、政府补贴和其他——这些收入都属于全体股东，应该及时分配给他们（分配以后企业如何再投资后面会论述）；二是控股股东和大股东利用其收入分配权以各种方式获得的相对中小股东每股多得到的那部分利润。

剩余价值的消除不能用直接方法，而应该用间接方法，即不能直接禁止市场以及劳动与资本的市场化，而应该通过其他方法使劳动和资本的剩余价值极大减少或基本消失。

劳动剩余价值的消除的方法是，通过建立以保底消费为核心的普惠式产品化社会保障体制，使劳动者获得与企业平等的劳动价格议价地位，以及建立以薪酬透明为核心的劳动收入分配体制（薪酬保密惯例，为劳动剩余价值和企业腐败的产生提供了更加便利的条件，应予废除），使企业薪酬按劳动贡献大小而不是职务等级，公开公平地分配。

资本剩余价值可以通过建立以代理投资为核心的实模式投资体制以及面向全民的货币发行体制来消除。新投资与货币发行体制不仅能彻底消除资本剩余价值，还能彻底解决创业企业和中小企业融资难的问题。最重要的是，它能从根本上缩小收入差距、增加社会总购买力、避免经济衰退（有关内容后有详述）。

第三节　信用投资消费模式建立的原因与困境

信用投资消费模式是为了解决规模投资资本不足或住房、汽车等大宗商品消费收入不足而设计产生的一种投资与消费模式。信用投资消费模式包括信用投资模式和信用消费模式两部分。

信用投资模式分为四类：第一类是个人或企业贷款给企业投资，如银行贷款给企业投资、信托企业贷款给企业投资、小贷公司贷款给企业投资。第二类是政府发行国债或地方债直接或通过国资委等投资执行主体给企业投资或组建新企业，如中国的国企、省企或县乡企业，新加坡的淡马锡以及欧美的国企，公私合营和政府参股企业。第三类是个人或企业购买企业股份进行投资，如中小股东或企业购买上市公司股票投资。第四类是货币发行机构增发的货币采用贷款给银行并通过银行贷款给企业投资的方式发行，这是目前一国货币发行的通常方式。第三类模式本来不属于信用投资模式，但是由于绝大多数企业不即时现金分红，实际上形成了一种成本和风险比贷款模式低得多，且更有利于股票发行机构、企业大股东和中高级管理者获得资本剩余价值的模式，所以第三类模式也可以叫超剩余价值模式，是背离股份制设计初衷，走向错误方向的变异模式。这类模式实际上是个人或企业把钱借给被投资企业进行投资，并以信用方式给予贷款方资本利润，但是不保证起码资本利润，也不保证资本金收回（可通过股票市场从新购股者手中变相赎回部分或全部本金）。

货币发行本来是一个独立问题，但是现在通行的通过央行（美国是通过美联储）借钱给商业银行用于企业贷款投资的货币发行模式，是建立在借贷投资模式基础上的一种货币发行模式，是贷款投资模式在货币发行上的一种应用，扩大和强化了信贷投资模式的问题，所以实际上成了一种特殊形式的贷款投资模式，可称为强剩余价值模式。

信贷消费模式包括两类：第一类是个人（含家庭）借贷消费，如信用卡消费、购买汽车或住房分期付款；第二类是国家（含地方政府）借贷消费模式，如中央政府或地方政府发行国债或地方债用于组织社会保障品或公共产品供应。需要区别的是，政府发行国债用于投资或组建企业是借贷投资而不是借贷消费。

信贷投资模式的主要作用：使企业能够进行大型、复杂产品的生产，促进了新技术和发明的应用、新装备和产品的产生，为改善人们劳动生产条件、降低劳动强度、提高社会生产能力、丰富产品和改善人们的生活品质发挥了十分积极的作用。

信贷消费模式的主要作用：一是使个人或家庭可以用自己的预期收入提前进

行住房、汽车等大宗商品的消费，提前改善自己的生活品质和水平；二是使国家可以在收入不足的情况下，先提供必要的社会保障品和公共产品，以为经济社会的可持续发展打下基础，从而为经济更快发展提供必要条件。

但是，信贷投资模式和信贷消费模式都是寅吃卯粮的透支行为，一种是资本透支，一种是消费透支，虽然在发展生产、改变人们劳动条件和生活品质上发挥了很重要的作用，但是都存在十分严重的负面性，而且这种负面性会越来越强化，并最终影响到经济的可持续发展，在这种模式不改变的情况下，找不到避免的方法，也看不到避免的可能。

信贷投资模式的主要问题是会产生资本剩余价值，导致贫富差距扩大，当科技发展速度减缓时出现经济衰退。在几种信贷投资模式中，国企薪酬以外的利润由于通常是上缴给政府用于购买社会保障品或生产购买公共产品，成了人们的非自主消费，所以这类企业虽然采用的是信贷投资模式，但是其资本利润并没有被银行、大股东或中高级管理者所占有，所以并不产生资本剩余价值——在管理制度没有解决好时，主要产生的是腐败。但是，当国企的中高级管理者开始占有股份或薪酬过高后，实际上就占有了资本剩余价值，这些国企中也开始产生了资本剩余价值。需要说明的是，他们也可以购买企业的股份，但是必须和市场上的一般中小股东一样，平等地用自己的收入购买。

发达的资本主义国家或地区的保险救济式货币化社会保障体系的建立，提高了企业劳动者的劳动议价能力，劳动剩余价值大幅减少，但是由于采用信贷投资模式，特别是贷款投资模式，使银行、大股东、企业管理者占有的属于储户和中小投资者的资本剩余价值越来越多，替代劳动剩余价值成为造成贫富分化的主要原因，而且更加加剧了收入差距和财富的两极分化。《二十一世纪资本论》就用大量的事实和数据证明了贫富分化的加剧，从而证明了资本剩余价值的存在。同时，慈善组织乐施会（Oxfam）在 2015 年达沃斯世界经济论坛期间发布的报告《财富：拥有全部，想要更多》显示，目前世界 1% 的人掌握的财富占世界总财富的 48.9%，而在北美和欧洲两个经济最发达的地区其比例为 77%①，也充分证明了资本剩余价值随着经济的发展（因科技发展而产生的经济发展）在持续增加，而且经济发展水平越高的地方，资本剩余价值增加的比例越大。

为什么发达国家劳动者的收入水平提高了，收入差距反而更大呢？这是因为发达国家科技的快速巨大发展极大地增加了社会价值创造的总量，劳动者的绝对收入水平虽然也有增长，但是其收入增长低于社会总收入增长，在总收入中的占比反而减小了。

---

① 达沃斯精英将面对“不平等难题”. FT 中文网. http://www.ftchinese.com/story/001060197.

目前，世界之所以迟迟走不出经济衰退，根本原因就是信息技术的爆发期已过，产生的收入增量较大减小，已经不足以克服资本剩余价值导致的收入差距扩大带来的购买力减小，即技术产生的边际消费总购买力增加（正增量）小于收入差距扩大产生的边际消费总购买力减少（负增量），二者相加后的边际消费总购买力出现下降。而之前经济之所以发展，是因为技术产生的购买力正增量较大，与收入差距扩大产生的购买力负增量相加后边际消费总购买力呈上涨状态。

信用消费等产生的主要问题：一是个人支付困难。个人消费透支过度，后期实际收入低于此前预期，或者根本就知道还不了（恶意透支），无力如期足额偿还债务，形成美国房地产次贷危机等金融企业破产倒闭问题。二是政府支付困难。政府过度借贷，实际财税收入不足以足额支付到期全部债务，而出现美国国债危机、希腊债务危机、冰岛国家破产等政府债务问题。三是不可持续。当个人或政府出现支付困难，无力支付时，就只能减免其债务，这实际上就相当于出借人把钱送给这些个人或政府使用了。如果这种问题出现的频率和比例不断上升，必然造成出借方不愿再借钱，最终这种模式也将无法再持续。实际上，很多个人借贷消费者的借贷规模都呈不断扩大的趋势，而其收入或将来的实际收入并不一定相应增加；同样，各国政府债务比例（债务与财税收入之比）更是几乎都在上升（如为了维持政府运转，美国国会不得不上调债务比例——在借贷消费模式下没有别的办法），所以无论借贷的是个人还是政府，一旦公私消费按照借贷模式形成债务依赖，最终无力还贷的概率都很高，只是时间早晚问题——当完全无力还债时就免除部分债务，再开始新的一轮借债，如此不断反复。所以，要改变这种局面，最根本的办法是改变这种公私消费模式（有关内容后有详述）。

第三章　人的需求层次与利己性和利他性的统一

旧市场经济理论的问题述要：

西方市场经济理论，主要关注的是人的利己性及利己性的正面性，而没有关注利己性的负面性；虽然也关注了利他性，但是关注不够，也没有看到利他性的两面性，因而没能把利己性与利他性有机地结合起来，导致大多数人的需求层次无法升级和各种矛盾的激化。

第一节　人需求的层次与非消费需求的激发条件

每个人都存在或潜在存在消费、尊重、尊敬三个层次的需求，但是很多人的需求可能终身只会停留在消费层次，永远不会升级到尊重和尊敬层次，原因是他们消费层次的需求选择定位为奢侈维度而不是科学维度。这里所说的尊重不是礼貌问题，尊敬不涉及信仰或权威问题。

马斯洛认为，人有生理、安全、社交、尊重、认知、审美、自我实现（超自我实现）等层次的需求。

这是人类对自身认识上的一次重大突破，但这样的划分还不够科学完善。实际上，人的需求只有消费、尊重、尊敬三个层次。

消费层次的需求，就是人进行非创造和给予性的价值使用。马斯洛所说的生理、安全、社交、认知、审美等都属于消费层次的需求。消费层次的需求又分为两个层次：生存层次消费需求和生活层次消费需求。

生存层次需求的需求项目是有限的，包括衣、食、住、行、医、教、娱、信、联、安等十项必要需求，每项需求产品的品质是合格的基本品质，量是能满足健康生存的基本量。衣，即服装饰品；食，即食品饮料；住，即日常住所；行，即交通出行；医，即防病治病；教，即知识传授；娱，即休息娱乐；信，即信仰依靠；联，即外部联系；安，即安全保障。其中，信和安是由政府直接提供，其他的主要由企业或事业单位直接提供。信用建设包括企业、事业单位、广义政府自身和个人，其中重点是企业、事业单位和政府自身，这之中，由于企业（含个体工商业者）与人们生活最直接、最密切，所以是信用建设的重中之重，而事业单位是社会良心，政府自身是信用的最后防线和信用建设的主导者。

生活层次的需求的项目是不受限的，包括当时社会能力生产的所有主流产品。生活层次消费需求又有两个发展维度：一个是科学维度，一个是奢侈维度。科学维度就是在确保质量与安全的前提下，追求实用性、效率性、节约性和性价比，即消费品的科技水平最先进成熟、性价比最佳、与人的客观消费需求最为匹配；奢侈维度就是不以满足人的客观需求和最优性价比（产品功能质量与生产成本的最佳平衡），而是以满足所谓的极致体验或占有欲为目的，对量（包括数量、重量、面积等）与个性无节制甚至是变态的追求。

尊重层次的需求，就是人不希望亏欠他人或社会，而希望凭自己的能力生存生活，以赢得他人和社会尊重的心理需求。虽然追求该层次需求的人也接受他人和社会的关心和帮助，但是他们欠债还钱、欠情还情，不希望占他人或社会的任何便宜，或者会因为占了他人或社会的便宜而愧疚或不安。但是，必需的自然资源、正常的社会保障品和公共产品消费除外。

尊敬层次的需求，就是人作为社会的人，生活在各种不同级别的集体之中，希望获得某一个或多层次集体认可与集体成员感念的精神需求。横向上，集体分为亲友（家庭、家族、朋友等）、单位（企业、事业单位、公务部门）、地方（县乡、省地、单一民族）、国家（相当于国家的地区或国家联合体）、人类（包括自然和宇宙）等多个层次。纵向，集体分为不同的行业，如工业、农业、服务业等，行业又分为大行业和细分行业，如食品加工业、机械制造业、软件开发业，种植业、养殖业、林业，餐饮业、运输业、旅游业等。纵向和横向交叉后，又可分为地方行业、国家行业和国际行业等。

尊敬层次的需求有初级层次的尊敬需求和高级层次的尊敬需求。传宗接代、造福家庭家族所追求的是初级层次的尊敬需求。为单位、地方、国家、行业、人类做贡献，追求的是高级层次的尊敬需求。尊敬层次的需求一般指的是高级层次的尊敬需求。

一个人，如果只有消费层次的需求而无尊重或尊敬层次的需求，那么这个人就只是一个自然层次的人；只有在消费需求一定程度满足的基础上，也追求尊重或尊敬层次需求的人才是社会层次的人。

一个人在生存或生活层次的消费需求满足后，都可能会追求尊重或尊敬层次的需求。在此之前，迫于生计，常常会使人“英雄气短”，放下面子（尊重）与做事的理想（尊敬），先解决生存生活问题。因此，要使人们追求尊重和尊敬层次的需求，先要让人们获得生存或生活层次的消费需求满足。

但是，一个人消费层次的需求如果选择了奢侈维度，则其需求可能永远进入不了尊重或尊敬层次——除非他的需求维度发生部分或全部转变。因为奢侈是无止境的，浪费也是无止境的，可以得到的消费层次的对比愉悦也是无止境的，所以奢侈维度的消费会使人的内心永远被消费和占有欲望占据，蒙蔽双眼，永不餍足地利用各种手段攫取物质或货币等财富，看不到人还有尊重和尊敬等更高层次的需求，体会不到尊重和尊敬需求带给人更高层次（主要是精神层次）的愉悦，从而也无法将自己的需求层次进行升级。因此，必须把人们消费层次的需求特别是收入较高者的消费需求引导到科学维度上来，只有这样，他们才能够看见和追求尊重或尊敬层次的需求。

第二节　人的利己性与利他性

人既有利己的一面，也有利他的一面，是利己性和利他性的统一体。利己性既可能产生正面作用，也可能产生负面作用；同样，利他性也既可能产生正面作用，也可能产生负面作用。

人的利己性和利他性是密不可分的，利己中有利他，利他中有利己。正确的初级利己性和利他性在根本上是一致的，正确的高级利己性和利他性是完全一致的。

决定利己性与利他性一致与否的关键在于利己和利他的方法。如果方法正确了，就能实现利己与利他的一致，在实现利己的同时实现利他或者在实现利他的同时利己；如果方法错误了，利己性与利他性就会分离，既不能真正实现利己，也不能真正实现利他。

如果利己和利他的方法都正确了，就能把利己性和利他性正面作用都发挥出来，并且把负面性都避免掉，从而使个人获得最大的快乐，社会实现和谐、快速和可持续发展。

利己性是人为了实现自我保护与发展而产生的自然人性。利己性本是一种正常合理的人性，没有利己性的人就像失去了感知能力，饿了不知道吃饭、病了不知道就医、危险来了不知道躲避，是不能生存下来的；没有利己性的人也将失去发展的动力。人们用劳动创造或把收入节余用于投资的合作与发展的方法，通过直接分配，或通过市场在与同行的和平公平竞争中分配收入并获得需求品来满足自己生存生活所需，是人用正确的方法来进行自我保护和消费需求满足，是用正确的方法利己，既对自己生存发展有好处，也对他人和社会发展有好处。

但是，利己性如果使用了错误的手段和方法，那么就会出现负面作用。比如，采用掠夺、欺行霸市、制售假劣产品、诈骗等手段，或者在进行共同创造的产品或其销售收入分配时，利用自己的分配支配地位用隐蔽或强力手段获取产品或收入来满足自己的生存生活所需，就是用错误的方法利己，不但对他人和社会发展不利，最终对自己也不利。因为，人是社会的人，任何时候总有一批人是最穷弱的人，当最穷弱的人都一批批消亡的时候，最后就会轮到最富强的人，因为再也没有人为自己提供物质、文化、服务产品了，也没有可供掠夺和占有的产品和收入了。

哺育和造福子女的思想就是人利他性最原始和最初级的表现。人的这种利他性的范围是可以不断扩展的，由造福子女到造福亲友，由造福亲友到造福地方或单位，由造福地方或单位到造福国家，由造福国家到造福人类。

但是，利他的方法并不总是正确的，如果方法错误了，就会产生负面作用，比如为了造福子女而进行贪腐，为了造福乡亲而违反法规，为了造福国家而对外侵略（第二次世界大战时的日本、德国、意大利等）。这些行为是利他的，但是这些行为本身是错误的，造成的结果也是错误的，最终既不利他人、其他地方或他国，也不利自己要造福的亲友、本地人民或本国人民，更不利社会和人类发展。

正确的利己分为初级利己和高级利己，初级利己是满足自己的消费需求，高级利己是满足自己的尊重需求和尊敬需求。

正确的初级利己与利他总体一致，但不完全一致。因为正确的初级利己是用个人或合作创造与市场交换价值的方法来满足他人和自己的消费需求，一致的地方是满足他人的消费需求的同时也满足了自己的消费需求，不一致的地方是二者之间会因为交换的比例或分配而发生矛盾，一方获得的消费价值（含其代表物货币等）比例增加会导致另一方获得的消费价值比例减少。

正确的高级利己与利他则是完全一致的。因为正确的高级利己是用个人或合作创造价值与贡献（赠与或限酬给予）的方法来满足他人的消费需求和自己的尊敬需求，满足他人的消费需求的量越大，自己获得的尊敬需求越高。即，以利他来利己，利己就等于利他，二者是完全一致的。

这就是为什么有的人（如家长、政治家等）出于利他的目的，却有可能被认为是利己，有的人（如单位或地方官员）出于利己的目的，却也可能被认为是利他的原因，因为他们本来就是同一事物的不同方面。不管别人从哪个方面看，只要做的人的方法正确就行，因为只要方法正确了，就既能实现利己又能实现利他，只是在自私者眼中看到的是利己，在非自私者眼中看到的是利他。

所以，一个人求名是十分积极的好事，应该充分肯定和鼓励，关键是必须用正确的方法，如果方法错误了就会走向反面。

如果方法错误，虽然出于利他的目的，也并不一定能真正实现利他。比如，“文化大革命”就是用错误的方法利他，即用错误的方法做正确的事——确保社会主义方向。结果，既未实现利他——让人民群众进入成熟的社会主义社会，也使毛泽东同志在国内外受尊敬的程度受到了一定的影响，甚至被一些不明就里或别有用心的人怀疑或污蔑。

改革开放和发展市场经济就是要用正确的方法利他，即用正确的方法做正确的事——确保社会主义方向。这就是邓小平同志说计划和市场都只是手段（即方法）的原理。

所以，方向或目标确定后，方法就成为事情成败的关键。方法对了，沿着目标所指的方向不断努力，就能接近并最终达成目标；方法错了，做再多的努力也不会接近目标，甚至会越来越远离目标。

方法错误，既有方法本身的问题，也有执行的问题。在方法本身正确的情况下，执行的问题主要由执行者的道德情况、能力水平与努力程度决定。

判断一种解决问题的方法是否正确以及正确程度，主要有三个要素，通过分析或统计这三个要素就能准确判断这种方法是对还是错、正确或错误的程度，以及如何改进。

这三个要素是：有效性、误伤率、成效比（成本与效用之比）。绝对正确的方法有效率接近和等于百分之百，误伤率接近或等于零，成效比小于或远小于1（即成本无限小，效果无限大）。如果触碰到以下任何一项指标：达不到预期的有效性，误伤率超过10%，成效比低于1（长期成本大于长期收益），即可判断为完全错误；如果未触碰到以上任何一项指标，且有一项指标低于完全正确的指标，即可判断为基本正确；各项指标越接近绝对正确的指标，正确性越高。

方法还分为治本之法和治标之法，前述标准是用来判断治本之法的，治标之法的主要衡量标准是有效性，在止住问题快速蔓延或剧变后，要迅速转入治本之法上来。就像面对一个病危的人，肯定是先抢救，再查原因并对症下药。

这种判断方法也可用到自然科学的方法正确性判断中，具体变为有效性、失败率、成效比三项。

造成方法错误的原因分为两种：一种是认识不足原因。如，浇水灭着火的油的错误，为防造成粮食损失消灭麻雀的错误，“文化大革命”的错误。另一种是道德错误原因。如，用制售伪劣产品的方法获利，用抢劫、偷盗的方法获取财物，日本、德国等第二次世界大战期间发动的侵略战争。认识不足原因造成的方法错误是可以且应该原谅的，这样的错误通过学习研究，提高认识水平就能走出来。道德沦丧原因造成的方法错误是不能且不应该原谅的，必须进行相应的惩罚和约束，直到其认识到自己在道德上出了问题并真心悔改。德国得到了世界的原谅就是因为后来的政府认识到了希特勒政府在道德上的沦丧，真心悔改并彻底与之决裂；日本之所以得不到世界的原谅，就是因为后来的一些政府不能认识到日本发动侵略战争是属于道德沦丧问题，不但不与之决裂，还对其进行膜拜和粉饰，其本质是在延续错误的道德。

用正确的方法不但能获得集体内部人的尊敬，同样也能获得集体外人们的普遍尊敬，如马克思、列宁、华盛顿、林肯、毛泽东、邓小平、曼德拉、李光耀等，虽然认识原因的方法错误会对其光辉产生不同程度的负面影响，但是应该而且必须分开论之，即既不能用错误否定功绩，也不能用功绩掩盖错误。用道德错误的方法会被内部道德正确（或者说有正义感）的人和外部所有人憎恨，如希特勒、东条英机、墨索里尼等，他们只可能得到内部同样道德错误的人的认同或者说是尊敬，比如，安倍晋三和日本国内外的军国主义份子；同样，极端主义头目只可能暂时得到极端主义者的认同，民族分离主义头目也只可能暂时得到民族分裂份子的认同，他们永远也不可能得到内部有正义感和其外部的人们的认同，而且他们必将最终成为所有人唾弃的对象。

实现市场经济理论突破和发展的秘密就藏在利己性与利他性各自的两面性中，看到二者的两面性，并用正确的方法实现利己性与利他性的统一，就能实现市场经济理论的突破和发展。

第三节　利己性与利他性的集体性与相对性矛盾

人是社会中的人，人的利己性与利他性总是相对一定的集体而言的，如果没有一定的集体，人就无所谓利己性，因为只有一个人，利己与利他都无从谈起。

人的利己性，总是在一定的集体中而言的。或在亲友这一集体中而言，如缺乏家庭责任感的家庭成员；或在地方、单位这一集体中而言，如中饱私囊或任人唯亲的地方或企业管理者；或在国家这一集体中而言，如只考虑本地区或族群利益不考虑国家整体发展和其他族群利益的人；或在人类这一集体中而言，如日本的捕鲸行为和东条英机政府的对外侵略行为；或在宇宙这一集体中而言，如阿凡达中想象的人类对待外星人的行为。总是这样一些集体或集体成员认为某个或某些人的言行在该集体内表现为利己性。

人不会无缘无故地利他，人的利他总是相对于一定集体而言的，并且总是只对自己认可或自认为对自己来说很重要的某一级集体及其内的个体做贡献（利他）。这种集体包括亲友、地方或单位、国家、人类等级别的集体。有的人在其他地方或国外赚了较多钱，然后到家乡或国内为乡亲们或贫困地区盖房、修路、建学校，这就是人对自己认可的一级集体（家乡或国家等）及其内的个体做贡献。有的人认为企业对自己很重要，所以愿意在既有薪酬及要求的基础上没有保留地贡献自己更多的力量与知识，以让企业发展更好，其他员工（也包括自己）最终获得更多的价值，即一个集体利益的好坏对自己的利益有正相关的影响。有的人认为亲友、单位对自己很重要，当面临他国入侵，影响自己的亲友或单位的利益或存在时，会挺身而出保家卫国，即个人愿意为了他心目中重要的集体或集体成员牺牲自己的利益。还有的人对国家有高度的认同感或认为人类和平很重要，就直接参加国内或国外的反法西斯侵略战争，如反对侵略的爱国者、国际主义战士白求恩等。

人既在一定的集体中利他，又在一定的集体中利己，在某个集体中表现为利他时，在另外的集体中又往往表现为利己，于是人在处理不同集体中的利他性和利己性时就会发生利益冲突。比如，人在用贪腐或其他不正当的方法增加家庭或家族利益时，有可能损害地方或企业的利益；某些省市管理者不惜污染水源来发展经济，会损害下游其他省市的利益；某些国家政府用侵略或霸权主义的方法来扩大本国的利益，就会损害其他国家的利益。

人在不同集体中的利他性与利己性的矛盾冲突可分为五类：一是亲友与地方或企业、地方或企业与国家、国家与人类等纵向相近两级之间的利益冲突；二是亲友与亲友、地方与地方、企业与企业、国家与国家、人类与外星人（如有将来某一天发现有的话）等横向同级集体之间的利益冲突；三是纵向之间跨级的利益冲突；四是横向之间跨层的利益冲突；五是纵横交错的利益冲突。对于每一个人而言，其所面临的不同集体关系的利益冲突的具体数量，通常自己也很难尽数。

第四节　人处理不同集体之间及一个集体内利益的方法

那么，面对如此复杂和众多集体关系中的利他性与利己性利益冲突，人应该如何正确处理呢？办法就是用处理某一个集体内不同成员利益的方法来解决。比如，处理亲友之间利益，就放在亲友这个集体中；处理单位成员之间的利益，就放在本单位这个集体中；处理地方与地方之间的利益冲突，就放在国家这个集体中；处理国与国之间的利益，就放在人类这个集体中。

人处理一个集体内利益的方法有七种，而正确的方法只有三种，并且在具体的条件下，正确方法只有唯一的一种。这里主要以国家这一集体来举例说明，其他集体可以类推。

第一种，存量博弈。即，采用弱肉强食、马太效应等基于自然法则的博弈方法分配集体内的存量价值。

第二种，存量公平。即，采用平均或按贡献等公平的方法分配集体内的存量价值。

第三种，存量自取。即，采用按各自客观需要，适量自主取用的方法分配集体内的存量价值。

资源型国家，如果一直依靠资源过活，处理内部利益关系，通常采用以上三种方法。

以上三种方法都是不可取的错误方法。因为任何集体的存量价值都是有限的，如果不发展增量价值，无论采用哪种分配方式，无论分配公平自由与否，再多的存量价值也会坐吃山空，最终导致该集体走向衰亡。

很多生物为什么会灭绝，根本原因是他们只会依靠既有资源生活，不会发展增量价值，能利用的既有资源最终被耗尽，它们就只能走向灭绝。

第四种，存增博弈。即，让集体内发展增量价值，并且用博弈的方法来分配这些增量价值。这种方法又包括存博增博、存公增博、存自增博三种子情况。这种方法会导致内部分配不公和相互消耗而影响增量价值发展能力，同时还会使弱势者不断消失，最终所有个人和集体也会消失。这种方法也是不可取的错误方法。

这就好比在一个无政府的集体内，虽然也发展市场经济，但是不制定和实施促进公平的规则，人们完全凭实力（含武力）或骗术任意分配人们创造的新价值，导致从事价值生产创造的人不敢或不愿意进行价值的生产创造。

目前的世界就是一个接近无政府状态的世界。美国很想并且事实上在领导世界，这本是一个为世界做贡献的好事，但是它却用了增量博弈的方法，所以结果事与愿违。

以美国在处理中国与部分周边国家领土争端中所扮演的角色为例，中国与周边的领土争议属于外国侵略造成的历史遗留问题的解决，按照正确的方法——用公平原则解决问题，美国应该支持中国收回一切被别国侵略占有的土地（如钓鱼岛），被别国借他国侵略之机不法强占的土地（如藏南），以及被别国强行租用的土地（如港澳），并应敦促这些国家无条件归还这些属于中国的领地。但是美国作为无政府世界的事实上的领导者，其采用了博弈的方法而不是公平的方法来处理国际事务，这是造成中国和部分周边国家出现边界争端以及东亚地区局势比较紧张的根本原因。

世界并不缺正义（正义的有关问题，在下一本书中详述）的声音，缺的是实现正义的正确方法，以及维护正义的力量还不够强大。

在利他问题上，方法决定一切，方法错误，即使有利他之心甚至为此付出损失，也不会有正确的结果——不会实现真正的利他和利己。事实也是如此，美国想维护世界和平和公正，这个目标和方向世界人民和美国人民都是欢迎的，但由于方法错误——采用了增量博弈的方法，结果美国人付出了金钱和生命，但是谁对美国都不满意，包括美国人自己。伊拉克、利比亚、阿富汗、乌克兰、缅甸无不如此。

第五种，存增公平。即，既用公平的方法对集体内未公平分配的存量价值进行公平分配，又发展增量价值，并且用公平的方法分配这些增量价值。

比如，用革命的方法推翻价值分配不公的旧政权，建立新政权，先用公平方法分配存量价值，又发展生产，用公平的方法分配增量价值。

这种方法只适用于先进政权取代落后政权时期。如共产党领导推翻国民党在大陆的统治后，进行社会主义改造并发展社会主义经济。

第六种，增量公平。即，对集体内的存量价值分配是否公平不予考虑——除非是违法所得，主要发展增量价值，并用公平的方法分配增量价值。这样，随着时间的推移，增量价值的分配不公会不断被稀释，最终实现总体分配公平。这种方法含存博增公、存公增公、存自增公三种子情况。

比如，一个国家通过改革已经发展出一部分存量，但是由于对可能的分配不公平考虑和规避不足，出现了新的分配不公平，对于这些已经出现的分配不公（非法所得除外），不再进行公平化再分配；而是针对出现的问题进行新的改革并堵塞漏洞，同时继续发展增量价值，并用公平的方法分配增量价值。此时，就会逐步稀释原来的那部分不公平分配的存量。新的增量增加越快、量越大，对不公平存量的稀释速度越快、效果越明显。

这种方法适用于执政党主动主导的没有现成经验的开创性改革。

第七种，存增自取。即，在集体内发展增量价值，然后用各自根据自己科学维度消费需求自取所需价值的方法进行价值分配。这种方法包括增量自取和存自增自两种子情况。这种分配方法类似于吃自助餐（随便吃，管饱，但是不能浪费，不能拿走），只是吃自助餐每个人出的钱是一样的，而这种方法中每个人是各尽所能，相当于出的钱不一样。但是能力高贡献大的人获得的尊敬度高，能力低贡献小的人获得的尊敬度低，没有劳动能力的人得不到尊敬——但是人们会保持对其的关爱与人格上的尊重。

比如，一个国家通过改革不断发展增量价值，同时通过正确的理论发展和改革把人们的消费需求引导到自觉进行科学维度的消费上，并使每个人都从各自的兴趣或使命出发形成发展自由，在此基础上建立类似自助餐的存增自取分配方式——即在既有技术条件下按最高标准提供各种消费品，个人按自己身体科学维度的客观需要自己预定取用，但不能浪费，不能占有，也就是“各尽所能，各取所需”。当然这种“自助餐”随科技的不断发展，“菜”的品质水平会不断提高、种类会不断丰富。

这种方法适用于成熟社会主义国家发展到一定阶段以后，即共产主义阶段。

发展增量价值的兴趣或使命就是发展自由。发展增量价值的兴趣通常是在学习或生产增量价值的过程中因为获得了对比愉悦（有关内容后有详述）而逐步产生的。比如，某人学习绘画或数学比别人画得更好、正确率更高或进步更快，那么他就可能对绘画或数学产生兴趣；同样，一个人在做菜或写文章中做得更好、写得更好或进步更快，他也可能对做菜或写作产生兴趣。消费兴趣、赌博兴趣、投机兴趣、盗抢兴趣等，不产生增量价值，这样的自由应该受限（如消费自由应限制在科学维度之内）或消除（如赌博、投机、盗抢等兴趣）。使命，是为解决某一个集体内的某方面的问题而志愿进行创造性活动，如看到国家被殖民而领导反帝、反封建革命，看到国家被侵略而领导抗击外来侵略，看到体制落后影响经济发展而推动改革，看到人们思想迷茫或方法不当而进行理论研究，看到科技或生产落后而进行技术或实业报国，等等。使命不以获取个人利益为根本目的，但并不排斥个人通过正当方式获取合理利益。在追寻使命的过程中，方法的错误往往成为成败的关键，因此怀揣使命的人要特别注意和经常检视自己的方法是否正确，否则可能造成好心办坏事。

其中，发展增量价值必须而且只能通过发展科技（增加知识、提高技能、改进工具、创新产品等）和改善管理（实现生而平等，促进竞争公平、分配公平、发展自由等）来实现。

第四章　价值的类型与产品价值分配利用的原则

旧市场经济理论的问题述要：

西方市场经济理论，虽然也关注价值分配和利用问题，但是没有从价值性质的角度来解决这个问题，没有区分损耗型价值、放大型价值、整体型价值，也没有发现三种类型的价值需要分别采用不同的分配方式才能实现价值的公平分配与最大化利用，因而没能解决好价值的公平分配与利用最大化问题。

第一节　价值的本质与来源

什么是价值？价值就是直接或间接对人有用的事物。所以，事物对人的有用性就是价值。

事物对人的有用性包括直接有用性和间接有用性。对人的直接有用性是消费性价值，如空气、水、阳光、治安、食品、服装、房屋、休闲等，有些原材料也属于直接有用价值，只是经过了加工或合成，比如手机塑料或金属。对人的间接有用性是工具性价值，如锅灶、锄头、扳手、光合作用、哲学、经济学等。

价值从来源情况看，有天然存在的价值和劳动创造的价值两种类型。大然存在的价值就是自然资源，如土地、矿物、生物、空气、流水、阳光、昼夜交替、四季轮换以及其他各种物质的运动规律；劳动直接或间接创造的新生增量价值就是产品，如水稻、汽车、住房、舞蹈、演唱、教育、运输等。机器人创造的或自动复制产生的增量价值是人间接创造的价值，是劳动创造的价值的一种发展形式。

自然资源，简称资源，是自然存在的物质和客观存在的规律的总称。因此，资源不仅包括自然物质，也包括客观规律。有很多自然物质是人类生存生活离不开的，比如土地、水、阳光、空气等非生物，细菌、天然物种等生物。人类本身也是一种资源，体力和智力都源自于人，没有人就无法认知规律，也无法生产各种产品。客观规律也是人类生存生活需要应用的原则，比如根据昼夜作息、根据冷暖穿减衣服、根据季节耕种。客观规律包括自然规律和人类社会发展规律。人们掌握的自然规律越多，可以利用的自然物质资源的种类、范围和数量就越多，因此物质资源的内容是相对变化的，它随着人们对自然规律资源掌握量的增加而增加。

人不能凭空生产价值，任何价值的生产都要直接或间接依赖一定的资源，或者是某种物质，或者是某种规律，或者两者同时依赖，否则创造不出价值，因此资源是产品的基础，也是一切价值的基本构成元素。

劳动产品，简称产品，是经过人的劳动作用，用以满足人的某种需求的有价值的事物。劳动是为了直接或间接满足自己或他人的某种需求而进行的某种价值创造的个体或集体的思想或行为活动。一种活动，凡是以价值创造为目的进行或创造出了价值就是劳动；反之，一种活动，不以创造价值为目的进行或无法创造出价值就不是劳动，比如，投机、赌博、偷盗、诈骗等。劳动可以是直接劳动，也可以是通过机器人进行的间接劳动。所以，劳动产品也分为直接劳动产品和间接劳动产品。

产品的价值是事物能直接或间接满足自己或他人的某种需求的性质。如果该事物不能满足人的某种需求，那么这些事物就不能称为产品。比如，某企业造出一批冰箱，由于未知原因的故障不能工作，那这些所谓的冰箱就没有价值，就不能称为产品。又比如，漫无目的地割草，惩罚性地要一个人把一堆砖块来回地在东边和西边搬来搬去，没有目的地利用重力原理把水背到高处又让它流下来，也都不是在生产产品。

产品的价值往往都有特定的需求对象，某种产品的价值并不是对所有人都有价值。比如，广东生产的一款手机，被运输到了北京，这种运输服务对广东当地人来说是没有价值的，因为他们能很方便地在本地买到，但对于北京人来说就是有价值的；又如，近视眼镜，对近视者来说是有价值的，对不近视的人来说就是没有价值的；再如，建筑机械对建筑企业是有价值的，但对于服装企业就没有价值。

产品的来源有四种：第一，被人的劳动作用过的物质资源。天然存在的物质不是产品，但是天然存在的物质通过人的劳动作用过之后，就成了产品。矿石、果子、野兔在自然界中天然存在，它们不是产品，只有被人开采、采摘、猎取或搬运后才会成为产品。因此，即便对自然资源不进行新的创造，而仅仅是以满足或服务于满足人的某种需求为目的，通过开采、采摘、猎取或搬运，改变其形状和位置，也是在生产产品。第二，被人劳动作用过的规律。规律是客观存在的，但如果不加以研究，人们就无法利用，因此规律首先需要被人认识。被认识的规律就是产品，即便只是部分正确，也可称为产品。认识规律就是在生产产品，产品的成败和好差与对规律认识的准确性有关。第三，人们运用物质产品或规律产品进行的各种创造。比如，把铁矿石加工成钢板生产汽车；根据人的惰性本能和竞争对人的激发作用，设计竞争制度激发人的积极性和潜能；利用木材、钢铁和杠杆原理设计出杆秤；对自然现象、社会现象及其规律进行某种形式的再现与想象——艺术、历史、文学、影视等。因此，产品也是利用既有产品和其他事物创造的新产品。第四，人们生产的产品创造的产品。自动机器人就是人劳动创造来创造产品的产品，自动机器人创造的产品也相当于人劳动的产品，只是它不是直接劳动产品。

产品的价值包括资源价值和劳动价值两部分。比如一桶饮用纯净水，就包括天然水的价值，以及净化和运送的价值。搞一个滑水的游戏，重力是这款娱乐产品的资源价值，设备是其劳动价值。劳动价值是劳动创造的新增价值。

资源随着被不同劳动的作用，可以形成多级产品，每一级产品都产生一定的劳动新增价值。规律资源被发现就成了产品，被用以设计出某种产品，又成了新产品。比如万有引力被牛顿发现，就成了他的理论产品，被用来设计出卫星，就成了卫星公司的产品。规律资源是一种可以反复无限次或无限多人同时使用的资源。物质资源被发现属于一级产品，被开发属于下一级产品，被做成原料是一级产品，被做成成品又是一级产品。比如，发现铁矿石被勘探出储藏信息是一级产品，被开采出来变成矿石送到钢厂又是一级产品，被炼成钢材送到汽车厂又成再下一级产品，汽车厂生产出汽车又成更下一级产品。很多资源的下级产品不仅有多级产品而且还有多个品类的产品。比如，钢材就有造车、造船、造房等很多产品品类。无论是规律资源、物质资源还是二者的混合，每一级产品都是在资源的基础上产生一定的劳动新增价值。

发展经济的本质就是多创造价值，经济发展的过程就是价值创造量不断增加和价值创造能力不断提高的过程。

第二节　价值有正负两种性质

事物不仅仅对人有用，也可能对人造成损害，或者对已经对人有用事物的价值造成减损，事物的这种性质就是负价值。因此，价值有正价值和负价值两种性质，人的正能量行为一般产生正价值，人的负能量行为一般产生负价值。正价值，通常简称为价值。

正价值和负价值都包括自然资源的价值和产品的价值，其中正价值为自然物质资源、正常自然规律、合格产品和正确管理；负价值为自然灾害、生产消费事故、问题产品和错误管理。另外还有一种相对负价值的概念，它本身既不是资源也不是产品，而是管理中的一种特有的现象（有关内容后有详述）。

广义的产品，从形式上分为三类：物质、文化和服务。

物质产品是一种可以独立存在的产品，如食品、服装、房屋、车船等。

文化产品是一种借助一定介质存在的产品。包括生物介质（人脑记忆、肢体等）和非生物质介质（纸张、磁盘等）。文化产品有四种含义：一是文艺，二是文娱，三是知识，四是文明。文艺，是用来进行心理消费的创造，如音乐、小说、影视。文娱是在文艺的基础上，增加了游戏活动、体育比赛、电子游戏等用于身心消费的创造。知识，是人类已知的一切现象和规律，包括科学知识和文娱知识。科学知识，包括自然科学的理论、发明创造、生产方法和发展历史，社会科学的理论、制度设计、管理方法和发展历史，工具科学（语言、文字、数学、逻辑、哲学等）的理论、应用模型、运用方法和发展历史。文娱知识，是指文娱产品的设计制作、实施方法和发展历史，但不包括文娱产品的内容本身。文明，是知识及其所影响的行为习惯、文娱内容、物质产品遗存的集合。产品所指的文化指的是文明，而不仅仅是文娱。文化是一种通过储存和传播实现的价值，主要有三种储存传播方式：一是通过人储存传播，如人的记忆、语言、肢体、评书、戏曲、舞蹈等；二是通过专用储存传播介质传播，如竹简、纸张、磁带、磁盘、报刊、广播、电视、网络等；三是通过产品应用储存传播，如建筑、服饰、器具等。在不同的语境中，文化所指的含义的层次是不同的，需要根据具体语境作出判断。比如，“购买文化体育用品”中的文化，指的是文艺；“某单位的文化活动搞得丰富多彩”的文化，指的文娱；“某个人有文化”中的文化，指的是知识；“中华文化”的文化，指的是文明。

服务是一种即时存在的产品，只能随需提供，不能单独存在，也不能储存。服务分为一般服务和管理服务两大类。

一般服务，简称服务，是为了满足或更好地满足个人或集体的某种需求而进行的辅助或帮助活动。一般服务分为消费服务和生产服务，每一种服务都包括自我（含本集体）服务和对外服务。个体的自我服务是无偿的，集体的自我服务是要付薪酬的。无论个体还是集体的对外服务通常都是有偿服务，分为商业服务和非商业服务，商业服务的服务费包含薪酬和利润，而非商业服务的服务费不包含利润，如公立学校等事业单位提供的教育服务或军队提供的国防安全服务。

管理服务，简称管理，是为了让某一由人组成的集体实现某种目标而授权管理者对集体部分或全部事务进行的决策与执行（落实）的活动。管理服务都是为单位内部的服务。

如果管理服务变成对外服务，则会转变为一般服务，主要有两种情况：一是对他人私人事务或他人生活中物的管理，比如旅游交通吃住等的安排、财产或宠物看管；二对其他集体（含个体生产者）生产中人或物的管理，比如，人员纪律培训、设备的管理维护、软件的管理维护等。

随着科技的发展，部分服务可能转化为物质产品，如洗衣服务变成洗衣机，教育服务变成视频教程，部分决策活动利用计算机辅助进行，管理控制变成监控或打卡。

广义的生产是一切个体或组织的劳动活动，包括物质产品的发明、设计、制作、管理、运输和销售，文化产品的创造、管理和传播，服务产品的设计、管理和提供。

很多产品是几种形式产品形成的综合产品，如运输、餐饮、旅游、网络等。

产品的基本要求是合格，合格有客观合格和主观合格两种。人们通常所说的合格产品指的是客观合格。生产单位（含个体生产者）所确定的合格标准是主观合格，主观合格的标准可能高于客观合格的标准，也可能低于客观合格的标准。高于客观合格标准的产品是高品质产品，低于客观合格标准的产品是不合格产品。

产品的客观合格标准，是指物质产品使用安全、品质可靠，思想、制度、管理、知识、娱乐、文物等文化产品符合正义导向（比如，法西斯及属于同一性质的军国主义的文物不正确的存放和研究就是文物的非正义导向），服务产品对需求者安全有效。

产品客观不合格的标准，是指物质产品不安全或无效，如工业酒精兑的酒、没有营养的婴儿奶粉、填充面粉的胶囊药；娱乐产品导向非正义，如，宣扬迷信暴力、颓废、奢侈的影视作品，损害健康的体育活动等；思想产品背离正义原则，如极端思想、邪教思想、民族分裂主义等；制度设计引向非正义方向，如，法西斯主义制度、军国主义制度，扩大管理者与员工收入差距的企业制度；管理行为导致正义丧失，如，司法机构非法拘禁，企业采用包身工式管理等；服务产品不安全或无效，如，不执行安全规则的客运服务或明知没有效果却依然进行的美容服务等。

自然物质和自然规律的负价值并不一定是真的负价值，随着人们认识和利用水平的提高，负价值可能变成正价值。湿地过去被人们认为是没有什么用的，后来人们认识到它是改善环境很好的资源；石油最早被人们认为是有害的物质，破坏土壤还可能导致火灾，当人们会利用石油之后，它就变成了人类十分重要的资源；昼夜更替，人们可能认为是没有意义的，但它却对生物本身的生息有利；物质腐烂，人们可能认为是有害的，但没有腐烂世界早已垃圾成山。现在，有一些自然物质和客观规律人们认为是有害的，或许将来有一天，随着对其认识的加深并找到正确的利用方法，它们又会变成资源。

理论、制度和管理错误造成的负价值的性质是不可能改变的，但是它却是人们在通向正确发展道路的过程中很难避免的错误。犯错误并不是最可怕的，最可怕的是不承认错误、忘记错误或不断重复错误。

承认错误和牢记错误并不容易，找到错误的原因和走出错误的正确方法就更难。比如，日本犯了军国主义的错误，但却一直遮遮掩掩，不能以对自己国家和人类负责的精神勇敢而大方地承认所犯下的错误。不能承认错误就不会去寻找错误的原因和避免错误的正确方法，从而很难避免重复错误——除非其一直没有机会重复错误。

即使承诺和牢记了错误，要避免错误也并不容易，因为要找出错误的原因和避免错误的方法往往更难，所以人类不是不会重复错误，而是常常反复地重复错误。

比如，从1720年南海泡沫算起，到2008年金融危机，世界各地的经济危机加起来已有数十次。不是各国政府没有看到过去的错误——社会达尔文主义的市场经济导致衰退和经济危机，而是人们不知道错在哪里——普遍认为市场经济下的经济衰退和经济危机是不可避免的，所以只能一直重复过去的错误。这就像一个走入迷宫的人，在真正研究透迷宫之前，很难走出去。

第三节　价值的三种类型

无论正价值还是负价值，从价值的特征上看都有三种类型：一是损耗型价值，二是放大型价值，三是整体型价值。

损耗型价值的价值量是有限的，其价值会随着使用或消费而立即或逐步消失，甚至不使用不消费也会随着时间的推移而消失。正价值，如石油、煤炭等资源，粮食、汽车、房屋等物质产品，现场歌曲舞蹈等文化产品，运输、导游等服务产品。负价值，如毒品、武器、宣扬负面行为的演艺、赌博服务等——这些价值本身是负价值，但在正确的人手中可能会产生或保护正价值，比如医生用毒品镇痛，军警用武器御敌或打击坏人，学者寻找宣扬负面行为的演艺成因和正确的消除方法，管理者将赌博所属的游戏变成单纯的脑力体锻炼。

损耗型价值又分为即用型价值、消耗型价值和磨损型价值。医疗、教育、旅游、通信、餐饮、赌博服务等服务属于即用型价值；食品、饮料、化妆品、原材料、毒品、现场的恐怖演艺属于消耗型价值；衣服、车辆、房屋、设备、武器属于磨损型价值。但是，现实中的很多损耗型价值并不是单纯的，而是几种价值的结合，比如餐饮服务中有食品等消耗型价值，服装、车辆等磨损型价值也包含有运输和销售等服务（即用型价值）。

放大型价值的价值量是无限的，这些价值本身的价值不会因为使用而损耗，也不会因时间的推移而消失。它们的放大主要有三个方向：一是在空间上增加数量，如指南针被发明后，通过复制，在数量上不断地增加。二是层次上的纵横延展，如哲学向自然科学和社会科学延展，理论向发明创造和制度设计延展，中央政府内外政策会在国内各级各地、各企事业单位或国际各国之间延展，企业的决策在企业内各级各部门中延展。三是在时间上不断延续，比如土地的生命具有无限性，其所产生的价值随时间的增加而不断地增加。有些放大型价值并不仅仅限于一个方向放大，如政府政策不但在层次上延展，在时间上也会有或长或短的延续。

放大型价值又分为可替代性放大型价值和不可替代性放大型价值。土地、阳光就是不可替代性放大型价值，食品、服装、房屋、车辆等都是可替代性放大型价值。可替代性放大型价值的替代性有快有慢。一般来说，一种价值的替代周期越短，其能够产生的价值量越小。比如，磁盘出现后，很快被 U 盘取代，磁盘被替代的周期短于 U 盘，其所产生的价值量就小于 U 盘。不可替代放大型价值并非绝对不可替代，放在整个宇宙和人类发展的历史长河中看，也可能会被替代，比如阳光和地球。

因此，放大型价值的价值量虽然具有无限性，但其实也有大小之分，其大小主要从应用范围、扩展层次和延续时间上来区分。

放大型价值还分为资源性放大型价值和产品性放大型价值两类。土地、阳光、空气等都是资源性放大型价值；言语、理论、制度、管理都是产品性放大型价值。

放大型价值从与消费远近的角度，分为消费性放大型价值和工具性放大型价值。文娱作品是消费品。很多文娱作品，如唱歌、跳舞、演戏、体育比赛等一开始并不是放大型价值，随着音像等虚拟、复制技术的出现才成为消费性放大型价值。消费性放大型价值只能通过复制进行倍数放大，不能再进行层次放大，因为它已经是最后层次的价值。非消费性放大型价值本身就具有放大性，且越远离消费性价值，放大的层级和倍数越大（因应用越广泛）。所以工具科学理论和方法的价值放大性大于社会科学、社会科学理论和方法的价值又大于自然科学。但是没有后面的人运用，前面的价值就不能被实现和放大，就不能最终产生价值，所以彼此之间是不可或缺的。

工具型价值是放大型价值的一种，其价值的放大性（或最终价值实现量）取决于人们的运用，包括运用的人数与单位人口运用其所创造的价值量。而人们是否运用该工具又取决于三个因素：一是价值性。即，通过该工具能够得到或实现的价值。二是简易性，即该工具使用起来是否更简单易用。三是使用该工具的人数。即使用该工具的人越多，人们越倾向于选择该工具。其中，价值性是决定因素，哪怕其他工具更具简易性、使用的人更多，但是只要有一个工具的价值性更高，人们都更倾向于选择价值性更高的那一个工具。比如，英语之所以成为世界语，就是用英语创造出的价值，特别是自然科学的价值相对其他语言更多更大。因此，汉语要取代英语就必须使将来人们用汉语创造的价值超过将来人们用英语创造的价值。在价值性一定的情况下，简易性是决定因素，因为使用的难度越小人们越愿意选择，也有越多的人能掌握和使用。比如，人们选用莱布尼茨而没有选用牛顿的微积分，简化字取代繁体字，Windows 操作系统取代 Dos 操作系统。在价值性和简易性一定的情况下，使用人数是决定因素。首先，一种工具使用的人数越多，说明这种工具的价值可能更高（比如功能更强大）或更简单易用。因为人们总是希望对某种价值的价值性和简易性的判断方法越简单越好，而使用人数是最简单的判断方法——但并不总是准确。其次，使用的人数越多，相关的产品越多、维护的便利性越高。比如，很多人买车，通常会考虑该车的市场占有率，市场占有率越高，维修越方便，价格也越便宜。

整体型价值，是局部较小价值的变化可能导致一个集体该种价值重大损害或全部丧失的价值。整体型价值如不能正确守护，即使局部很小的负价值也会造成整体价值的巨大损失，当局部负价值积累到一定程度或出现关键性局部负价值时，就会导致整体价值的完全丧失。

整体型价值主要包括三类：一是法规，包括国家、国际、地方的法律，企业、事业单位的规章，政党、社会组织的纪律等。实现和守护法规整体型价值的原则是：法规科学、便于监督、发现必究、公正执法、合法执法。二是安全，包括个人人身和财产安全、企业的资产安全、国家的主权安全。其中，国家的主权安全包括国家的领土、领海、领空完整，主权独立——本国的一切政治力量不受外国任何力量的左右和控制，一切政治、法律、经济管理事务由相应机构完全自主决定，但是可以主动了解学习外国的政治、经济、法律等，并完全自主决定用与不用以及如何用。三是形象，包括个人、企业、国家及其他各种组织。形象就是个人或集体过去的言论与行为给其他个人或集体的整体印象，是外界对其的总体评分，这种评分既可以是正分、也可以是负分，它由个人或集体言论与行为的价值取向和方式决定。价值和行为取向正义的得正分，价值和行为取向非正义的得负分。无论个人还是集体，都可能既有取向正义的言论和行为，也可能有取向非正义的言论和行为，取向正义的言论和行为每增加一点，就会使整体形象价值大量增加，取向非正义的言论和行为每增加一点，就会使整体价值大量减损，取向非正义的言论和行为积累到一定程度，就会使整体形象价值大量减少，或者一个关键的行为也可能导致整体形象由正变负或由负变正。比如，公职人员或公众人物公开发表民族歧视、宗教歧视、性别歧视的言行；又如，吸毒之于名人，三聚氰胺之于乳企；再比如，周处之于乡邻，蒋介石在“西安事变”后与共产党结为统一战线共同抗日。

第四节　不同类型产品价值的分配利用原则

任何价值的分配都应按照公平和最大化利用原则来进行，无论资源的价值还是劳动产品的价值。其中产品分配还要考虑对生产的影响，按照公平和最大化利用原则分配与最大化地调动生产者的生产积极性是完全一致的。即，如果对产品及其销售收入按照公平和最大化利用原则分配，就能最大限度地调动生产者的积极性；反之，最远离公平和最大化利用原则分配，就越影响生产者的积极性。

目前世界上绝大多数国家所进行的分配都是社会达尔文主义的非公平分配，所以导致了贫富差距不断扩大、经济衰退、经济危机和经济发展不可持续等各种各样的问题。

公平的劳动产品及其收入分配既不是按随机、先占、力量、等级等自然原则分配，也不是按有效劳动时间或必要劳动时间分配，而是按劳动创造的产品的性质类型与劳动的结果来分配，根据既已创造或正在创造的价值情况，损耗型价值按劳分配，放大型价值按需分配，整体型价值按劳与按需分配相结合。

一、损耗型价值按劳分配

损耗型价值按劳分配，就是集体化劳动生产中，个人创造的达到合格标准的损耗型价值越多，或者在达到合格标准的损耗型价值中个人的劳动贡献越大，获得的产品或销售利润分配越多。比如，一个陶器厂的工人，做出的符合该厂出厂标准的陶器越多，收入应该越高；一个销售员，销售的产品越多，收入应该越高。又如，一个饭店中，炒菜是关键性劳动，在合格的菜品这种损耗型价值中的劳动贡献最大，所以其收入应该更高。

按劳分配，并不是参加劳动就有分配，而是其劳动的产品中自己劳动的那一道工序必须合格才能得到分配，否则就是在浪费材料、白白磨损设备、浪费水电、耽误时间，不但不能得到分配，还应该扣取一定的收入，以增加其责任心和技能。

损耗型价值分配对象主要有三种类型：一是自产的产品，如，部落集体采摘并用于分配的野果子，自给自足的庄园里的人生产分配的产品、生产队社员共同生产和分配的农产品。二是交换的产品。如，两国易货交易后分配的产品。三是销售利润。市场化越充分，越多地分配采用利润分配的方式进行。

利润本质是人们创造的物质、文化或服务产品去除成本后的新增价值——但由于市场交换中的各种因素的影响，二者通常并不完全相等。投机收入不是利润，因为它没有产生新创造的价值。

二、放大型价值按需分配

放大型价值按需分配，实际是放大型正价值按需分配（负价值如何分配本书不作研究），就是个人如果是在进行放大型正价值创造，那么就对其进行科学维度消费需求充分满足的分配，在此基础上进行纯粹的成就激励，只考核个人产品创造的价值大小（含多个放大型价值相加后的价值大小），并据此来决定个人的去留和升降，认定个人的人生价值大小和历史位置。其中，科学维度消费需求充分满足的分配，就是个人的收入足够满足其与科技发展水平相适应的高水平但非奢侈浪费的衣食住行医教娱等各种生活消费所需。

放大型价值创造适合那些以成就为主要追求，希望个人人生价值最大化实现的人，而不适合那些只有消费追求的人，其中成就不是职位的高低，而是所创造的放大型价值的重要性与可能产生的价值的大小，即该价值对个人、国家、人类产生的作用有多大，传播范围有多广，传播层次有几层，传播时间有多长。

放大型价值分为商业性放大型价值和非商业性放大型价值。商业性放大型价值，就是企业商业化生产销售的放大型价值，这种形式生产的放大型价值，要限制总交易期限或交易总额，其个人收入可能超过也可能低于科学维度的需求标准。非商业性放大型价值，就是事业单位或政府创造的公益性放大型价值，生产出来后完全免费且最大化地提供给全体民众使用或消费，其生产者的个人收入应等于科学维度的需求标准。科学维度的需求标准是有余度的，即要考虑到随着科技的发展，产品种类的增加或产品水平的升级。

同一种放大型价值，既可以商业化生产，也可以非商业化生产，关键看生产者更看重什么，自己选择哪种方式。无论商业化生产还是非商业化生产，生产者生产出第一个有足够价值的放大性价值之前，只能拿基本薪酬（低于主流劳动者收入，略高于最低工资），即，生产者只有在生产出第一个有足够价值的放大型价值之后，才能拿最高薪酬，并补足之前的全部薪酬，以防止有人滥竽充数。但是已经生产出了有足够价值的放大型价值的人除外。

虽然放大型价值生产者的贡献是巨大的，必须无条件地充分肯定，但由于以下五大原因，他们的收入应该有限制：

第一，决定放大型价值生产者生产的价值的价值量大小的是价值本身的性质。通俗地讲就是种瓜得瓜、种豆得豆。因为放大型价值生产者生产的价值之所以很大，不是因为他们付出的劳动一定更多，而是这种价值本身有放大性，所以价值能不断放大。也就是说，他们生产的是吕洞宾的点金指（诀），而不是金子本身。实际上，放大型价值生产者付出的辛劳不一定就比损耗型价值生产者更高——当然主要是劳动的方法不一样，一个主要是脑力劳动，一个主要是体力劳动。一个农民种水稻，付出很多辛劳只能收获一季，另一个农民栽核桃树，一次栽下去，几年后就可以年年有收成，是种的东西本身的性质决定了两个人的辛劳程度与价值产出的大小。影音能生产放大型价值，不是因为演职人员的原因，而是因为影音的可复制性质和复制技术的出现。水稻不可复制，所以不会产生放型大价值，在复制技术出现前演员也是演唱一次才能有一次的收入，练功和演出都很辛苦，收入也不高。

第二，放大型价值生产者具有替代性，不能因为先生产出来了就独占和排斥他人。如果马克思不发现历史唯物主义，其他人也会发现；如果马斯洛不发现人性需求理论，其他人也会发现；如果莫斯科公司不设计出股份制企业，其他公司也会设计出来；如果爱因斯坦不发现相对论，其他人也会发现；如果伦琴不发现X射线，其他人也会发现；如果贝尔不发明电话，其他人也会发明，只是时间会推迟，而且不确定会推迟多久。

第三，放大型价值生产者收入过高不利于社会可持续发展。对知识产权的保护虽然在一定程度上激发了个人的创造力，但是对其过度保护，或给这些生产者过度的分配会导致这些价值得不到及时快速和普遍的应用，造成贫富差距扩大。因为在机器全面取代重复性劳动，大多数人都从事创造性劳动的共产主义社会之前，社会上占绝大多数的人创造的是损耗型价值，进行的是按劳分配。由于时间和生理限制，按劳分配所能分配到的收入是十分有限的，再加上各种明显不公的克扣，其收入就更少；而社会上放大型价值产品或具有放大型价值因素的产品很多，如果人们要为每一种放大型价值都付很高的使用费的话，其有限的收入就只能用来购买最重要最急需的，其他的只能放弃，这就导致了很多放大型价值长期无法普及和使用，比如本身是放大型价值的教育课程（慕课的出现有望一定程度地改变此状况）、视窗操作系统、药品专利等，又如有放大型价值因素存在的苹果手机（主要是其软件和外观专利）、服饰（主要是款型）。也就是说，如果放大型价值生产者可以无限获得收入，将导致贫富分化不断扩大和发展不可持续。

第四，放大型价值生产者收入过多不利于价值创造。一是过多的收入会使放大型价值生产者失去继续创造的激情与动力，导致好不容易具备的放大型价值创造能力浪费。二是放大型价值生产者过多的收入容易使其陷于物欲之中或堕落，完全丧失价值创造能力。人的消费行为是由收入的多少决定的，一个人的收入越高，消费时对产品的价值性因素要求越少、非价值性因素要求越多，购买的产品的性价比越低，企业利用这个原理，可以以很小的成本付出获得很大的收入增加，所以企业都希望把产品往高端奢侈化方向做。因为奢侈是没有极限的，它会无限牵制和消耗人们的精力，使人像吸食毒品一样无法自拔。放大型价值生产者获得过多收入后，其消费行为一般都会向高端发展，有些人就会完全陷入奢侈消费追求而失去价值创造能力，也有些人会为追求肉体刺激或精神迷醉而堕落成负价值消费者和主要承接者。相对来说，消费性放大型价值生产者在获得过多收入后更容易出现这种堕落问题，因为他们有些本身就是因创造不健康消费而获得的收入（通过投机或非法方式获得收入的人也容易堕落，因为这些负价值消费就是他们的终极追求）。三是过多收入会使人们为了获得放大型价值的利益而不择手段，影响放大型价值的创造。首先是可能导致放大型价值生产者丧失对放大型价值创造本身快乐的追求，其次是会导致其他人通过不正当或非法的方法染指放大型价值生产者的利益，再次是放大型价值生产者多余的财富往往会因为分配问题而导致家庭、亲友、合作者之间的矛盾、分裂甚至仇恨，这些都会分散放大型价值生产者的精力，影响放大型价值的更多更好生产。

第五，放大型价值生产者收入过多不利于行业理性平衡发展。一是导致过多的人向最能获得高收入的方向涌入，造成劳动和教育资源的浪费。二是影响行业其他竞争者的生存和成长，不利行业的持续发展。人们对某一类产品或某一种行业的消费预算是相对固定的，一个企业收入过高必然导致其他企业收入减少，如果对该企业的收入总量通过适当的方式进行限制，则其他企业获得收入和生存的几率将会变高，从而有利于形成相互竞争、共同发展的局面。文娱等不主要靠技术优势生存的企业尤其需要如此，这样人们就能以同样的收入获得更多的产品消费。这好比一棵树长得过高过大，其他树就吸收不到阳光而长不起来，成不了一片树林。

达尔文主义的分配方式还有其他，造成贫富差距的原因也不仅仅是知识产权的过度保护或者没有保护——不保护的危害性不利于价值创造，这一点已经有共识，在此就不作赘述。

三、整体型价值按劳与按需分配相结合

整体型价值分配首先要看该整体型价值本身的大小，一般来说，全国或国际性的整体型价值都实行按需分配，企业、事业单位等自身的整体型价值，根据价值大小，由单位与劳动者共同选择确定采用按劳还是按需分配。如果单位自身的整体型价值较小，通常会采用按劳分配的方式进行分配。单位时间内，个人的按劳分配收入可能大于也可能小于按需分配收入。

国家以上的整体型价值实行按需分配，主要是该价值本身的价值高，另外守护具有较高的风险性。具体分配原则是，个人在守护整体型价值期间应获得科学维度消费需求充分满足的分配，如果其未尽全力或有其他违法违规问题，要酌情扣减，严重时要开除，如果中途退出，则不能继续对其进行相应的分配。

因为他们工作的好坏直接关系到整体价值的完整性或能否存在，所以要让他

们获得消费需求科学维度的充分满足，在此基础上主要让其追求整体价值捍卫者的荣誉，所以国家以上整体型价值守护者也应该是以追求成就和荣誉为主的人。另一方面，如果之前不让这些劳动者获得科学维度需求的充分满足，事后再补偿，本人已经无法享受，这种补偿其实是没有意义的，反而可能引起亲友之间的矛盾，同时也会弱化对本人的尊重，贬低其荣誉——荣誉本身是一种无限性价值，一旦被估价，就是在被人为地极大贬值。

这里的产品合格是主观合格，即生产者认为的合格，是符合生产者（含企业、事业单位、政府）自己确定的物质、文化、服务产品标准，这个标准缘于生产者的产品定位和生产目的（包括违法目的——当然责任也要由其来负）。无论哪种类型的价值，都存在合格问题。

当有资本存在时，任何类型的价值，劳动者都不能对所有的产品或产品利润进行全部分配，因为资本也为产品创造做出了贡献，也要分配一部分产品或利润。

资本本质上是劳动产品，是已经实现价值的抽象劳动，按资分配就是对抽象劳动创造的价值分配。抽象劳动是相对具体劳动而言的，与具体劳动相比而言，它没有具体劳动的大小、多少、勤惰、精粗等性质特征区分。

很多劳动，既创造损耗型价值又创造放大型价值，或者既创造整体型价值又创造放大型价值，所以需要综合采用不同的分配方法，哪一种价值占比较高，就以哪种分配方法为主，其他价值的分配方法为辅。

第五节　人的价值类型与社会发展的推动力量

人一生的旅程中，既可能通过自然科学和社会科学的理论发现、发明创造和制度设计、编写制造和决策执行生产正价值，也可能因为道德问题、不当言行（含认识不足原因、激情过激原因、预见不够原因、操作失误原因）生成负价值，同时还要消耗和占有正价值。个人生产的正价值减去个人生产的负价值，再减去个人耗占的正价值之后就是个人的实际价值，根据生产的正负价值量的大小与实际耗占价值的多少，世界上的人主要可以分为以下五类：

第一类人，是生产的正价值小于其生产的负价值和耗占的正价值的人。这种类型的人又分为三种小类型：一是从事侵略、抢夺、盗窃、诈骗等活动的人，二是通过投机、权力私用等非价值创造活动获得不合理利益的人，三是老人、小孩、有精神疾病、身体残疾等不具备或不完全具备劳动能力的人（包括开始身心健全，后来身心不健全，整个人生过程生产的正价值小于耗占的正价值的人）。第一种小类型的人因为反人类或行为恶劣，生产的是绝对负价值，所以理所当然地遭到世界人民的共同厌恶和唾弃——除了其国内和集体内部少数内心非正义的人。第二种小类型的人有可能会被一些人羡慕，但通常只是辨识力和个人能力较弱的人，真正有正确辨识力和较强能力的人对他们只会不屑和不满——这就是他们暂时占上风后要千方百计从心里、物质和身体等方面打压有正确辨识力和较强能力的人的原因。第三种小类型的人，只能依靠人们帮助生存生活。有正确辨识力和较强能力的人，都愿意力所能及地帮助他们，因为这些人知道，谁都有可能成为需要他人帮助的人，人类要战胜恐惧就必须团结互助、互不离弃——这就是人在独自面对自然时会恐惧，而在人群中时恐惧感会消失的原因；因为这些人知道，人类所以成为人类，人类要想长盛不衰，就必须这么做。

第二类人，是生产了大量正价值但耗占的正价值大于其生产的正价值的人。这类人通常生产了放大型价值，生成了或生成着大量的最终价值，在这个过程中他们通过市场交易使自己的收入最大化，或利用某种优势在进行共同价值生产过程中多分配和耗占本属于他人的部分价值的人。这类人在促进科学发展的同时，也导致了贫富分化、经济衰退和发展不可持续，既受到人们的尊敬也受到人们的质疑和不满。

第三类人，是得到的正价值等于他所生产的正价值的人。中上收入的技能型人才、白领等一般都属于这一类人。这样的人走到哪里都会受到人们的尊重，因为他们是靠自己的能力生存生活，不亏欠他人和社会。

第四类人，是生产的正价值大于得到的正价值但却出于被动无奈的人。这部分人大多为重复型劳动的劳动者，他们业务熟悉、工作认真，但收入却处于较低水平。在不发达的国家，这类人占多数，包括一部分普通农民、工人、事业单位人员和公务人员。这类人受到人们的尊重和同情，但它们并非自愿和甘于做这样的人。

第五类人，是主动追求生产正价值大于个人需要的正价值的人。这类人都是生产放大型价值或守护整体型价值的人。世界上任何时候都有一些人在生产某种或某些放大型价值，这些放大性价值最终生成的价值具有无限性。这类人并不追求自己所生产的价值进行收入最大化的市场交换，也不追求对价值的最大化耗占，而是希望在一定程度地满足自身消费需求的基础上，向他人尤其是社会和人类贡献自己生产的放大性价值，使自己生产的放大型价值的价值得到最大化地放大，从而实现个人价值的最大化。守护整体型价值的人，他们或者把集体的发展推向正确的方向，或保护着集体既有的巨大整体价值及价值生产。这类人会永远受到人们的尊敬，即使他们个人犯过一些错误，也存在一些缺点，人们都会原谅他们。那些社会科学家、自然科学家、政治家、革命先辈，包括军人、警察、法官在内的大部分公职人员，教育传媒等事业单位的部分人员，企业的部分人员等，都是这样的人，因为他们所生产的价值本身具有无限性或者守护着价值很大的整体价值，而他们获得和占有的价值并不是很多。

第四类人养活了第一类人、成就了第二类人；第二类人既推动了世界的发展，也阻碍了世界的发展；第五类人是世界发展的绝对推动者，他们不断防控和减少第一类人，解放第四类人并将其发展为和自己一样的人，转化第二类人并将其发展为和自己一样的人，最终使全世界的人都成为第五类人。真正的共产主义政党党员就是立志做第五类人的人（个人的先进性），共产主义政党领导社会发展的目标就是要不断防控和减少第一类人和第二类人，建立由第三类人和第五类人为主构成的社会。由第一类人、第二类人和第四类人为主构成的社会就是资本主义社会、封建社会和奴隶社会。以第三类和第五类人为主构成的社会就是成熟的社会主义社会，全部由第五类人构成的社会就是共产主义社会。

一个人成就的高低不是由其职级高低决定的，而是由个人价值的大小决定的；一个人价值的大小不是由其绝对收入水平和收入总量决定的，而是由其生产的价值或其产生的价值总量与耗占的价值之差决定的。如果一个人生产的价值或其产生的总价值大于他所消耗的价值，那么他对社会就是有贡献的，二者之差的值越大，他对社会的贡献越大，这样的人就是正价值人生的人，会被人们感恩和尊敬；反之，一个人生产的价值或其产生的总价值小于他获取的价值（包括那些创造的价值为零乃至负值者），那么他是欠社会的，二者之差越大，他欠社会的就越多，这样的人就是负价值人生的人，会遭到人们的反感和不满。

一个国家或整个人类社会都是由那些正价值人生的人推动的，正是由于这样一些人的存在，人类社会才能不断前进；如果一个社会负价值人生的人多了，社会就会不断倒退，而且负价值人生的人越多，他们向社会索取的价值量越多，社会倒退越严重。正是因为有那些正价值人生的人的贡献，社会总价值量才越来越高，才推动了社会不断发展。今天人们所享受和拥有的一切并不仅仅是自己努力的结果，还包含着众多正价值人生的人的巨大贡献，一个人收入越高，耗占的价值越多，占有正价值人生的人贡献的价值越多，所以他越应该感恩前人和他人，奉献社会和后世，否则就是没有正确认识自己，不但自私，也很无耻。

有的富豪们认为，自己成功是凭一己之力，与别人无关。这种看法是明显错误的。因为有一部分人成为富豪虽然的确是自己合法努力的结果，但是他们绝不仅仅凭的是一己之力，而一定是建立在别人贡献的基础之上。道理很简单，比如把比尔·盖茨和马云放在原始社会，他们能成为富豪吗？退一步讲，即使放在现代社会，如放在卢旺达、伊拉克或尼泊尔也不会成为富豪，因为社会的安全、技术、人口和财富条件都不具备。

今天，我们无论是谁都受惠于那些正价值人生的人，我们不但要记住他们、感谢他们，还要成为他们。如果没有人成为他们，所有的人都想着自己从社会索

的平等劳动力议价能力，提高劳动力价格水平，减少或避免劳动剩余价值的产生；二是整体提高劳动者的绝对收入水平，增加社会总购买力，避免跌入拉美国家的“中等收入陷阱”；三是稳定基础 GDP（生存层次消费产生的 GDP），提高社会稳定水平；四是为个人的创新创造提供坚实的生存安全基础，解除其后顾之忧，促进社会科学、自然科学与经济的快速发展。

因此，“无恒产者无恒心”，应改为“没有消费需求安全感的人没有发展自由和创造力”。因为，一个时刻面临生存安全问题的人往往只是为生存而工作，很难从理想、兴趣、使命出发来选择自己的职业方向。一个人没有发展自由就难以形成创造力，即使有了也不能充分发挥出来，从而只能很有限地对经济社会发展做出贡献。社会保障水平越高，人们越有生存安全感，越有利于实现人的发展自由和激发人的创造力，越能有效促进经济社会的快速发展。

第二节　保险救济式货币化社会保障模式的作用与困境

劳动剩余价值在发达国家已经通过建立保险救济式货币化社会保障体制得到了很大程度的消除，但是保险救济式货币化社会保障模式却让这些国家掉入了“福利陷阱”。

发达国家或地区之所以进入发达国家或地区行列，不是因为它们的发展历史长，更不是因为采用了多党选举制度或人更聪明，而是因为这些国家或地区建立了保险救济式货币化社会保障体系，提高了劳动者的议价能力和劳动力的绝对价格，使企业大股东和中高级管理者能够占有的劳动剩余价值大为减少，劳动者的绝对收入水平和社会边际总购买力大幅提升。

这一点，从新加坡、韩国、中国的台湾和香港地区的发展与拉美的“中等收入陷阱”的对比就能发现。新加坡、韩国、中国的台湾和香港地区在引入欧美国家科技地同时，建立了保险救济式货币化的社会保障体制，普通劳动者的劳动力价格上升，其收入的绝对水平提高，所以进入了发达国家或地区行列；而拉美等地在引入欧美国家科技的同时，没有建立起有效的社会保障体系，普通劳动者的劳动力价格无明显增长，其收入的绝对水平较低，所以掉入了“中等收入陷阱”。这个过程是可逆的，也就是说，如果让欧美或新加坡取消其社会保障体制，那么经过一段时间后，这些国家又会跌回到中等收入陷阱中——普通劳动者的薪酬水平会下降，贫困人口会增加，整体创造力水平会下降。

同时，从中国取消农业税和对农民实行直接补贴后，沿海地区农民工市场劳动力价格迅速攀升，甚至超过了一般大学毕业生的事实也能说明这个问题：农民工有了生存保障，劳动力议价能力提高，工资水平上升，大股东和企业中高级管理者能占有劳动者的剩余价值就会减少；大学生没有生存保障，劳动力议价能力弱，工资水平上不去，大股东和企业中高级管理者能占有劳动者的剩余价值就会较多。扩招等不是大学生工资低的根本原因，甚至不是原因，因为所有人大学生化（含高等技术学校）是趋势，是发展的必然要求和结果。

保险救济式货币化社会保障体制的建立，在减少和消除劳动剩余价值的同时，也使这些国家进入了发达国家行列，但是这种模式的社会保障体制，也让发达国家遭遇了“福利陷阱”。

为什么保险救济式货币化社会保障模式会导致“福利陷阱”呢？一是这种保障模式是逐利的，只向有钱人服务。越没钱的人是越需要社会保障的人，但他们却越被排除在保险体系之外，越得不到社会保障，所以这样的社会保障模式并不能真正保障那些最需要保障的人。这就是这些国家虽然建立了社会保障体系，仍然到处都是流浪汉的原因，也是救济制度产生的原因。二是无论如何划设“救济线”，始终存在夹心层问题，且划设任何救济线，对救济线以外的人都不公平，对越接近“救济线”的人越不公平，这会影响这部分人的公平感和劳动创造的积极性，并出现养懒汉情况。三是造成大量资金沉积，缩减当期社会总购买力和 GDP，缩减企业收入和国家税收，因为这些本该用于消费的大量收入被搁置起来了，不能正常用于消费。四是用于保障消费的货币常常被用作投资，造成资本与生产过剩。五是保障资金管理、审查与支付需要专门机构和大量人员，不但会极大增加社会保障的成本，扩大保障费支出，还容易造成腐败。

由于这些原因，通常会导致财政收入不抵社会保障所需或财政收入的增长不抵社会保障所需的预算增长，即入不敷出，这就是所谓的福利陷阱。

另外，保险救济式货币化社会保障模式还有以下问题：一是需要一定的审查时间和较为复杂的审查程序，不能及时提供有效保障；二是社会保障资金会陷入“投资有风险与不投资会贬值”的两难困境。

第三节　统筹普惠式产品化社会保障模式的建立方法

一个国家能不能走出中等收入陷阱，进入发达国家行列，关键是看有没有建立起有效的社会保障体制。目前，发达国家都建立起了基本有效的保险救济式货币化社会保障体制，但是这种社会保障体制都存在一个致命的制度设计缺陷，即没有处理好社会保障与促进劳动创造积极性的关系问题，不能实现收支平衡，会导致所谓的“福利陷阱”。

不建立社会保障体制，经济社会无法升级发展，会出现“中等收入陷阱”，建立保险救济式货币化社会保障体制又会出现“福利陷阱”。虽然相对中等收入陷阱，福利陷阱可能更好些，但是能不能同时避免两个陷阱呢？答案是肯定的——能。

发达国家或地区之所以出现“福利陷阱”，不是因为“福利陷阱”不可避免，而是因为社会保障的方式方法上出了错——采用了保险救济式货币化的社会保障体制。避免“福利陷阱”的办法不是降低社会保障水平、不是不进行社会保障、更不是多收税或延长工作时间，而是建立统筹普惠式产品化社会保障体制。

统筹普惠式产品化社会保障体制，就是将社会保障由国家财政统一全部负担、人人平均预算，但只保生存层次需求。

统筹普惠式产品化社会保障体制建设有四大原则：一是人人均等预算，即钱要由国家财政统一出，无论收入高低都执行预算且都相同，这样做既充分体现了公平、又为每个人都筑起了生存安全防线。二是直接进行必要生活品的提供，避免物价变动、预算调整滞后，审查周期长、支付滞后，以及利润低、企业不愿生产、购买不到相应的产品等问题。三是只保生存层次的各种必要需求——需求品的质量与安全有保证，高品质（含奢侈）和非必要需求品必须自己通过劳动或投资挣钱自费满足，以避免“福利陷阱”。四是随技术发展，升级基本的社会保障产品，使具体保障产品随着科技的发展及时升级变化。因为随着科技的发展，必要产品的产品形式在不断地发展变化。

统筹普惠式产品化社会保障体制实施的方法：政府购买（规划与支付）、民众选择（产品供应主体）、企事业单位提供（产品和服务）。政府购买，是社会保障产品的必需品和产品水平由政府进行规划确定，并进行预算和支付。民众选择，就是具体选择哪家企业或事业单位为自己提供保障产品或者由民众个人自己独立选择，或者由一定单位（如县、小区、企业、事业单位等）集中在一起的人口共同选择。企事业单位提供，就是被个人或单位共同选中的企事业单位在被选择期内获得这些人口的保障经费（财政部直接把为这些人口预算的社会保障经费按月提前打到相应企事业单位账上，不经过任何中间环节），并为这些人生产提供物质、文化、服务保障品。这种方法既可以保证保障的质量、提高保障效率，又可以防止腐败。这种方法之所以能保证保障的质量和效率，是因为被供应者对非自主购买产品供应主体有了选择权，从而能在非自主购买产品供应主体之间形成竞争，这就能保证非自主购买产品供应的质量和提高供应的效率。这种方法之所以能避免腐败，是因为产品供应的企事业单位的选择是被保障个人或者被保障单位的全体消费者。如果是个人自主选择，那和个人在市场上买东西是一样的，只是付账的人发生了变化，所以政府工作人员没有机会和可能腐败。如果是单位全体被保障者共同选择，因为全体被保障者是无法被收买的——如果一定要收买，那么付出的成本必然大于提高产品质量和提供效率所付出的成本（这和行政选举会出现贿选不同，因为行政选举利益不具体，与投票人的利益相关性不足），所以企业宁愿选择提高产品质量和提供效率，而不会再考虑行贿，从而消除官方选择公共产品供应主体（即，政府代为采购）制造的腐败空间。这样，就既能提高社会保障品提供的质量和效率，又能彻底有效避免该领域原模式可能的腐败。

最重要的是，统筹普惠式产品化社会保障体制使每个人都获得了彻底的生存安全感，为每个人都以兴趣或使命为动力进行劳动创造，即实现发展自由提供了坚实的条件，从而有利于人们追求发展自由。当更多的人追求发展自由后，社会的创造力将极大增加，经济增速和财政收入都将快速增加，再加上采用的是基础标准的生存层次的保障，所以正常情况下，不可能出现入不敷出的福利陷阱。

第四节　公共产品的类型与供需常规主体

没有公共产品就没有人类社会，科技和市场越发展，需要越多越好的公共产品；公共产品越多、水平越高，社会发展水平越高。公共产品就是个人和企业生存发展的土壤与气候，公共产品提供越多、水平越高，个人和企业生存发展得就越好，所以个人和企业都是往公共产品提供好的地方或国家流动。无论国内不同地区之间的人口流动，还是国际间的移民偷渡，最本质的原因都是公共产品提供的水平不同。

公共产品，是不能被独占使用或分割消费的物质、文化、服务产品。

公共产品从与人关系远近的角度看，可分为理论产品、中间产品和最终产品三个层次：理论，包括自然科学的理论、社会科学的理论和工具科学的理论；中间产品，包括设备、消费品等发明，企业、国家、公益组织、国际组织等组织制度设计，语言中的戏曲形式、诗歌形式、口语形式，数学中的各种公式等应用模型的设计；最终产品，包括道路、桥梁、公园、体育场馆等物质产品，小说、影视剧、音乐、体育活动、游戏、科研、航空航天等文化产品，行政、秩序（治安、法律等）、国防、教育、医疗、灾害救助等服务产品。

公共产品从常规供应主体的角度看，分为政府自产型、事业单位生产型和企业生产型三类。政府自产型公共产品，是指政府自己直接提供的各种管理性服务产品，涉及经济、社会、国防等国家各个方面的决策与执行活动，包括内外政策的制订与落实、法律条约的订立与执行、灾害防御方案的制订与落实、国际援助行动的组织与实施等。事业单位生产型公共产品，是指财政供养的学校、科研机构、政策研究室等单位生产的公共产品。如，陈景润证明的哥德巴赫猜想、社会科学研究机构参与设计制定的制度调整改革方案和法律法规，政府抽调人员制定的汉语拼音方案和汉字简化方案、航天和探月等科研试验成果等。企业生产型公共产品，是指财政支付且由企业生产的公共产品，如公路、铁路、机场、码头、市政设施等。

公共产品从产品特征的角度看，分为最终公共产品和再生公共产品两类：最终公共产品，是指那些不用于再生产的公共产品。如，公园广场、树荫绿地、文体场馆、政府为个人提供的服务等。再生公共产品，是哪些可用于或为了用于再生产而生产的公共产品。如，公路、铁路、站台、机场、航线、码头、航道、市政设施，教育科研产品、自然科学和社会科学理论、发明专利和制度设计，航空航天等基础应用型科研试验，等等。再生公共产品又分为有限再生公共产品和无限再生公共产品。道路等基础设施、无科研的教育是有限再生公共产品，这种产品既可以由企业生产，也可以由事业单位生产。无限再生公共产品，通常为事业单位生产，如大学、科研院所进行的科研；也有可能为政府生产，如社会科学发展的具体理论方法发展滞后时，政府可能代替社会科学研究机构直接进行理论与制度创新发展。中国改革开放以来，很多关于社会主义经济政治的理论创新与制度设计都是党和政府领导人直接进行的。但是，由于事务性工作繁忙，没有时间和精力深入，这种理论与制度创新的学术性（普遍规律）会受到限制，创新更侧重于现实性（具体特殊）问题的解决，因此最终仍然需要发展学术理论——从特殊性中找出蕴藏于其中的普遍规律。

公共产品从常规需求的主体看，分为个人、企业级组织和政府级组织三类。每个人都是公共产品的使用者，无论个人从事何种职业，也无论年龄大小，在其生命过程中，都需要而且经常在消费公共产品，如公路、秩序、国防等。企业级组织，包括个体户，规模大小、所有权性质等各不相同的各类型企业，学校、科研机构、卫生防疫机构、防灾减灾机构等事业单位，这些单位同样会用到公路、秩序、国防等公共产品。政府级组织，就是广义的政府，包括政党组织，行政、司法、军队等机构，工青妇等社会团体，宗教组织，各类协会等，这些机构同样会用到公路、秩序、国防等公共产品。总之，每个人或组织都是公共产品的需求者，公共产品既是个人消费的必要部分，也是个人或组织进行各类产品生产必要的基础条件，没有公共产品就没有人类社会。

第五节　政府提供公共产品的原则与方式

公共产品无论是否赢利都应该坚持提供，因为公共产品是“放水养鱼”，人和企业都是在有公共产品后才慢慢聚拢来的。这和企业做平台是一样的，前期甚至很长一个时期都是亏损的，而政府做公共产品还要更不怕亏损，因为它本身就是政府的责任，其首要任务就是满足人们的公共消费需求。一般来说，凡是有人的地方就应均等地提供公共产品，无论人多人少，哪怕只有一个人——要么政府提供足够的条件让其转移到有公共产品的地方。

物质型公共产品的提供原则主要有三个：一是最优，即当时技术下最成熟、最先进的产品；二是均等，即按当时的技术，为等量人口提供最合适的相同数量和质量的公共产品；三是有余，即公共产品的提供不能采用企业的“零余度”“零库存”思想，要留有一定的余度并主动建立库存。因为人口和企业是在各处流动变化的，只有这样才能适应一定时期内的人、企业或其他组织流动与发展所需；主动建立库存相当于在河流中整饬湖泊或修建水库等蓄水池，只有这样才能增强国家承受波动和应对意外情况的能力，如果企业不愿建立库存，政府也不建立库存，遇到特殊情况就很难有效应对。也就是说，企业不愿意做，但社会又需要的事，都需要政府以公共产品的形式提供。

非物质型公共产品提供得越多、品质越高越好，只要财政收入能够承受。原因有三：一是非物质型公共产品不会过期，不会腐败、风化与变质，也不会造成对环境和资源的过度消耗和占用；二是产品以公共产品的形式存在可以实现价值的最大化放大和利用，非物质型公共产品提供得越多，公共产品的基数越大，非物质型公共产品的品质越高，其所产生的放大型价值得到的价值放大程度越大，对个人、企业和经济社会发展越有利；三是非物质型公共产品本身是个人和国家财富（个人的公共财富）储存的最佳形式，因为它是以不消耗或最少自然物质资源消耗的形式存在的，并且真正和最大化地在产生价值放大——即财富的最大化增值（有关内容后有详述）。

公共产品的提供的原则和方式因提供主体不同而不同。公共产品的提供主体除了常规主体外，还有临时性和阶段性主体。综合起来，可以分为三类：一是政府，二是有偿第三方，三是无偿第三方。其中，政府和有偿第三方是常规供应主体，无偿第三方是临时性和阶段性供应主体。

政府提供公共产品的原则和方式，是政府在预算经费内，最大化地生产和提供公共产品。如政治、经济、军事、法律等各种国家层面对内外的决策服务和内容服务，都是在既定的预算经费内力求质量最好地向每一个有需求者最及时最有效地提供。

有偿第三方，包括企业和事业单位，其公共产品提供的原则和方式类似于社会保障品。即，政府规划支付、使用者选择具体的供应主体、企业或事业单位生产提供。采用这种提供方式的目的也是为了实现产品质量最好、提供效率最快和腐败最小。

无偿第三方，包括社会慈善人氏、志愿者和特殊时候的普通人，公共产品提供的原则是无偿、自愿、量力而行，方式由提供者自主决定。

无偿第三方提供公共产品按照自愿和可及原则进行：一是要完全自愿，不能强迫或变相强迫，集体提供时不能用本集体的资产或收入提供，只能让集体中的个人自愿提供，但集体可以提出倡议；二是个人或集体要量力而行，不超过其能力范围提供。

无偿第三方提供公共产品的具体方式是多种多样的，有的捐款请企业生产公共产品，如希望小学、集美大学；有的将自己的产品免费贡献出来作为公共产品，如侯德榜把他发明的侯氏制碱法免费公开；有的将自己的财物捐给政府并通过政府提供公共产品，比如文物捐献、抗击外敌入侵捐款捐物、救灾捐款捐物；有的自己直接提供公共产品，如爱国者志愿抗击外敌入侵，见义勇为，志愿者到灾区服务、提供社会服务或提供会议等活动服务。

无偿第三方提供公共产品时，不要求补偿成本费用或获得劳动报酬。但直接提供产品时，通常需要进行生活安排和一定的补偿，如抗击外敌者、见义勇为者、活动志愿者。

无偿第三方提供的公共产品，具有不稳定、不全面、不充分的特点，是一定历史时期由于政府、企业和事业单位公共产品提供不足而进行的补充，政府、企业和事业单位才是公共产品提供的正式和永久主体，随着社会科学理论发展与制度的完善，公共产品的提供会越来越完善和充分，需要无偿第三方提供的公共产品会越来越少。

公共产品的需求主体与社会保障品的需求主体相比有很大的不同。社会保障品的需求主体只有国内全体民众个人，而公共产品的需求主体除了国内民众个人外，还有企业、事业单位和政府，另外还有一些非常规主体。公共产品的需求主体概括起来主要有以下三种：

第一，在境内的全体公民、本国企业级组织和政府级组织。其中，对个人、事业单位和政府级组织，是在既定标准的条件下，根据个体的需要无偿提供公共产品；对企业是按统一的价格有偿提供公共产品，目的是防止企业无限扩大，过度占用公共产品造成个人、事业单位、政府或其他企业无法获得和使用公共产品，比如，某企业因为大量运输，会把路堵了或破坏了。特别需要指出的是，如果是某个企业、事业单位或政府单位内部的公共产品，其供应主体的选择权属于该单位的全体成员，而不属于该单位的领导。即，单位需要的公共产品的供应主体的选择方式与个人需要的公共产品的选择方式是一样的，都必须由单位全体个人集体选择，而不能由单位的某个部门、某个或某些领导选择，因为只有这样做，才能提高产品供应的质量、效率与防止腐败。比如，某企业、事业单位或政府单位内部的基建、绿化、耗材采购等。

第二，合法出境的本国公民、企业级组织和政府级组织。为他们提供公共产品的主要内容包括：敦促有关国家执行国民待遇，为本国的个人和组织平等地提供公共产品并在人格、人权、法律等方面平等对待；在遇到战争、灾害等非个体主观原因造成的困难，当事国又不能提供庇护时提供救援和帮助。给这些人的公共产品，通常是政府直接提供或政府委托企事业单位提供。

第三，在境内合法居留的外国公民、合法活动的企业级组织和合法存在的政府级组织。合法居留的外国公民，如留学生、游客、被派遣的公司职员、访问学者、执行合作任务的军警、参加会议的政府或非政府人员等。合法活动的外国企业级组织，如在境内依法经营的企业、红十字会等非政府组织。合法存在的政府级组织，如大使馆、领事馆、联合国等国际机构。这些组织或个人由于要耗占本国公共产品，所以如果不是红十字会等非公益组织，也必须以一定方式支付一定的公共产品耗占费用。这些个人或组织，如果流动性小，如外企，可参与公共产品供应主体的选择；如果流动性较大，如游客，则不参与公共产品供应主体的选择。流动性大的个人或组织不参与公共产品供应主体选择的原因有三：一是因为他们不了解情况，起不到应有的效果；二是他们的时间不允许，参与的热情低；三是组织难度较大。

在境内合法活动的个人或组织参照国内相应的个人或组织的方式和标准提供公共产品——即国民待遇。

第六节　社会保障品与公共产品供应的共同首要原则

社会保障品和公共产品提供的共同和首要考虑因素是是否均等和运转良好，而不是是否节省和赢利。社会保障品和公共产品提供的水平决定一个地方的经济发展水平，社会保障品和公共产品提供的思路正确与否，决定一个国家各地经济发展的平衡状况。

社会保障品和公共产品的提供不能用企业“赚”的效益思想，而有自己的独有的思想，即以“养”为核心的环境建设思想，因为公共产品就是个人和企业生存发展的土壤、肥料与气候，土地越肥沃、水肥越合适、气候环境越好，个人和企业越容易生存、成长越健康、发展能力越高，没有社会保障品和公共产品的地方就是不长庄稼的戈壁和沙漠。政府在一个地方做社会保障品和公共产品就是在那里做土壤改良、维持水肥和调节气候。这些做好了，庄稼自然会生长，生意自然会盎然。其中，社会保障品相当于土壤，企事业单位提供的公共产品和个人或集体贡献的公共产品相当于水肥，政府自产的公共产品相当于气候。

社会保障品和公共产品提供的首要共同原则是均等，这就相当于种庄稼，土质要均匀、水肥要均匀、光照要均匀，只有这些都均匀了，庄稼长势才会均匀——各地经济才会同步均衡发展。同时，只有政府规划提供的社会保障品和公共产品均等了，人才会获得共同发展。虽然每个人最终创造的价值有大小，但是如果社会保障品和公共产品提供做到均等了，所有人（未成年人、严重失能者或被限制自由中的罪犯除外）就都能实现以发展自由为核心的全面自由（关于人的全面自由，后有详述）。

因为人和企业都是围绕社会保障品和公共产品流动的，一个地方或国家的社会保障品和公共产品提供得越多越好，流向该地方或国家的人就越多，吸引入住的企业就越多，企业的收入水平就越高；吸引入住的企业越多，企业的收入水平越高，产生的工作岗位就越多；产生的工作岗位越多，能吸引到的人就越多；能吸引到的人越多，政府的税收就越多；政府的税收越多，社会保障品和公共产品提供水平就越高，如此不断循环。这就是自然平衡情况下，大城市越来越大的原因。小城市则正好相反，由于社会保障品和公共产品提供水平低，所以人越来越少，企业越来越少，企业的收入水平越来越低；企业越来越少，企业的收入水平越来越低，吸引的人就更少，政府的税收就更低；政府的税收越低，社会保障品和公共产品提供的水平就更低，人和企业就更少，如此不断循环，所以小城市越来越小，有些村镇则直接荒芜，没了人烟。

因此，中央政府应根据规划，在需要发展且适合人居的地方均等地提供社会保障品和公共产品，这样小城镇的人就不会离开，大城市的人因为公共资源不足或拥挤，就会向人少的地方转移，久而久之，各个地方的人口就会趋于均匀。

其次，还要确保社会保障品和公共产品供应持续稳定。社会保障品和公共产品不管使用的人多还是少，不管亏还是不亏，不管亏得多还是亏得少，都要保持其正常的运行，不能因为人少或没有人，为了节省开支就减少或暂停运行。如果减少公共产品的提供和公共设施的运行，来该地的人就会减少、走的人就会增多，时间一久，这些公共设施就会暂停运行，暂停久了就会废弃，但如果保持正常运行，那些嫌其他地方人多太拥挤的人就会流动过来，社会保障品和公共产品的利用率自然就会高起来。

因此，必须改变和摈弃社会保障品和公共产品随人走的错误思路，使各个地方的社会保障品和公共产品供应完全均等化。当一个地方人太多，社会保障品和公共产品供应紧张时，人们就会主动地向其他人少的地方和城市转移，人转移过去后，企业也会跟着转移过去赚钱（企业也可能因为生产成本更低，先于人或同人一起转移），企业转移越多又会带动越多的人转移，这样人少的地方的人和企业就会多起来，人多的地方的人和企业就会减少，从而实现各个地方共同平衡发展。

也就是说，不能让人和企业牵着社会保障品和公共产品流动，哪里人多、企业多就提供更多或更高水平的社会保障品和公共产品，导致发展不平衡和不可持续；而要通过提供均等的社会保障品和公共产品，引导个人主动向人少的地方流动，并带动企业向这些地方流动，这样才能最终实现各个地方的共同发展和均衡发展。

社会保障品和公共产品提供的政府层级越高越能确保供应的有效性和稳定性，也越有利于实现各个地区的共同均衡发展，因此社会保障品和公共产品最好由中央政府直接统筹规划和支付购买提供。

由于不同地方的自然条件不同，进行相同水平的社会保障品和公共产品供应，需要的投入可能不同，一般来说，自然条件差的地方，中央政府需要而且必须投入更多的预算来抵消自然条件的差别，否则人们常常不愿意向自然条件差的地方流动。所以，除非涉及国家主权、安全、科研等问题，非宜居或自然条件较恶劣的地方可以延后开发——先把这些地方的人集中到宜居和自然条件较好的地方，以节省公共产品提供的成本费用。

第七节　市场经济下个人的三类消费及其不同作用

市场经济下，个人消费由三个部分构成：社会保障品消费、公共产品消费、自主购买品消费，不同类型的消费有不同的作用，在一定的历史时期内，三种消费需要长期共存。

简单地说，社会保障品就是统购自消品——政府（最好是中央政府）统一规划购买，个人自己消费；公共产品就是统购共消品——（中央）政府统一规划购买，人们共同消费；自主购买品就是自购自消品——个人规划购买，个人自己消费。为防止腐败或产品品质下降，三者的具体产品供应者选择权都在消费者，有的是自主选择，有的是共同选择。单位使用公共产品是生产性使用，主体选择权在全体生产者。

社会保障品消费，是个人的保底消费，是确保每个人生存安全的兜底消费。就像杂技演员有了保险绳，才敢大胆玩动作，人们有了社会保障品消费，才敢大胆地进行开拓创新。公共产品消费，是个人的共同消费，是作为社会的人的必要消费。没有公共产品消费，人们就只能以自然人的方式生存，如鲁宾逊和人猿泰山，而不能以社会人的方式生存。自主购买品消费，是个人的更高消费，是用来激发人的劳动创造积极性的消费。在共产主义社会实现以前，自购产品消费是人劳动创造的主要动力来源，没有自购产品消费，社会就会失去发展的动力。

这三类产品消费各有各的作用，在个人的需求层次整体升级到尊敬层次之前，这三类产品消费是不可以相互取代和合并的，并且贯穿于每个人从出生到离世的全过程，尤其是社会保障品和公共产品消费。

在市场经济下，个人可以没有自主购买品消费，但是绝不能没有社会保障品和公共产品消费。没有社会保障品消费，个人将随时因为失业或投资失败而消亡；没有公共产品消费，个人就只能以一般动物的方式生存；而没有自购产品消费，个人只是不能实现生活层次的消费自由，其他一切不受影响。

市场经济下，消费就是最终购买力，消费就是 GDP，三部分消费都是 GDP 的直接构成部分。

政府不能把社会保障投入看作财政负担，因为它就是个人消费的组成部分，是消费和 GDP 本身，增加社会保障投入就是直接增加 GDP。实际上，社会保障品消费是 GDP 的最基础构成部分。一个国家社会保障水平的高低直接决定着 GDP 基本盘的大小与经济稳定状况，同时也决定着人的可持续发展能力与社会稳定水平。

政府更不能把社会保障做成商业保险，否则，不但无法提供及时无缝的生存层次的消费安全保障，而且会造成巨大的资金沉淀，损失很大一部分基础社会购买力（即一部分 GDP），同时还容易出现社会保障资金管理腐败。

政府也不能把公共产品提供当成一种财政负担，因为消费型公共产品就是个人一种类型的消费，只是这种产品是以共用的形式而不是私用的形式消费，因此消费型公共产品就是个人消费的一部分和 GDP 本身，增加消费型公共产品供应就是直接增加 GDP。物质型公共产品都具有消费品和（企业生产所用的）工具品的产品二重性，而非消费型公共产品中的非物质放大型公共产品不会因为企业的使用而减少，只会因企业的利用而不断放大价值，所以应不受任何限制地免费让个人或单位使用。虽然，这样并不一定能增加消费 GDP，但是能增加全值 GDP（有关内容后有详述），对经济社会发展有很大好处，长远看也能增加消费 GDP。

政府更不能把公共产品的提供作为投资来看待，因为个人已经或将会以税收的方式支付费用，不应该重复收费，所以公共产品对个人应该免费。实际上，个人并不是只有缴纳个人所得税的时候在纳税，在消费时也在纳税。土地、矿产等资源收入和国企利润没有平均分给个人，也相当于个人在纳税。

第八节　个人三类消费品的消费原则与融合条件

任何公共产品都既可能被个人消费使用，也可能被企业以赢利为目的的使用，非物质公共产品由于可以无限复制，一个企业无论如何使用也不影响其他个人或单位使用，使用的个人或单位越多，放大的价值越大，所以非物质型公共产品，无论对个人、企业、事业单位、政府还是其他集体，都不应限制使用，也不应付费。但是，物质公共产品不具有复制性，在使用中会产生排他性，企业的生产使用会影响个人的消费使用，一个企业的大量使用会导致个人或其他单位无法使用，所以企业不能免费使用。因为，物质型公共产品对企业来说是生产要素，是可以带来赢利的，由于利益驱使，企业对物质型公共产品占用会趋于无限扩大，而且也能通过资本和规模扩张实现独占，从而可能导致个人、其他企业和其他单位无法正常使用，因此企业使用物质型公共产品必须坚持付费原则，以促使其节约使用，从而确保物质型公共产品“姓公”——让最多数的个人、企业和其他单位都得到使用。政府因为物质型公共产品的这种不可复制性而从企业获得的收入，是公共产品的投资性收入，因此物质型公共产品具有消费品与投资品的二重性。无论企业、事业单位还是政府提供的公共产品，都应坚持主流收入水平原则，即既不能让这些产品提供单位的资本收益或人员薪酬过多低于当时当地的主流收入水平，也不能过多高于当时当地主流收入水平。如果资本收益和人员薪酬过多低于当时当地主流收入水平，就会出现资本和人员流出，导致生产供应不足；如果过多高于当时当时主流收入水平，就会增加最终产品的生产成本和价格，使消费者利益受损，并降低最终产品生产企业的国际竞争力。这就好比一棵果树，既不能枝叶不繁茂，也不能枝叶过于繁茂，枝叶不繁茂，不能有效为果实生长提供充足的营养；枝叶过于繁茂，会争夺果实的营养，两种情况都会导致果实产量和质量下降。在控制公共产品提供单位收入水平时，如果能够通过竞争的方式提供就应采用竞争的方式提供，如公路、铁路进行招投标生产；如果不能通过竞争方式提供的需要持续提供服务的网络或平台性公共产品，如输电网络、证券交易平台等，应通过成本透明的方式，将其资本和人员收入限定在不过多偏离当时当地主流收入水平以内。

因为物质型公共产品的消费品与投资品二重性而获得的投资收入是一种附加收入，有当然好，没有也不要强求，特别是不能把获取附加收入当成主要目的，否则就会出现本末倒置，影响物质型公共产品的规划、生产和供应首先是为满足民众公共消费需求实现这一根本目的，最终不但影响人们生活的幸福感，也影响经济的发展和 GDP 的增长。因此，物质型公共产品的提供不能以获取利润为目的，这种利润是为了限制一些企业对有限型公共产品的过度占用或浪费使用而获得的额外收入，在达到该目的前提下，应尽量减少收费。因为企业的一切费用都会最终计入成本，由消费者来承担，并最终增加消费品的价格；同时，成本提高也会影响企业对外竞争力。

个人使用物质型公共产品，必须遵循避免浪费、防止占用和减少外部性的原则。一是对损耗性物质型公共产品，应坚持按需取用，毫不浪费原则。即，个人需要时取用、不需要时不取用，需要多少取用多少，不多取、不占有、不浪费。在共产主义社会实现以前，一般不全国性地提供消耗性物质型公共产品，但一些单位会提供，如某单位早晚为内部员工提供的自助餐。在农村，共用的泉水或井水等消耗型物质资源就是按此原则使用的。二是对非消耗性物质型公共产品，应坚持即需即用原则，不能预占和霸占。即，在个人确实需要时才占用，不需要时不占用，用后立即退出占用并尽可能恢复原状，以使更多人能得到使用。比如，不用时不在公交或教室中占座，不交易时不在公共市场（如自然形成的菜市场、牲口市场）上占用场地，不在公共道路停放车辆，不在公共土地上搭建建筑。三是在任何公共产品使用过程中，都应尽量避免或减少负外部性，即避免对他人或其他单位产生不利影响。比如，不在公共场所吸烟、吐痰，行车时少鸣笛，遇到有人的地方要避免产生扬尘、泥水影响行人，不向车外抛物。

对违反公共产品使用原则的人应以道德和舆论谴责为主，经指出仍然不改的，可采用强制和法制措施（可以成立统一的道德委员会，对查实的行为进行相应的道德制裁）。个人偷盗损坏公共产品与偷盗损坏私有产品属于同一性质犯罪，而且应加重处罚，因为他会对更多的人生活或集体的生产造成负面影响，且产生的损失更大。

自主购买品就是个人用自己可自由支配的收入自主购买、自主消费的消费产品。其中，自主消费含个人之间的赠送。最常见和最普通的是父母对未成年子女的赠送（养育），子女对劳动能力逐渐丧失的父母的赠送（赡养）以及亲友之间的赠送（表示友好）。自主购买品消费是高于社会保障层次的消费需求，正常情况下，自主购买品消费是个人用税后劳动或投资收入来满足的。这部分收入和产品的消费是用来对个人的劳动创造起激励作用的。

自主购买品消费必须坚持科学维度。科学维度的消费是以个人的客观生理能力为限，以安全、健康、方便、适宜为主要标准，用当时主流科技水平的产品来满足自己的各种需求。科学维度的需求是发展变化的，比如通信消费方面，1990年是一部质量好、通信功能全的座机，2010年则是一部质量好、具有当时全部主流功能的智能手机。科学维度的消费是最优化的消费，是不断发展和可持续的消费。

与科学维度消费相对应的是奢侈维度的消费，奢侈维度的消费是追求稀有、虚名等非真实价值，进行的是大而无当、多而无用的浪费性消费。奢侈维度的消费是永远不能被满足的；奢侈维度的消费容易使人们产生不择手段或不公平竞争的想法和做法，破坏社会正义，妨碍创新创造，影响经济发展；奢侈维度的消费还会造成资源的极大浪费；奢侈维度的消费会导致经济社会发展不可持续。

当社会为每个人都提供了安全可靠的生存层次的社会保障品和高水平的公共产品，个人自主购买品消费又选择为科学维度时，绝大多数人会形成以兴趣或使命为核心的发展动力——兴趣或使命激发的劳动一般为创造性劳动，非创造性劳动则由自动化的机器替代。这时，发展动力会取代消费动力成为一个人劳动创造的主要动力，自主收入和自主消费对个的激励作用会不断弱化，甚至不再发挥激励作用，在这种情况下，就可以把社会保障品升级到科学维度生活层次的消费自由，实现社会保障品和自主购买品消费合并——成为自选消费品，从而进入“各尽所能，各取所需”的共产主义社会。

自选消费品和公共产品一样，都是在既有科技条件下，从社会能够提供或已经提供的消费品中，根据自己科学维度的客观需要自己选择消费品消费。其中，自选消费是根据自己的消费偏好，从社会能够提供的消费品中预定消费；公共产品是从既已提供的消费品中，根据自己的实际需求按照公共产品的消费原则消费。自选消费品的供应方式与社会保障品的供应方式相同，差别主要是由不能自选到可以自选，提供的消费品由生存层次升级为生活层次。公共产品的供应方式维持不变。

在共产主义社会，个人的三项基本消费变成自选消费品和公共产品两项消费，此时所有的消费都变成了像吃高级“自助餐”一样，人人各取所需，不占有、不浪费；在此基础上，每个人像打游戏过级一样，沉迷于自己的发展兴趣——与游戏不同的是，这种沉迷是创造真实价值和实现真实成就的有益沉迷；而这种发展兴趣又会促进“自助餐”“菜品”的快速升级和种类的不断丰富。但是，部分特殊岗位的职务消费除外，如党和国家领导人的安保级别，交通、住宿保障等。

在这种情况下，由于子女的养育已经完全社会化，父母主要是定期参加亲子活动，所以人口通常会快速增长——发达国家人口出生率下降的主要原因是抚育成本过高和占用个人的时间精力过多。假如按照个人的最大生育能力随意生育，女性一生通常能生育 5 到 10 名小孩，必然会造成人口的爆炸式增长，这是资源和环境不能承受的。因此，此时必须限制生育，比如一对夫妻（不分民族——只有人们都关注和解决每个人的权利与平等问题本身，很多问题才有解决的答案，否则就会永远无解）不能拥有两个以上子女或个人平均不能拥有一个以上子女等（具体根据人口发展情况调节），从而确保人口数量不超过资源的承载能力，实现国家和人类的可持续发展。很多国家反对限制生育或堕胎是从宗教思想或人权角度出发的。宗教不是科学，它的正面意义是在个人失望和社会不公平时起安抚情绪和稳定思想的作用，避免个人自杀、暴力和社会崩溃，但是它并不能真正解决任何现实问题，只有科学能真正解决人们需要解决的各种问题。至于与宗教或人权思想的矛盾，可以通过避孕技术的发展来解决。而所谓的生育自由，不是无限自由，任何自由都是有其行为边界的。生育自由的边界就是个人的生育自由不导致环境无法承载、资源利用可持续（关于自由的问题，后有详述）。但是，最终的出路还是宗教的发展。事实上，宗教自诞生以来，为了自身的生存，一直在为适应科学的发展而不断发展，尤其是基督教，发展出了通过个人世俗的成功来获得进入天堂门票的机会这一理论——世俗事业越成功，获得进入天堂门票的机会

一般来说，仿真程度越高，缓解程度越高，最终可能基本取代对真实功能特性的需求。比如，绘画到照片，照片到视频，视频到3D，3D到环幕并带气味、振动等的虚拟现实影片，这些虚拟功能越来越接近真实功能，将来有一天或许可以基本取代真实功能。虚拟出的某些功能有时甚至可以超越现实，比如影视或照片中的影像可以美于现实所见。虚拟功能特性相对真实功能具有风险小、无真实危机、进入退出可控制，资源消耗少、体验效率更高、可享受的体验更丰富多样等特点。

五是复制。即对既有产品完全一样的制作一份或多份。人类一开始是进行手工复制，如绘画的摹本、文学作品手抄本；后来进行作坊复制，如刻本书画、作坊的陶瓷；再后来进行工业复制，如图书印刷生产线、家电产品生产线，现在又出现了电子复制和立体打印。动物，包括人的复制在技术上已经成为可能，如多利羊，但是由于伦理原因和未知的可能风险较大，如何正确利用的问题还没有解决，所以暂时还不能推广应用。

六是循环。即对既有资源进行回收再利用。如，水的循环利用，金属、塑料、橡胶、纸的回收再利用等。

第二节　科技改变自然物质资源稀缺性的方法

自然物质资源的稀缺性源于其有限性，但是自然物质资源的有限是相对的而不是绝对的，科技的发展可以改变自然物质资源的有限性，从而改变其稀缺性。科技改变自然物质资源有限性的方法通常有五种：

一是通过拓展技术改变自然物质资源利用范围。某种自然物质资源，浅易的开发完了，可以开发深难的；本地的开发完了，可以开发外地的；陆地的开发完了，可以开发海洋的；地球的开发完了，可以开发宇宙的。

二是通过节约技术提高自然物质资源的利用率。既有技术不能利用的自然物质资源，通过发展技术可以实现利用。比如，富矿采完了，就发展贫矿开采技术；单纯矿采完了，就发展混合矿开采技术。既有技术对自然物质资源利用率太低，可以发展技术提高其利用率。比如，蜂窝煤的热利用率低，就发展出煤气提高热利用效率。既有利用方式的效能太低了，可以发展技术提高其利用效能。比如，直燃技术产生的动力低，就用涡轮增压技术来提高发动机的动力。

三是通过替代技术寻找新的自然物质资源。煤炭资源用完了，用天然气、页岩气、可燃冰、风能、核能、太阳能等。如果科技发展足够快，很多资源并不会等到用完就会有新的成本更低、效能更高的替代资源被发现和利用。

四是通过虚拟技术降低自然物质资源的消耗。视频会议可以节约大量汽油等能源、住宅虚拟技术用额定大小的空间可以模拟出任意大小和景致的住房，能节约大量的土地。

五是通过循环技术多次利用自然物质资源。金属回收可以减轻金属资源的不足程度，水循环技术可以解决缺水问题。

一般来说，虽然任何自然物质资源都是有限的，但是科技的发展可以改变自然物质资源的有限性，只要科技无限发展，自然物质资源就会趋于无限，哪种自然物质资源开发研究的科技发展越快，哪种自然物质资源越趋于无限。

第三节　自然物质资源节约的原因

尽管科技的发展可以解决自然物质资源的有限性，但是任何自然物质资源都必须坚持节约利用的原则，否则就可能出现环境和人的发展不可持续，以及自然物质资源利用“接不归”等无法承受的后果。这是因为：

第一，任何自然物质资源的利用都可能产生副作用。一项自然物质资源利用得越多可能产生的副作用越大，达到环境或人承受的临界点的时间越短，可供人们寻找控制和消除该自然物质资源利用的副作用的时间越少，超出环境或人可承受的临界点的几率就越大。自然物质资源的节约利用，是为环境和人发展的可持续赢得时间，否则可能出现环境和人毁灭等不可挽回的灾难。比如，二氧化碳的过度排放导致温室效应和气候异常，如果不加以控制，可能对人类带来难以预测的灾难。

第二，任何自然物质资源技术的发展都需要一定的时间并带有一定的偶然性。一项自然物质资源利用过程中浪费越严重，留给科技解决该自然物质资源无限性的时间越短，在科技解决该自然物质资源无限性之前出现自然物质资源耗尽的几率越大，出现接不上而发生自然物质资源供应链断裂的可能性就越大。越是节约利用，越能为科技解决某种自然物质资源争取更长的时间，出现资源利用“接不归”的可能性越小。比如，大量浪费石油资源，又迟迟找不到新的足量的替代能源时，就可能对人们的生产生活造成严重影响。

第三，任何自然物质资源在生产、消费和废弃物处理过程中都会伴随能源等其他自然物质资源的消耗。因此，无论某种资源的绝对量多还是少，都必须坚持节约利用的原则，否则即使其本身不会直接导致环境问题或出现短缺，也会因为其他能源、资源的使用而造成环境过载和其他相关自然物质资源短缺。比如，炼钢要炼焦，不节约使用钢材，会间接造成环境问题；炼铝要使用大量的电，不节约使用铝材，会间接造成能源短缺；过度包装或浪费消费，会产生大量的垃圾，垃圾处理要占用大量的土地、对环境也会造成一定程度的影响。

第四节　科技产生负价值的原因

科技既有扩展人类生存生活空间，丰富和发展人类需求的正面作用，即生产正价值；也可能产生危害人类的安全，导致经济社会发展不可持续的负面效应，即产生负价值。因此，人类在应用科技时必须坚持积极、谨慎原则，既要努力发展科技，又要把科技可能的负面效应尽可能充分考虑到，并采取有效措施进行规避，从而把科技可能带来的负价值降到最低。

科技可能带来的负价值从成因上可以分为以下四种：

一是科技应用本身的问题。即，自然科学理论和技术方法本身错误或不完善。这分为两种情况：一种是自然科学理论的错误或不完善。比如，怕麻雀吃庄稼，就把麻雀都捕捉了，结果庄稼的病虫害造成的损失更大。另一种是技术、方法错误或不完善。比如，油罐失火时向其喷水，结果火越烧越旺。

二是科技的负外部性。即，科技在带给一些人好处（丰富或改善人的需求）的同时，也可能给他人和社会带来损害。比如，汽车在方便乘坐人出行的同时，也可能因为操作失误危害行人的安全，或因为操作人员素质低下而给行人溅一身泥水或带一身灰，从而给他人造成利益损害。汽车对社会公众的外部性损害主要是尾气排放，尾气污染了空气，使人们被迫呼吸遭受污染的空气，在方便乘坐人的同时却损害了公众的利益。企业的烟尘、废水、噪声也是科技产生的负外部性。

三是非科技原因触发的事故。即，由于科学理论或技术方法本身以外的其他因素造成的与科技作用于生产生活有关的事故。比如，日本福岛核电事故，既不是核理论出错或不健全引起的，也不是核技术方法出错或不健全引起的，而是强震这一核理论与技术之外的原因引起的。又如，一些企业的生产或运输安全事故，不是生产运输的理论和方法有什么问题，而纯粹是工作人员违反操作规程、操作失误或疏忽大意，这也属于非科技原因触发的事故。森林中的大象、老虎跑到村子或街上伤人，不属于非科技原因触发的事故，因为没有科技的参与和介入，它属于自然界带给人的伤害事故。

四是科技被不法利用。即，科学理论和技术方法被思想和行为错误、对人类社会发展不会起到正面作用的人或组织利用。科技是工具，本无好与坏，好人用他做好事，为人类服务；坏人用他做坏事，危害他人或人类。兵器在和平主义者手中，是维护和平的工具，保护人民群众安居乐业；落入纳粹、军国主义者等法西斯主义者或宗教极端分子手中，就会成为侵略或恐怖袭击的工具，给他人和人类造成危害。

对科技的掌握是人区别于其他动物、之所以成为人的根本标志，也是人类发展的核心和永恒主题，但是科技如果不能被正确地利用或被正确的人利用，其危害是巨大的，甚至可能是毁灭性的。因此，科技的研究无禁区，但是科技的利用必须坚持审慎和严格管理原则，一定要在充分论证其安全性或有充分的安全保证的基础上应用，可能产生的安全威胁越大的科学技术越是要确保掌握在道德、思想行为正确的人手中，并在尽可能高的安全标准（能够承受的最高成本基础）上进行应用。

第七章　公共管理的正价值促进与负价值成因

旧市场经济理论的问题述要：

西方市场经济理论，只把国家管理看作公共管理，没有认识到企业管理本质上也是公共管理——只是它是单一特定任务的公共管理；同时，也没有关注和研究公共管理的两种负价值：绝对负价值和相对负价值，造成人们在管理者的选用上常常出现严重错误，给国家或企业等集体造成巨大的价值损失。

第一节　公共管理产生的原因及其类型

管理分为个人自身事务管理和集体公共事务管理，个人自身事务管理，就是个人管理；集体公共事务管理，就是公共管理。集体公共事务的管理主要分为企业事务管理和国家事务管理。其中，事业单位事务管理、政府职能部门内部事务管理与企业事务管理属于同一级别和类型的管理；国际事务管理、行业事务管理与国家事务管理也属于同一级别和类型的管理。

公共管理之所以产生，是因为人类是群体性生物，为了实现某一群体的生存、发展，或解决群体生活中出现的矛盾和问题，必须要有专门的人员对这些公共事务进行决策，拿出可行的办法措施，并执行落实这些办法措施，以实现该集体成员的共同愿望和目标。

具体地讲，公共管理，是为了让某一由人组成的集体实现某种目标而授权管理者对集体部分或全部内外部事务进行决策及对决策执行的活动。决策本质是一种服务，是在生产集体成员所需的公共产品。但是，通常所说的公共管理的集体是家庭或家族以外的集体，所处理的事务，也是家庭或家族成员内部事务之外的事务，即陌生人（非亲属）之间的共同事务，主要包括企业（事业单位）管理、行业管理、国家管理、世界管理等。

公共管理是影响和决定第一生产力的生产力，不直接生产内容性价值，但是影响和决定内容性价值生产能力的发挥和发展。内容性价值，就是资源的价值、科技的价值、资源与科技结合的产品价值，其中产品既包括人们直接消费的各种物质、文化、服务等消费品，也包括总结发现的各种自然科学理论、发明创造的各种生产工具等非消费品。体育、舞蹈、音乐、绘画、书法、小说、戏曲、影视等文化产品，本质上都是与人身心相关的自然科学知识影响和决定的产品，都属于内容性产品。公共管理的价值是非内容性价值，即它的价值既不是资源的价值，也不是科技的价值，或资源与科技结合产生的产品价值，而是一种与内容性价值性质完全不同的价值。

公共管理的价值分为两种类型：一种是促进正价值生产的价值，另一种是防控负价值生成的价值。对于企业管理来说，促进正价值生产的价值，就是通过分工或调整分工、制定与调整激励或惩戒方案、引入更好的生产要素或改进生产要素，提高本企业内容性价值（产品）生产的速度、质量，或促进既有产品的升级与新产品的发明创造而多生产或新生产的内容性价值；防控负价值生成，就是用以上方法降低产品不合格率或避免不合格产品流入市场，防止出现生产事故等而减少或避免内容性价值损失的价值。对国家管理来说，促进正价值生产的价值，就是通过社会保障体系和公共产品供应体系的建设、改进与维护，促进个人或企业更好地进行各种产品的生产与创新所产生的价值；防控负价值生成，就是通过社会保障体系和公共产品供应体系的建设、改进与维护，减少或避免境内个人、企业、组织，境外人员、企业、组织、国家给本国和国内民众造成负价值，或境内个人、企业、组织给境外国家和民众造成负价值。其中，负价值，不包括因为公平合法竞争给其他个人或企业造成的价值损失。

可见，公共管理的价值必须借助或通过内容性价值来实现和体现。

由于公共管理不直接生产内容性正价值，尤其是政府管理，相对企业管理离内容性价值生产较远，于是就有人认为政府管理不产生价值。但实际上，任何公共管理都会产生价值，无论是企业管理还是政府管理。而且越是远离内容性价值生产的管理，其管理价值越大，对内容性价值生产的影响越大。管理产生的价值是一种对内容性价值生产起放大作用地价值，其价值十分细微的变化，对内容性价值的生产都会产生极大的影响，使内容性价值的生产产生巨大的变化。相对于企业管理对内容性价值的放大作用，政府管理的放大作用要大得多得多，因为一个企业的管理只影响一个企业内容性价值的生产，而政府的管理影响的是所有企业和事业单位内容性价值的生产；同时政府管理对内容性价值和价值生产起保护作用，这种保护可以起到保障内容性价值生产和避免内容性价值损失的作用，这种价值也是十分巨大的。

政府有狭义与广义之分。狭义的政府是国家的行政机构。广义的政府，是指一切为国家公共事务服务的合法组织机构及代表组织机构行使职能的个人。其中，组织包括执政党、民主党（相对领导和执政的共产主义政党而言）、在野党等政治组织，以及工会、共青团、妇联、民族工作委员会、宗教协会等非党的社会事务管理辅助组织。机构包括议政（如政协或议院）、决策（政治局、总统、总理）、审查（人大会、立法会）、行政（国务院、总统府、内阁府及其部委）、司法（公安或警务、检察、法院、监狱）。在资本主义国家议政与审查（即立法）通常是合并的，决策不是执政党与其他政党和社会组织政治协商的基础上民主决策，而是执政党及其总统或总理独裁决策（含借助私人或政府机构的官方智囊）。

第二节　不同类型集体公共管理的内容与差异原因

公共管理的内容就是某一集体需要管理的公共事务。公共管理的内容，从性质上，分为正价值促进与负价值防控；从空间上，分为内部管理与外部管理；从时点上，分为预调与纠治。

不同的集体，公共管理的具体内容和内容项目的数量是不同的，其具体内容和内容项目的多少，主要由集体本身的性质与其所从事的事务有关。

企业，是以分配收入为目的，进行内容性产品生产的单位。即，通过某一种或多种内容性产品的生产销售，最大限度地增加劳动者与投资者的收入。其管理正价值促进主要是，促进内容性产品更多更好地生产和销售收入更公平更合理地分配。

事业单位是以内容性产品生产为目的组建的社会公益型单位。即，通过包括分配在内的一系列激励方案，价值最大化地生产和向社会提供产品。其管理正价值促进，主要是促进内容性产品更多更好地生产、经费更公平更合理地分配、人员获得更好更公平的成就激励。

政府是以促进企业和事业单位更好地生产，以使民众更大受益的公益型组织和机构。即，通过建设维护社会保障体系、组织和进行公共产品生产供应，促进企业和事业单位更多更好地生产，实现国家和民众总体利益最大化，并保护这些生产单位的正常生产和民众的财富免受损失。其管理正价值促进，主要是建立、维护和优化企事业单位生产产品的社会保障体系，建立、维护和优化企事业单位生产的那部分公共产品的供应体系，组织和优化自产的那部分公共产品的生产供应（如信用货币发行、法律制定与维护、社会安全秩序维护、国家利益保护等）。

不同行业的企业或事业单位，其内容性产品是不同的，各自管理促进生产的内容性产品也是不同的，而且内容性产品的项目往往很有限，一般为一项或几项。如，钢铁生产企业的管理主要是促进钢铁生产，汽车生产企业的管理主要是促进汽车生产，工程建设企业的管理主要是促进工程建设，影视制作企业的管理主要是促进影视制作，基础教育单位的管理主要是促进基础知识教育，职业教育单位的管理主要是促进本专业知识技能的教育，自然科学研究单位的管理主要是促进本领域自然科学知识的研究。有的企业是企业集团，管理的内容性产品项目可能不止一项。比如，涉足产业链前后端、周边要素，或同时做几个不相关领域。但是，即便如此，相对于政府的全领域管理，也是十分有限的。

政府虽然是全领域管理，但是与企业或事业单位管理的具体内容是不交叉的，一个是前端管理，管整体生产环境优化，管产业总体规划，管最低质量标准控制，管生产负外部性防控，促进标准接口的统一互换，促进市场的公平开放，促进交通、信息的互联互通，促进行业的协调共同发展，促进人与自然的和谐相处，促进经济的可持续发展；另一个是末端管理，管具体的生产组织与供应。同时，不同制度下，政府管理正价值促进的具体内容有所不同，但相同社会制度下，政府管理正价值促进的具体内容基本相同。到了成熟的社会主义社会，政府管理正价值促进的内容将发展到比较全面的水平，主要有十一项：一是制定调整国土规划，二是建立维护统一透明的公共市场平台，三是规划调整社会保障产品消费，四是规划调整企业生产的公共产品消费，五是规划调整事业单位生产的公共产品消费，六是进行货币发行并调整供应量，七是进行法定劳动时间调整，八是进行公企和事业单位管理者任命与监督，九是组建或投资公企和事业单位，十是建立国家级尊敬激励体系，十一是境外个人或集体正价值言行促进。这些内容只是直接内容，除了这十一项直接内容之外，政府管理正价值促进工作还有目标制定与制度改革两项间接内容。

公共管理负价值防控的内容有六项：一是非管理者内部负价值言行的防控。如，防控非管理者工作不负责任、消极怠工、制造内部矛盾、侵占集体财物给本集体造成价值损失。二是管理者负价值言行防控。如，防控负责管理的个人或组织因为决策错误失误、执行方法错误失误、管理者不作为、贪腐或侵占公私财物等给集体造成价值损失。三是本集体成员外部负价值言行的防控。如，防控企业成员谩骂或攻击客户给客户造成伤害或损失，或防控本企业人员用非法手段对待竞争对手给双方造成负面影响、伤害或价值损失。四是生产负外部性防控。如，防控乱排乱放给周边居民造成生产损失或健康危害。五是外部负价值言行防控。如，防控偷盗、抢劫、战争、外星人入侵，防控其他企业或国家的不当或不公平竞争给本企业或本国造成价值损失。六是灾害疾病防控。如，洪灾、旱灾、地震、海啸、流星、传染性疾病等给本集体成员造成健康危害。

不同集体，负价值防控的内容虽然是相同的，但是企业和事业单位与政府防控的方法和实现的目标是不同的。前者主要是规避，后者主要是消除，前者只是防止这些负价值不在自己身上发生，后者主要是从根本上避免这些负价值产生，或减少这些负价值对企业和事业单位及全体民众的危害，或降低这些负价值给单位或个人造成的损失。也就是说，企业管理的负价值防控，不能在总体上有效减少负价值，只能一定程度地改变负价值发生的对象；只有政府管理的负价值防控，才可能在总体上有效减少负价值。这就是为什么人们会把一些问题归结为制度问题，并希望通过国家层面的制度改革来减少或避免的原因。

无论正价值促进，还是负价值防控，作为公共管理者的个人或组织都必须按照正义与合法原则来进行，否则就将在道德和法律上出现问题，并可能最终失去管理的合法性和资格。

每一个集体除了进行内部管理，都还要与外部世界打交道，如企业与上下游企业、消费者与政府；政府与其他国家政府、企业、国际组织或个人。因此，每个集体的管理，都包括内部管理和外部管理两部分。

预调就是在问题还没有出现之前，提前进行的正价值促进与负价值防控工作；纠治就是问题出现后，进行的纠正性正价值促进与负价值防控。由于市场经济、企业等的建设理论和方法的发展水平问题，预测和纠治都可能出现误调和误纠问题，相关理论和方法越正确，出现误调误纠的可能性才会越少。

第三节　公共管理的程序制度及其改革

任何集体的公共管理，都必须通过一定的方法才能实现，公共管理的方法分为程序方法和制度方法。程序方法，就是通过一系列相互衔接的不同性质的行为达到管理所要达到的目标。制度方法，就是通过制定法规，确保管理者按照规定的必要程序进行管理，或通过法规调整把必要而缺乏的程序补上，或对既有的程序进行调整优化，以促进管理目标的真正或更好实现。公共管理的方法，从程序上，分为决策与执行；从制度上，分为维持运行与制度改革。

每一个集体的管理最首要的工作都是决策。决策，是授权期内的集体管理者对内外部各种事务要达到的目标的选择和实现目标方法的设计确定。决策分为事务决策与改革决策。事务决策，就是对公共管理的内容事项进行决策。改革决策，就是对实现目标的具体程序进行制度性的调整。制度性，是与临时性相对应的，指通过订立或修改相应的法规来实现程序的调整，而不是按例外原则进行临时性调整。所以，决策的内容，除了公共管理正价值促进与负价值防控的内容外，还要加上本集体目标的制定与制度改革两项内容。目标制定，也叫战略决策；制度改革，也叫模式探索，中国古代称之为变法。

一个完整的决策主要有四项程序：议——发扬民主，即广泛充分听取各方利益诉求及其意见建议。决——做出决策，即兼顾各方合理利益诉求，按照公平原则，在综合平衡的基础上，进行决策方案的制订或选择。审——审查把关，即通过相关方面的专家和法律专家，从专业与法律的角度对决策的科学性与合法性进行审查，以确保决策的正确性和不违反既有法规。示（签）——公示生效，通过相应的管理者签署后向集体内成员公示（如果是不同集体的合作，至少要向双方集体成员公示，保密内容也要在一定范围内公示），以便遵照执行。

事务决策从内容上看，主要有两项：一是目标选择确定。即，根据要决策事务的性质、特征、作用、意义等，确定该事务要达到的单项、阶段、总体及最终目标。比如，中国改革的初期目标是解决人们的温饱问题，中期目标是实现人们的富裕问题，远期目标是实现人们的发展自由问题。又如，汶川地震救援的初期目标是救人防疫，中期目标是生活安置，远期目标是重建发展。另外，总目标是由单项事务的目标组合而成的，每项事务也有自己的阶段和最终目标。二是方法设计确定。即根据既定的目标，设计、选择和确定一套实现目标的行动计划，包括行动内容和行动步骤。比如，为了实现改革初期目标，先进行真理大讨论，解放思想，再恢复高考培养科技和改革人才，然后先实行土地承包责任制，让农民能吃饱饭，再对企业进行独立核算并推向市场，激发企业的主动性和创造性。又如，为了实现地震中救人防役的目标，要出动哪些、多少军队，要出动多少专业救援人员，要不要申请国际救援，急运哪些物资，继运哪些物资，等等。

现实工作中，决策者进行决策时，有时只给出了目标和实现目标的大致原则，而没有给出实现目标的具体方法，这时执行者就要自己设计与确定实现目标的具体方法。这样做的好处是，能提高决策的效率，能发挥执行者的创造性，能更好地因地、因人、因事制宜；缺点是，容易导致行为失控、造假和目标无法真正实现。因为没有方法的决策目标，有可能是不具备或不完全具备条件的目标，无法或暂时无法实现。如果决策者在决策时，不但给出目标，还尽量给出具体的实施方案，有具体方法和工作步骤，那么决策者在制订方案的过程中就能够发现实施过程中可能出现的问题，从而避免因目标不合适造成执行者不知如何落实、不落实或被迫造假。没有方法的决策目标，也可能给执行者制造很大的不当获利空间，使执行者有机会假借实现决策目标，运用不合法手段谋取个人、亲友或小集体的私利。比如，在改革前期，由于没有任何先期经验，对很多问题的认知不充分，方法不具体，在放手让各级各部门自行探索的过程中，就产生了一些比较严重的问题，甚至一度导致部分民众对改革失去信任和信心，产生否定改革本身的思想苗头。

因此，决策者应该尽可能地设计制定具体的经过充分论证的比较周全且具有普适性或针对性的实施方案（实现目标的具体方法）——若有特殊情况再进行个别调整补充。尤其是在非战争和信息畅通的条件下，决策更应既有目标，又有尽量周详的方法。有了具体的方法，才不容易出现无所适从、不落实或造假的现象，有了具体的方法，执行者权力寻租空间才会减小，而且方法越具体越科学，执行者进行权力寻租的空间就越小、机会就越少，这样，目标的实现才会有比较可靠的保证。比如，最新一轮的公务用车改革，方法就比较具体科学，执行者的权力寻租空间就比较小、比较少，从而有望达到预期目标。

决策执行，是为确保既定决策目标的实现，而依据决策给出的方法进行的工作、工作内容或工作程序调整。完整的决策执行程序，有四个步骤的工作：一是任务分解。决策目标和方法制定后，需要通过具体单位、具体人去实施，不同的单位、不同的人只能按自己的长期或临时分工做一部分或一个时段的工作，这样就需要在总目标下，对本执行单位所承担的任务进行分解，明确每个下级单位或个人的目标任务、行动步骤，从而避免下级单位和人员无所适从，保证任务得到全面有效落实。二是分步行动。任务分解后，哪些人先做哪些工作，接下来哪些人又做哪些工作，如何衔接，如何避免衔接出问题，出了问题如何补救等都要进行明确，这样才不会打乱丈，才能避免忙中出错，耽误目标的实现。三是监控协调。任务执行过程中，会发现一些事前没有想到的问题，原来的方法可能考虑不够周全，也可能出现一些新的情况和问题，这些都需要及时了解并制定应对的措施，才不会造成任务受阻，从而确保目标的实现。四是负面防控。任务执行过程中，对可能和已经出现的消极怠工、违规操作、贪污腐败、意外事故、故意破坏等，都要进行预防和及时控制，以避免破坏或影响任务的落实，妨碍目标的实现。

维持运行的管理，是在既有的制度下，促进正价值生产分配并防控负价值产生扩大的内外部事务决策与执行活动。维持运行工作，又分为维持运行正价值促进决策、维持运行正价值促进决策的执行、维持运行负价值防控决策、维持运行负价值防控决策的执行等四项工作。每项工作又分为对内和对外两个方面的工作，所以全部加起来，维持运行的管理工作共有八项。

带制度改革的管理，是对既有正价值生产促进与负价值防控的方式方法进行调整优化的决策执行活动，以及以此为基础的集体内外部事务的决策与执行活动。带制度改革的管理工作，又分为正价值促进制度改革决策、正价值促进制度改革决策的执行、负价值防控制度改革决策、负价值防控制度改革决策的执行、改革后的正价值促进制度（含保留的部分原制度与新制度）的决策、对改革后的正价值促进制度（含保留的部分原制度与新制度）决策的执行、改革后的负价值防控制度（含保留的部分原制度与新制度）的决策、对改革后的负价值防控制度（含保留的部分原制度与新制度）决策的执行等八项工作。每项工作又分为对内和对外工作，一共就有 16 项工作。所以，带制度改革的管理工作，比不带制度改革的管理工作的工作量要更大。

带制度改革的管理决策相对不带制度改革的管理决策会多出一项决策，即制度改革决策。对于国家来说，制度改革决策，尤其是不太有把握，又关系重大的制度决策，为了保证科学和减少损失，试验是一个重要的方法。即，先搞特区进行试验，待确认可行，并针对问题进行适当修改后再全面推广；有时为了争取时间，也可边试验，边调整，边推广。

从单纯的制度改革本身看，制度改革有三种类型：一是结构性创新，二是日常性纠补，三是适应性调整。结构性创新，是通过重大的制度调整来实现对正价值生产的跃进式促进，以及负价值防控效果的明显改善。日常性纠补，是通过管理者自己的调查研究，发扬民主听取意见建议，不断发现结构性创新中存在的错误和漏洞，并及时进行纠错和补漏。适应性调整，是为适应科技发展的需要，对既有制度进行的单项或多项运行机制调整。

资本主义有三个发展阶段：自然资本主义、发达资本主义（美国、英国、法国等）、福利资本主义（丹麦、瑞士、挪威等），从自然资本主义到发达资本主义或从发达资本主义到福利资本主义都是结构性制度创新。因为自然资本主义国家没有社会保障制度，发达资本主义国家建立了初级的社会保障制度，福利资本主义国家建立了较高水平的社会保障制度——但这种社会保障制度有表面上不可能克服但实际上可以克服的缺陷，即福利陷阱。资本主义国家还经常进行新的立法，这其实就是在进行经常的纠补性或适应性改革，如美国近年的金融立法和信息立法。

结构性创新属于跨越式重大结构改革，类似于进行全新的城市建设规划，有明显的阶段性。一个阶段的结构性改革结束后，就会进入稳定期。结构性创新具有很强的探索性，有时不会一次性成功，特别是在理论和方法尚未完全成熟时。日常性纠错和适应性调整是经常性改革，从这个意义上说，“改革只有进行时没有完成时”。[①] 社会主义也有三个发展阶段：探索阶段——中国特色社会主义阶段（苏联模式是一种失败的探索）、定型阶段——成熟社会主义阶段、高级阶段——共产主义阶段。从半封建半殖民地到苏联模式的社会主义是重大结构改革、从苏联模式到中国特色社会主义也是重大结构改革、从中国特色社会主义到成熟社会主义以及共产主义都还要进行重大结构改革，而在这些重大结构改革中间，会伴随着大量经常的纠错性和适应性改革。

现实中的改革，尤其是结构性创新改革，有正确的改革，也有错误的改革，错误的改革是正价值生产促进和负价值防控方式劣化、倒退的改革。这种改革会导致正价值生产减少和负价值产生增加。错误改革出现的原因主要有四种：一是

① 习近平：《习近平谈治国理政》，第69页。

对规律认识不深入、不正确，缺乏正确理论指导；二是对新方法思考设计不周详，粗放随意或急躁冒进；三是仅为了应付上级要求或群众呼声，为改革而改革；四是偏离公平原则，从个人、部门自身的利益或眼前利益而不是全局与长远利益出发进行改革。

第四节　公共管理负价值的类型及其产生原因

管理既可能产生巨大的正价值，也可能产生巨大的负价值。管理的负价值分为绝对负价值、一般负价值和相对负价值。造成管理负价值的主要原因有理论、制度、决策、执行、个人五种。

管理的绝对负价值，是指由于管理者（含个人或组织）道德错误造成的集体行为总价值为负值。管理的一般负价值，是指管理者在促进集体正价值生成的同时，由于道德瑕疵，给集体造成的负价值。管理的相对负价值，是指由于理论发展水平、制度设计水平、决策问题、执行问题及管理者个人原因等造成的集体总价值创造非最大化。

科技发展水平、人、资源和外部环境相同的集体，会因为管理不同而产生很大的价值产出差别。如果一个集体在某一管理者管理下的价值产出量低于科技发展水平、人、资源和外部环境相同集体的价值产出量，这个集体的管理就开始产生管理负价值，而不是等到该集体价值生产下降或出现负增长才产生管理负价值。因此，管理有没有出现负价值，不是看该集体的价值生产总量有没有下降，而是看价值生产有没有达到与当时人、资源和外部条件相适应的最高值。

理论原因，即理论不具体或不完善，对一些现实存在的具体问题，理论没有提供解释或解释不正确。比如，马克思推断资本主义经济会向社会主义经济发展，那么如何发展，社会主义国家可以主动做哪些工作，他都没有讲。他没有讲，并不代表他关于发展趋势的判断不正确，而是当时的历史下他还不具备将其正确具体化的条件，因此需要后来人，尤其是社会主义政权国家的理论工作者与政治家来发展补充和具体化。企业等其他公共组织的管理理论也是一样。比如，到目前为止，绝大多数人把企业定义为私人组织或认为应该成为私人组织才会对个人或社会最有利。其实，即使是个人独资企业，企业本身也是一个社会公共组织，因为企业的员工源于人身自由独立的劳动者、产品要销售给自由独立的消费者，企业与公众的利益息息相关，必须兼顾各方利益和诉求，绝不是自己想怎么做就怎么做的完全由自己决定的私人事务。事实上，长期以来，经济社会中的很多问题，都源于人们对企业组织性质的理解不正确（关于企业的性质后有详述）。又如，由于受苏联模式公企概念的影响，人们固定认为公有企业就是苏联模式的公有企业，公有企业的效率一定不如私有企业。其实，苏联模式的公有企业是计划经济模式下的公有企业，苏联的计划经济本身就有问题，其经济体制下的公有企业受其影响，也存在很多问题，不但在计划经济下有问题，到了市场经济下后，还存在与市场经济不适应的新问题。也就是说，私企并不是私人组织，而是公共组织，苏联模式的公有企业并不是公有企业的最终模式，更不是正确模式——企业的正确模式或者说最优模式，到目前为止还没有出现。（关于企业的正确或最优模式，后有详述）。

制度原因，即理论正确，但是管理制度设计有问题。苏联模式的国家管理制度设计和企业管理制度设计都存在严重的问题。苏联模式的国家管理制度不能保证党的决策科学正确、不能保证决策执行准确无误、不能保证管理者自身干净勤勉，即不能保证苏共国家管理的三个现实合法性（现实合法性的有关问题，下一本书详述）。苏联模式的企业制度设计，由于没有市场而不能实现供需信息直接互动，由于缺乏必要的竞争而效率低下。

决策原因，即在理论和制度正确的情况下，由于决策信息获取不准确、不全面、不充分，决策价值取向错误、决策工具有问题或决策工具使用不当而造成的决策错误。价值取向错误是管理最致命的错误，法西斯主义、军国主义和社会达尔文主义是国家层面的决策价值取向错误，其所产生的是对人类危害巨大的负价值，而且这种价值取向的国家如果取得胜利，对人类的危害将会更加巨大，导致人类会在错误的道路上走得太远，需要付出更大的代价才能走上正道，或者直接走向毁灭。企业如果不是通过创造和增加需求方的价值，而是通过投机、不公平竞争或胁迫等方法来获取收入，也是价值取向错误，会造成劳动创造减少、物价水平增高，经济发展不可持续。不运用辩证唯物主义、历史唯物主义及其他正确有效的具体决策工具，或者未能正确使用这些决策工具，也会导致决策错误。由于决策信息获取不准确、不全面、不充分而造成的决策负价值，即决策不完全正确、发展不充分产生的相对负价值，是多数国家或企业被赶超或相对衰落的主要原因。比如，同一种制度下，亚洲四小龙超越菲律宾、马来西亚等。又如，摩托罗拉、诺基亚、苹果之间市场地位的前后取代。

执行原因，即在理论、制度和决策都正确的情况下，由于执行方法不正确，或执行时出现偏差，而造成决策得不到有效落实，以及由此而导致人们对决策、制度、理论本身的正确性产生怀疑。比如，决策要求淘汰落后的生产能力，但是实际控制过程中，由于方法不正确，既没有真正淘汰落后产能，又不能让被淘汰企业的劳动者有适当的出路。又如，决策要求减小中小学生课业负担，但决策执行过程中只是简单地要求减少课外书或补习，而没有从改革整个教学内容、考试和录用方法入手从根本上解决问题，学生、老师和家长都害怕谁执行谁吃亏，于是决策就得不到正确有效落实。再如，决策要求官员说实话、办实事、不腐败，但是由于没有从考核、用人、监督、收入等多方面制定配套方法措施来保证，这样决策也无法得到有效贯彻落实。还有，人们一度对社会主义理论、制度不那么自信，很大一部分原因是因为各级各类人员在执行决策时出现了偏差，背离了社会主义的原则和方法。

个人原因，即由于管理者个人思想道德错误、思想道德瑕疵、认识水平不够、管理能力不足、勤勉认真不够等产生的管理负值。国家、企业和其他组织的管理都是公共管理，凡是公共管理，都要求管理者有服务集体的思想道德，通过正确的方法实现所管理的集体利益最大化，在此基础上获得自己适当的利益。凡不具备这种思想道德或者思想道德水平未达到的人，都不适合做公共组织的管理者。如果做了，必然会给该公共组织带来不同程度的负价值。因此，对于任何公共组织而言，管理者的思想道德永远是第一位的，思想道德错误，可能导致该集体整体价值为绝对负值。比如偷盗组织、诈骗组织、生产有害产品的企业、被纳粹和军国主义者等法西斯主义者统治的德日意（从价值获取的角度看，纳粹主义和军国主义本质上都是强盗，只是它们是国家形式的强盗），都是因为该集体是由思想道德错误的管理者管理，所以其整体价值为绝对负价值，整个集体做得越多，产生的绝对负价值越大。有些企业或政府管理者，虽然通过改革推动了企业或当地的价值创造，但是违背公平原则或法规，多拿多占、故意侵害集体利益或任人唯亲，这样的管理者就是道德有瑕疵者，他们既促进了集体正价值生产的增加，同时也给集体造成了很大的负价值。这种负价值本身是绝对负价值，但是通常集体总价值并不一定为负，而且有时还有一定程度地增长，这是一种比较常见的负价值，所以可称为一般负价值。

一个管理者，如果思想道德合格，只是认识水平不够、管理能力不完全适应、勤勉认真不够，那么产生的负价值通常是相对负价值。相对负价值，分为最大相对负价值和机会相对负价值。最大相对负价值，是不完全适应当时科技条件下某集体管理的管理者管理产生的集体总价值与完全适应当时科技条件下该集体管理的管理者管理可能产生的集体总价值之差。由于完全适应当时科技条件下管理的管理者并不一定存在而且常常并不存在，所以可能的最好结果通常是在既有人群中选择最优管理者。实际管理者管理产生的集体总价值相对于当时科技条件下最好管理者管理产生的集体总价值之差就是机会相对负价值。最大相对负价值和机会相对负价值常常并不相等，但有时候也会相等。只有当时集体中有一个或多个人的实际管理能力完全适应当时科技条件下该集体的管理时，最大相对负价值与机会相对负价值才相等。由于公共组织的管理负价值是从低于最大可能的正价值开始的，所以每一个公共组织的管理者，理论上都应当由能实现本组织当期正价值产出最大化的人来担任——即要在可选范围内选择最优者，而不是说谁都可以。在思想道德合格、能力最佳的基础上，还需要管理者勤勉细致，否则也会产生一定甚至是很大的管理负价值。可见，公共组织的管理者选择非常重要，其中思想道德是关键，是门槛，思想道德不合格的，应全部挡在门外，因为他们产生的是绝对负价值，其能力越大，整个公共组织的绝对负价值越大；思想道德有瑕疵者要慎用，非用不可时，要加强教育和监督，防止其产生负价值；思想道德合格者中，要用能力最强者和工作最勤勉者，以实现整个正价值产出最大化。

与管理岗位的个人类似，非管理岗位的个人因为思想道德、能力水平、勤勉认真等原因也会在一定的集体中产生绝对负价值、一般负价值、相对负价值和正价值。总体来说，对个人而言，衡量一个人人生高度的，不是其所占有的财富的多少、获得的职位的高低，而是其所创造的价值的大小，如果不能用既有财富和职位最大化地创造价值，就会对社会造成相对负价值，就是在一定程度地浪费社会资源。

在共产主义社会实现以前的整个历史过程中，由于社会科学根本理论与制度发展水平的原因，并不总是存在或能找出、找到道德合格的管理者，也不是在每个时段都能发现与该时段该公共组织要求相适应的最佳理论、设计出与该时段该公共组织要求相适应的制度、作出与该时段该公共组织要求相适应的决策和进行与该时段该公共组织要求相适应的执行行为，所以绝大多数公共组织的管理通常都存在不同程度的一般负价值和相对负价值。因此，人们对这两种负价值都有一定的忍耐度。但是如果这些负价值超过了人们的忍耐度，管理者就可能会丧失管理权。虽然人们有一定的忍耐度，但并不是说这两种负价值的存在就是合理的，也不是管理者停止不前的理由。事实上，人们总是希望这两种负价值越小越好，而且一直在寻找使这两种负价值接近或为零的方法，人类也终将找到。

无论是国家还是企业，在和平发展且管理者思想道德合格的情况下，落后主要是因为自己的管理——没有促进正价值最大化发展。所以，如果美国有一天落后了，且假设其国家和企业管理者等思想道德都合格，根本原因不是因为中国发展了，而是因为其理论、制度、决策、执行和管理者都存在与科技发展水平不相适应的问题。

第八章　非科技和管理放大型价值的正价值与负价值

旧市场经济理论的问题述要：

西方市场经济理论，对文娱产品、传媒、教育和土地私有化的负价值也没有关注，对其对经济总量大小和经济发展的影响也没有研究和计入，从而造成价值生产过程中不能对其负价值进行有效的区分和防控，其中土地私有化造成的负价值和对经济发展可持续性的影响最为深远和严重。

第一节　文娱产品正价值的二重性

文娱产品是一种通过传播不断放大的价值，文娱产品的正价值通常包括消费性价值和科学性价值。

文娱产品的消费性价值就是能吸引人，文娱产品的科学性价值就是让人有收获。比如，使人发笑是相声小品的消费性价值，让人获得某种知识或启示是相声小品的科学性价值。又如，竞争（含自己与自己的竞争）对人产生的吸引力是游戏体育的消费性价值，让人学到知识或增强身体素质是游戏体育的科学性价值。文娱产品的这两种价值类似于人们常说的艺术性与思想性，但后一种说法涵盖面偏窄，也不太好理解和操作。

文娱产品的消费性价值由低（含负价值）到高可分为四级：负二级为绝对负价值，通过作践伤害别人以吸引人。如，展示别人非故意失败言行、故意作践或刻意贬低别人、通过语言或行为伤害别人等。负一级为相对负价值，通过作践伤害自己吸引人。如，故意贬低、丑化、作践、伤害自己来吸引人。正一级为一般正价值。即，通过常见的情节、优美、技能、矛盾、竞争展示来吸引人。正二级为高级正价值。即，通过创造性的情节设计、优美创造、技能展示、矛盾呈现或竞争方式来吸引人。如果是文艺领域，前两级的消费性价值就是恶俗，最容易生产；后两级是艺术，较难生产；特别是最后一类消费性价值，最难生产。

任何文娱产品，只有含有科学性价值，才能称为真正有价值，就像饭菜虽然讲究色香味，但关键是要有营养，色香味做得再好，如果没营养，人吃了也是白吃。

文娱产品的价值大小主要取决于其所蕴含的科学价值的大小，所含的科学价值越高，该文娱产品的价值也越高，即让人从一个文娱产品消费中收获的东西越多或越有意义，该文娱产品的价值越高。

文娱产品的科学性价值有五种类型：一是有助于某一种或多种既有自然科学和社会科学价值的放大。包括纪实传播和成果传播。《三国演义》《红楼梦》《水浒》中各自都分别反映了丰富而详细的历史与人文情况（如器物、建筑、人与人之间的关系情况等）。虽然因为照顾到娱乐性，其记录不一定十分准确，反映的也不一定是一一对应的真人真事，但是却能真实地反映当时整体的历史与人文情况，并且由于其他资料或者没有如此详细的记录，或者记录了却难以有效传播，所以文娱产品的这些记录为自然科学和社会科学研究提供了宝贵素材。呈现自然科学和社会科学研究发现的矛盾问题或处理某种问题正面的思维和方法，把自然科学或社会科学的研究成果编成益智游戏、舞蹈形式、体育项目等都属于成果传播。二是为自然科学和社会科学发展提供方向。文娱产品善于发现和捕捉人与人、人与自然之间的各种矛盾问题和需求渴望，自然科学和社会科学工作者能从当时的文娱产品中找到工作的方向，学者能从中找到新的研究项目，企业家能从中捕捉到人们的需求以开发生产新产品，政府能从中了解政策的得失以调整和完善决策。三是为自然科学和社会科学研究提供灵感。自然科学和社会科学研究都需要想象力，那些幻想特别是科幻作品，往往能为自然科学和社会科学的研究提供某种发现或解决问题的灵感。这就是为什么《乌托邦》虽然是小说，但是却成为社会科学家研究对象的原因。《西游记》的一个很重要的价值在于它丰富的想象力，包括天宫等神话世界、千里眼等各种神通，芭蕉扇等各种法宝。四是直接反映或总结自然和人性的某种规律。包括引起自然变化的因素，影响人行为与价值判断的条件等。比如，“欲穷千里目，更上一层楼”“千里马常有而伯乐不常有”等。五是直接总结得出一些处理人与人、人与自然关系的较好方法，有助于人们形成正确的思想和行为。比如，什么样的价值追求是正确的、什么样的行为是正确的等。这就是人们常常引用作家或作家作品中的语言来指导自己言行的原因。

某种文娱产品，只要具有其中的某一种类型的价值，就具有科学性价值，就是有价值的文娱产品。小说或影视作品，具备以下因素之一都是有价值的作品：一是较为忠实、详细、多面或独有地再现某方面的历史；二是能为科技人员和管理者提示工作方向；三是能为自然科学和社会科学工作者提供研究的灵感。四是能从历史事实中总结反映某种规律；五是能从历史事实中得出一些有益的启示或行为方法。据此可以得出结论，小说或影视作品，无论是历史、现实还是科幻，越接近于真实和真理价值越高，但其真实不必一一对应。书画、雕刻、舞蹈、音乐等与小说或影视作品类似，而游戏、体育的科学价值更多体现为锻炼人们的思维，促进人们的身体健康等。电子游戏，特别是网络游戏具备承载所有文娱形式的科学价值因素，所以电子游戏将是未来最主要的文娱形式，只是目前朝这个方向发展的电子游戏还太少。

文娱的消费性价值是有发展极限的，而科学性价值是无发展极限的，所以正确的文娱产品创作生产态度是，在保证消费性价值处于合格以上水平的情况下，就应把主要精力用于追求科学性价值上来，当消费性价值接近于极限时，就要将精力全部用于追求科学性价值，否则就是舍本逐末，空耗精力却创造不出真正有价值的文娱产品。

因此，文娱从业者要多看自然科学和社会科学的书籍，只有这样，才能生产出真正有价值的作品，否则就像是鲜花，瞬间鲜亮之后什么也留不下。文娱需要批评现实，但不能只有批评现实，更需要思考解决问题的方法以及对未来的构想，只有这样才能让人们变得积极乐观和富于开拓创新。

第二节　文娱产品负价值的五种类型

文娱产品也会产生负价值，其负价值包括消费性负价值和科学性负价值。因为文娱产品的消费性价值就是能吸引人，所以用正确的方法，如紧张多变的故事情节、优美的画面、动人的旋律、活泼的游戏等吸引人，产生的就是消费性正价值；用错误的方法，如暴力、色情、奢侈、低级趣味等吸引人，产生的就是消费性负价值。因为文娱产品的科学性价值就是使人有收获，所以当人能从文娱活动或产品中收获正确的信息、思想、理论、方法或健康时，产生的是科学性正价值，当人收获的是错误的信息、思想、理论、方法和影响健康时，产生的就是科学性负价值。

综合起来看，具有以下特征或导致以下结果的文娱产品都是负价值文娱产品，主要包括虚假记录、思想错误、行为误导、无益沉迷、损害健康等。

虚假记录。即，人为编造且未作提示，人们凭一般经验又不能明确判断，误以为当时客观存在过的人或事。把多人的事集于一个真实或不存在的人物，时间不相符或地点不存在，并不是虚假记录。虚假记录包括写实时无中生有、夸大数据，或从意识形态出发，完全凭主观好恶违背事实地对别的国家、民族、宗教、党派、个人进行刻意和夸张的丑化或美化等。比如，有的国家的一部分文学或影视作品，从意识形态出发，完全凭借想象对社会主义国家政党及其领导人或对非自己信仰的宗教及其精神人物的丑化。对国家、民族、宗教、党派、个人的正面描述也要以事实为基础，不能无中生有，不能夸大其辞，否则就会画虎成猫、弄巧成拙。在进行真实人物刻画时还要避免张冠李代和对人物神化化。

思想错误。即，违背正义原则的一切思想。包括宣扬纳粹、军国主义、极端主义、恐怖主义等反人类思想；宣扬出生、人种、民族、宗教天生优越论，歧视其他出生、人种、民族、宗教；宣扬投机和不劳而获的非发展思想，宣扬为达目的不择手段的社会达尔文主义；宣扬鬼神决定个人、集体或社会事务的迷信思想；宣扬不可知论、悲观厌世等消极思想等。

行为误导。即，一切有背于社会正义和良序的行为。包括以非批判或非真正批判的态度（如肯定、羡慕或中立）描绘和展示奢侈、浪费、暴力、吸毒、粗口等行为；进行可能对他人和社会造成不良影响或损害的性描绘和展示等。

损害健康。即，对消费者直接造成精神或身体伤害。包括可能导致人留下心里阴影或导致精神异常的恐怖描绘或游戏；即使在进行必要安全防护情况下，也有较高几率造成身体伤害且不产生科学价值的游戏或运动，如拳击、极限运动等。但是警察和军人的训练除外，因为他们是为了保护整体型价值。

无益沉迷。即，造成对本人或社会没有任何益处的个人文娱沉迷。包括斗蛐蛐、斗鸡、赌马、打麻将等各种形式的赌博沉迷，通过各种没有意义的行为重复让电子游戏玩家升级的游戏沉迷等。

除了非正即负、泾渭分明的两类文娱产品，还有一些文娱产品介乎二者之间，既有正价值，也有负价值。

纯负价值的文娱活动或产品要禁止传播，既有正价值又有负价值的文娱活动或产品要分类限制传播。比如，专业传播、成人传播、大众传播等。

第三节　传媒的两大正价值

传媒机构是对新近发生或出现的与人们生存、生活、发展有一定关系的重要规律或异常事物进行报道与评论的专门组织，如报刊、广电、网站等，这些机构报道的信息及对信息的评论就是传媒产品，传媒机构生产的产品的正价值就是传媒价值。

传媒有两大正价值（以下一般简称价值）：一是信息的价值，二是评论的价值。

信息的价值大小取决于该信息本身与人们生存、生活、发展关系的重要性和信息的真实性、准确性、全面性。信息与人们生存、生活、发展的关系越密切，越关系人们的根本长远利益，对人们可能产生的利益影响越重大，该信息的价值越大；反之，信息与人们生存、生活、发展关系越疏远、孤立，可能产生的影响越微小，该信息的价值越小。信息价值的大小还与该信息关系人群的大小有关系。某信息关系越多人的利益，该信息的价值越高；某信息关系越少人的利益，该信息的价值越低。信息还有绝对价值和相对价值之分，前面所说的是信息的绝对价值，信息的相对价值是相对不同的人群而言的。不同的信息对于不同的人群来说，其价值大小是不同的，对自己利益影响越大的信息，自己认为该信息的价值越大；对自己利益影响越小的信息，自己认为该信息的价值越小。

新闻要报道人咬狗，但新闻报道的内容远不止人咬狗。异常现象是传媒传播的一个方面的内容，但不是全部内容，更不是主要内容，新闻报道的主要内容是与人们生存、生活、发展密切相关的内容。人咬狗这样的内容虽然可能更容易引起人们的注意，但因为与人们的利益不相关，所以几乎没有信息价值，和传媒报道明星的生活隐私一样，其价值其实是一种娱乐性价值（消费性价值的一种）。也就是说，传媒报道与人们生存、生活、发展没有关系的异常内容，属于文娱消费，而且是负价值的文娱消费。有些异常现象，如地震、海啸、生产或生活中的事故，则具有信息价值，因为它对一定范围的人们存在不同程度的利益影响，人们需要了解信息，以进行有意义的适当应对，如通过救助减少损失、借鉴得失进行防范，这种有助于人们防控损失的作用，就是本身为负价值的事物作为信息被传播的价值所在。

真实性、准确性、全面性是决定信息本身价值的关键性外部影响因素，是传媒价值的主要体现。如果信息失去真实性、准确性和全面性，信息的价值就会丧失，越远离真实性、准确性和全面性的信息越没有价值，甚至会产生越大的负价值。因为信息如果失去真实性、不准确、不全面，就会导致人们做出错误判断和应对，不但不能减少当前的价值损失，还有可能对未来造成更大的价值损失。一般来说，信息真实，信息本身才会有价值，信息失去真实性，那么整个信息就会失去价值，甚至变成一种负价值；信息越准确，信息本身的价值越大，信息不够准确，信息本身的价值就会打折扣，信息越不准确，信息本身的价值越小；信息越全面详细，信息本身的价值越高，信息越片面、越粗略、越不完整，信息本身的价值越小。

评论的价值，是针对信息进行的评论的价值。评论实际上是用一种或多种理论对该信息所包含的事物可能产生的价值进行判断与评估——包括可能产生的正价值与负价值，以为个人、企业、政府等的决策提供参考。评论总是根据某一种或多种理论作出的，实际上也是在传播某一种或多种理论，这种传播虽然没有文娱生动形象和有吸引力，但是比纯粹的教育更形象具体和有吸引力；这种理论传播方式没有教育完整和系统，但通常比文娱更清晰和详细。

但是，如果理论本身有问题或错误，那么人们获得的就可能是价值不高、没有价值或负价值的理论，根据这些理论进行的评论就可能会误导个人、企业、政府，导致其决策失误、错误，并产生负价值。

评论还存在受情感左右、利益驱策或力量挟制等而偏离学术中立与学术本意的问题。这种问题需要从两个方面解决：一方面，传媒机构要选用理性平和的人作为评论者，而不能选择偏激和哗众取宠的人；要选择没有利益背景的人作为评论者，而不能选择有某种复杂的利益瓜葛的人；要选择坚持正义、敢说真话的人作为评论者，而不能选择道德有问题、不敢说真话或故意编造谎话的人。另一方面，受众要对评论者的评论进行甄别，特别是要了解和分析评论者的个人品行、身后背景，远离那些偏激、非客观、非科学的评论。

第四节　传媒负价值产生的五种原因

传媒价值的正负与所传播的价值本身的正负没有关系，其价值的正负主要取决于传媒机构的传播行为。传媒作为事实与理论的传播机构，既可能传播正价值的事实与理论，也可能传播负价值的事实与理论。负价值的事实包括各种灾害、事故、战争、案件、公共问题等，负价值的理论包括违背科学原理的理论、存在逻辑错误及与事实有较大出入的理论等。负价值的事实要传播，但关键是要正确分析原因、指出已经或可能造成的危害，以及阻止、减轻或避免这些负价值产生的方法。负价值的理论，关键是要客观科学地指出其错误所在，以供人们警醒，防止误信误用，或避免出现同样的错误。

导致传媒产品产生负价值的原因主要有五种：

第一种，收益获取手段不正确。传媒机构应该通过传播更大、更多的价值来获得收益，为了引起轰动而故意造假、故意片面报道、故意歪曲事实、故意制造歧义等都是为了利益而不择手段的表现。

第二种，信息获取手段不正确。用窃听、偷盗、贿赂、逼迫等方法获取信息都是错误的信息获取方法，因为这样做会使传媒机构及其工作人员陷入不义与违法的境地。

第三种，信息传播方法不正确。不必要地将自己置于危险之中，如站在炮弹乱飞的战场、汹涌而来的海啸面前、暴雨疾风中报道等都是不正确的信息传播方法。这种方法虽然能增强信息传播的吸引力，但是却是不人道的，可能给传媒机构及其人员、家人造成不必要的严重损失。

第四种，正面宣传手段不正确。传媒机构可以对企业、事业单位、政党、国家机构等组织和这些组织内的所有个人进行宣传报道，目的在于张扬正义，促进社会和谐与发展。传媒机构应该通过如实的报道与正确的评论来对有益他人或社会的个人或组织进行宣传，在信息量上可以丰简，但在真实性、准确性和全面性（主要指正反两方面的信息，而不是信息的详细性）上，不能打折扣，不能故意造假、模糊或只提供单一层面的信息。另一方面，也不能用作假的办法刻意丑化其他个人或组织，以衬托所要宣传的个人或组织。

第五种，思想传播方法不科学。传媒可以通过评论选择一种或以一种科学思想为主进行传播，但应该尽量地将多种科学思想（可以不准确全面，但是要符合科学原则）纳入进来，以防止片面、偏激，并能让各种观点相互学习借鉴，让受众进行比较判断。一概否定和完全排除其他观点的做法，是不科学的，其所传播的思想也会渐渐失去正确性和生命力。

第五节　教育正价值的两个层次

教育是专门进行科学价值传播放大的活动。教育活动本身是一种放大型价值。教育除了传播和放大既有的科学价值以外，还有发展再生新价值的功能，即通过启发引导，促进人们去创造新的科学价值。

因此，教育有两项主要功能，产生两种正价值：一是知识传授、二是启发引导。前一种功能是对既有和既定的正价值进行传播放大，简称价值传播；后一种功能是对既有的正价值进行发展，或创造出与既有正价值不同的新正价值，简称价值创造。

知识传授，就是把已经认知到的事物的根本性质、主要特征、形成原因、发展规律，利用方式、实现方法、负面防控等知识以尽可能准确、全面、高效的方式传授给需要的未知者。教育传授的知识包括，工具科学的理论与应用知识、自然科学的理论与应用知识，社会科学的理论与应用知识，即人类社会的所有知识。

准确、全面、高效是教育知识传授功能的灵魂，是其价值所在，人们通过文娱、传媒也能获得一些有关方面的知识，但是可能不准确、不全面、效率比较低，尤其是缺乏教学互动，知识掌握往往不准确。

文娱的科学价值、传媒的评论价值和教育知识传授层次的价值都属于科学价值的传播。与文娱和传媒相比，教育对科学价值的传播更专业、准确、全面、系统，但受众范围窄，对人的知识水平要求高，吸收难度大。三者之间的对比关系是：文娱对科学价值传播的专业性、准确性、全面性和系统性最差，同样内容的价值传播所用时间最长——即传播的效率低，但形式丰富多彩，吸收难度低，能够使低知识水平的人也能快速有效地吸收到其所传播的价值，受众人群最为宽广，几乎是所有人。媒体对科学价值传播的专业性、准确性、全面性和系统性比文娱更强，传播效率更高，因为有真实案例，吸收难度也还可以，但由于更强调真实性和准确性，相对文娱丰富的表现手法，形象性和吸引力要弱很多，知识水平低的人群往往不感兴趣或不能吸收，因而传播的范围相对要窄；另外，由于往往是针对既已发生的事件作相应知识介绍，人们获得的知识比较碎片化，全面性和系统性仍然不够。教育去除各种多余的东西，直接传播纯粹的科学价值，传播效率最高，专业性、准确性、全面性和系统性最好，但是吸收难度也是最高的，传播范围最窄——即便知识水平高的人群中也还会分专业。另外，文娱往往只能传播量较小、较为简单的科学价值；教育可以传播量很大、很复杂的科学价值，传媒则介于文娱与教育之间。

启发引导，就是教学中的指导者，即导师通过启发和引导让被指导者学会自己发现和解决问题，而不是单纯的学习和应用既有的知识。导师一定要正确定位自己——是教练员而不是运动员，是指路人而不是行路人，被指导者是潜力强于自己或目标高于自己的人，导师的核心工作任务是启发引导被指导者，而不是向被指导者教授知识，其最终目的是指导出超越自己的人，而不是培养自己的徒弟或工作助手。

一个合格的导师必须指导出超越自己的人，指导出的超越自己的人越多，这个导师越合格，一个没有或者培养不出超越自己的人的导师是一个不合格或不称职的导师。

当然，这种超越不一定是全面超越，在某一方面或若干方面有所破旧立新——但不是为破旧立新而破旧立新，而是要以问题为导向，针对需要解决的矛盾问题找原因，在此基础上设计建立解决问题的新办法。

知识传授是启发引导的基础，没有知识传授，启发引导就无从谈起，更无法实现；启发引导是为了促进认识水平的提高，发现更多的事实和理论，使更多问题得到解决，或使问题得到更好的解决。

人的认识是由浅入深、由简单到复杂、由形象到抽象的，所以其对科学价值的自然认识和吸收途径一般会经历三个发展阶段：第一阶段，主要通过文娱途径；第二阶段，主要通过媒体途径；第三阶段，主要通过学术途径。从幼儿园到大学的教育是人类能动性地安排的一种认识和吸收科学价值的方式和途径，不是人自然认识和吸收的方式和途径。另外，认识未发展到后一阶段的人几乎不会用后一种途径来认识和吸收科学知识，但是认识发展到后一阶段的人通常也会同时采用前一种途径对科学价值进行认识和吸收。比如，文盲和低学历（又不再主动学习升级）者，几乎不看新闻评论和学术作品（包括文字、图片、音频、视频、实物等形式）；但是看学术作品的人，同样也会看文娱产品和新闻评论。

一般来说，知识水平越高、认识能力和创造能力越强的人，越少通过文娱的方式来获取知识，因为这种方式获取的知识太浅、太碎、太不准确、太不全面、太浪费时间（因为人的生命是有限的，这种低效率的知识吸收方式，不利于人们进行最大化的价值创造）。所以，一个国家，人们的知识水平、认识能力和创造能力越低，喜欢文娱产品的人越多，喜欢媒体和学术作品的人越少，而且越喜欢感观刺激越强烈、科学价值量相对较小的文娱产品。在这样的社会，文娱产品是科学价值传播的主力军。人们知识水平、认识能力和创造能力越高的社会，喜欢媒体和学术作品的人越多，喜欢文娱产品的人越少——只有科学价值较高的文娱产品才会被喜欢。在这样的社会，媒体、教育和学术机构是科学价值传播的主力军。

一个国家，人们普遍的知识水平越低，文娱业越发达，文娱明星越受关注和追捧；人们的普遍知识水平越高，媒体和学术产业越发达，新闻评论人员、自然科学的科学家、社会科学的学者和从事国家、国际和企业等集体管理的政治家、企业家越受关注和尊敬。

第六节　教育负价值产生的五大原因

教育并不总是产生正价值，有时也会产生负价值。教育产生负价值的原因主要有五种：一是知识本身错误，二是教育理论错误，三是教育方法错误，四是教育执行偏差，五是教育者道德缺陷。

1. 知识本身错误。迷信思想、神学思想、零和思想、极端主义思想、法西斯主义（军国主义或纳粹）思想、地心学说、市场不可知和不可管控论等也可算作知识，但这些知识本身都是错误的。人们受这样的知识教育越多，影响越深，对自己、国家和人类的危害就越大。

2. 教育理论错误。学习本身是一种知识获取快乐与能力增长愉悦，是和吃饭、穿衣一样的一种有满足感与获得感的愉悦，是一件快乐的事。但是，正如吃饭会成为一些家庭里小孩的负担一样，教育这种让学习者快乐的事有时也会被搞成痛苦的事。教育首先是要让人们建立知识的获得感愉悦，通过获得感愉悦尽可能多、尽可能全面、尽可能平衡地掌握不同的知识，在此基础上发展出自己的一种或几种兴趣，形成自己的一种或多种合格且不断进步的能力。教育的目的不是为了培养更多的尖子生，也不是为了培养更多的高学历者，而是为了让每个人都尽可能多掌握知识，并形成对一种或多种知识的特别兴趣。一个国家，教育成功与否，并不取决于尖子生与高学历者的多少，而取决于该国民众普遍的知识水平及对知识的态度与兴趣。一个国家民众的普遍知识水平越高，对知识越尊重，形成对某方面知识兴趣的人越多，这个国家的教育理论越正确，教育越成功；反之，一个国家民众的普遍知识水平越低，越多的人只是把知识当成谋生的手段，把学习当成痛苦的煎熬，以敷衍的态度应付学习，那么这个国家的教育理论就是错误的，教育就是失败的。后一种态度会使社会弥漫憎学、厌学、弃学、作假的情绪和行为，影响价值的创造和社会的发展。

3. 教育方法错误。即使教育的知识本身正确，教育的理论也没有问题，但是运用了错误的方法，也可能产生负价值。比如，辱骂、体罚、罚抄写，超越年龄阶段灌输知识，不考虑接受与消化能力过度灌输、不考虑身心健康的疲劳战等，都会导致学习者学习兴趣丧失或对学习产生厌烦情绪。教育还要培育学习者养成营养均衡地“吃正餐”的习惯，避免学习者形成吃没有营养且有害健康的“吃零食”的习惯。一个国家民众热衷于简单肤浅的猎奇逐俗，哗众取宠的奇谈怪论，思维偏激的攻击谩骂，就相当于人们在学习上吃有“毒食品”上瘾，原因就在于教育时没有培养起人们的正确知识选择与学习习惯。

4. 教育执行偏差。在教育的知识本身、理论和方法都正确的情况下，由于教育的体制机制、客观条件或实施者个人的能力、态度等问题，在教育执行的过程中也可能出现偏差，导致产生负价值。比如，如果高中以前的基础教育基本设施和教育水平不均等的问题不解决，择校问题就很难避免；大学职业教育执行统一的最优标准和教学条件均等化前，基础教育高考化（主要是争夺少数名校或重点大学）的问题就很难解决。又如，有的教育者虽然知道培养学习者学习兴趣的重要性，但是不知道如何培养调动，或虽理论上知道，但实施时无法真正调动，或者根本就没有那个心情和耐心来调动。

5. 教师品行缺陷。教师（不仅仅指学校老师，而是包括一切长期或临时的知识传授者）无意或故意地向学习者宣泄自己的负面思想情绪，或对学习者做出一些违反道德、法律的行为，都会造成负价值。

第七节　土地私有化的六大矛盾与负价值

土地是物质资源中一种最重要最典型的放大型价值，它不像非物质性放大型价值可以无限复制。土地、黄金、钻石等自然物质资源的生命相对煤炭、矿石等损耗型自然物质资源来说，生命是无限的，而且与黄金、钻石等其他生命无限的自然物质资源不同，黄金、钻石是非必要自然物质资源，而土地是人生存生活的必要自然物质资源。

和所有放大型价值一样，土地私有化虽然一定程度地提高了土地的生产利用率，但是却极大地降低了土地的消费利用率。与一般损耗型或非必要放大型自然物质资源不同，土地作为人们生产生活必不可少且生命无限的自然物质资源，其私有化可能造成很多无法解决的矛盾和巨大的价值利用损失，影响社会的和平稳定和可持续发展。

土地私有化主要会产生以下六大无法解决的矛盾：

一是土地的生命无限与人的生命有限的矛盾——个人有限的生命无法承载土地无限的生命。土地的生命是无限的，而人的生命是有限的，生命有限的人怎么能承载生命无限的土地呢？买卖即意味着所有关系的永久变更，一个人买了一块土地后，只要不再转手，这个块土地就永远属于他的，可是这个人的生命是有限的，而他所购买的土地的生命是无限的，当他的生命结束时，土地的生命却依然还在，所以个人有限的生命无法承载生命无限的土地，土地是无法真正被私有的。对于这个矛盾，过去和现在通行的做法是由其后人或亲友来继承，但这正说明了个人的生命无法承载土地的生命。而土地的继承对其他未继承的任何人来说都是不公平的。

二是土地的生命无限与政府的生命有限的矛盾——政府对土地的私有化是无意的骗局。土地的生命是无限的，而代表民众对土地进行使用授权的政府的生命却是有限的。过去，随着朝代的更迭，土地往往会重新分配，人们获得的土地不过是对土地一段时期的控制权和使用权而已，土地从来就没有真正被私有过。现在，虽然不再有朝代更迭，但政府也是在不断的换届。社会在不断地发展，土地的利用也需要不断变化，每届政府都应根据社会发展的需要对土地的使用授权进行适当的调整，一届政府怎么能对土地无限的未来一次性地作出合理的使用授权呢？所以政府拍卖土地实际上是土地授权过界，是一届政府进行了本属于其后各届政府的授权工作。后续政府如果感到之前政府的土地使用授权不能适应经济社会发展的需要，必然推倒以前的永久土地授权，而前面的政府又怎么能控制后面政府的行为呢？所以土地现在和将来都不可能真正被私有化。

三是土地的价值无限与人们的收入有限的矛盾——土地是不可能实现真正意义的买卖的。土地的生命是无限的，可能产生的价值也是无限的，土地的价格再高也是有限的，有限的价格怎么能买下无限价值的东西呢？因此哪怕只是一平方米的一小块土地，百亿、千亿元也不足以把它买走，因为它的价值理论上是无限大的；与此同时，人一生中的收入却是有限的，即便一个人拥有一个国家甚至全世界的 GDP 收入也是有限的，也不足以买下一平方米的土地。从这个意义上讲，地价再高也不算高，这也是土地价格上涨的根本原因。因此，土地以任意价格买给个人或集体，实际都是对土地的严重贱卖，由于土地是这个国家过去、现在和将来千秋万代人共同的财产，政府的这种严重贱卖行为实际上就导致了这届地方政府的这一行为丧失了合法性，因而被卖出的土地的所有权也没有合法性。中国政府虽然名义上进行了土地买卖，但由于出让期有时间限制，实际上只是拍租。所以中国政府本质上未在土地问题上失去合法性——只要土地到期后严格进行无条件收回或重新拍租。

四是私有化时极少数人买完土地与私有化后绝大多数人无地可买的矛盾——土地私有化是政治革命的根本原因。当一届政府把土地私有化时，只有当时的一部分个人获得了土地，这些人相对于该国千万代人只是沧海一粟。这极少的一部分人分掉了这个国家的全部土地，后来人只能寄他们篱下，要么受其盘剥，要么看其脸色。国土是所有人的国土，应当共同保护，共同享有，共同利用，如果完全变成了当初那些分掉土地的人的土地，后人自然不会甘心。而要改变这种状态，唯一的选择是推翻政府，把前面的人分掉的土地抢过来重新分配，如此循环。中国和世界的历史，哪一个朝代的更替不是把重新分配土地作为最关键的内容？现在，虽然人们的生产生活方式变了，但土地私有化产生的这一矛盾本质并没有变，土地私有化都会最终使土地问题变成政治问题，影响政治稳定，妨碍社会的良性发展。

五是土地的生命无限与房屋的生命有限的矛盾——土地私有化会造成土地和空间的浪费。高层建筑节约了土地，却占用了更多的空间，土地及土地上下的空间是密不可分的，没有空间的土地是没有价值的土地，所以土地包括了土地之上和土地之下的所有空间。如果房屋可以私有化，购房者在购买房屋的同时当然永久地获得了房屋和房屋所占空间的所有权，但是房屋作为建筑其生命是有限的，而房屋所占用的土地及空间的生命是无限的，当有限生命的房屋最终倒塌后，购房者还拥有房屋所占空间的永久所有权。这就意味着，当房屋倒塌后，除非本人要卖出，任何人不得再占用这些空间，假如一块土地上有一家人不同意出售其空间，这块土地就不能再被利用。同时购房者如果不出售其空间，那么他有权用任何东西来遮挡或占据原来的空间，如果这样，那么原来的土地就会因为没有空间、阳光和雨露而变得没有价值。因此，土地如果被私有化，只要有人不同意出售其原来所购房屋的空间，就意味着这块土地无法再使用。如果严格执行私有化的原则和规定，必然造成大量的土地因这种矛盾纠纷而浪费或长期闲置。否则，就只能被迫作出各种自相矛盾的规定。

六是规划更新要求与产权关系不变的矛盾——土地私有化会制约和阻碍经济的发展。科技在不断地进步，土地的利用方式、利用水平、建筑采用的技术和建筑融合的功能也都在不断地发展。这就要求一段时间后要对土地进行重新规划，推倒原来的建筑，建设功能更丰富、土地和空间利用效率更高、更节能环保、居住更舒适的建筑。然而，如果每一栋建筑及建筑上的每一个空间都永久地私有化给千千万万的个人以后，理论上规划就无法变更升级了。因为每个人的房屋和空间都是个人的私有财产，规划的变动意味着其房屋和空间的变动，也就意味着对这些个人的私有财产的侵犯，而私有财产是神圣不可侵犯的，任何人包括国家都没有权利（关于权利的问题，在下一本书详述）进行侵犯。如果规划和建筑不能随着科技的发展而不断进行调整更新，就会阻碍经济社会的发展，影响人们生活和福利水平的提高。当然这时也可以用赎买的办法来解决，但如果所有者就是不愿卖或者漫天要价呢？于是只能在两难中进行选择：要么进行暴力拆迁或接受漫天要价以实现发展；要么选择尊重个人的私有财产权让建筑不断老旧，迟滞经济发展，以保护私有财产的法律地位。前者是一段时间内中国的发展模式，后者是欧洲国家的发展模式，两种模式都有很大的问题。

总之，土地私有化的这些不可调和的根本矛盾，最终会引发政治不稳、危害经济健康、阻碍社会发展。

第八节　消除土地私有化负价值的根本方法

由于土地的以上性质特点和私有化造成的各种无法解决的矛盾，为了化解和避免土地私有化造成的各种矛盾，实现土地这种无限放大型价值生产和消费利用的最大化，土地应该实行所有权公有化和使用权租赁化，即土地国有化和土地房屋租赁化。

土地公有化主要有两个层次，一是国有化，二是世界化。在世界大团结实现以前，只能实现土地国有化。土地国有化和土地房屋租赁化不仅可以彻底解决土地私有化产生的这些不可调和的矛盾，还能提高土地利用率、解决住房保障问题、防止经济泡沫和促进经济健康。

土地国有化和房屋租赁化的基本方法。实行土地国有化和房屋租赁化，并不是要回到原来计划经济的住房供应方式，而是采用和现在基本相同的市场化住房供应方式，只是由政府拍卖土地变成了政府拍租土地。

根据土地规划的用途不同，各个地块的出租时间可以有所不同，比如建筑用地 50 年，到期如果规划没有变动，可以续租，最大续租期根据将来的土地规划可以缩减；非建筑用地（含林、牧、渔用地，沙漠，滩涂，草甸，湿地，湖泊，海洋等），根据规划确定租与不租，以及租的年限。原始森林、沙漠、滩涂、草甸、湿地、湖泊、海洋属于不宜出租地土地，商业林地、非公共草场、非公共渔场、耕地等可根据规划设定不同的出租年限。

一切建筑土地只向企业租赁，只有农用地在一定时期内可以向农民个人或家庭租赁（可以暂时免租金甚至给予耕作补贴）。租金的收取采用按年、季、月预付制，从而减轻企业的资本压力。

开发商由现在的卖房子变为出租房子，同时合并物业的管理服务功能。只有开发商有房屋的出租权，个人和其他单位没有房屋的出租权，地产公司以外的单位和个人出租房屋均为非法，不允许任何形式的转租——这是可以做到的，类似酒店对客房的控制。

土地国有化和土地房屋租赁化的主要作用：

一是土地出租可以解决土地生命无限与政府生命有限的矛盾，使政府对土地的使用授权变得合理、可靠和有效。政府对土地进行任期内授权，或根据实际需要和法律规定进行有一定期限的长期使用授权不是越界授权，也是比较可靠的。任期内授权和有一定期限的长期授权其实就是土地出租。

二是解决价格不合理的矛盾。土地在一定时段内的价值是有限的，再多的土地哪怕是全球土地的价值也是有限的，有限的价值就适合用于市场交易。

三是解决无法持续利用的矛盾。土地国有后，现在和将来的每个公民都是土地的共同所有者，就不会发生前人有土地而后人无土地的矛盾，有利于政治稳定和社会良性发展。

四是解决土地及其空间生命无限与房屋生命有限的矛盾。土地租赁化后，土地及其空间的租期可以随着房屋的生命长短而调整。

五是解决规划升级与土地私有的矛盾。土地和房屋租赁化后，土地和房屋都不是个人的，规划和建筑要升级时，只需让大家换个地方租房就行了，最多给一点搬家补偿，不会再有拆迁难题。如果不同地块租期到期时间不同，未到租期的房屋补偿也会有更合理的依据，拆迁工作的难度会极大变小，拆迁腐败也会大幅减少，土地和建筑正常规划升级进度会极大加快，从而更有利于经济社会的快速发展。

六是可以最大限度地提高土地和房屋利用效率，节约农业生产用地。很多东西，尤其是耐用品，私有化后的消费利用率都低于公有化，因为人对私有消费品的消费有排他性——不太愿意与人共享一个产品，所以土地和房屋私有化后，房屋的空置率很高——要么人们很缺钱，要么长期或永远不住的房屋才会用来出租。如果实行房屋租赁化，由于房屋不再是私人的，人们的消费排他性心里就会消失，房屋的空置率可以快速降到很低的水平。这样不仅住房空置率、住房难、住房贵的问题可以解决，耕地保护的问题也可以解决。

七是可以避免地产投机，提高人们劳动创造的积极性，增强经济社会发展的动力和质量。任何房屋自建成后，就一天天地在老化，其功能和价值没有任何增加和提高，价格却在不断上涨，这是典型的不创造任何新增价值的投机。投机不仅不会增加任何社会财富，还会让人们不愿再脚踏实地的劳动和创造，变得急功近利、好逸恶劳，使社会创造力越来越低，社会财富创造越来越少。并且，随着房价的快速上涨，各方面的投资都会抽离到房地产行业来抬高地产泡沫，导致其他各行各业的发展不断萎缩，最终一个国家除了房子多了，其他行业都变得虚弱甚至消失了。实行房屋租赁化后，房地产成了需要耐心的高投入、长周期、一般回报的产业，房地产投机和房地产泡沫会消失，其他各行各业会因此获得充足的投资和创造力，经济就能全面健康发展。

八是可以避免人们收入透支，提高经济发展的健康水平和竞争力。现在人们为购房不仅透支了自己今后若干年的收入，而且榨干了双方父母多年的积蓄，实际上就是把之前和之后的购买力都用在了今天，结果必然造成今后的购买力下降，经济增长缺乏后劲。实行房屋租赁化后，年轻人再也不用背负不孝之名当啃老族，榨干父母多年积蓄的养老钱，也再也不用被房贷的还款压力压得透不过气来，被迫过节衣缩食的艰苦生活，经济将会一步一个脚印，实打实地向前发展。

九是可以实现人的自由无障碍流动，人们的工作生活将变得更加轻松自由。住房不再是人口流动的强大制约因素，人们将变得更加自由，不再是以房产所在地为家，而是以工作地为家，在哪里工作，就在哪里有适合自己收入的房住——自己的家，每个人都会有一种走遍天下是我家，整个国家是我家的感觉。

十是小产权房、城镇化、农业现代化等土地矛盾都会因此而消失。现在的小产权房如果强行清理实际上会损害购买者的利益，激化社会矛盾，不清理又不合法，还可能导致问题扩大，所以这个问题实际上只能先挂起来。土地和房屋租赁化后，可以为这些土地设定一个稍短，比如40年的租期，问题就解决了——买了的人可以继续住，没有买的人看着不划算不再买，小产权房就不会再增加了。农民的集体土地，本质是国家规划并授权给在某一行政区域内的人们及其由于姻亲迁入、血缘出生（及领养的子女），在一定时期内分享或继承的土地。进行集体土地授权的主要目的是为了解决这些人口的生存和保障问题，待对所有农民实行统筹普惠式产品化社会保障后，就变成和所有人一样的平等公民，这时就可以取消国家向生产队等集体的土地分配授权，而改为国家向农业企业拍租土地，从而完成所有土地的国有化和租赁化，并实现农业的现代化。同时，过去农业户口吃亏和现在农业户口更占便宜的问题也将不存在，真正实现所有户口的人口一律平等。

第九章　分工的类型及其决定因素

旧市场经济理论的问题述要：

西方市场经济理论，虽然认识到分工对产品生产的影响，但是仅限于对生产效率的影响上，对于其他两项作用：缩短任务时间和做出大型复杂产品没有关注；同时，也没有注意到自然分工不会影响生产和交易；更主要的是，没有认识到分工是受科技决定被动产生和改变的，也没有认识到分工的实现还有多种制约因素，因而难以正确充分地利用分工的积极作用。

第一节　分工的性质类型及其与市场的关系

人类社会自形成以来主要形成了自然分工、生产分工、市场分工和管理分工等四种性质的分工。这四种性质的分工可分为两大类：一类是自然分工，另一类是非自然分工（劳动分工）。非自然分工又分为管理分工和非管理分工（技术分工）两类。非管理分工又分为生产分工和市场分工（行业分工）。现实中，人们所说的分工，主要指非自然分工，即劳动分工，主要包括生产分工、市场分工和管理分工。

自然分工，是由于不同地域的自然条件决定的生产内容的分工。种植业、畜牧业、渔业之间的分工就是由地域决定的自然分工。同是种植业，中国南方以种水稻为主，北方以种小麦为主，这就是自然分工。

自然分工一般不产生市场。最初不同地域自然分工行业之间都是分开独立生存发展的，种植区以米面为食品，牧业区以牛羊等为食品，渔业区以鱼类为食品，相互之间没有市场交易。长期以来，北方人习惯吃面食，南方人习惯吃米饭，这说明北方与南方之间基本没有进行不同粮食产品的交换。可见，自然分工并不产生市场。

生产分工，是为缩短产品生产时间，做出大型复杂产品或为了提高产品生产效率、质量、合格率等，把目标产品的生产分解成多个小目标或多道相对独立的小工序，分别分派给不同的人或生产单位进行生产的生产组织活动。本书所说的生产是广义的生产，包括物质产品的生产销售、服务的设计提供和文化产品的创制销售。生产分工的本质是合作，不以合作为前提和目的的分工就不是生产分工，也无法完成产品生产。生产分工有三个目的：一是缩短产品生产时间。分工也可以是同一工序内的分工。一个人生产某项产品，需要的时间过长，可能失去时效性，为了尽快或及时完成某产品生产，需要多人或多个小组同时进行。如，筑一段防洪堤坝，由于时间紧，一个施工小组完不成，如果多个施工小组各分工一部分同时进行，就会极大缩短工期，赶在汛期之前修筑完成。二是做出大型复杂产品。小型简单产品一个人就能完成，大型复杂的产品，依靠单个人的力量根本就难以完成，为了生产出大型复杂产品，于是人们就通过分工进行生产。如，造大型客机或集装箱货船，就需要进行多层次的复杂分工。三是提高生产效率、质量或合格率。重复性劳动生产分工之所以能提高效率，主要是因为它节省了工序之间的转换时间，并可以使单个工序的工作形成条件反射的习惯动作——其平均最大速度由人体的生物条件决定。创造性劳动分工之所以能提高效率，主要是因为分工者对创造素材更熟悉、占有更充分，可以更快速地组织进行对比、归纳，以找出问题和解决问题的办法。生产分工不仅能提高产品生产的效率，还可能提高产品的质量和合格率。如，拍影视剧，专业演员通常入戏快，其表演也更容易达到甚至超出导演的预想和要求，从而保证影视产品的拍摄速度和质量。又如，写文章，如果由一个人做从写作、修改到校对的全部工作，会因为新鲜感消失而产生疲倦情绪或出现习惯性无视，因此不太容易检查出文字、语法、内容等方面的错误；但如果交给不同的专门人员分别检查，则能较好地避免这种问题，从而降低错误率。

生产分工也不产生市场。男耕女织的生产分工并不在夫妻之间形成各自生产产品的交易，而是形成以家庭为单位的自给自足经济。奴隶主家的不同奴隶之间的生产分工、封建家族内部下人之间的生产分工、企业内部不同岗位之间的生产分工、政府机构不同部门之间的生产分工都没有在内部产生不同分工者之间的产品交易，也都没有在内部形成市场。可见，生产分工不产生交易，也不产生市场。

市场分工，是以市场交易为目的的产品生产分工。市场分工首先是某种产品的生产分工，但并不是所有的生产分工都是市场分工，只有以某种产品的市场交易为目的的生产分工才会形成市场，才是市场分工。市场分工是建立在生产分工基础之上的，不是某种生产分工，也就不会是市场分工。因为生产分工是要进行产品交易的，没有分工生产某种产品就无从交易，也就无所谓市场分工。比如，两支业余足球队进行对抗训练，作为球队它们在体育行业内是进行了分工的，但是进行的是训练，训练不是产品生产，所以它们也就不可能形成商业球赛的体育产品市场分工。根据产品使用对象的不同，生产分工有三种类型：第一种是进行自用产品生产的分工。比如，自给自足的农产品生产、政府或企业的后勤部门的内部服务。第二种是进行公共产品生产的分工。比如，政党提供国家决策服务，司法机构提供的秩序服务、事业单位提供的教育或科研产品。第三种是进行商用产品生产的分工。比如，工业产品生产、商业服务、文化产品生产、旅游服务。其中，进行前两种产品生产的分工都不是市场分工，只有进行第三种产品生产的分工，即只有以产品的市场交易为目的的生产分工才是市场分工。

管理分工，是为了确保某一集体对集体事务决策的正确性和效率，或为提高对集体事务负面情况防控的正确性、有效性和效率而进行的分工。管理分工主要分为决策与执行两项大的分工。决策又分为信息收集、决策咨询两项主要分工。其中，信息收集就是通过充分发扬民主进行信息的全面、详细、准确掌握；决策咨询就是通过谋士、智囊、政策研究室等决策辅助机构定下最终的决策方案和决心。执行分为行政执行和法纪执行等两项主要分工。行政执行，就是执行发展方面的决策，即执行可以做或要求做的内容；法纪执行，就是执行负面防控方面的决策，即对做出禁止言行的行为主体进行处罚。在这些管理分工之下，进行的就是生产分工。

第二节 科技发展是劳动分工产生发展的原因

没有科技因素介入的分工是自然分工，不改变劳动分工，也不会影响产品生产的效率、质量和种类等。无论生产分工、市场分工，还是管理分工，都是由科技发展决定的，科技不仅决定生产什么产品，还决定如何生产产品。其中，生产分工和市场分工是自然科学发展的要求，管理分工是社会科学发展的结果。

人类社会早期，农业区，人们以种地为生，自给自足；草原上，人们以放牧为生，自给自足；海边上，人们以打鱼为生，自给自足。虽然人们之间形成了产业分工，但是由于这种分工是没有科技因素介入的自然分工，对产品生产的效率和产品的质量、种类都不会产生任何影响。随着渔业技术、种养殖技术的发展，各自然分工区内部之间形成了生产分工，如生产渔具的、研发种苗的、冷动加工的、运输销售的等，这种分工会使产品生产的效率不断提高，产品的质量也有提升，产品的种类不断增加。

人们有很多需求是潜在的，这些需求要么自己都没有想到，要么想到了但太难自己做不了，要么做得了但不想做，要么想做但由于各种原因自己又没有条件做，从而无法实现需求的满足。对于这些自己想不到、做不了、不想做或没条件做的需求，如果有人想到并做出了，就提供了某个方面的需求，产生了该方面的市场，并形成了某个方面的分工。把一种潜在的需求变为产品靠的就是科技。木匠造房子、家具、渔船是一种科技，铁匠造刀具、锄犁也是一种科技，医生治病救人、图书出版、影视制作等也都是建立在某种科技发展的基础之上，因此科技发展产生新的生产分工——市场分工（行业分工）。

不仅如此，在某一种产品及其需求出现后，该产品生产单位内部的具体生产分工——内部分工，也是由技术发展决定的。内部分工主要受生产技术和产品技术的发展影响。生产技术发展对内部分工的影响，如，活字印刷术出现前的出版内部分工和活字印刷术出现后的出版内部分工是不同的，激光照排技术出现前和激光照排技术出现后的出版内部分工也是不同的。产品技术发展对内部分工的影响，如，数码技术的出现改变了胶片相机生产的内部分工，集装箱的出现改变了码头工人工作的内部分工，自动化技术的出现改变了物质产品生产的内部分工。内部分工，也叫单位分工，不仅存在于企业，也存在于事业单位和政府机构，也都受科技发展的影响。

历史地看，科技发展有五个阶段，其所决定的分工也有五个发展阶段：第一个阶段，技能形成。在这一阶段，科技发展主要是在社会实践中形成各种专业技能，如木匠、铁匠、画师、乐师、歌者、舞者、园艺师，在这些技能的基础上会形成相关的行业分工和内部分工，此时的内部分工不太明显。第二阶段，无据发明。在这一阶段，科技的发展主要是在未掌握科学理论情况下的一些发明创造，如造纸术、指南针、火药、印刷术发明后，在这些发明的基础上会形成相关行业分工和内部分工，此时作坊出现，开始产生较为明显的内部分工。第三阶段，有据发明。在这个阶段，科技的发展主要是基于某项科学理论而形成的发明创造，如蒸汽原理发现后，蒸汽机被发明，电磁转换原理发现后，电机被发明，在这些发明创造基础上会形成相关的行业分工和内部分工，此时工厂出现，出现现代工业分工。第四阶段，学术创建。在这个阶段，科学的发展主要是自然科学学科理论的创建和发展，如化学、地理学、生物学、天文学、气象学等，这些学科理论本身会形成相应的行业（学科）分工和内部分工，此时大学等专业教学机构出现，产生研究、教学、组织与辅助等学科理论产品生产与销售分工。第五阶段，综合发明。在这个阶段，科学的发展主要是基于各自然学科知识的结合应用，如手机、飞机、汽车、电脑等，涉及通信、材料、物理、化学、电子等多种科学理论，在这些应用的基础上会形成相应的行业分工和内部分工，此时边缘学科开始出现，一个企业内往往有多种行业，形成交叉分工。

因为生产分工是建立在技术发展的基础之上的，而管理分工又是建立在生产分工基础之上的，所以从根本上讲，管理分工也是建立在技术发展基础之上的，也是由技术发展决定的。

信息技术出现前，企业、军队和国家的管理是金字塔式的多层管理，随着信息技术的发展，这些单位的管理将越来越扁平化，大量的中间层会消失。

宽带和影音技术出现以前，由于授课人精力和学习空间的限制，最优质的授课只能满足很少一部分人，所以要通过考试选能最大化接受这些知识的人来学习，以实现效率和效果最大化，这就是大学招考制度产生的根本原因。随着宽带和影音技术的出现，每个人都可以通过宽带聆听世界顶级的观点或授课——类似慕课形式，所以大学招考制度也将最终取消——任何人都可自由地参加自己所喜欢的课程学习，并以最终学习的效果和成绩来评定其是否获得或掌握了该方面的知识，这就是宽带和影音技术可能带来的巨大管理分工变革。需要说明的是，大学招考取消后，大学教研和科研还会继续存在，主要是大学教室会不断减少甚至消失；同时，由于非最高水平的同样课程会大量淘汰，综合大学的数量会大量减少，大学会越来越单一专业化，并大量地产生新的专业和专业大学。这样，每一所大学都以一方面的所长存在，所有存在的大学都是某方面最优秀的，重点大学和非重点大学之分也将不复存在。

第三节　市场规模和资本充足率决定生产分工的实现度

效率、质量和合格率等只是生产分工的目的或结果，但并不是决定生产分工的因素。科技是生产分工的根本依据，除了科技，生产分工能否最终实现以及进行什么程度的分工，还要受市场和资本的约束。

因此，生产分工实际是由市场、资本和科技三大因素综合决定的。其中，技术发展水平决定生产分工的样式，市场大小决定生产分工的必要性和可能大小，资本多少决定生产分工的可能性和实际大小。

生产分工不是什么情况下都需要，需不需要由市场大小决定。一个小村庄，人口很少、市场很小，如果开个杂货店，只能集采购、销售、售后服务等于一人，即使有充足的资本和相应的技术进行分工也不行，因为微小的市场满足不了分工所需——如果实行分工，利润所得还不及工人工资。但是，在一个县城或市区，因为人口较多、市场较大，则可以开一个中到大型超市，有采购、销售、收银、售后等分工，因为利润所得足够支付工人生产分工的工资并保证资本有一定水平的利润。

市场大小除了决定生产分工的必要性外，还决定生产分工可能的大小。市场越大，可能产生的分工越细。市场大小抛开行政（干预）或（国与国之间的）政治因素，主要由三个因素决定：一是人口聚居度，二是运输水平，三是通信水平。

人口聚居度越高，同等交通、通信条件下，产品能够辐射的人口越多，产品的市场越大，企业可以进行越细的生产分工。当科技一定时，应该有一个最佳分工，超过了这个最佳分工，就可能导致成本增加。

运输水平提高，也能扩大市场。人蓄力运输条件下，很多产品由于保质期、运输成本等原因，辐射范围很小，但是随着火车、汽车、飞机等的出现，很多产品的市场辐射范围极大增加，从而扩大了其市场。

通信水平的提高，也能扩大市场。实体信件通信时代，由于信息不发达，消费者购买产品主要通过农贸市场、商店等本地实体市场，产品销售的市场范围较小；互联网技术出现后，信息沟通的速度极大加快，信息传输的量极大增加，大量产品可以通过互联网异地低成本地选择支付——实现交易，使很多产品销售的市场范围一下子扩大了很多。

市场大小不仅影响生产的内部分工，也影响生产的行业分工。在相同的科技条件下，人口聚居还能促进生产的行业分工，人口聚居度越高的地方，行业分工越细，产品种类越多。现代交通通信技术出现以前，在村子里，人少市场小，木匠、铁匠等通常一边种地、放牧或打鱼，一边帮别人盖房屋子、做家具或做农具；而在京城里，人多市场大，木匠、铁匠不但能从农业中独立出来，还有卖各种小吃的、捏泥人的、唱戏的、说书的、修脚的、掏耳朵的，物质、文娱、服务的行业更多，产生的行业分工更细。

即使科技发展要求生产分工、市场规模也需要生产分工，但是生产的内部分工也不是想分就能分的，能不能分还要由企业（含个体工商户）所拥有的资本多少决定。只有资本达到一定的量，生产分工才能实现；资本越充足，生产分工才能越充分——进行与科技发展水平要求相适应的更充分的分工。虽然企业掌握的某种产品生产技术要求进行某种分工以达到效率最高、成本最低——最佳生产分工，但是如果没有足够的资本，这种生产分工也无法实现，要么无法生产、要么只能以个体工商业者的形式由一个人生产全部产品，要么低于最佳生产分工，以与资本相适应的各种非最佳生产分工方式进行分工。所以，资本是生产分工实现的条件。

总之，技术发展产生生产分工的要求，是决定生产分工的根本因素，是内因；市场规模和资本充足率是生产分工实现的条件，决定生产分工能否实现和实现的程度，是外因。其中市场规模不仅决定内部分工的可能性，也决定行业分工的细密程度，而资本规模主要决定内部分工的实现度。

第四节　社会科学理论发展水平决定管理分工达到的水平

生产分工的实现度是由市场规模和资本充足率决定的，而管理分工的情况则是由社会科学理论发展的水平决定的。社会科学理论发展水平决定管理分工达到的水平，如果社会科学理论发展水平滞后于科技发展所需要的水平，那么管理分工只能被限制在社会科学理论的发展水平阶段，除非社会科学理论实现突破，管理分工才会随之突破。

社会科学理论的发展是管理分工发展和实现自然科学发展对管理分工要求的前提。自然科学的发展产生社会分工要求并决定如何进行管理分工，但是并不是自然科学发展到什么水平，要求进行什么样的管理分工，就能实现什么样的管理分工，即使市场规模和资本充足率达到条件也是如此。没有社会科学理论的发展，无论科技如何发展，管理分工都不会或者很难发生本质性的发展，最多做一些小的适应性或技术性调整，或者只在有限的范围内部分实现。只有当社会科学理论出现发展进步时，管理分工才可能发生真正或较大的改变，才可能大范围的全面实施。

企业最初的管理是建立在人性懒惰这一人性认识基础之上的，所采用的是科层制分级独裁决策，以监督惩罚为主进行劳动行为促进和负面行为防控，监管部门是决策以外的主要管理部门，监管成了管理工作的重点。过去，包括中国政府在内的很多政府之所以有那么多的行政监管部门，也是基于这样一种人性认识。行政审批与行政处罚成为管理的主要内容——而不是服务与激励，也是基于这一认识的产物。

随着人性需求理论的出现，企业对个人行为促进和负面行为防控由监督惩罚为主，变为了以物质、尊重、尊敬等不同层次的人性需求激励为主，人事劳资、思想荣誉部门成了除决策以外的主要管理部门。国家会更多通过增加就业、提高收入、增强文化自信、发展正确的理论来促进人们自觉进行劳动创造，这样从事相应工作的部门会产生、人员会增加；由于正面激励会不断减少人们的负面行为，所以负面行为防控部门虽然不会也不能消失，但是从事负面行为防控的人员会不断减少。因此，国家管理的分工结构会发生变化。

随着企业公共组织定性的出现，职工的智慧、诉求和利益将得到越来越多的考虑和兼顾，企业的决策将由独裁变为民主，职代部门将成为决策的重要参与部门。随着人们对民主本质与重要认识的加深（有关民主的内容，下一本书详述），国家决策会更注重决策的正确性与合法性，从而扩大政策研究机构或智库等决策辅助机构，增加人大或议会等决策审查与确认机构，增加政协等民主议事机构。其中，资本主义社会相较于封建社会多了议会这样的决策审查与确认机构，社会主义相较于资本主义多了政治协商会议这样的民主议事机构（也可以认为资本主义的议会是议审合一，而社会主义则实行议审分离——政协主要负责议，即提意见建议，人大主要负责审，即政策的审查确认，而居于中间的决，即政策决策，是由执政党——共产主义政党作出）。

第十章 竞争的本质特征及其形式的发展变化

旧市场经济理论的问题述要：

西方市场经济理论，发现了竞争的积极作用，但对竞争本身未做深入的研究，对竞争与零和博弈、战争的本质特征没能进行有效区别，对竞争是在哪些方面如何发挥积极作用认识不清晰，对什么是正确的竞争及如何确保竞争的公平正确研究得还不是很深入具体，导致错误和不公平的竞争借竞争之名损害或阻碍经济社会发展；而且，它没有关注和研究竞争发展变化的形式和趋势，不能识别甚至打压变化形式的竞争，导致不能充分正确地利用竞争。

第一节 竞争的本质特征及其与零和博弈及战争的区别

竞争与零和博弈、战争既有十分类似的特征，但是又存在着根本的区别。竞争是生产性的价值转移或地位取代，零和博弈（包括赌博、投机等）是非生产性的价值转移或地位取代，而战争是一种破坏性的价值转移或地位取代。竞争、零和博弈及战争，都存在价值转移或地位取代问题，但是社会总价值情况是完全不同的。竞争是社会总价值增加的价值转移或地位取代；零和博弈是社会总价值不变的价值转移或地位取代；战争是社会总价值减少的价值转移或地位取代。竞争、零和博弈和战争都具有博弈的行为。从博弈的角度看，竞争可以看成是总体正增值博弈，零和博弈可以看成是总体零增值博弈，战争可以看成是总体负增值博弈。

竞争，就是用和平发展的方法实现社会总价值增加的生产性价值转移或地位取代。零和博弈，就是用和平但社会价值总量不变的非生产方法实现的价值转移或进行的地位取代。战争，就是主要用价值或生产能力破坏的方法谋求某一种或多种价值向自身转移，或在某一个、多个方面甚至全面进行地位取代。

零和博弈主要有两种形式，一种是赌博，一种是投机。投资是通过创造新价值来分取相应新增价值的资本投入行为；投机是以套取他人既有价值为目的的行为，它不创造任何新价值。投资与投机的根本区别是，前者以创造新价值为目的进行资产投入，通常会创造新价值（失败投资除外）；后者不以创造新价值为目的进行活动，其活动不创造新价值。投机与赌博的主要不同在于，投机无法不依赖价值创造活动单独进行，而赌博可以不依赖价值创造活动单独进行。投机是一种依附于价值创造活动的寄生性行为，它总是要掩饰自己的非价值创造本质，否则就无法进行；而赌博却不必借助价值创造活动的名义，可以独立进行，它通常也并不掩饰自己的非价值创造本质。投机除了依附于投资这种价值创造活动外，也会依附于学术研究、企业或国家管理等价值创造活动中。依附于投资活动的投机是资本投机，依附于学术创造活动的投机是学术投机，依附于企业和国家管理活动中的投机是职务投机。无论哪一种投机都会把自己包装成相应的价值创造活动，否则就无法生存，包装得越成功的投机越能长期生存。正是由于投机总是借价值创造活动来进行，并把自己包装成价值创造或有利于价值创造的行为，以至于“适度的投机有利于经济发展”这一观点至今仍然得到经济学界和社会的广泛认可。

战争和零和博弈的价值转移是竞争各方既有价值（自然资源价值或产品价值）的转移，是非生产性价值转移。比如，战争产生的土地及其所属的水源、矿产、石油等资源的转移，零和博弈产生的财产等零和博弈对象的转移。而竞争的价值转移是尚未产生的价值的转移，是生产性价值转移。比如，功能手机取代智能手机，就是用一种尚未生产出的智能手机的价值来取代这些尚未生产出的功能手机的价值——智能手机取代的那部分功能手机的价值（积压库存除外）实际上并未生产出来（以后也不用再生产了），智能手机的价值一开始也并不存在，随着生产的不断进行才逐步产生。本质上看，这其实是某类型价值生产权及由此获取的销售收入的转移。生产要素和消费品购买有时也会表现为竞争，这种竞争是某种资源和产品在当时当地的稀缺性引起的，可以通过发展生产来解决，即是非必要的，是可以而且能够消除的，而一般所说的竞争，是必要竞争，不是能取消或消除的，否则会影响生产的发展。人们利用的竞争，是生产性竞争，消费性竞争和战争、零和博弈一样，是人类努力消除的对象。

地位取代，包括企业产品的市场供应地位、个人的职业岗位、个人的专业地位、组织的行业地位等。竞争与战争（含一般武力或其他非和平手段）相比都有地位取代的问题，但是又有根本的不同，竞争是用和平发展的方法取代某方面或综合情况相对弱者，会促进人类发展进步；战争是用暴力破坏的方法取代一切，包括先进和潜在的先进者，会导致人类衰退消亡；零和博弈虽然不直接造成价值损失，但是影响价值创造，如果社会不进行价值创造，随着消耗的不断增加社会总价值就会越来越少，最终将难以为继，因此也不利于人类发展。侵略战争是人类兽性未脱及人兽性行为的表现，自身或帮助他国抵御和打击侵略的战争是反对人类兽性，追求或主持人类正义的人类性的表现。

随着人们对战争和赌博负面性认识的加深，尤其是对战争负面性及随着技术发展对战争可能造成人类毁灭的担忧，这种价值转移和地位取代方法会越来越少地被人们选择——对此认识越不足的个人、组织或政府越趋向于用战争的方法来巩固、谋求利益或地位；另一方面，随着人们对生产性竞争积极作用认识的加深，会越来越多地选择和应用这种竞争来促进经济社会的发展——对此认识越不足的个人、组织或政府越害怕或拒绝竞争。

第二节　竞争引入的原因与其促进正价值增加的方式

竞争的价值转移或地位取代功能会衍生出一些特殊的功能，这些特殊的功能刚好可以分别激发人进行正价值生产或减少甚至避免负价值生成，从而更好地促进人和人类的发展，这就是人类社会之所以引入竞争的原因。

竞争衍生的主要功能有：排序筛选功能、对抗促进功能、破旧立新功能和链接融合功能。竞争的排序筛选功能，能发现人们的兴趣偏好，对人的能力进行分类排序，为某项生产创造筛选出最合适的劳动者，从而为实现最好的发展提供人才条件；竞争的对抗促进功能，能对抗人懒惰的负面性，激发人的内在动力，最大限度地促进生产效率的提高；竞争的破旧立新功能，能破除人保守的负面性，使人不断开拓创新，从而促进科学和人类的不断发展；竞争的链接融合功能，能把人的利己性与利他性链接起来，实现二者的融合统一，从而促进人类的和谐发展。

人是有偏好性的，竞争能帮助人们识别和筛选出这种偏好，为某项工作选择更适合、爱好甚至痴迷它的人，从而为提高效率促进发展提供最好的人才条件。人在某方面的相对自身的进步或异于周围人的进步，都会获得愉悦感，从而使人产生或强化其在该方面的兴趣，并投入更多的精力来从事这些事务，从而不断在这方面取得进步。这些进步包括技能（或管理能力）提升、认知拓展、发明设计。竞争就是通过排序，把那些在某方面技能更强、认知更深、有新发明设计的人筛选出来，既让个人的偏好得到发挥，又让某方面的效率更高、发展得更好。社会中的竞争不是自然界的“优胜劣汰”，而是“优中选优”。竞争不是为了淘汰失败者，而是为了选出更适合者，竞争中没有失败者，只有不适合或暂时不适合做某事的人。竞争者在竞争中的失败只是暂时的失败或某方面的失败，并不意味着永远失败，也不意味着一无是处，今天失败了明天或许就能成功，这方面失败了或许在别的方面就能成功。因此，必须给竞争中的失败者反复或多方面竞争的机会，让今天的失败者成为明天的成功者，让此方面的失败者成为别的方面的成功者，让每项工作都找到最适合的人，让所有的竞争者都找到自己最适合的位置。同时，还要看到，不是某个方面的最佳劳动者，并不是不能从事该方面的合格劳动，也不是不适合从事该方面的劳动，而仅仅不是最佳，如果没有最佳的那一个人，他有机会从事该方面的工作的话，有可能达到甚至超过最佳的那个人，所以在一个单位里，即时当时单位的最佳不是全国或全球的最佳也并不要紧，只要他真的有兴趣并不断努力，有可能最终成为全国或全球最佳。

人是有懒惰性的，竞争能够对抗人的懒惰的负面性，促进人增加劳动创造的内生动力。人不同层次的需求是经济发展的内生动力，是经济发展的根本力量和决定因素；竞争是市场经济发展的外部动力，是经济发展的促进力量和刺激因素。人是有懒惰性、不想努力的，人的内部需求动力可能因为没有外部竞争的刺激而变弱甚至熄灭，竞争能够对抗人的惰性，激发和维持人因不同层次的需求而产生的劳动创造的内部动力，使内部动力始终保持活力并得以持续。竞争对于人就像沙丁鱼群对于鲶鱼，是使内生动力始终保持不灭活力的必要外力。

人是有保守性的，竞争能够打破人的保守性，促进人以开放的态度不断更新对事物的认识，突破旧规则的限制，建立新的理论和平衡。人是有保守性、害怕变化的，在旧规则建立的某种形式的平衡体系中处于优势地位或掌握发言权的人不愿意自己的优势地位和发言权被挑战、威胁和丧失，内心是害怕变化并渴望维持现状的，当遇到变化和挑战时总是竭力维护现有秩序并想方设法阻止发生新的变化。比如，旧学说创立者对其学说体系的维护，宗教统治者对宗教统治秩序的维护，中高收入者对既有分配秩序的维护，美国对其主导的世界秩序的维护。竞争能够使人们突破旧的认识和规则，不断探索新的理论、建立新的平衡。在竞争的作用下，个人会不断更新思想和方法，进行新的发明与设计，企业会不断改进管理和发展科技，提高物质文化服务生产提供的效率，丰富物质文化服务种类、改进物质文化服务效能、提升物质文化服务质量，更多更好更省地满足消费者的需求；国家会不断调整根本的分配和激励方式与方式组合，使供需由不平衡走向平衡，使人由不完全自由走向全面自由。

人是有利己性的，竞争能够将人的利己性与利他性联结起来，在利他中或更大地利他中实现利己或更好地利己，从而把利己性与利他性统一起来。人是有利己性、不肯分享的，人都希望独自享用自己创造或获得的价值，而不愿与他人共同分享，竞争把人的利他性与利己性有机统一起来，让人们通过市场交易在让别人享用自己创造提供的产品的利他中实现利己。个人都希望能够获得自己创造的全部价值，但是在劳动资源市场竞争中，只有愿意让渡一部分自己所创造的价值、让企业也得到一部分价值的人，才有机会在企业中创造和发挥自己的价值，才能得到更多的价值。企业的投资者和经营者也一样，都想把企业因管理与科技水平提高产生的增量价值全部留给自己，市场竞争能够对抗这种利己性，在竞争的作用下，企业要想获得更大的绝对利润就必须取得更大的市场份额，要取得更大的市场份额就必须使物质文化服务有更高的性价比，而要使物质文化服务有更高的性价比就必须降低价格，让渡一部分利益给消费者，从而使整个社会都能分享管理和科技发展产生的增量价值。因此，竞争能让人们在最大化的利他中实现最大化的利己。

人性就是人性，没有对错之分，但每一种人性都往往同时具有正面性与负面性。那些共同的人性是不能也没有必要改变的，改变了可能他就不再成其为人或不再是一个完整正常的人了，人类的主要工作不是去改变人性，而是要研究如何更好地促进每一种人性的正价值，抑制或避免其产生负价值。对个人而言，就是要用正确的方式方法做人自己。人的偏好本性源自人从中能获得愉悦感，虽然它可能影响人的全面发展，但能使人在某方面更优秀，如果能正确利用，这对个人和社会其实都更有利；人的懒惰本性源自防止过度劳累的一种自我保护手段，它有利人的健康，同时懒惰也是激发人们进行发明创造和接受发明创造的重要原因，对于懒惰关键是要防止无所事事和失职渎职；人的保守本性源自人自身安全防卫的一种自我保护手段，没有保守性，人或集体都将变得不堪一击，哪怕是很小的有意或意外的袭击——封建中国和其他很多民族之所以被西方入侵，一个重要原因或许就是对外防御意识淡漠。因此要积极地欢迎和接受对人类有益的新事物，但也需要一定的保守性，即通常所说的防人之心不可无——除非世界上已经没有有害人之心的人。人的利己性源自人确保自我生存的一种自我保护手段，没有利己性就没有人自己，但是利己必须建立在公平、共生和有利于人类社会共同发展的基础之上，否则既不利自己，也不利他人、社会和人类。

第三节 自然竞争的主要不公平及其产生的负价值

竞争从性质上看，分为自然竞争和公平竞争两类。自然竞争，本质上是战争，是普遍形式的战争，相对战争它有更多的表现形式。因此，战争是自然竞争的特殊和最后形式。自然竞争就是不公平的竞争，会使筛选、促进、立新、融合功能失效，导致经济失去效率、动力和发展能力。人类引入竞争，并不是要淘汰任何人（导致其不能生存和发展），也绝不能淘汰任何人，而只是为了通过竞争的筛选功能让每个岗位与个人的能力更加匹配以及激发人们更大的劳动创造热情，对于竞争可能造成的人的生存问题和不公平竞争影响人的劳动创造积极性问题，必须通过社会保障体制的建立和促进竞争公平有序来避免。

自然竞争的不公平及其产生的负价值有四种：

第一种是“只要结果、不问方法”，竞争手段不公平。这样的竞争会导致道德沦丧和逆向淘汰。只认结果的竞争常常使竞争者为了生存或获取更大的利益不择手段，故意违背道德伦理、刻意利用法规漏洞，强行突破法律红线，导致优秀和守法者被淘汰，低劣和违法者反而得胜。比如，爱钻营和做表面工作的人有时会把老老实实、勤勤恳恳的人淘汰；违法使用添加剂或过期原料、伪造生产日期销售过期产品的食品企业有时会把严格执行标准的食品企业淘汰；偷工减料、乱排乱放的企业有时会把真材实料，认真执行环保要求的企业淘汰。这里所说的“不问方法”，是不问这些方法是否违反道德与正义性，与邓小平同志讲的“白猫黑猫”是不同的，后者的方法是以道德合格和行为正义为前提的——很多人常常未注意到或忽视这一潜在前提，或故意将其去掉，以实现为我所用。

第二种是“设置门槛、论资排辈”，竞争机会不公平。这样的竞争会导致近亲繁殖和整体退化。如果为竞争设置各种各样的门槛，就会把潜在的最优秀的竞争者排除在外，让不太优秀、不太适合的人占据本该由最优秀最适合者发挥才能的位置；论资排辈让那些有能力的人无法及时发挥或到更适合的平台充分发挥自己的才能，这种不公平竞争的结果是，社会整体劳动创新的积极性越来越低、能力越来越弱，社会发展的速度越来越慢，甚至出现衰退和倒退。人们一开始设置条件主要是为了简化选择和减轻劳动量。比如，单位招聘设置学历和专业限制，就是为了防止什么人都来应聘，在海量应聘者中挑选造成工作量太大。但是后来，这却常常被一些以权谋私者用来作为排除有能力的人或萝卜招聘的手段。

第三种是“利益固化、马太效应”，竞争规则不公平。这样的竞争会导致活力丧失和渐进消亡。有资源或优势的竞争者获取资源和优势的渠道越来越多，获得的资源越来越多，优势越来越大，没有资源和优势的竞争者获取资源和优势的渠道越来越窄，资源越来越少，优势越来越小。这种机会不公平导致的利益固化，让少数人不劳动、不创造、不动脑筋都能坐享不尽的财富，也使他们丧失了劳动创造的能力；而多数人无论如何拼命和努力，也改变不了自己的命运，会使他们失去劳动创造的动力，最终导致整个社会要么不能创造、要么不愿创造，失去创造的能力和发展的活力。并且，由于多的让他更多、少的让他更少的马太效应，会让收入最少的那部分人消亡；收入最少的人消亡后又会出现新的收入最少的人，最终所有的人都会消亡，这种消亡好像剥葱或锈蚀，所以也可称为剥葱或锈蚀式消亡。

第四种是“赢者通吃、败者全失”，竞争分配不公平。这样的竞争会导致收入失衡和不可持续。首先，赢者通吃会使赢者获得自己能力范围之外的利益。比如，美国的选举在除了缅因和内布拉斯加两个州之外的 48 个州和华盛顿特区均实行“胜者通吃”制度，由于各州选举人票的数量相差较多，这样就可能出现在全国普选中累计得票多的总统候选人不能赢得总统选举的情况。又如，某些明星或冠军，一出名就有大笔的奖金和出场费，有的还能当上政协委员，免费上名校，得到各种优惠和便利，这些利益与他的贡献和能力是没有关系的。其次，冠军以下的大多数人作为参与者是为某方面的发展作出了贡献的，他们最终一无所获是不公平的。这些人的贡献有三个方面：一是创造了一定价值，二是创造了某个方面的发展环境，三是促进了该方面的发展。以羽毛球为例，冠军及其他球员创造了观赏价值；没有千百个非冠军，冠军独自一人甚至连一场球都打不了，哪还有什么羽毛球比赛；如果没有千百个负者与之竞争，冠军的球技不可能从零开始不断提高，羽毛球的竞技水平不可能有进步。演艺、科研和一般工作中的获奖者与行业内的其他人之间往往也存在这种不公平分配。如果那些在竞争中作出了贡献，但并非一事一时成绩最好者，不能得到与其所做贡献相适应的收入回报，那么他们就会离开，人才就会流失，人才聚居成长的土壤就会失去，最后就会出现行业后继无人，发展不可持续的现象。冠军的绝大部分收入应用来与参与这项事业的人共同分享及投入到这项事业发展所需的建设中去，才能使该事业后继有人、不断发展，也才能使冠军赢得在该领域的尊敬与地位，否则不过是该项事业的“掠食者”，而不是贡献者和事业的促进者。

总之，自然竞争任何一种负面因素都会导致竞争的正价值被消减、抵消，如果负面因素极致发展，则会使竞争整体呈现为负价值。

第四节 市场竞争的两种形式与发展趋势

竞争有平行竞争和垂直竞争两种基本形式。职务晋升、多党选举、招投标都属于垂直竞争。平行竞争主要存在于市场竞争之中，但随着科技的发展，市场也可能出现更多的垂直竞争。

平行市场竞争，是不同的市场竞争主体在同一时刻通过竞争共同分配某种产品目标市场的份额。垂直市场竞争，是同一产品的不同供应主体在不同的时段内依靠自己产品当期某方一面或多方面的优势交替独占某种产品目标市场份额。

垂直市场竞争，也可以理解为平行市场竞争的特殊形式——某一产品的市场供应主体独占全部市场份额。因为，平行市场竞争的市场份额可以是部分份额，也可以是全部分额或零份额。占有部分市场份额时就是平行竞争，占有市场份额为零时就是退出市场，占有全部市场份额时就是垂直竞争。

也可以说，平行竞争是价值生产及其收益权的部分转移，垂直竞争是价值生产及其收益权的完全取代。

垂直竞争一般也被称为自然垄断，它与行政垄断是有明显区别的。垂直竞争的市场是开放竞争的，即任何企业都可以进入该产品市场与既有产品生产企业进行竞争；而行政垄断的市场是不开放的，即不允许新的企业加入该产品市场与既有企业进行竞争，无论是一个企业还是多个企业，只要关闭市场准入，不让新的竞争者进入，都属于行政垄断。行政垄断又分为独立垄断和共同垄断，或叫绝对垄断和相对垄断，前者只有一名市场准入者，后者有多名市场准入者。

也就是说，只要市场的准入是开放的，竞争的环境是公平的，这样的技术垄断就应该是被允许的。因为这种垄断并不是真正的垄断，竞争依然是存在的，只是由平行竞争转为了垂直竞争，本企业一旦懈怠、质量下降、成本控制不好，其他企业就会迅速取而代之，或者其他企业如果有更为先进的技术，就能迅速突破这种垄断，取而代之。信息领域的平台性产品，如微软的视窗 PC 操作系统、腾讯的 QQ、百度的搜索引擎、谷歌的安卓手机操作系统等，因其产品特点，最先出现这种垂直竞争形式。为什么平台性市场尤其容易出现垂直竞争呢？因为客户在不同的平台转换会浪费大量的时间和精力，而且会导致信息或资料的丢失或者联系不便。所以除非产生重大或者革命性进步，否则一个新公司的新产品很难有效分配处于自然垄断地位的产品的市场份额。

产品的本质是技术，产品的竞争最根本的是技术的竞争。垂直竞争最能反映产品的技术本质。在垂直竞争的情况下，企业的产品竞争将从幕前的营销竞争转为幕后的研发竞争，最终形成不同公司产品各领风骚若干年（几十年或更多年）的情况。比如，一个新 PC 操作系统公司要想取代微软的视窗操作系统的自然垄断地位，唯一的办法就是研发出技术更先进的产品，比如全息界面的操作系统；而一个新引擎企业要想取代百度，就只能开发出算法更智能、结果更准确、搜索对象更全面、搜索方式更多样的搜索引擎。

产品，尤其是物质和服务产品的中高低分档，最根本的原因在于收入差距较大，随着收入差距的缩小，产品的分档将不断减少，企业的产品将由多档次化向单一档次化转变，一个阶段只有一款当时科技条件下性价比最优的产品，然后随着时间的推移不断升级，就类似于苹果的 iphone 及其产品迭代。

市场行政分割、运输成本较高、通信技术落后、融资方式落后等也是造成不同技术水平的产品平行竞争的原因。平行竞争虽然有其优点，即让人们有更多的选择，但是也让人们出现了选择困难，浪费了大量的选择时间、同时也造成了大量的资源浪费。

随着通信、运输技术的发展，融资即时化、生产销售连锁化，以及收入差距的缩小，很多物质和服务产品的竞争将越来越多地由水平竞争走向垂直竞争，至少同类产品的竞争企业将大为减少——往往会在两位数以内。不过，文学、艺术、音乐、电影等创想产品仍然将以平行竞争为主。

第十一章　市场的含义与市场发展的趋势

旧市场经济理论的问题述要：

西方市场经济理论，只研究了企业的商品生产和商品市场，没有关注到事业单位和政府生产的产品及其需求人群（市场），没能对两种类型的产品生产和根本分配原则进行研究和区分，因而对事业单位和政府产品的重要性认识不足，对如何发挥这两种产品生产主体的积极性研究不够，不但影响了这些产品的有效供给，也最终影响了商品的生产能力提高和需求满足。

第一节　人的基本市场身份与维护

生产者与消费者，是人的两种基本市场身份。绝大多数的人绝大多数时候都同时兼具有两种基本市场身份，人们以生产者的身份生产某种类型的产品，同时又以消费者的身份消费多种产品。

人们消费时只消费最终产品，即消费品，但生产时却有很多人在生产前端产品，即非消费品。事业单位劳动者、广义政府组织公职人员，也是产品生产者，他们是以相对固定的收入为个人或各类组织尽可能多地提供产品的产品生产者，与企业以相对固定的产品在市场上尽可能多地获得收入的产品生产者在产品交易方式上有所不同。前者是一般意义的市场产品生产者，即狭义市场的产品生产者；后者是绝对意义的市场产品生产者，即广义市场的产品生产者。二者的主要差别在于交易方式不同，这种交易方式的差别是由产品本身的性质所决定的。也就是说，产品的性质决定产品的基本（或主要）交易方式。

但是，并不是所有人都同时兼具这两种基本市场身份。以下六种人只是消费者，不是生产者：一是尚不具有或不完全具有劳动能力的未成年人；二是部分或全部失去劳动能力的老年人；三是丧失劳动力能或暂时丧失劳动能力的成年人；四是失业人员；五是服刑（非劳改）人员；六是由于各原因没有或不愿意劳动的人员，如因为继承、意外、投机、犯罪等获得大量财富的人员。

其中，未成年人是为了成为劳动者，老年人是曾经的劳动者，失业者希望且可以成为劳动者，服刑人员暂时不是劳动者，只有失去劳动能力的成年人是非劳动者，但是并不是他们不想成为劳动者，而是客观原因无法劳动，只要具备劳动能力，他们也是愿意而且希望劳动和成为劳动者的。因此，这些人的存在并不影响人的劳动者和生产者的基本市场身份。

无劳动能力或不适合劳动的人，不劳动是应该的、合理的，要保持甚至是更好地维护；但是，有劳动能力的人不劳动就是不应该的、不合理的，必须通过改革来减少和消除。

一个人具备劳动能力而不劳动有两个原因：一是没有机会劳动，二是没有产生劳动的兴趣。无论哪一种原因，本质上都是劳动分配体制错误或不完善造成的，需要通过对劳动与分配体制的探索设计和改革完善来改变，使没有机会劳动的人有机会劳动，使不愿意劳动的人产生劳动兴趣，愿意自觉主动劳动。

前者可以通过建立统筹普惠式的产品化保障体制和调减法定劳动时间来减少和消除；后者可以通过消除个人不愿意劳动的原因，如使其不能获得过多的继承财产、意外收入、投机收入、犯罪收入等来选择劳动，同时通过建立健全各种层次的贡献激励体系，使其学会感受劳动特别是创造性劳动这种人生的高级快乐来建立劳动兴趣。（具体方法后有详述）

第二节　狭义市场的不同层次含义与广义市场

现实社会活动中，人们所说的市场的概念是不断发展变化的。市场最初的含义是交易的场所，后来发展出了多种含义，交易场所成了其中的一种含义。当今，人们所说的市场主要有四种含义：一是交易平台，二是交易对象，三是交易范围，四是交易容量，不同的时机和场合，人们所说的市场代表了不同的含义。

市场的第一种含义是交易平台。即，交易对象交易需要用到的某种形式的实体或非实体的载体。市场平台有两类：一类是实体平台，如图书批发市场、百货商场等；另一类是非实体平台，比如淘宝、京东等。实体平台有多种类型，最早的是牛马、鸡鸭、粮食、蔬菜等交易用的公用空地，后来出现了私人店铺，再后来出现了大型超市，再后来又出现了非实物交易的市场，如银行、证券市场等资本交易市场。虚拟平台也有多种类型，如电话、电视、报刊、网络等。而网络以其成本低、信息容量大、交互性好而成为了主流的虚拟平台，并且随着网络的发展，可以很大程度上替代实体市场。

市场的第二种含义是交易对象。即，供需双方交易的某种自然物质资源、物质产品和非物质产品的统称。比如，原油市场、土地市场、大米市场、钢材市场、电影市场、专利市场、文化市场。交易对象是市场分类的主要依据。从人的需求角度对交易对象进行市场分类，可以分为消费品市场（终端市场）和非消费品市场（前端市场）。从企业生产销售的角度对交易对象进行分类，可以分为产出品市场和要素品市场。

市场的第三种含义是交易范围。即，某种交易对象所涉及的地域和人群区隔。市场的地域范围通常分为本地、区域、全国和世界等多级，市场的人群范围通常分为婴儿、儿童、青少年、年轻人、中年人、老年人等。无论地域范围还是人群范围都不限于一种分法，而是根据市场参与者的各自需要有多种分法，同一种分法也有不同的具体分法。比如，中国市场、沿海市场、学生市场、婚庆市场等。

市场的第四种含义是交易容量。即某种交易对象的需求量或潜在需求量。也就是人们常说的市场大小。市场容量由交易指向的范围内的人口数量、收入水平以及产品本身的性质特点等决定。一般来说，人口数量越多，收入水平越高，市场容量越大，反之，人口数量越少，收入水平越低，市场容量越小；人们日常生活中经常用到的日用消费品，如食品、服装等市场容量大；人们日常生活中很少用到的非日常生活用品，如管钳、顶针等市场容量小。

市场的平台、对象、范围和容量都是不断发展变化的。市场的平台是由小到大、由实体平台到虚拟平台不断发展变化的；市场的对象是从消费产品发展到生产原料，再到空间、劳动、资本、技术、管理、模式等要素市场；市场的范围是从本地到外地、从国内到全球不断扩大的；市场的容量也会随交易对象的丰富、范围的扩大和人们收入的提高而不断扩大，或者因科技发展等原因而萎缩甚至消失（如胶片相机市场、随身听市场）。

前述为企业产品市场，即狭义市场的不同层次含义。事业单位和政府也生产产品，也有自己的产品需求者，这些产品需求者所产生的需求也相当于市场需求，即广义市场需求。广义市场需求也会形成相应层次的市场含义，但是具体含义有很大的差别。除企业外的广义市场，是通过一定的平台向既定的部分或全部需求主体免费（个人已经或将会通过税收形式付费）直接提供产品，其平台不是选择平台——市场平台，而是供应平台。其供应平台也分为物质平台与虚拟平台，前者如通过党、政、军、法等政府机构提供的政务、安全、国防和法律服务，后者如通过相应的广播、电视、网站提供的信息服务。产品提供的对象和范围，对于不同的事业单位来说是特定的人群或组织，对于政府来说是所有公民和组织。其产品的市场容量是最大化的。产品供应主体都是在一定科技水平的基础上，按需求者的客观需求，在能力范围内最大限度地提供产品，需求者支付的费用就是其纳税——以有限的费用获取客观需要的最大化的服务。

第三节　生产单位的生产要素与要素品市场

市场从企业的角度，分为产出品市场和要素品市场，企业既要销售产出品，也要购买要素品，因此会同时参与产出品市场与要素品市场。产出品市场，是企业生产的最终产品用于交易而形成的市场。要素品市场是企业生产销售所必需的各种要素因交易而分别构成的市场。

一些企业的产出品往往是另一些企业的要素品，因此产出品与要素品是一个相对的概念，是从某个企业的角度出发的分类，不同企业眼中的产出品与要素品以及产出品市场与要素品市场是不同的。比如，制衣企业参与的产出品市场是服装市场，参与的要素品市场是面料、纽扣市场等；而纺织企业参与的产出品市场是面料市场，参与的要素品市场是棉麻、染料等市场。又如，汽车是工业企业的产出品，却是商业企业的要素品，商业企业的产出品是销售服务；摄影器材是工业企业的产出品，却是文化企业的要素品，文化企业的产出品是影视作品。

企业生产的要素品分为公有要素品和私有要素品两类。

企业生产销售需要的私有要素品有原料、空间、劳动力、科技、模式、资本和管理七种。最初这些要素是从自然界直接获得的或通过个人积累获得的，随着市场的不断发展，这些要素逐步开始产品化生产并通过市场交易取得，于是产生了要素品市场。要素品市场是从资源、原料市场开始的，最终会逐步发展出空间市场、劳动力市场、资本市场、科技市场、管理市场、模式市场共七大要素品市场。

原料市场，是企业（含个体市场产品生产者）生产消费品所需要的不包括工具设备的物质资源和各级物质资源产品因交易而形成的市场。原料市场既包括水、能源等特殊原料市场，也包括稻谷、矿藏、木材等一般原料市场，还包括用原料生产出面粉、钢筋、木板、汽车底盘等的材料或零部件市场。原料市场不包括各种生产工具和生产设备所构成的市场。

空间市场（传统经济学论述中局限于地租），是企业进行物质、文化或服务产品生产销售的存在空间因交易而形成的市场。空间包括实体空间和虚拟空间。实体空间如厂房、商铺、写字间等，虚拟空间如网站等，空间是企业存在的客观场所。企业总是存在于某种形式的空间内。实体空间不一定是专门、固定空间，也可以是家庭住房（如在家纳的鞋垫用于销售的那些人的家）或公共路面（如流动摊贩所占的路面）。虚拟空间不仅是网络地址，也包括媒体报刊的时段或版面。任何企业的存在空间都离不开实体空间，销售可以放在虚拟空间，但是生产者必须在实体空间。企业可以同时存在于实体和虚拟空间，哪一种空间占得多一点，由企业根据自身情况决定，二者的比例是可以调整的。

劳动力市场，是由企业所需要的具有某方面劳动能力的人因其劳动能力交易而形成的市场。劳动力市场的劳动，包括各类机器、设备、乐器的操作人员的劳动，餐饮、销售、运输等服务人员的劳动，演员、运动员、编剧、美工、记者、程序员的劳动，工具、设备、软件等安装、调试、维护人员的劳动，以及这些职业所在部门和基层的兼职管理者的劳动。这里，劳动力市场的劳动不包括自然科学理论探索研究者、产品发明创造者、企业管理模式设计者、文娱形式设计创造者的劳动，也不包括职业经理人、企业专职董事的劳动，更不包括事业单位和政府管理者的劳动。

资本市场，是企业用来进行生产或扩大生产所需的资金因交易而形成的市场。资本是把企业生产销售各要素联结起来的核心要素。企业只在三种情况下需要投入资本：一是启动生产销售阶段，二是建筑、设备或产品升级换代阶段，三是扩大生产销售阶段。企业正常运行情况下，是用既有的资本和销售收入组织企业各要素进行生产销售，不需要持续投入资本。此时，企业的主要工作是由劳动者和投资者共同分配他们合力生产的物质、文化、服务产品中新增价值因销售而获得的收入。因此，企业的融资行为并不是经常性的，只在创建、升级或扩大再生产时需要融资。资本交易的方式有两种：一种是租赁，另一种是分红。企业借银行的钱本质上就是资本的租赁，只是它是货币的租赁而不是一般物品的租赁。银行贷款具有与物品租赁相同的特征，首先，它要为资本使用付费，使用量越大、使用时间越长，付的费越多；其次，到期后这些资本要如数退还，这些特征和一般物品的租赁是完全相同的。分红是资本独有的交易方式。合伙制的股份制企业，股东彼此熟悉了解，其投资一般是真实投资，如果企业经营失败，通常是真实经营失败，他们也愿意接受和承担投资的资本本金损失。但是，社会化募集资本，由于彼此陌生和信息不畅，绝大多数人都不能辨识企业经营者募集资金的真实意图，也很难辨识企业是否真的是经营失败，因此必须建立一种确保社会化投资者（股民）资本本金安全和基本收益的机制。所以资本分红交易应该有两种方式：合伙制下，股东损失自担，分红自定。股份制下，分红分为两部分：一部分为保底收益、类似利率，另一部分为不确定收益，根据企业当期净收益确定，而且必须定期分红。长期以来，股份制沿用了合伙制的分红方式，实际上对普通股民是不公平的、对经济有潜在重大危害，不利于资本市场的健康和可持续发展。后一种分红方式目前还没有出现，主要原因是人们对资本交易的本质认识还不到位，也还没有找到正确的实现方法，以至于在法律上还进行了禁止，随着人们认识的深入以及找到正确的实现方法，后一种分红方式将成为主流。

科技市场，是企业用来进行产品生产的技术和技术研发人员、设备（含工具）和设备维护人员因交易而形成的市场。与产品生产相关的科技分为两种：一种是产品科技，一种是设备科技。除资源开采外，一切产品生产都是建立在某种产品科技和设备科技的基础之上的。这些科技既可以是无形的技术专利，也可以是有形的工具设备，还可以是掌握这种科技的人，所以科技市场交易的内容有技术专利、工具设备和科技人员三种。工具设备是技术物的存在形式，科技人员是活的技术。技术本质上是企业（含独立研发的个人）或事业单位生产的一种产品。家传秘方或家传技艺就是家族或个体企业的技术产品。企业研发团队研发的产品技术，如果仅用于本企业生产就是自产自用，大多数企业属于这一类型的企业；如果限期授权给某企业使用，相当于出租，OEM 企业或引进先进技术的合资企业，就属于这一类；如果转让就相当于技术买卖。目前，企业技术买卖一般在两种情况下发生：一是企业有更高的新技术，把老技术转让给落后国家或地区的企业；二是企业倒闭，作为资产卖掉自己的技术。企业也可以专门研发并出租或转让产品技术，却不用这些技术自己生产某种具体的产品，这样的企业属于纯技术企业，这样的企业还不多，但是随着市场的发展，这样的企业会越来越多。一些个体发明人可以算这样的个体企业。设备技术，对生产企业来说是产品和产品技术，对使用的企业来说则是设备技术，这样的技术是和普通物质产品一样销售的技术。工具是相对简单的设备技术，对于铁匠来说，锤子、风箱就是其设备技术，对于木匠来说，凿子、刷子就是其设备技术。通常的设备是指用于生产服务的大型工具。比如，制造业生产线上的机械、影视企业的摄录设备、运输企业的车辆。厂房或一般的桌椅不是设备，但是专业的桌椅，比如牙医的专业椅子就是设备。产品研发人员和设备调试、维修、维护人员的劳动也都是技术。前者是产品形式的技术，后者是服务形式的技术。

管理市场，是企业管理的理论、方法、数据、建议和人的管理能力因交易而形成的市场。管理市场的产品既包括关于管理理论方法的书籍、与管理相关的数据、决策咨询与顾问公司的调查报告和决策建议，也包括具备管理能力的职业经理人（但不包括事业单位和政府的管理者）。对职业经理人来说，主要做三件事：搞清与生产相关的理论问题，遇到需要决策处理的问题能拿出正确的方法，能及时正确地推动方法落实。当职业经理人凭借个人的能力无法及时充分地获取决策所需要的数据以及形成正确的对策方法时，可向市场中的决策咨询与顾问公司购买服务。管理是企业组织产品生产销售和确保企业生存发展非常重要的要素。

模式市场，是企业生产和销售的可成功复制的组织流程和方法因交易而构成的市场。模式分为根本模式和具体模式，每一家企业的生产销售都是建立在某种根本模式上的具体模式。企业生产销售的根本模式有分销、直销、定制和预购四种，分销是市场经济长期以来的主要模式，预购是市场经济将来的主要模式。这些基本模式已经成为公用价值，任何企业都可以免费直接地选用。企业生产销售的具体模式，大多数是自己创造自己使用，不外传，但也有一部分企业会把自己的模式租赁给别人，加盟店就属于这种。企业把模式作为产品来交易在相当长的时间里是比较少的，这有多种原因：一是因为模式比较难以隐藏，容易被人直接抄袭复制；二是因为有些企业的成功模式，企业自身并不能准确总结来用于复制销售；三是因为在政治和人文环境不同的情况下，很多模式难以成功复制。所以，模式作为产品完整地进行市场交易很少，除非不易被破解抄袭、总结比较准确、具有较强的普适性。

企业生产除了以上七种私有要素品外，还有一种公有要素品——环境要素品，即政府产出的法律、政策、服务等公共产品。企业不能离开环境而独立存在，任何企业都是在一定的环境中生产销售的，环境对企业生产和产品销售有重要的影响。它可以影响企业的市场特点、利润大小、行为方式、发展快慢、成功失败，甚至还可以决定企业能生产什么，不能生产什么，以及如何生产。环境是所有企业共同需要的要素，由政府作为公共产品直接提供。

也就是说，企业生产销售需要八大要素品，这八大要素品有七大要素品是私有要素品，最终会形成要素品市场，有一大要素品是公有要素品，由政府直接按企业的客观需要，尽最大努力提供。

广义的生产单位除了企业外，还包括事业单位和政府，因此广义的生产要素品还包括事业单位和政府产品生产所需要的要素品，这些要素品也会形成要素品市场。事业单位和政府产品生产需要的要素品与企业产品生产需要的要素品基本相同，但也有所差别。事业单位和政府需要的要素品，有些是在企业的要素品市场购买，如原料市场的水电，设备市场的普通办公用设备，劳动力市场的文印服务、驾驶服务，等等；有些是不通过市场直接规划获得，如空间中的土地；有些借助企业市场定制购买，如在科技市场定制军事装备研发人才和军警武器。但是事业单位和政府的管理通常都不是从管理市场购买的，而是通过党校、行政学院、政策研究室等自己培养或生产。事业单位和政府的模式也不是从企业的模式市场购买，而是通过学术机构和自己共同研究设计。

第四节　市场参与主体及其市场角色

市场主要有四大参与主体：个人、企业、事业单位和政府，其中个人是核心，企业、事业单位和政府都因个人的市场需求而产生，但是他们在市场中分工和参与市场的方式是不同的。个人和企业都是直接参与市场，事业单位和政府是间接参与市场。事业单位通过为个人和企业服务来间接参与市场，政府是最间接参与市场的组织，他通过为个人、企业和事业单位服务来间接参与市场。其中，个人包括家庭；企业包括个体生产经营者和各种类型的公司；事业单位是财政供养的学校、医院、研究所等；政府除了正式的党派、国家机构外，还包括非营利性民间公共服务组织。每一个市场参与主体参与的市场和参与市场的方式是各不相同的。

个人是市场产品的生产者，也是市场产品的消费者。一切产品本质上都是个人生产的，他们或者以独立的形式生产，或者以组织的形式生产。一切产品都是用来服务于个人消费的，它们或者直接供人用于身心消费，或者服务于个人身心消费品的生产。因此，个人是市场运行的动力来源和市场服务的根本目标。没有了个人，市场就像是没有汽油的汽车，运行不起来；市场一切个人或组织的行为如果偏离最终服务于人的消费这一根本目标，就会像丢失了航图的轮船，最终会触礁沉没。

产品从根本上都可以看作消费品，只是有的是直接用于人的消费，有的是间接作用于人的消费。现实社会中，一般把直接用于人的消费的产品称为消费品，把间接作用于人的消费的产品称为非消费品。消费品也称为内容性产品，包括食品、住房、车辆等物质产品，文艺、体育、游戏等文化产品，餐饮、医疗、旅游等服务产品；非消费品分为两种，一种是工具性产品，包括物质的生产器具、机械设备，非物质的理论原理、工具软件、制度模式等，另一种是原料性产品，包括水、矿物、野生动植物等自然资源性产品，种植的农作物、木材，或养殖的禽、兽、鱼、虾，等等。人类社会最先生产出的是各类消费品，之后为了更多更好地生产消费品，才不断地生产出了各种非消费品。消费品的销售总收入总是大于非消费品的销售总收入，因为一切非消费品都是消费品的成本。消费品的购买者是消费者（一部分消费品会以生产要素的形式购买，此时按生产的要素品对待），而非消费品的购买者是生产者（含个人——如教育产品购买，企业、事业单位和政府——主要是购买各种生产要素品）。消费品购买者的数量通常远大于非消费品购买者。由于科技发展使生产效率不断提高，种种产品的生产会越来越成为少数人的行为，而其消费却总是所有人或很大一部分人的行为。因此，某种消费品的购买者的数量通常是很大的（所有人或者很大一部分人），其销售量也很大，成本分摊后价格往往可以比较低，生产者容易获得较高的总收入；而某种非消费品（如设备、技术、模式等，但资源和原材料除外）的购买者往往只是少数生产者，其销售量会很小，往往需要很高的价格才能覆盖成本，生产者获得的总收入通常更低，而且越远离消费品的产品购买者越少，能够获得的总收入通常也越少。这就是为什么做消费品容易赚钱而做非消费品，特别是远离消费的非消费品不容易赚钱的原因。但是，这些产品对消费品生产效率的提高、种类的增加、品质的改进具有决定性作用，是必不可少的，而且生产的难度更大，成功率更低，所以需要以非企业的方式来生产。

所谓以企业的方式生产，就是生产者以相对确定的产品通过市场交换获取不确定数量的收入——最大限度地获取收入；而以非企业的方式生产，就是生产者以相对确定的收入提供不确定量的产品——最大限度地提高产品生产提供的数量和质量。简而言之，以企业方式生产，就是定产品不定收入，以非企业方式生产就是定收入而不定产品。

企业、事业单位和政府都既生产消费品又生产非消费品，其中企业生产的消费品占的比例最大，事业单位占的比例次之，政府占的比例最少；另一方面看，企业生产的非消费品比例最小，事业单位占的比例较大，政府占的比例最大。工业设备生产企业就是非消费品生产企业，银行既为消费者提供服务又为企业提供服务——同时提供消费品和非消费品两类产品；医疗、教育都是消费品，既可以以企业的方式生产，也可以以事业单位的方式生产——其发展趋势是，将主要以事业单位的方式生产；国防、治安、救援等就是政府生产的消费品——因为它是由政府直接向个人提供的最终满足个人某种需求的服务。

企业和事业单位都是产品生产者，但是企业是以赚钱为目的的产品生产单位，所以企业只愿意生产能快速赚到钱的产品，而不愿意生产不能快速赚到钱的产品。因为，企业选择产品生产时，要考虑以下两个因素：一是单位时间的利润率，如果某种产品最终销售后获得的利润率很高，但是生产周期太长，单位时间利润率低于当时当地企业的主流利润率，企业就不愿生产；二是劳动者和投资者的忍耐周期。劳动者的忍耐周期一般是一个月，如果是发周薪的地方，一般是一周，高管可以长一些，比如一年。如果生产和获利周期太长，劳动者就无法生存，虽然资本可以通过向劳动者预支收入的方式来延长生产获利周期，但是投资者的忍耐周期也是有限的，长的就是几年，十年以上的就非常罕见——事业单位和政府选择生产的产品往往着于眼长远，数年、数十年很常见，有些则是百年甚至更长远。一般来说，离人们的最终消费越近的产品和资源性产品越容易快速赚到钱，离人们的最终消费越远的产品和非资源性产品越难快速赚到钱。很多产品，都适宜以赚钱为目的生产，这样的产品就应该让企业以赚钱为目的进行生产；有些产品，不适合以赚钱为目的生产，如果以赚钱为目的生产，会导致产品价值生产效率降低或价值放大和社会受益最小化，这些产品就不宜以赚钱为目的进行生产。不能快速赚到钱的产品企业不愿意生产，不宜以赚钱为目的生产的产品不应让企业生产，这两类产品，就只能由事业单位和政府生产。

有些产品，既可以由企业生产，也可以由事业单位生产，比如医疗、教育，这样的产品总体应由事业单位生产，少量的开拓性产品可以由企业生产，即当时技术条件下的成熟产品，向事业单位人员支付相对固定的报酬后，由事业单位按个人客观实际需要，最大化的提供；新产品和试验性产品，由企业与个人通过市场双向选择提供，当新产品成熟后要及时通过公购等方式纳入到事业单位供应产品之中（如果新产品超过一定时间仍然达不到成熟标准，应终止其市场销售）。这样，既可以实现这些产品价值的最大化，也有利于产品开拓，同时又能避免企业利润过高造成收入差距过大。换句话说，企业与事业单位在这些产品生产上，是一种互补关系。

政府最根本的服务目标是个人，但也需要通过服务企业和事业单位，使其更好地生产来间接服务于个人。政府服务企业和事业单位时，必须时刻记住服务企业和事业单位的根本目的是服务于个人，必须把二者统一起来。如果企业或事业单位的发展与大多数个人的利益发生矛盾，必须服从大多数个人的利益；如果为了更多个人的利益而导致与个别或少数个人发生矛盾时，也绝不能为了企业或事业单位的发展而损害个人的正当权益——要在确保个别或少数人的正当权益不受侵害，合理利益不受损失的情况下，使服务企业或事业单位有所发展。

总体来说，企业的产品就像是鲜花和果实，事业单位的产品就像是绿叶，政府的产品就像是根茎，没有绿叶和根茎，鲜花和果实就长不了，也长不好，而这些鲜花和果实都是用来满足个人需求的。

第五节　各市场主体参与的市场及参与方式

个人既以消费者的身份参与消费产品市场购买消费品，也以要素品生产者的身份参与要素品市场购买要素品。

企业以企业身份，既参与产出品市场进行产出品销售，也参与要素品市场进行要素品购买。由于企业既不能只购买要素品不销售产出品，也不能只销售产出品不购买要素品，所以企业以企业身份会同时参与产出品与要素品两类市场。由于每个企业的具体产出品与生产要素是不同的，所以每个企业参与的产出品市场与要素品市场也是不同的，而企业参与哪些具体的要素品市场，尤其是原料市场，主要是由它所参与的产出品市场决定的。一个企业参与什么具体的产出品市场，通常是在企业建立之前确定的，当然在企业运行与发展过程中也可以增减或者改变。

一个企业具体参与哪些要素品市场是根据自身情况和需要决定的，并不一定会全部参与七大要素品市场。如果一个企业的技术是自己独创或研发的，就不必参与技术市场；而企业生产销售模式大多数是自己摸索的，所以一般也不一定参与模式市场；如果自己有充足的资本，这样的企业连资本市场也不参与。企业也可以以生产者身份参与消费品市场，这时本质上是企业以生产者身份参与某种要素品市场进行要素品购买，发生的消费就是公务消费，计入生产（含销售）成本。由于公务消费可以计入成本和替代私人消费，人的自私性决定了这种消费常常被滥用，导致企业成本上升或产出品价格升高，因此公务消费应该严格控制。随着市场平衡方式的升级、制度的健全和方法的改进，公务消费的滥用问题可以解决，公务消费将保持在科学合理的标准以内，到共产主义社会，在本国范围内，国内所有人的公务消费将完全取消，全部由私人消费替代。

事业单位以生产者身份只参与要素品市场，不参与产出品市场。因为事业单位的产品是免费向其需求对象提供的，只是单向给予，不是双向交易，不是一般意义的市场——狭义的产出品市场。事业单位也会以生产者身份参与消费品市场，和企业一样，这时它也是把消费品市场当成其要素品市场，是以要素品购买的方式参与消费品市场，其消费品购买支出纳入生产成本计算。和企业一样，事业单位以这种方式参与消费品市场，历史地看，也是阶段性的，最终会完全退出。

政府以政府身份主要参与市场管理。无论按照哪种市场分类，政府都以政府身份参与所有的市场管理。即，政府以政府身份既参与所有的消费品市场管理，也参与所有非消费品市场管理；既参与所有的产出品市场管理，又参与所有的要素品市场管理。政府参与市场管理，但一般不参与内容性产品的生产、销售与收入分配。但有一项例外，那就是资源。政府参与资源市场须同时坚持以下七条原则：一是政府参与资源市场的目的不是为了实现收入最大化，而是为了实现资源价值的最大化实现，即让个人或企业在科学维度内消费或利用资源，确保社会公平和人、环境、经济的发展可持续。二是生存生活的必要的物质资源，免费保证每个人得到基本层次的满足。三是对必要的物质资源消费超额者进行累进收费。四是非必要物质资源实行竞价交易。五是消耗性物质资源实行销售交易，非消耗性物质资源实行租赁交易。六是对规律资源发现的个人或企业实行限期或限收销售，超过期限或收入额度后强制免费供国内企业和个人使用。七是所有物质资源租售收入属于全民，补入社会保障和公共产品经费资金池，或全民平均分配。由政府参与资源市场的这些原则可见，政府参与资源的销售与收入分配，本质上是进行资源的利用管理。

政府也以生产者身份参与要素品市场进行要素品购买。政府招录公务员是以生产者身份进入劳动力市场购买劳动力要素品。政府购入或租用电话设备、值勤车辆、军事装备等是以生产者身份进入科技市场购买科技要素品。政府建盖办公场所是以生产者身份进入空间市场购买空间要素品。由于土地是政府自己批的，所以政府使用的空间往往并未付费购买，但是建筑材料和建设服务却是付费购买的。理论上，每一个政府部门的空间都应该是付费租用的，经费应从该部门的政府预算费用中出，这样才能防止政府随意扩大办公空间面积或建盖豪华办公场所。政府人员因公出差的餐饮、住宿、交通消费等都是政府以消费者身份参与消费品市场进行消费品购买，其性质和最终发展方向与企业和事业单位以生产者身份参与消费品市场一样。但是，政府不参与模式市场是因为政治模式是国家和社会的根本模式，具有长期性和稳定性，不会轻易变动，而且政治模式所应用的观念、理论、制度是由政府财政供养研究提供的，不直接从市场购买；政府也不参与管理市场，因为其所需要的管理人员与决策咨询的内容与企业是完全不同的，只能自己培养、专门定制或自己生产。

政府还可以以投资者身份参与资本市场，但其收入不是自己的收入，而是全民的收入。政府投资主要用财政资金池的部分盈余来进行。政府可以全额或部分投资某企业，但是不能参与和干预企业的生产销售等经营活动。无论全额还是部分投资某个企业，政府都只能根据统一的企业资本市场分红规则分配利润，因为此时的政府是在以一般投资者的身份在投资。政府对自己所投资的企业和与非自己所投资的企业应一视同仁地管理和服务。

第六节　衡量市场水平的指标及提高方法

相对自然经济的熟人经济而言，市场经济本质上是生人经济，是相互陌生的个人、企业之间通过分工生产和相互信任、互不欺诈地自由平等交易实现各种需求的相互满足。决定与衡量一个国家或地区市场水平的，不是城市大小、店铺多少，也不是科技发展水平、金融化程度，更不是政府放任企业的各种行为，而是企业诚信率、消费公平率、商业廉洁度和供需透明度四个指标。

市场化水平，是产品或要素品商品化生产交易的程度，主要由市场水平与科技发展水平决定。市场水平越高，会有越多的产品进行商品化生产交易；科技越发展，会有越多的生产要素进行商品化生产和交易。当今西方经济学家或政治人物口中的市场化水平是一个阶段概念和政治概念，它是相对于苏联模式的计划经济而言的，这种含义的“市场化水平”会最终消失。商品化生产，就是以市场销售为目的的生产，它是相对于自我满足的产品生产、事业单位的产品生产和政府的产品生产而言的，后几中产品生产都是非商品化产品生产。

早期乡镇中，数量不多的简单农产品交易，由于诚信、公平、廉洁、透明其实具有很高的市场水平，美国华尔街投行的公司和交易员们把“垃圾”包装成“黄金”，虽然位于世界交易中心、使用最先进的交易手段，进行着高度金融化的交易，但是由于不诚信，其市场水平反而更低，或者说是极大地倒退了。企业出于自身利益最大化考虑、管理者道德有问题或者短期行为，常常会产生负价值或负外部性，如果不加以防控就会出现市场化倒退和市场水平下降。这种市场水平倒退是由于对企业人员的道德与技术监管不足造成的。

企业诚信率，是一个国家或地区市场中，不诚信的企业在全部企业中的占比。一个国家或地区的市场中，诚信的企业越多，市场企业诚信率越高，该国家或地区的市场水平越高；反之，一个国家或地区的市场中，不诚信的企业越多，市场企业诚信率越低，该国家或地区的市场水平越低。企业的诚信包括两个方面，一是产品销售诚信、二是资本募集诚信。在陌生的相互服务的市场经济中，诚信是市场的生命。一个市场失去了诚信，这个市场也就会萎缩甚至消失。因为购买者和投资者会减少参与该市场，产品购买者减少了，产品就卖不出去，没有投资者投资，企业就会因资本缺乏而不能有效组织生产，情况严重时，部分产品市场就会消失。

消费公平率，是一个国家或地区市场中，消费者在消费或办理业务过程中，因为尊卑贵贱、生疏巧讷、交易额度等的不同而感受到的区别对待频率或概率。市场经济是生人经济，只有在陌生人之间能感受到平等、热情、真诚的服务，才是市场水平高的标志。如果一个国家或地区的企业普遍把客户分成三六九等，根据远近亲疏，实行区别对待、采用差别服务，那么人们在该国家或地区消费就会频繁地遇到不公平地对待，从而说明该地市场水平比较低；如果一个国家或地区的企业都一视同仁地对待所有消费者，服务按先后次序，态度礼貌热情、不卑不亢，人们在该国家或地区消费就不会或不易感受到不公平对待，从而说明该地市场水平比较高。

商业廉洁度，是一个国家或地区的各类企业在从事商业相关活动，如采购、投标等过程中，有关人员有没有各种形式的索贿或受贿行为，如收送红包、礼品、回扣，公费娱乐、旅游等，以及这些行为的严重程度。所有的商业贿赂费用都会计算到企业的成本之中，并最终转移到消费品的价格上来，由消费者买单。商业廉洁度越低，企业的成本费用越高，商品价格相对越高，人们相同收入能够购买的商品价值越低；反之，商业廉洁度越高，企业的成本费用越低，商品价格相对越低，人们相同收入能够购买的商品价值越高。一个市场，如果企业要花钱，做公关来维系客户，而不是让客户完全根据产品本身的性价比进行自由选择，只能说明其市场发展水平较低。因此，在最高级的市场，企业只专注于产品的品质提高、功能增进和成本降低，不会考虑其他因素。一个商业关系越简单正常的市场才是水平越高的市场。

供需透明度，是一个国家或地区的供应与需求信息是不是向供需双方所有人员双向透明。当供应方不知道需求方的信息时，产品的投资生产就容易出现过剩或不足，给企业造成重大损失，影响其经营意愿和持续经营能力；当需求方不知道供应方的信息时，就容易上当受骗，购买到的产品的性价比往往会比较低，购买的意愿就会降低，市场交易就会变得越来越不活跃，交易量就会不断减少。因此，市场透明度越高，供需越平衡稳定，可能给双方造成的直接或间接损失越小，生产方的生产意愿和供应方的购买意愿越强烈，供应方获得的收入越稳定越多，购买方获得的满足感和满意度越高。所以，供需透明度越高，该国家或地区的市场建设水平越高；反之，供需透明度越低，该国家或地区的市场建设水平越低。

那么，普通人如何直观地判断一个国家或地区市场发展的水平呢？可以从六个方面进行观察：一是看客户或投资者个人在购买产品或投资时有没有表现出怀疑或顾虑情绪。如果有怀疑或顾虑情绪的人比较多，说明当地企业普遍不诚信；反之，如果绝大多数人购买产品时都毫不犹疑，说明当地企业普遍比较诚信。二是看有没有 VIP 设置或紧俏商品消费时找关系的情况发生。如果遍地都是 VIP，经常有人在消费时找熟人或关系，说明当地消费环境的公平度低；反之，如果几乎没有什么 VIP 设置，所有人都排队消费或享受相同的价格优惠与其他待遇，则说明当地消费环境公平度高。会员制的设置实际上是对消费自由的约束和限制，是反市场经济的行为。三是看媒体的广告有没有进行功效宣传或被吹得很神奇。如果有而且被宣传得很神奇，说明市场诚信比较差；反之，如果广告只宣传品牌，不说明功效，说明市场诚信比较好。四是看能不能方便地查询到或获得真实的产品供需信息。如果能获得，说明市场比较透明，如果不能获得，说明市场不透明。五是商品能不能砍价以及能够砍价的幅度。一般来说，只有大量购买时，砍价是必要的，因为大量购买会减少供应者销售时间或缩短供应循环周期，能够减少销售成本或增加利润，所以可以有一定的让利空间。其他情况的砍价只是在浪费交易时间，降低交易效率。如果商品能砍价且能砍价的幅度比较大，说明市场的诚信和透明度比较低。六是企业的营销费在成本中的占比。营销费用包括两类：一类是公关费用，一类是广告费用。公关费用越高，说明市场的商业廉洁度越低。广告费用越高，说明市场透明度越低。一个国家或地区的企业如果走向了必须依靠高额的营销费用来维持生存，那么这个国家或地区的市场就走入了错误的发展方向，必然成为劣币驱逐良币的不可持续市场。

提高一个国家或地区市场水平主要应从以下五个方面入手：

一是强化商业言行的法律效力。在市场交易中，交易双方的言就是法，每一句交易语言都是法律语言，都有法律效力，必须依法履行，否则就是商业欺诈，是违法行为。一个个人或组织，如果有故意的商业欺诈行为，应该被永久地终止交易主体资格，即不能再作为企业法人，也不能再作为销售人员出现在企业当中。任何个人或组织都可以对虚假产品或宣传提起法律诉讼，法院必须无偿受理。即使无意造成的产品与宣传或承诺不符，也必须进行至少 10 倍以上罚款。如果是故意行为，除了永久取消相应的资格外，还要进行更高的罚款或刑事处罚。允许个人或组织进行专业打假，但是不能用诱导和强迫的方式获取证据，否则，除了取消打假资格，还要依法进行经济或刑事处罚。个人（包括明星或非明星）代言某种产品，必须具有真实使用经验，否则也视为商业欺诈，永远禁止代言任何产品，并视情节及从商家获得收入的数目进行相应的经济或刑事处罚。传媒若收取广告者的费用，要承担连带责任，责任的大小由收费的多少决定。从而促进传媒尽到审查责任。若不愿意审查或不确定能否准确审查，最好的办法就是只登品牌或用途，不登品质和效果。

二是要提倡和培育正确的商务道德。要让企业认识到，不要为了一时收入的增加而砸了自己长期的饭碗和破坏整个地区或国家市场的形象，影响大家的利益。对于违反商业道德的企业，其他企业、社会舆论都应进行公开的曝光和谴责。其他企业、地方政府帮着维护或掩盖违反商务道德企业的言行，实际上就是在挖断自己的财路。对违反商务道德的行为，必须要形成“过街老鼠，人人喊打”的局面，而不能明哲保身甚至助纣为虐。

三是实行交易公开。把商业贿赂行为视为和政府公职人员贿赂同样性质的行为，纳入刑法处罚范围，实行竞争和交易公开，接受交易和竞争各方的共同监督。

四是建立国家级的统一市场供需信息平台。免费为供需双方提供真实、准确、实时的供需信息，使供需双方都心中有数，既避免生产过剩和价格大幅波动，又避免购买方上当受骗或购买意愿下降。

五是缩小人们之间的收入差距。这是提高消费公平率的根本办法。

第十二章　企业产生的原因目的与存在的条件依据

旧市场经济理论的问题述要：

西方市场经济理论，颠倒了企业与人的主次关系和存在的因果关系，造成了政府关注点和工作重心错位，影响了政府对企业负面性的有效防控，特别是放纵企业炒作和人为制造产品稀缺；再加上对企业创建和存在根本依据的认识不足，导致政府在服务企业过程中不能正确有效发力，不但造成财物和人力浪费，而且常常效果不明显，甚至认为政府是无用的或“必要的恶”。

第一节　企业产生的根本原因与本质

企业之所以产生，是因为它能更多更好地进行产品生产，更大程度地解决事物的稀缺性，更充分、更好和更多地直接或间接满足人们的需求。因为单个人的生产能力和能够生产的产品是有限的，科技的发展要求人们进行不同类型和规模的组合，以生产更多的产品，从而更多更好地满足人们的需求。

企业是市场经济下人们生存发展的主要公共平台。企业一经成立就具有公共组织的性质，绝不是哪个个人的企业，也不是个人想怎么做就可以怎么做的。企业管理者和企业的行为必须遵循公共组织的要求，把正义性作为首要原则，在不损害社会总体利益的前提下，通过创造价值或促进价值创造效率增加或质量提高来实现企业利润最大化和企业参与各方利益一定程度的增加。

企业是市场经济下人们生存发展不可或缺的公共平台。人的一生的生存发展由两大主要活动构成：一是生产，二是消费。在自然经济下，这两大活动可以由自己独立进行，但是在市场经济下，这两大活动都必须借助企业这一公共平台才能进行——大多数人的生产都是在企业平台上进行的（事业单位和政府除外），消费是在企业平台上获得的，尤其是消费，没有任何人的消费可以离开企业进行。

企业是市场经济下组织生产、联结供需的基本单元平台，人们分别以生产的参与者与消费者的角色在企业平台上工作生活。社会上各种各样不同功能的企业，不但共同形成了一个相互联系、相互补充的全方位供应体系，也把人们的生存生活与生产发展联结了起来，让人从自给自足的原始简单低质供需循环中跨入供需更丰富、质量更高的社会大供需循环中。

企业作为市场经济下人们生存发展不可或缺的公共平台，从产生到存在的每一刻都与社会其他人息息相关，它的一举一动都始终影响着其他人和社会的利益。因此，企业并不是哪个个人的企业，而是社会的企业，是人们共同的企业，企业不是个人的玩物，绝不是哪个人想怎么做就可以怎么做的，它必须服从和服务于社会公共利益，在符合公共组织公益原则的基础上来做。

作为公共组织，社会公益属性是企业的首要属性，企业必须首先坚持社会属性，维护社会公共利益，在促进或不导致社会总体利益损失的前提下，谋求各生产要素提供者利益的最大化，并尽可能地不断减小负外部性对社会的损害或潜在损害。具体应坚持以下四个原则：第一，只做增量利益，为消费者创造利益，而不损害其利益，促进社会总体利益增加，而不做导致社会总利益损失的事；第二，恪守竞争宗旨，只是为激活自己的潜能、创造更大的价值而竞争，不以物理消灭竞争对手为目的进行竞争，不选择导致社会总体利益减少的竞争方案，不采用不正当的竞争手段；第三，维护发展自由，无论是内部员工或是外部企业正确积极的想法和创意都应该尊重、鼓励和保护，而不应该批评、诋毁、攻击、打击或者压制；第四，坚持公平分配，确保生产要素参与各方都能根据在集体共有产品的生产销售中的贡献获得与贡献相适应的收入，而不是根据各自在生产销售以及收入分配中的实际控制能力，按照弱肉强食的自然法则进行分配。

这就是企业社会责任的来源和主要内容。可见，企业承担社会责任并不仅仅是捐点钱扶贫助学，捐钱扶贫助学既不是企业承担社会责任的全部内容，也不是企业承担社会责任的主要内容，甚至都不是企业承担社会责任的内容。

企业作为市场经济下最主要、最普遍的公共组织，其私有组织属性定义错误在整个市场经济的历史发展长河中只是短暂的一瞬。就像国家会从君王一个人或一个家族所有发展为全民共有一样，企业也会由一个人或一个家庭所有变为企业投资者和劳动者共有。

从企业的组织属性看，企业任何时候、任何情况下，都是社会的企业，而不是个人的企业，因为企业一定是服务于他人和社会才让自己获得利益的。不为他人和社会带来利益而只考虑自己利益的所谓企业一定不是真正的企业，比如骗子公司、投机机构或强盗组织。

从产品的所有权看，除个体经营者外，企业的产品都是在一定资本的参与下人们共同劳动创造的，因此企业的产品是劳动者和投资者共有的产品，它们最终要共同分配这些自己参与创造的产品或产品销售得到的利润。

从资本的所有权属性看，企业属于个人私有的时间非常短，在企业诞生后不久，就出现了股份制形式。股份制形式的出现，标志着企业资本所有权公有形式的诞生。企业资本所有权公有是企业发展的必然趋势。企业资本所有权公有主要有两种形式，一种是资本所有权全民公有，比如国企（准确的称谓应是全民所有企业）；一种是资本所有权不定多数人公有，比如上市公司（准确的称谓应是不定多数人所有企业）。

因此，企业无论从组织属性、产品属性还是资本属性上看都是公共组织，而不是私人组织，从所有权来看，未来的企业主要有两种：一种是全民公企，另一种是不定多数人的公企。

第二节　人类创建与发展企业的根本目的

企业是为解决稀缺性、发展或服务于发展消费需求而存在的，直接或间接地解决稀缺性和发展消费需求就是人类创造与发展企业的根本目的。

企业的产生和存在首先是为了解决人们直接或间接需求的稀缺，不能解决稀缺性，企业就没有产生和存在的必要。人类之所以创建和发展企业，是因为它能解决某种事物的稀缺性，满足个人或组织对该事物的需求。首先，不稀缺的事物不需要企业的存在。因为如果一种事物不稀缺，人们可以随意方便地获得，企业就没有存在的价值和必要了，比如空气、阳光。其次，一个企业如果不能解决事物的稀缺性而是在制造稀缺性，那么它就背离了存在的宗旨，失去了存在的意义。因为一个不但不会促进人们需求满足，反而会阻碍人们需求满足的企业对社会是有害无益的，社会不需要这样的企业产生和存在。

企业是为解决稀缺性而存在的，而不是为制造稀缺性而存在的，企业制造稀缺性就走向了其反面，要么改正错误做法，要么退出市场。市场中，制造稀缺的都是投机者，而解决稀缺的才是真正的生产者。因此，在市场上，判断谁是投机者或谁有投机行为的方法很简单，就是看谁在宣扬和制造稀缺。谁在宣扬和制造稀缺，谁就在投机或行为中包括投机因素，谁在解决稀缺，谁就在真正的投资生产，是在促进发展。凡是制造稀缺的个人或组织，无论是个人、企业、事业单位还是政府，其行为都是非正义的，也必然遭到人们的抨击和市场的最终淘汰。谁能让稀缺的产品变得不稀缺，谁就会被市场所选择并生存下来，谁让稀缺的资源和产品变得更稀缺，谁就是在阻碍发展，必然遭到正义力量的反对，并最终会被正义的力量所战胜和淘汰。整体看，企业就是在解决既有需求品稀缺—创造新的需求品—解决新的需求品稀缺这样的循环中不断发展的。而事业单位和政府不但为企业解决稀缺提供帮助，还直接最大限度地解决人们对公平、安全、自由、发展等服务的需求。因此，一切产品供应者都是为解决人们某种需求的稀缺而存在的。

企业解决稀缺性的途径有多种：矿物资源稀缺，可以通过节约利用技术、循环利用技术、寻找替代资源、人工合成资源等方式来解决；土地资源稀缺，可以通过上天入地上下拓展空间、发展虚拟技术等来解决；物质产品稀缺，可以通过发展机械化和自动化技术提高生产效率来解决；文化产品稀缺，可以通过文字、图片、音像复制技术来解决；服务产品稀缺，可以通过服务功能物质产品化技术来解决，如教学影像、洗衣机、导航仪等。

模仿和复制是解决稀缺的重要途径之一，为了解决稀缺性，市场必须允许模仿和复制，但是模仿和复制应以不降低甚至能更好地激发原创者的创造性为限。要实现这一点，只需要求：所有模仿复制品应明确标注或说明被模仿的是哪个个人或企业创造的产品。模仿和复制不仅是解决稀缺性的重要途径，如果正确运用，还是宣传和扩大原创产品影响力、生命力和价值放大量的最有效方法。一种产品外观长期大量被复制就会成为一种风格、流派，比如汉服、唐装、西装、徽派建筑、哥特式建筑、油画、水墨画等；一种技术被长期大量复制就会成为主流，比如，人工合成胰岛素、安卓操作系统、unix 服务器；一种习惯被长期大量复制就会成为一种文化，比如儒家礼教、基督教习俗、伊斯兰教习俗等。

因此，供应者尤其是产品原创企业，要不怕自己的产品风格、技术等被复制，而要怕没有人愿意复制，因为只有被复制才能更广泛持久地流传，才能被更多的人知道，而流传的范围越广、时间越久，产品的原创企业获得的收入就越多。首先，有一些人是愿意购买原创产品的，但在不被广为复制的情况下，可能不会知道这些原创产品，当这些人因为复制而知道这些原创产品后，就会想办法购买，从而增加原创产品的销量。比如，很多人去巴黎或去巴黎后一定要去看一下埃菲尔铁塔，就是因为通过图片、影像、模型或仿真品认识了埃菲尔铁塔。其次，人们总是根据自己的收入、时间等条件来购买各种产品，一旦这些条件达到了，那些购买仿制或复制品的人就可能会再购买原创产品。比如，去了深圳世界公园的人，收入达到且有时间后，通常还会去这些被仿造的实景地看一看。所以，复制其实是在为原创产品做免费的广告。就像个人学习创造一样，很多企业都是从模仿和复制别的企业的产品开始的。模仿和复制是超越的起点，没有起点何来超越。虽然很多企业都是从模仿和复制起步的，但是大部分企业其实并不甘于永远模仿或复制别的企业的产品，当他们达到一定水平时，往往都想要独创自己的产品或风格，以获得更高的知名度和更多的收益。到一定时候，一个企业想要别人模仿和复制，别的企业还不屑于这么做呢。因此，模仿和复制是一个自然的正常过程，绝不能为了保护少数企业短浅的目光和贪婪的一时过度利益追求而听信其一面说词，破坏这种对所有个人和企业都有利的正常行为和必要过程。

但是，模仿和复制必须有一个条件，即模仿或复制的企业必须显见地标明或明确告知购买者自己的产品是非原创产品，而是模仿或复制了哪家原创个人或组织的产品，否则就是交易欺诈。外观和接口具有公用性，是不能申请或被授予专利的，否则会造成极大的资源、劳动浪费。比如，任何企业都可以无需任何专利付费就生产类似苹果的手机，只要它的商标（LOGO）明显区别于苹果，并写上一行字："本产品采用美国苹果公司原创外观。"技术可以自我保护，但也要允许被逆向破解——只要不是通过偷窃而是凭自己的智力破解的。凡是不是自己创造的技术，都必须向原创者致敬，明确标示自己所用的技术源于哪个个人或组织，是通过破解还是购买专利授权获得的。文娱性文字、图片、影音等产品的复制、转载由于是非生产性和创造性的，所以不能进行完整的商业复制或为最终实现商业目的而进行复制（但个人可以单独进行自用复制）；可以转载，但需要原创个人或企业授权同意；可以少量的部分引用，但是需清楚完整地标明原创者。新闻性文字影音是公益性的，为实现传播的时效性，可以未经授权转载，但是要标明来源。另外，被模仿和复制的产品要允许被发展和超越，只有允许被发展和超越，原创产品的生命才能更好地得到延续，产品才能更好地发展和为人们服务。

企业产生和存在的另一个根本目的是为了直接或间接地发展人们的消费需求，包括为消费品的生产提供生产效率更高、品质更好、合格率更高的设备或原料；改进既有产品的功能效果或性能质量；创造替代现有需求的产品或满足潜在需求的产品；在保证既有产品功能效果和性能质量不下降、企业利润不低于主流利润的情况下，降低产品的价格。正是企业不断直接或间接地发展人们的消费需求，才使人们的消费需求得到越来越好的满足，潜在的自己不知道或自己无法满足的需求不断地被发现和满足。人和组织的需求分为已知需求和潜在需求。已知需求是已经被发现和满足的需求，如米饭、西装、自行车等。潜在需求是大多数人或组织自己想不到、做不了、做不好的需求。已知需求和潜在需求是相对的，今天的潜在需求可能是明天的已知需求。有的潜在需求，虽然有的个人组织想到了，但是或者自己做的成本太高，或者自己做的效率太低，或者自己不愿意做，或者自己没时间和精力做，而无法满足。

大多数个人或组织想不到的潜在需求，有企业想到并做出来，就可以创造出一种市场、形成一种产业；大多数个人或组织做不了的潜在需求，有企业能够做出来，就可以创造出一种市场、形成一种产业；大多数个人或组织做不好的需求，有企业能做得更好，就可以创造出一种市场、形成一种产业；大多数个人或组织做出来成本较高的需求，有企业把成本控制得更低，就可以创造出一种市场，形成一种产业；大多数个人或组织做起来效率太低的需求，有企业做的效率更高，就可以创造出一种市场、形成一种产业；大多数个人或组织觉得做起来脏、累、乱、烦且不想做的需求，有企业愿意做或者以不那么脏、累、乱、烦的方式做出来后，就可以创造出一种市场、形成一种产业；大多数个人或组织没时间和精力做成的需求，有企业用较短的时间把它做成了，就可以创造出一种市场，形成一种产业。

而要做到所有这些多数个人或组织不能或不愿做的事，只能而且必然依靠科学，包括技术创新和（经营管理）模式创新，所以科学的发展是市场产生和发展的原因，其中科学技术是最主要和最活跃的因素。即使是市场之初的铁匠、木匠、乐师和巫医，他们都有自己的一技之长，虽然有的技术是建立在对现象和规律不太正确认识的基础上，比如巫医。如果没有一技之长，不能做一般人做不了或做不好的事，这个市场就很难产生。甚至最原始的种植、畜牧和打鱼也都是建立在科技发展的基础上，因为他们提高了食品生产或获取的效率，在满足自己或家庭基本生存之后，出现了产品剩余，从而为市场交易创造了条件。

第三节　企业生产的根本目的与存在的根本条件

企业是以分配销售收入为目的的集体共有产品生产组织。企业存在的根本条件有三条：一是必须要能生产出合格的正价值产品，二是生产出的产品必须能销售出去，三是产品销售获得的利润必须维持在主流利润水平以上。以上任何一个条件缺失，企业就不能或无法存在下去。

以销售产品和分配销售收入为目的的集体共有产品生产组织就是企业。集体产品生产，也有不以销售为目的，直接进行分配的，这种生产就不是企业生产，这种集体就不是企业。事业单位、政府和其他社会组织，也生产产品，但他们生产的产品不是进行销售，而是最大限度的直接提供（通过税收收入等其他方式支付成本和人员薪酬）。因此，进不进行产品销售，是判断企业与非企业的根本标准。

对一个企业产品的共有者们（企业的全部投资者和劳动者）来说，生产产品是手段，实现产品销售是关键，分配销售收入才是目的。

作为企业，必须要为人们、别的企业或组织提供某种价值，解决某种需求，即要生产提供某种物质、文化或服务产品，这是企业存在的首要条件和根本凭据。生产产品是企业生存之本，一个企业如果有了好的独特或别人难以复制的产品，那么就建立了自己生存的根基和依据，就能存在和发展下去。反之，一个不能提供某种有价值的产品的组织就不能称为企业，即使它自称是企业，但它本质上不是企业，因为它不符合企业最起码的条件和要求。所以，产品对一个企业生存来说永远是第一位的。企业提供的产品，必须是正价值产品，质量不合格的产品就是负价值产品，企业生产这样的产品就会失去生存依据。有些产品，如武器、麻醉品，本身既可作为正价值产品，也可作为负价值产品。对这样的产品，企业必须要选择和确认销售对象，只向用作正价值的个人或组织销售，不向可能用作负价值的个人或组织销售。如果企业为了自己的利益，对这样的产品不加选择和鉴别地任意销售，就等同于生产负价值。

企业产品的共有者自己并不需要这些产品——至少是绝大部分产品，他们生产这些产品的目的是为了将其销售出去，并分配销售获得的收入。在交通运输和信息传输不发达的时代，市场以周围的人为主，范围很小，生产决定销售，销售本身不是很大的问题。但是，当市场范围扩大以后，销售就成为了决定企业生存发展一个很关键的问题。其中，信息通道、信息传输量和信息真实性是影响和制约销售比较关键的几个参数。如果只实现了产品生产而未能实现销售，那么这样的生产就达不到最终分配销售收入的目的，所有的工作就是无用的，所有的投资就是浪费。因此，对一个企业来说，产品能不能生产出来固然是一个重要问题，但是生产出来后能不能销售出去是一个更关键的问题。

企业生产的产品不但必须要销售出去，而且获得的销售利润还应该维持在主流利润水平以上，这样资本和劳动才不会逐步离去，企业才能生存下去。而要使企业的利润能够持续维持在主流利润水平以上，就必须解决好利润分配问题，因为只有利润分配问题解决好了，才能充分调动全体投资者和劳动者的积极性，使企业在产品的生产速度、质量以及创新等各个方面始终保持较强的竞争力，从而确保企业的利润能够始终维持在主流利润水平以上。企业销售利润的分配，本质是投资者和劳动者集体共同创造的产品销售利润的分配。企业的销售利润分配只有朝向这个方向发展，使投资者的收益和劳动者的薪酬分配更加公平合理，企业才会越来越有竞争力，才会使自己的利润长期保持在主流利润水平以上，才会具有持续的生命力，比如华为。

但是从企业产生以来，企业销售收入的分配问题就一直没有解决好——一直在向非共有产品销售收入分配的错误方向发展。而造成收入分配向错误方向发展的根本原因是企业私有化。企业私有化虽然让一个人成为了主人、充分调动了这个人的积极性，但却让企业的其他人都变成了外人和变得被动，所以企业的竞争力和成活率变得非常低。企业销售收入分配问题没有解决好，不但影响了企业的生存发展，也导致了贫富分化、经济衰退以及社会动荡等经济和政治问题。

企业回归公共属性之后，关键是要建立正确的管理体制，如果不能建立正确的管理体制，其效率和竞争力就会远低于非公形式。如果企业回归公共属性，且又建立了正确的管理体制，那么就能充分调动企业所有人的积极性，从而使企业的生产能力、创造能力和生存能力实现最大化或最强化。

第四节　企业创建的根本理由与生存的根本依据

企业创建的根本理由有六种：一是填补既有产品的市场空白，二是产品的绝对价值更高，三是产品的性价比更高，四是购买产品的体验更好，五是购买产品的成本更低，六是能够创造出新的产品和市场。占据以上六个理由之一，都可以而且应该创建新企业。以上六个理由，也是企业持续生存的依据。在其他方面维持正常水平且无不可预测的意外发生的情况下，持续占据某一种理由，企业都能够持续有质量地正确生存。如果一个企业既占据的某一种生存理由即将失去，就必须提前寻找和及时占据其他某种理由才能继续有质量的正确生存。

填补既有产品的市场空白。当一个区域范围内某项物质、文化或服务产品生产供应处于空白或还没有达到饱和水平时，个人或企业可以创建新企业生产该产品来填补空白或尚未饱和的市场空间。发展中国家的追赶式增长，就是以这种类型企业的大量创立为基础的。

产品的性价比更高。提高性价比，不是使企业利润水平低于当地主流利润水平的价格战或倾销，更不是降低产品的质量、性能、效果、体验、安全水平，或减少分量、削减功能，而是通过发展科技与管理降低生产成本来提高性价比。无论哪个档次的产品，合格安全是前提，不合格不安全的产品，谈性价比没有任何意义，因为它是不能被用来交易的产品。在合格安全的前提下，在产品功能质量不下降或处于高水平的情况下，产品都可以通过发展科技提高生产效率、采用品质相当或更好的材料，或者通过发展和创新管理模式来降低生产成本，从而降低价格，提高性价比。

产品的绝对价值更高。企业产品的绝对价值更高不是增加产品的量，如数量、面积、体积等，而是相对同类产品，提高产品的质，包括延长物质产品的使用时间，增加或改善物质产品的功能，提高物质或服务产品的效果，增加文化产品的消费价值或科学价值，等等。也就是说，产品的相对价值更高，实际上是产品本身的价值的提升。而产品的性价比更高，主要是产品的（广义）生产成本更低，而不一定是产品本身价值更高。

购买产品的体验更好。这实际上是企业从购买方的角度来提升自己产品的附加价值含量。购买者购买产品的体验更好，不一定是要求供应者不离身的跟随服务或降低尊严，而是供应者在对所有购买者平等友好地对待、诚实无欺地报价和及时守信履约的基础上，让购买者购买（含消费）商品的环境更舒适，能更简单容易地找到最适合自己购买力与客观需要的商品，能更简单方便地进行支付，等等。供应者要平等友好地对待所有人，是因为供应者是主人，购买者是客人，只有主人对客人一律平等相待、热情友好，才不会引发客人的意见和不满，才会让客人感到没有受到不公平对待。这就好比一个家庭宴请客人，如果实行区别对待，就会得罪一批客人。因此，对于企业来说，购买者不是上帝，而是客人，所以中国对购买者称呼中都有一个“客”字，如顾客、客户，并有“大小都是客”的说法，意即不论购买者购买产品多还是少，都要像对待自己的客人一样友好平等的对待。供应者要诚实无欺地报价，是因为供应者是专业者，比购买者了解的信息更全面，对产品的各种情况包括即时变化更清楚，有条件也更容易藏匿产品的真实情况信息，所以要求供应者必须不分老幼、内外行，一律诚实无欺地报价，不能虚报销售定价，不能看人报价，也不能把低性效和低价格的产品说成是高性效和高价格的产品（中关村电子产品零售业就是这样被毁掉的）。及时守信履约，就是供应者必须按照约定的时间、方式提供约定的商品，不能未经购买者的同意，私自更改供应的时间、方式或商品的型号、等级等。多购让利是因为节约了销售成本，并不属于不平等对待。

购买产品的成本更低。这实际上是通过降低购买方的购买成本，间接提升自己产品的整体价值——购买者购买商品的全部价值付出更低。免费送货上门、免费安装维修、网上销售，都能节约购买者选购的时间成本、运输成本、使用成本，从而使购买者以更低的交易成本和整体付出获得相同价值的商品。

能够创造出新的产品和市场。如果一个人或一个企业能创造出一个市场上还没有的物质、文化或服务产品，而且这项产品是个人、企业需要的，或者能改善个人的需要或企业的生产，那么就能够创造出一项产品市场，这个个人或企业就可以而且应该自己或让人来创建新的企业（作为企业既可以沿用原企业也可以创建新企业生产新产品）。

一个人或企业只有按照以上六点中的一点或多点理由来创建企业，才是创建企业的正确理由，才能够获得正确的成功；企业创建成功并赢利（利润水平占到主流以上）后，这些理由就成为企业继续生存下去的正确依据，企业只有依靠或占据了其中的某一点或多点理由才能正确的生存下去。企业占据的上述理由越多，创建成功率就越高，生存的保证也更高。

一个企业是否成功，不仅是看利润率和利润规模，更主要的是看能否有质量地正确活着（生存）。

企业活得是否有质量，有一个唯一的判断标准，即其利润率是否达到主流水平，如果企业收入在主流利润率以上，就是有质量地活着，如果企业收入低于主流利润率，就是没有质量地活着。其中，利润率包括所有人员的薪酬水平和资本的收益率两项。这就好比一个人，如果收入充裕、进行的是科学维度生活层次的消费，那么他活得就比较有质量，如果没有稳定充足的收入、过着朝不保夕的生活，那么他活得就没有什么质量。企业也是一样，如果员工和股东都能获得主流以上水平的稳定薪酬和投资收益，企业就是有质量地活着；如果利润很低、勉强度日，或者寅吃卯粮、债务缠身，企业就是没有质量的活着。人与企业不同，人是主体，企业是服务于人的工具，人没有质量也必须活着——通过自身的努力和社会制度健全能够改变，但是如果企业没有质量并且找不到正确改变的办法，就应该关闭或被其他企业兼并改造。

有些个人或企业创建企业往往出于其他理由，如父母之命、被人鼓动、看到别人成功、响应号召、想锻炼自己、嫌工资收入低、嫌工作不好、嫌人文环境不好（包括管理者的管理和同事素质）、想要碰运气、想通过投机赚钱、有可以违反公平规则的关系等。这些创建企业理由中，有些是错误的，有些算不上错，但不是创建企业的正确理由，虽然他们也可能创建成功。以这些理由创建并成功或实现可持续的企业，都有意或无意地占据了企业创建六种根本理由中的某一种或多种。

不以企业的六种根本创建理由创建企业，即使该企业获得了一时的成功，也难以持续地活下去，即使持续地活下去了，也是不正确地活着，会遭人咒骂、唾弃和不满。有些人常常把这种不满称为仇富。事实上，没有人会仇富，人们只对那些通过不正确的方法和不公平的分配暴富的人不满，对通过正确的方法和公平的分配实现富裕的人，是没有人会仇恨的。对于前一种人，如那些华尔街的投机者和把自己的薪酬福利搞得无限高的企业高管，人们的确十分仇恨和不满。但是对后一种人，人们有的只是尊重和敬佩，因为这样致富的人一定是为社会创造正价值的人，他们在富裕的同时一定也使最广大的普通人也同时获得了利益——即他们既生产了增量利益，同时也让这些增量利益被最多数人分享到了。如福特、盖茨、马云、马化腾、李彦宏等——虽然他们在内部分配的公平性上还有巨大的改进空间。

企业的六种根本创建理由也是企业正确有质量生存发展的根本依据。企业的六种根本创建理由存在由易到难的逻辑顺序，企业要长久地持续生存，通常需要从某一起点开始，按照这个逻辑顺序不断地进行循环。比如，从填补市场空白开始创建的企业，在填补完市场空白后，要即时提高性价比→提高绝对价值→改善购买者的购买体验→降低购买者的购买成本→创造新的产品和市场→填补产品市场的空白→提高性价比，如此不断循环。每个企业创建的起点不一定相同（可以是一个或多个起点），在持续过程中，其中的某个或某些环节也可以跳过，但通常只有总体遵循这个循环的企业，才能长盛不衰，有质量地持续正确地活着。

发展中国家的那些从填补产品市场空白起家创建的企业，尤其要循着企业的六种根本生存依据的逻辑顺序及时地进行自我发展，否则很快就会被淘汰；发达国家的企业或发展中国家填补完产品市场空白后的企业，大多以创造新的产品和市场为起点开始循环。

在一个健康公平的市场经济环境中，所有企业都不是被对手打败的，而全部是被自己打败的——因为企业停止或放慢了循着六种根本生存依据不断发展自己的步伐。

因此，企业在行业中不能有消灭竞争对手的想法，而应该想的是自己如何不丧失根本生存依据，因为在一个公平法制的市场，任何其他企业都消灭不了你，除了你自己，如果你想着消灭对手，不但自己很快会落后并被新生企业超越，而且还很容易走向犯罪的深渊。

第五节　产品合格的因素与不同的合格标准

无论物质、文化还是服务产品，其产品的品质在一定的技术条件下都有一个最佳合格标准。在这个合格标准下，产品的品质与生产的成本达到最佳平衡，如果超过这个标准，成本会急剧上升，如果低于这个标准，产品的品质会急剧下降。所以，产品不应该追求所谓的极限品质，而应该在科学的最佳合格标准上提高产品生产的合格率和发展生产技术。但是，由战争演化而来的专业竞技体育除外——不包括由劳动演化而来的群众健身体育。

产品的品质主要由三个或四个方面要素构成：一是产品的安全性，二是产品的功效情况，三是产品的使用寿命，四是产品的感官体验。消耗性物质产品、文化产品和服务产品不存在使用寿命的问题，耐用品，如房屋、车辆、服饰等物质产品，除了功能还要考虑使用寿命。

产品合格的标准是指产品安全有保证、功效可靠、寿命合适、感觉良好。安全有保证，是指在正确的使用方法下，产品对生产者或消费者是安全无害的，或者其影响不足以对人体健康造成损害，尤其是不可逆转的损害。功效可靠，是指产品具备所宣称的功能和效果，且功能稳定、有效率接近百分之百。寿命合适，即非消耗型物质产品有适当的持续使用时间。感觉良好，就是产品的视觉、听觉、味觉、触感等让人感觉舒服、美好。

产品的合格标准分为最低合格标准、最佳合格标准和更高合格标准。最低合格标准，是产品用于市场销售各项品质要素指标必须达到的最低标准。最佳合格标准，是产品的各项品质要素指标达到当时技术条件下的经济最佳。即，产品在各项品质要素指标合格的前提下，各项品质要素指标与成本达到当时技术条件下的最佳平衡。更高合格标准，是产品的各项品质要素指标均达到最佳合格标准，且一个或多个品质要素指标高于最佳合格标准。无论产品品质要素中的其他标准达到最低合格标准、最佳合格标准还是更高合格标准，只要其中有一项或多项品质要素指标低于最低合格标准，该产品就是不合格产品。

市场上，不同的生产者对自己的产品划设有不同的合格标准，有的低于最佳合格标准，有的高于最佳合格标准。低于最佳合格标准的产品通常被称为低端产品，低于最低合格标准的产品即为不合格产品，高于最佳合格标准的产品一般被叫作高端产品。有些产品，只是在某一合格标准基础上增加一些奢侈性，如镀包金、镶嵌珠宝、装饰文物等，并无品质的提升，这样的产品好听的叫法是奢侈品，不好听叫法是土豪品。

产品品质水平是由生产者所确定的合格标准决定的，生产者将合格的标准定得越高，产品的品质越高；生产者将合格的标准定得越低，产品的品质越低。

产品品质低于最佳合格标准，要么功能减少、性能降低、效果减弱、体验变差、使用时间缩短，要么对使用者或外部产生严重的负面影响，要么成为完全不可用的次品或有害产品。产品的品质超过一定科技条件下的最佳合格标准，生产成本就会急剧上升，而且后面每提高一点都会比前面相同程度提高所付出的成本要高得多。这就好比一个人要使体育成绩合格，正常锻炼就够了，但是合格之后要不断提高，每提高一点都要付出加倍的努力，而且越往后需要付出的努力越多。并且，这种提高是有极限的。比如，农产品按科学时限喷洒使用农药和化肥，既能提高产量，对人体也是安全的，如果一定要纯自然，那么需要消耗的劳动力就会骤然增加、产量也会大量减少，单位产品的价格就会飙升。按照这种思路发展下去，不但无助于减轻人们的劳动强度、改善劳动条件，还最终无法为现有人口提供充足的食品。但是，如果按科学的方法使用农药和化肥，并不断地改进农药和化肥，使之更安全、对产品的品质影响更小、产品产生的负外部性更小，那么就能够实现安全、产量、价格、品质兼顾。又如，车辆和房屋随着科技的发展功能性、安全性、舒适性和美观性等都会不断落后，所以其设计寿命不一定越长越好。在既有技术条件下，无限增加设计寿命不但会使成本大量增加，也不利于产品的升级换代和新技术的利用。再如，影视产品追求所谓大场面、大制作的极限画面会极大地增加成本，而摄录、制作与播放科技的发展可以轻易超越其付出的很多努力。所以，影视作品关键是要在熟练运用既有表现技术的基础上发掘影响作品本身的科学价值，如思想正确性、历史真实性和科学想象力等。这样的作品才能成为真正有价值的作品或经典。

与体育比赛追求胜负与寻找极限不同，其他的产品都是用来满足未满足的需求的，达到最佳合格标准就够了，而且以这个标准提供产品是对经济社会发展最有利的。所以，在一定科技条件下，产品达到最佳合格标准后，生产管理的重点应放在提高产品的合格率和发展技术上，而不应该把富余的管理精力、资本和劳动继续投入于提高产品品质和合格标准上，否则不利于经济的快速和可持续发展。因为这种品质提升是没有太大意义的，对于需求的满足与改善没有明显的帮助，同时会造成社会生产资源的极大浪费和奢侈风气，使科技研发的资本和劳动投入不足，既影响产品的发展，也影响人们需求水平的整体提高。

也就是说，无论物质、文化还是服务产品，企业进行生产管理主要有两项任务：一是找出一定科技条件下产品生产的最佳合格标准并尽量提高该标准下的产品合格率，二是在最佳合格标准的基础上努力发展生产技术。

找出一定科技条件下产品生产的最佳合格标准，就是根据当时的技术水平和原材料价值，找出品质最好和成本最低的产品标准方案。在最佳合格标准上提高产品合格率，就是通过改进管理方式，包括改进激励措施、优化管理流程等来促进所生产产品尽可能多地都达到预定的最佳合格标准，从而减少原材料浪费和返修成本支出、提高设备或场地单位时间的价值产出率、提高企业的声誉形象，提高企业的利润总量和利润率。

企业所用到的技术包括产品技术和工具（设备）技术两类。产品技术，是指改进产品功能、提高产品功效、改进产品体验、提高产品安全性、提高产品使用寿命等的技术。如，功能机到智能机、青霉素到头孢、二维画面到3D影像、汽车从无防滑技术到有防滑技术、飞机从使用普通材料到使用新型合成材料等。工具技术，是指提高产品生产效率或合格率等的技术。如，从手工技术生产到机械化技术、从人控机床到数控机床等。

通过发展工具技术与改进管理方式来提高产品生产效率、降低产品生产成本、提高产品合格率所采用的方法和途径是不同的。

提高产品生产效率的正确技术方法通常是提高机械化和自动化水平；而提高产品生产效率的正确管理方法通常是改进生产组织方案和改进生产激励方案。改进生产组织方案，是优化生产组织程序、调整分工，防止和减少工作重复、内部消耗、工作缺漏等问题，使之更加简单、全面、高效。改进生产激励方案，就是根据工作性质，科学选择和运用不同的激励方式，在公平的基础上，充分调动人们物质和精神等多层次的需求，使每一个人的积极性都得到最大限度的调动。

降低产品生产成本的正确技术方法通常是采用不使产品品质下降的新原材料、新生产工艺；降低产品生产成本的正确管理方法通常是削减冗员或提高个人单位时间的生产效率。

提高产品合格率的正确技术方法通常是改进设备设计方案与性能，或采用新的生产技术与设备；而提高产品合格率的正确管理方法通常是提高劳动者的技能熟练程度，或严格生产环境、操作流程等。

第十三章　人劳动的动力与激励的方案

旧市场经济理论的问题述要：

西方市场经济理论，对劳动动力的研究不全面，激励方式过于注重和强调消费激励和等级激励，没有注意和采用贡献激励，没有建立多层次的激励体系来满足每个人不同层次的需求，从而造成对人的激励不充分，导致人的利己性与利他性不能实现最终统一和有效融合。

第一节　人劳动创造的两种动力

人劳动创造的动力有两种：一种是恐惧动力、一种是愉悦动力。

恐惧动力，是人因为害怕自己或自己所关心的人遭受生存威胁、肉体或精神上的痛苦而产生的劳动创造动力。自己所关心的人包括亲人、亲戚、朋友或其他人。一是害怕自己或自己所关心的人消费需求得不到有效满足。包括害怕没有食品、服装、住房而挨饿受冻，不能生存下去而劳动；害怕可能出现疾病，无力医治而劳动；害怕工资、奖励减少，影响生存或生活质量而劳动等。二是害怕自己或自己所关心的人遭受肉体上的痛苦。如奴隶社会采石场的奴隶因害怕被鞭打、体罚或残害身体等而劳动；包身工等被以非法方式控制的企业员工因害怕体罚而劳动等。三是害怕自己或自己所关心的人遭受精神上的痛苦。如害怕自己或自己的亲友因为收入和消费水平的差距被鄙视嫌弃，不能与别人平等交流而劳动。

在自然经济和自然平衡的市场经济（有关内容后有详述）下，人不劳动就没有食品、服装、住房，病了就得不到治疗，就无法生存下去（除非进行骗盗等非法活动），或者不劳动就会受到体罚、辱骂、遭受鄙视、嫌弃等各种不平等的待遇，因此在这两种经济下，恐惧动力是人劳动的主要动力。

愉悦动力，是为了获得消费或精神上的愉悦而进行的劳动创造。

人的愉悦有三种主要类型：第一类是消费愉悦，第二类是精神愉悦，第三类是对比愉悦。

消费愉悦，是人在满足消费需求过程中所感受到的愉悦。包括衣、食、住、行、医、教、娱、信、联、安等必要需求，以及旅游、性等非必要需求。

精神愉悦，是人在展示自己的能力或在为集体、国家和为人类做贡献过程中因受人们的尊重或尊敬而感受到的精神上的愉悦。

对比愉悦，是人在与他人、其他组织、其他事物以及不同时期的自己或自己集体的对比中获得的愉悦感受。

对比愉悦从建立的基础看分为三类：一是建立在消费愉悦基础上的对比愉悦。比如，一个人一开始吃不饱，后来能吃饱，再后来吃得健康，他就会在这种对比中感受到愉悦。又如，一个国家人的比另一个国家的人更安全，他就会在与另一个国家的对比中感受到愉悦。二是建立在精神愉悦基础之上的对比愉悦。比如，一个人的知识、能力相对以前有进步，就会得到人们更大的尊重，他就能在这种对比中感受到愉悦。又如，一个人从能为家庭做贡献到能为单位或地方做贡献，再到能为国家或人类做贡献，他就能在这种对比中感受到愉悦。三是建立在其他基础上的对比愉悦。比如，一个人比另一个人漂亮，她会在这种对比中感受到愉悦；人类比其他动物更有智慧、生存能力更强，人就会在与其他动物的对比中感受到愉悦。

对比愉悦从愉悦的性质特征上看，主要有以下四种类型：一是超常（巅峰）愉悦。即，个人相对他人或个人所在集体相对其他集体在某方面处于最高位置时所获得的愉悦感。比如，天生超常的美丽、跑得超常的快、拥有超常数量的金钱、居住超常豪华的住宅、拥有超常罕见的物件、知识超常的丰富、贡献超常的大等。二是超过（更胜）愉悦。即，个人相对他人或个人所在集体相对其他集体在某方面处于更高位置时所获得的愉悦感。比如，斗殴胜利、骂战胜利、游戏（含体育比赛）胜利、个人职务竞争胜利，收入更多、占有更多、本企业经营竞争胜利、本国战争胜利、本人或本国受到的尊重或尊敬更多等。三是视弱（比差）愉悦。即，发现其他个人或集体在某方面比自己所处的境况差时所产生的愉悦感。视弱愉悦包括三类：审弱愉悦、幸灾乐祸、欺凌愉悦。审弱愉悦，包括在生活中直接对身体残疾、智力不正常、收入财富很低的人进行取笑，或以阅读这类文字、视听这类影音为乐；看到正常人失误、出丑而产生的低级愉悦感；窥探不喜欢的强势者弱点获得的报复愉悦感；视听强大者主动示弱获得的幽默愉悦感。幸灾乐祸愉悦，就是看别的人个或集体遇到自然灾害、事故或人祸而产生的愉悦。欺凌愉悦，就是在欺凌或看到别的个人或集体受欺凌过程中产生的愉悦。四是扩展（增量）愉悦。即，个人或个人所在集体相对于之前的自己或自己所在集体取得正向增量时所获得的愉悦感。比如，个人有新的饮食、旅游、游戏、阅读、视听等消费体验，自己的财富增长、知识增加、技能提高、发现未知事物、创造出新产品，所在单位相对以前发展更好，国家相对以前更安全、稳定、富裕、文明、和谐。

人为了获得这些愉悦而进行的劳动创造就是愉悦动力。

恐惧动力使人厌恶劳动，并造成劳动积极性下降，创造力减弱；愉悦动力使人自觉劳动，并使劳动积极性提高，创造力增强。

第二节　激励的本质与愉悦的性质类型

激励的本质是愉悦刺激。愉悦刺激分为消费愉悦刺激、精神愉悦刺激和对比愉悦刺激。无论哪种愉悦刺激，都分为有益刺激和有害刺激。

无论企业、事业单位、政府还是其他社会组织的管理，都离不开对人员的激励，激励是管理的主体工作，防控只是管理的辅助工作，如果主体工作与辅助工作发生颠倒，人们进行集体所需行为的积极性和动力就会丧失，整体工作就难以推进。

激励，是某一集体管理者用一定的方法或方法组合的愉悦刺激使人获得进行某种集体所需行为的动力的管理活动。与激励相对的是惩罚，惩罚是用痛苦刺激使人产生进行某种集体所需行为的动力。痛苦刺激虽然也能使人产生进行某种集体所需行为的动力，但是会产生对集体的厌恶感和离弃思想行为，所以越正确高级的管理越少用痛苦刺激作为激发个人进行某种集体所需行为的动力，越多地用愉悦刺激作为激发个人进行某种集体所需行为的动力。但是，再高级的管理，也离不开通过痛苦刺激进行个人负面行为约束，只是管理越向高级发展，会越多地减少通过痛苦刺激来作为个人进行某种集体所需行为的动力，最高级的管理完全不用痛苦刺激作为个人进行某种集体所需行为的动力，只用痛苦刺激约束人的负面行为。

根据刺激的愉悦类型不同，愉悦刺激分为消费愉悦刺激、精神愉悦刺激和对比愉悦刺激三种类型。

消费愉悦刺激，就是满足或更好地满足个人的各种各样的消费需求。消费愉悦受消费边际的影响，越接近消费边际给人的愉悦感越弱，因此接近消费边际后应减少或停止继续进行消费愉悦刺激。虽然非科学维度的消费愉悦刺激没有边际，但是非科学维度的消费愉悦会造成社会发展不可持续，因此应避免进行非科学维度的消费愉悦刺激。

精神愉悦刺激，就是使个人得到或更多地得到尊重或尊敬需求。精神愉悦没有边际，个人能力越强、贡献越大，获得的精神愉悦越高。精神愉悦是高级愉悦，没有感受和体会到的人常常体会不到它带给人的更高层次的愉悦感受，感受到它的人常常会对奢侈维度的消费愉悦形成部分或完全的免疫能力。精神愉悦应建立在生存或生活层次的消费满足之上，否则就是空中楼阁。

对比愉悦刺激，就是通过建立层级、收入、贡献等系统，使人们在这些系统中因层级相对上升、收入相对更多、受到的尊敬相对更高等而感受到愉悦。对比愉悦刺激既可以建立在消费愉悦的基础之上，也可以建立在精神愉悦的基础之上。

无论消费愉悦、精神愉悦还是对比愉悦，都分为有益愉悦和有害愉悦。有害愉悦主要有三类：一是对自己有害的愉悦。典型的是幻觉愉悦。幻觉愉悦，是个人通过药物刺激产生的愉悦感，或者在别人的虚幻给予下获得的愉悦感。如各种麻醉致幻药品带给人的愉悦感，迷信带给人的愉悦感、失实的赞美和刻意的奉承带给人的愉悦感。幻觉愉悦体验是真实的，但它是建立在虚幻的基础之上，对正常人的身心健康和发展是有害或者没有帮助的，人们不应该对个人进行这种愉悦刺激，个人也不应该接受这种愉悦刺激。幻觉愉悦也不是一点好处都没有，对于一个有身体或精神疾病的人来说，适时适量的使用还是有正面作用的，但这只能针对病人。幻觉愉悦不同于虚拟愉悦，虚拟愉悦是通过虚拟技术，模仿真实或创想的事物带给人的愉悦感，如绘画、小说、戏曲、影视、电子游戏等。虚拟愉悦是实现人某种消费层次需求愉悦的一种技术方法，而幻觉愉悦是在被麻醉或欺骗状态下的一种愉悦感受，前者在愉悦过程中清楚对象和自己的真实状况，后者在愉悦过程中不清楚对象和自己的真实状况。二是对其他个人或集体有害的愉悦。审弱愉悦、幸灾乐祸、欺凌愉悦等视弱愉悦都是有害愉悦。三是对社会发展有害的愉悦，典型的是奢侈愉悦。越多的人追求奢侈愉悦，社会发展的可持续性越弱。

第三节　激励的正确方式与方案

激励不仅只能刺激有益的愉悦，还要有正确的方法和适宜的方案。

有些愉悦是对自身、他人、其他集体或社会是有害的，这样的愉悦就不能刺激。刺激人有益愉悦的方式有分配激励法、等级激励法、贡献激励法和竞争激励法四种，每一种方式都有正确与错误之分。

分配激励法，是通过对资源、产品、货币等各种可分配事物的分配来满足人们的消费需求，以刺激个人的消费愉悦感，激发个人进行某集体所需行为动力的激励方法。分配法有正确与错误之分，古时分配美女、采用不公平方式分配或纵容腐败都属于不正确的分配激励法。分配激励法适用于追求消费愉悦的人或人们科学维度生活层次的消费需求没有满足时。使用分配激励法进行人的愉悦刺激，要考虑边际效应和消费维度。

等级激励法，是通过建立和赋予人们各种等级满足人们的尊重需求，以刺激人们的对比愉悦感，激发个人进行某种集体所需行为动力的激励方法。等级激励的本质是能力激励。等级包括行政等级和技术等级，主要用来反映人们某方面的能力水平，但是由于各种原因，并不能总是正确真实地反映人们的能力水平。等级激励分为管理类等级激励和非管理类等级激励。管理类等级激励呈金字塔结构，是竞争性等级，越往上职位越少，可以升级的人也越少，这是无法改变的，这样的激励虽然能调动一部分管理人员的积极性，但是一定会损害多数管理人员的积极性。但是，非管理类等级激励则不同，非管理类岗位的等级是过关性等级，只要达到该级别应该具有的水平，都可以而且应该升级。因此，非管理类等级激励一定不能用管理类等级激励的思路，不能设置名额限制，而应该开放名额，只要其通过努力达到了相应的水平，都应该让其升级——而且，不能受其他因素的影响或附带其他条件，比如一个人言行违反道德、纪律、法律等，不能影响一个人非管理类等级的升级，对这样的人，只能进行相应的道德、纪律、法律处罚。只有这样，才能充分发挥广大非管理类人员的积极性，最大化地提高社会人力资源总体分布水平和社会生产总能力（有关内容后有详述）。管理类等级激励法的负面性是无法根本改变的，只有随着科技的发展，通过不断减少等级设置来减轻——因为等级少了，人们等级竞争的压力就会变小，因等级竞争而分出的精力就会减少，专注于管理的精力会就增加。等级愉悦与纯粹的管理是有区别的，管理本质是一种职能分工。虽然管理常常引入等级制，但是管理越向高级发展，等级会越来越少，最后只剩下管理职能和管理职能分工。

贡献激励法，是通过建立让个人可以向公众贡献自己获得或创造的价值的系统满足人们的尊敬需求，以刺激个人尊敬愉悦感，激发个人进行某种集体所需行为动力的激励方法。为什么贡献法也能使人产生动力呢？因为一个人给予了别人价值，别人自然会对他产生尊敬和感激，除非受益的人智力有问题或故意矫情——完全可以忽略。通过侵略别的国家、盗窃或诈骗的方法为自己所在国家或集体成员谋取利益就是错误的贡献方法。贡献激励法适用于追求尊敬愉悦的人，这些人通常生存或生活层次的消费愉悦已基本获得满足，并且不满足于仅仅获得消费愉悦。个人在市场交易中是得不到尊敬愉悦的，因为交易双方是互不相欠的，但是可以通过捐赠等方法获得，所以一个商人获得尊敬愉悦的主要方法是向社会或国家捐赠财物。

竞争激励法，是通过分配、能力或贡献竞争，获得相对更多更好的消费愉悦、尊重愉悦或尊敬愉悦，以刺激人们的对比愉悦感，激发个人进行某种集体所需行为的动力的激励方法。竞争激励法不能单独使用，它须与其他方法结合使用，既可与分配法结合使用，形成分配竞争；也可与等级激励法结合使用，形成等级竞争；还可与贡献法结合使用，形成贡献竞争。促进发展的竞争激励是正确的竞争激励，比如在学习、生产、探索、创造等方面建立竞争激励机制；导致损失的竞争激励是错误的竞争激励，比如发动战争、制造对抗、恶意攻击别人的弱点。竞争激励法，既适用于追求消费愉悦等精神的人，也适用于追求尊重或尊敬愉悦的人。

由于有些愉悦本身就是有害的、有些愉悦刺激手段是有害的、有些愉悦刺激是有边界的，所以激励必须首先分清哪些愉悦是可以刺激的，哪些愉悦是不能刺激的；能刺激的愉悦还要分清，哪些刺激方法是可用的，哪些刺激方法是不可用的；即使能刺激且方法可用，还要分清应该刺激到什么程度。因此，单纯采用或片面强调某一种激励方法并不能充分激发人们的积极性和创造性，正确的激励是一套方法组合，必须根据不同人工作的不同性质建立一套与其相适应的组合激励方案。

激励方案分为单位、行业和国家三个主要层次。

单位激励方案，就是企业、事业单位、政党、国家各类各级机关、社会团体等建立的促进或更好地促进本单位职能实现的内部人员劳动创造激励方案。如企业的薪酬与晋升制度、事业单位的薪酬与职级制度、政党的组织制度等。

行业激励方案，就是某一个行业为促进行业的发展而建立的激励人们在本行业内劳动创造的行业内部人员激励方案。行业激励方案可以是国内激励方案，也可以是国际激励方案。如孙冶芳经济学奖、诺贝尔经济学奖、中国电影百花奖、奥斯卡电影奖、韬奋新闻奖、普利策新闻奖、华罗庚数学奖、菲尔兹数学奖。虽然行业激励普遍采用授奖的方法，但是这种方法并不是一种好的方法，因为他不能充分激发每一个人持续的积极性和创造性。好的方法应该是完整客观记录每一个行业从业人员为行业做出的每一点具体贡献，并供人们查询、评论与敬仰，只有这样，才能客观公正，才能充分激励每一个人不断地努力有所作为和进行贡献。

人类社会最初没有采用普遍激励的方式，一个可能的重要原因是需要耗费大量的人力和物力，成本太高；现在，随着计算机和网络技术的发展，这个问题已经解决。

国家激励方案，就是一个国家为各行各业各类人员建立的统一的顶层综合激励方案。目前，建立系统的国家激励方案的国家还没有出现，但是部分行业部分人员激励的国家方案还是有的，如各个国家的设立国家级的荣誉称号或奖项。

人既是企业、事业单位或政府等具体生产集体中的人，也是国家这一具体生产集体的协同集体的人，所以对人的激励既需要有小集体内的激励，也要有大集体内的激励，即行业激励或国家激励。小集体内的激励方案通常包括分配激励法、等级激励法、贡献激励法和竞争激励法等多种方法，行业激励方案或国家激励方案虽然在一定历史时期也包括这些方法，但是正确的行业激励方案或国家激励方案应排除分配激励与等级激励，只保留贡献激励与竞争激励。小集体内的激励方案是基本激励方案，适用于所有身心健康的人，行业激励方案和国家激励方案是高级激励方案，适用于需求层次发展到尊敬需求的人。

对于个人而言，单位激励、行业激励和国家激励都很重要，单位激励是人生活的来源和发展的基础，行业激励能让人们找到自己在行业中的位置，国家激励能让人们找到自己在国家中的位置。

第四节 贡献激励的体系类型与层次

人类共有三类价值贡献能力，因而需要同时建立三种价值贡献激励体系，一是财物贡献激励体系，二是成就贡献激励体系，三是付出贡献激励体系。

财物贡献激励体系，是某个集体为表达对货币或所需物品贡献者的感激与敬意而建立的个人财物贡献展示系统。所有收入超过自己科学维度生活层次边际消费能力的人都可以通过这个系统来获得尊敬愉悦。财物贡献激励体系不接受消费需求未实现科学维度生活层次边际需求满足的人的财物贡献。

成就贡献激励体系，是某个集体为表达对放大型价值创造者所贡献价值的感激与敬意而建立的个人成就贡献展示系统。放大型价值贡献者也可能同时是财物贡献者。

付出贡献激励体系，是某个集体为表达对为保护整体价值或在发扬相互帮助、见义勇为的人性光辉中因为各种原因遭受身体或生命损害的人的感激与崇敬而建立的感怀系统。对在守护整体价值中作出创造性贡献的人，如设备研发、制度优化等，纳入成就激励体系。

消耗型价值生产者只能获得财物分配，财物无法直接为个人带来贡献激励，只有捐赠给一定的集体，才能获得该集体人们的感激与尊敬，从而获得相应的贡献需求。由于这些价值的生产者也有潜在的贡献需求，为了满足其贡献需求，所以需要为他们建立一种追求更高层次需求的激励体系，即财物贡献激励体系，使他们在获得科学维度生活层次的消费需求满足后，也能通过对集体进行财物贡献获得尊敬需求。

成就贡献激励是纯粹的精神激励，不能附加金钱或物质奖励，因为精神是神圣的、无价的，附加金钱或物质奖励就会导致精神被定价、失去神圣性，精神一旦失去神圣性就会失去激励作用。

成就贡献激励不应该分成等级，对成就分等级是物质奖励思维的结果，最好的精神激励就是直接如实记录和展现个人成就事实，这样的激励方式才能让所有人都得到成就激励，也才更加客观公平，并且利于避免造假。任何机构对成就的评价都是主观的，都可能被怀疑，只有事实是客观的，经得起时间的考验，能说明一切，所以政府要做的就是尽可能忠实地记录事实，并让人们依据这些事实进行自己的判断和评价。

付出贡献激励也是精神激励，无论是如何遭受伤痛或失去生命的，其精神都是一样的崇高，其行为都会受到人们的尊敬，因此也不应分等级，而应如实记录他们所做的事和作出的付出。

人的潜力是无穷的，当小集体的贡献愉悦刺激已经不足以继续激发其劳动创造的潜能时，就需要大集体的更强贡献愉悦刺激，以继续激发其进行小集体和大集体共同所需行为的更强动力，或者说当小集体内已经容纳不下其贡献，产生了贡献溢出时，就需要更大的集体来承接和容纳其贡献，这就是更大集体激励体系建立的原因。

由于受惠的人越多，其尊敬需求满足程度越高，愉悦感越高，所以其所贡献的价值应该让越多人分享越好。如果贡献的价值被所有企业员工分享，那么他得到的是来自整个企业的感激与尊敬，如果贡献的价值被所有国民分享，那么他得到的是来自全国人民的感激与尊敬，如果贡献的价值被世界上的人们共同分享，那么他得到的是来自全世界人民的感激与尊敬。

因此，大集体的范围应尽量地大，在世界人民的大团结还未实现之前，建立国家范围的价值分享与激励体系是最可行、最可靠的价值最大化分享与激励体系。

第五节　国家层次贡献激励体系的建立方法

付出贡献激励体系的建立方法。建立个人付出贡献库，为每个为了维护整个价值生产体系的运行、保护整体价值以及发扬人性价值而遭受身体或生命损害的人进行逐一登记，永不消失，任何人可以随时查询，以对他们作出的贡献表达崇敬和进行缅怀。只详细记录他们的个人情况，如姓名、出生地、从事工作、上下三代以内直系亲属、什么时间因为什么事而受什么伤或牺牲，不进行评论。在国庆日、反外部侵略胜利纪念日要向他们表达崇敬和进行缅怀。

财物贡献激励体系的建立方法。建立个人财物贡献库，每个人所纳的税、捐的钱物和留下的遗产都全部累加登记，永不消失，任何人可以随时查询。同时，每年通过各种媒体发布一次全国货币贡献 5 000 人排行榜，以增加其荣誉感。这样，可以激发个人的纳税与财物赠与的主动性，增加个人劳动创造的积极性和创造力。

在建立健全产品化社会保障体制和高水平的公共产品供应体制后，由于家庭无需再负担子女的生活与教育费用，就可以取消个人收入的家庭（含家庭或朋友）继承，改为全民继承。取消遗产的家庭继承对减少腐败也有积极作用。因为个人的生命周期和消费能力是有限的，很多人贪腐并不完全是为了自己的享受，而是为了家族、家庭或子女，取消个人继承（过渡期内，可设定最高限额，少量继承），改为全民共同继承，就会极大地减少个人腐败的动力。同时，也有利于增强个人“大我”意识，即由为小家发展为为大家（国家）。

由于个人的发展自由必须建立在生存或生活层次的消费自由基础之上，为使尽可能多的人都获得生活层次的消费需求充分满足，不接受未获得科学维度生活层次消费需求满足者的财物捐赠。换句话说，一个科学维度生活层次消费需求未获充分满足的人，想要捐赠自己的财物是不被接受的，因为他还不够捐赠的条件。

成就激励体系的建立方法。建立个人放大型价值贡献荣誉库，对每个人作出的放大型价值都进行登记并列出清单，同时附具体放大型价值详细说明。放大型价值只根据其价值的根本性和重要性进行排列，官方不进行排名、不发布排行，每个人都可以随时免费查询，各团体或媒体可以有自己的偏好或非官方排名，彼此之间可以不同，所有排名只代表该团体或媒体机构自身的看法。排名不评奖、不发奖金，更不能要求被排名者赞助。经查实，直接或间接向被排名者索取财物的媒体，除公开道歉外，永远不得再进行排名或发布相关信息，且媒体当事人要接受司法处罚。放大型价值的大部分价值常常是不经交换就直接贡献给国民甚至世界人民的。很多放大型价值的价值量都大于个人贡献的任意量的财物价值。

成就激励就是对那些创造无限性价值的人的激励，因为货币的价值量是有限的，社会也不可能把所有的货币都给某一个人，所以必须为无限价值创造者开辟一个单独的价值贡献记录库，以肯定和铭记他们对国家、人类所作出的贡献，激励本人和他人，同时这样的记录方式对他们也更客观和公平，能产生更纯粹和有效的激励作用。

成就激励绝不可以附带货币或变相货币奖励，否则荣誉就会被货币化，而使荣誉变得不再独特、神圣，荣誉的激励作用也会丧失，并且还会使那些不具备放大价值创造能力和需求层次没有升级到贡献需求的人进行投机、造假以获取荣誉所附带的货币奖励，这就好比一个不懂珠宝价值的人看上了盛珠宝的盒子，把偷来的珠宝盒子当成宝贝，却将珠宝弃若敝屣。

到了共产主义社会，实行各取所需、各尽所能后，货币仍然不会马上取消——虽然纸币有可能消失，但是对于从事非放大型价值生产的人，还是需要通过货币分配来进行激励。这时，身心健全、具有正常劳动能力的人的收入基本都会大于满足个人科学维度生活层次消费所需。即，都会有一定的货币剩余和货币贡献记录，只是各人的水平不同而已。对于创造无限性价值的人来说，他们通常更重视无限性价值本身的价值性质与质量水平，对货币收入和货币贡献榜并不会太在意和重视。

当重复性劳动都由机器替代，所有人都进行创造性劳动时，货币才有可能取消，但是财物贡献名录将会永远保存，排名也会永久保存。

即使重复性劳动都由机器来进行，但是财物贡献名录将会永远保存，排名也会永久保存。

即使消费型价值都由机器来生产，但总是还会有一些半重复性劳动还是需要有人来做的，比如对维修机器人的检查与维修。但需要的劳动者的量会极大地减少，由从事创造性劳动的人兼做就可以了——相当于练练手。

此时，就像需要从事体育锻炼一样，人们通常会主动从事一些非创造性的重复劳动，以避免相关功能的退化。人们从事重复劳动会变为主动行为，也不再需要付酬和外部激励，因为重复劳动已经变成了一种消费，就像现在人们进行健身锻炼一样。届时人们会像喜欢秀自己的体育技能一样，喜欢秀自己的重复劳动技能。实际上，类似的情况目前已经开始出现了，如人们在一些休闲农场里摘果子或种地，都是要付费的。

第十四章　社会生产总能力与 GDP 的决定因素

旧市场经济理论的问题述要：

西方市场经济理论，只研究国内生产总值（GDP），没有研究社会生产总能力及其影响因素，以及两者之间的关系，造成政府在总体把握和促进经济时心中无数甚至方法手段错误；另外，对开放市场对 GDP 的具体影响研究不深入具体，导致出现大量错误的贸易保护，影响世界经济的发展与平衡。

第一节　社会生产总能力的决定因素和通用计算公式

社会生产总能力，就是一个国家一段时间内，在当期科技水平、制度、人口、资源等条件下，不考虑购买力因素，最大能够生产的物质、文化、服务产品的总量。

无论是市场经济国家或非市场经济国家，也无论原始社会、奴隶社会、封建社会、资本主义社会、社会主义社会还是共产主义社会，其生产总能力的决定因素都是一样的，计算公式都是通用的，包括过去一度存在的计划经济。

社会生产总能力不是社会产品的实际生产总量，而是其理论产能，是最大可能达到的产量。

一、封闭市场社会生产总能力的决定因素和通用计算公式

一个国家一段时间的社会生产总能力是由该国该段时间的生产关系、生产力和国家基本情况三大因素决定的。

社会生产总能力 = 生产关系（制度）系数 × 生产力（科技）水平值 × 国家基本情况值

生产关系系数是一个大于 0 小于 1 的数值，它由社会科学水平特别是制度设计水平决定，分为两个方面：一是由国家管理理论和制度水平决定的国家制度系数；二是由企事业单位管理理论和制度水平决定的企事业单位制度系数。生产关

系系数 = 国家制度系数 × （企业制度系数 + 事业单位制度系数），这三个系数的值也都介于 0 到 1 之间。奴隶社会和封建社会的生产关系系数值最小，资本主义社会生产关系系数值较小，成熟社会主义社会生产关系系数值较大，共产主义社会生产关系系数值最大，接近于 1。

国家制度系数与企业制度系数和事业单位制度系数之间具有相对的独立性，封建君主制度、资本主义制度和社会主义制度下，都可以存在相似的企业制度和事业单位制度，即企业制度系数和事业单位制度系数可以相对独立。企业发展的整体趋势是公企，包括全民所有企业（地方政府的合资或占股企业的股份本质上也属于全民所有）和不定多数人所有的股份制企业。到了成熟的社会主义阶段，公企将成为主体，纯粹个人或少数几个人合伙投资所有的私企将很少，因为那时融资非常方便，个人或企业借贷很少、收入比较均匀，新企业诞生多为从资本市场直接足额融资，成为不定多数人所有的股份制公企。事业单位在资本主义社会以前是非政府财政支持提供的，如教育、医疗、科研等；到了资本主义社会，开始部分由财政支持提供，如义务教育、免费医疗、重大科研项目；到了成熟的社会主义社会，将主要由政府财政支持提供；到了共产主义社会，则完全由财政支持提供。

生产力水平值是一个大于 0 的正数，它的值可以无限增长。生产力水平值由自然科学发展水平特别是技术水平决定，主要包括产品技术与工具技术，生产力水平值主要影响产品的生产效率、质量水平和种类数量。

国家基本情况是一个相对固定的常数，由有效劳动人口数量、自然物质资源、法定劳动时间等三个方面的情况决定。

有效劳动人数是一个小于实际人口数的非零正数。因为未成年人、多数退休人员和失能者不参加劳动，所以有效劳动人口数不等于实际人口数，又因为存在部分失去劳动能力者，所以有效劳动人数可以是小数。

自然物质资源（简称资源，下同），包括国土（含海洋）面积、国土里蕴藏的矿产、国土中生长的生物、国土上的气候水纹等。封闭市场解决资源限制的唯一途径是发展技术，包括资源节约利用技术、资源循环利用技术或资源替代利用技术等。

法定劳动时间是指除去周末、节假日和业余时间外的法定工作时间，一般以小时计。虽然较长的法定劳动时间能够提高社会生产总能力，但是法定劳动时间并不是越长越好。法定劳动时间越长，人们的劳动效率越低，随着科技的发展产生的失业率越高；人们的消费时间和消费方式越少，社会总购买力越低；人们的自由想象的时间越少，社会的创新发展能力越弱。因此，法定劳动时间应随科技发展带来的生产效率增加而减少，与科技发展水平相适应，不能过多也不能过少，否则都会造成问题。

二、开放市场社会生产总能力的决定因素和通用计算公式

开放市场社会生产总能力的决定因素和通用计算公式和封闭市场是一样的，主要差别是资源水平值和生产力水平值不同，封闭市场取国内值，而开放市场取国际主流或最高值。

在不实行资源和技术保护的情况下，市场开放国家的技术是全球技术，生产力水平值为全球主流或最高水平值；其资源是全球资源，资源水平值由国际资源开发利用水平决定，因此其生产能力较之封闭市场国家通常要大，有时还会大很多。这就是日本虽然自身的资源不多、重大原创技术不多，却能较长时间成为世界第二大经济体的原因——通过开放充分利用了国际资源与技术，极大增加了社会生产总能力。

技术可以通过自己研发，也可以通过市场交易，如限期授权、购买等方式获得。一个国家让其社会保障品、公共产品提供水平和发展自由程度尽可能的高，才是吸引人才实现技术领先的根本之道——靠特殊待遇是留不住真正的人才的，靠奖励是奖不出技术发展的。由于技术创新的偶然性，通常，一个国家往往只能在一些技术上领先或暂时领先，通过技术交易或市场开放就能实现各种技术全球同步，从而提高生产力水平值和社会生产总能力（部分生产能力可能是外国企业产生的）。

突破资源限制除了技术，还有另一个办法，就是开放市场，与他国互通有无。由于技术发展需要时间，而且带有一定的偶然性，所以用技术的方法来突破资源限制常常是远水不解近渴，不确定的偶然性更让突破资源限制的希望变得渺茫。而开放市场可以立即确实地突破资源的限制，是最现实可行的突破资源限制的方法。对于一个开放的国家来说，它的资源是全球资源，甚至是全宇宙资源，所以其社会生产总能力受资源的限制和影响较小。这就是很多小国家的发展和人们的需求水平并没有因为本国的资源不足而受到影响的原因。

同时，开放市场，利用全球资源，也能为寻找技术方案最终突破资源限制赢得时间。

资源对封闭国家社会生产总能力的影响和限制较大。国家越小，资源的量越少、多样性越不足，资源对其社会生产总能力的影响和限制越大。除非国土面积足够大且所有资源都有而且比较均衡，否则，封闭国家的社会生产总能力很难不受资源的影响。但是，这样的国家在世界上是不存在的。因此，从资源对一个国家社会生产总能力的影响角度看，各国都应该开放市场。

这里的计算公式主要不是用来计算社会生产总能力的，而是用来帮助政府进

行经济决策的。一个国家的政府只有按这些影响因素和因素之间的关系来调整或改变参数才能正确有效地扩大社会生产总能力，才能避免出现错误或发生问题。当然，人们也可以通过细化这个公式来大致测算一个国家一段时间的社会生产总能力。不过，细化这个公式是一个不小的工程。

第二节　GDP 的测算方法与 GDP 的类型

自然经济和计划经济条件下，大多数人的消费都不是通过购买进行的，而是自产自用或通过分配进行的，即生产多少消费多少，社会生产总能力等于 GDP，虽然这样的经济条件下不存在生产过剩，但是社会生产总能力较低。

内燃机、电机等的出现，极大地提高了价值生产的绝对能力，生产者（含个人或企业）生产的产品极大地超过了自身的消费能力，需要大量进行市场销售，再加上其产品性价比高于自产产品，于是占主体的产品自给自足的自然经济被产品市场化供应与获取的市场经济取代，生产从由生产能力决定变为由购买力决定，于是社会生产总能力和社会生产总值（即 AGP，它是 GDP 和 GNP 的结合）两个概念开始分离，从而需要单独测算 GDP（为照顾习惯，本书用 GDP 代指社会生产总值，不再用其原义）。

GDP（实指 AGP，下同）是一个市场经济国家一段时间的实际（产品）价值生产总量。由于计算方法不同，GDP 有购买 GDP、生产 GDP、有效 GDP、科学 GDP、实消 GDP、消费 GDP（含最终消费 GDP 和再生消费 GDP）、全值 GDP 和统计 GDP 等多种概念，每种概念的 GDP 的内涵是不同的，其数值也不相同。

购买 GDP，是一个市场经济国家一段时间内消费品（个人自主和共同购买的产品，包括个人自主购买品、社会保障品和公共产品）的实际购买总量。当一个市场经济国家的社会生产总能力大于 GDP 后，市场的产品生产就由个人自主和共同购买产品的情况，即消费品购买情况决定，这种由消费品购买情况所产生和决定的生产动力，被人们称作购买力，通过统计或计算购买力得出的 GDP 就是购买 GDP。

生产 GDP，是一个市场经济国家一段时间内消费品的实际生产总量。实际上，由于某些产品生产太多，超过了人们对消费品的实际购买量，或生产出来后却没有人喜欢而卖不出去，一个市场经济国家一段时间内的实际消费品生产总量通常并不等于社会总购买力，而是大于社会总购买力，一般把这部分产品叫做生产过剩产品。所以，一个市场经济国家同一段时间内的生产 GDP 数据通常大于购买 GDP。

有效 GDP，是一个市场经济国家的消费品生产总量中除去不合格产品、非法产品、生产过剩产品、购买过剩产品后得到的 GDP。不合格产品，就是达不到客观合格标准的产品，如存在重大设计缺陷的汽车、被污染的食品等。非法产品，就是违反法律规定生产的产品，如毒品、色情服务、假冒伪劣产品。非法产品是由生产或销售所在国家的法律决定的，同一产品在不同的国家生产或销售，既可能为违法产品也可能为合法产品。如在美国生产销售枪支是合法的，在中国是不合法的；在荷兰色情服务是合法的，在很多国家是非法的。生产过剩产品，就是因供需信息不透明，企业超过市场购买力多生产的产品。人们常听到的倒牛奶、蔬菜水果烂在地里就是这种情况。购买过剩产品，就是个人因为被误导而购买（比如有些促销品）或受赠后弃置不用的产品，这一部分消费品的价值对于供应方来说是实现了，但对于消费方来说并没有实现，是无效的。GDP 中的无效部分不仅造成了劳动、资源的浪费，还会造成环境负担，导致社会产品整体生产成本上升和经济发展不可持续，所以这部分 GDP 应该尽可能地消除。有效 GDP 是一个理想的净值，一个国家的购买 GDP 或生产 GDP 越接近有效 GDP，说明该国 GDP 的质量越高。

科学 GDP，是一个市场经济国家所有人当期购买的在科学维度以内的消费品价值总量。在有效 GDP 中，有一部分人的消费是奢侈维度的消费，这种消费虽然能产生真实的 GDP，但是对人们的思想行为会产生负面影响、不利于实现资源价值的最大化实现、更会造成经济社会发展的不可持续，因此奢侈维度的 GDP 也是需要通过合理的方式来控制和减少的。科学 GDP 就是有效 GDP 中减去人们消费的奢侈维度的那部分价值后得到的 GDP。其中，除去奢侈维度的那部分价值不是直接减去奢侈产品的价值，而是在减去奢侈产品价值的基础上还要加上相应的科学维度产品的价值。比如，一辆奢侈维度的车是 200 万人民币，科学维度的车是 30 万人民币，那么奢侈维度的那部分价值就是 170 万人民币。成熟社会主义社会的 GDP 中奢侈维度的 GDP 将极大减少，共产主义社会的 GDP 全部都是科学维度的 GDP。

实消 GDP，是一个市场经济国家所有人当期真实消费的消费品的价值总量。实消 GDP 其实是在有效 GDP 的基础上减去购买后尚未消费的那部分消费品的价值以及消费了但未消费完而剩余的那部分消费品的价值后得到的 GDP。购买而不用，通常是由于投机或腐败造成的，比如房产、艺术品、玉石等被用于投机或腐败后就大量未用。很多消费品，尤其是房屋、汽车等大宗消费品，人们购买完成后，并不能马上全部消费掉，而要经过很长一段时间，几年、十几年甚至是几十年才能消费掉，所以一个市场经济国家一段时间的社会总购买力与人们实际消费的消费品的价值总量相比存在很大差距，人们既可能吃老本——消费以前的价值（GDP），也可能先买后用——购买用于今后消费的价值。当大宗消费品（如住房、汽车等）都变为租赁消费，实消 GDP 方可在有效 GDP 统计数据的基础上减去一个加权值得出。实消 GDP 反映的是一个国家当期人们真实的消费水平和能力，最适合用来反映人们当期的实际消费水平。

因为购买 GDP 和生产 GDP 都存在无效成分，这些无效成分纳入计算会对人们产生误导，也会对经济决策产生误导，所以应该而且能够通过市场经济体制的发展完善消除。当这两种 GDP 的无效成分被正确消除后，生产 GDP、购买 GDP 和有效 GDP 就相等了。

一个国家在科技水平和国家基本情况一定时，购买 GDP 越接近于有效 GDP，经济中的无效生产和浪费越少，而有效 GDP 越接近于科学 GDP，GDP 就越健康和可持续。在一定科技条件下，一个国家的科学 GDP 都有最大值，当科学 GDP 达到最大值时购买 GDP、有效 GDP 和科学 GDP 就会相等。因此，一个国家应该通过国家制度和企业制度和事业单位制度改革，使购买 GDP 不断接近于科学 GDP，并让科学 GDP 接近于最大值。中国进行的经济结构调整、行政管理体制改革、国有企业制度和事业单位制度改革，就属于这种性质的 GDP 优化。

全值 GDP，即全部价值的 GDP，是一个国家当期生产的全部价值的总量，包括有效 GDP 和企业已经生产但尚未转化（最终会转化）为当期有效 GDP 的那部分非消费品的价值。即，全值 GDP = 非消费 GDP + 消费 GDP。生产 GDP、购买 GDP、科学 GDP 和实消 GDP 实际上都是消费 GDP。企业的专利、设备、模式（制度）都是非消费品，因为专利的价值、设备的价值、模式的价值等很多价值生产出来后，只有部分会转化到当期消费品中，还有很大一部分价值没有转化——会在将来逐步转化，这些产品的价值所形成的 GDP 就是非消费 GDP。

消费 GDP 又等于最终消费 GDP 加再生消费 GDP。最终消费 GDP，就是由最终消费品构成的 GDP，包括衣、食、住、行、医、娱、信、联、安等人的必要需求和各种非必要需求，但不包括教育、基础设施和科研。再生消费 GDP，就是由再生消费品构成的 GDP。包括基础设施，基础教育、基础理论、前沿科研实验工程等（有科学价值的文娱产品和传媒产品也有一定的再生消费价值）。现在，很多国家计算或统计 GDP 时实际上统计的是最终消费 GDP，这是不完整的，实际上应该把再生消费 GDP 也统计在内。加上再生消费 GDP 后的消费 GDP 就类似于联合国等五个国家组织 2009 年发布，美国率先于 2013 年采用的 SNA—2008 国民经济核算标准。

最终消费 GDP 是花和果，非消费 GDP 和再生消费 GDP 是根、茎、叶，没有根、茎、叶就没有花和果，因此最终消费 GDP 与其他两种 GDP 也是非常重要且必不可少的 GDP。

如果把一国的经济比作一棵核桃树的话，全值 GDP 就是当年核桃树（包括树根、树干、树枝等）增长部分和结出的核桃。其中，当年结出的核桃就是当年的最终消费 GDP，当年核桃树增长的部分就是当年的非消费 GDP 和再生消费 GDP 的增长量。核桃树长得越大越健康，今后能结出的核桃才越多，核桃树当年增长的部分实际上是在为下一年的核桃产量的增长作准备，如果当年没有核桃树的增长，核桃的产出就是在吃树的老本。经济也是一样，如果经济增长只看到最终消费 GDP，没有伴随非消费品 GDP 和再生消费 GDP 的增长，那么经济就是在吃老本，这样的经济增长是不可持续的。全值 GDP 是一个国家当期经济发展的水平与发展情况最全面最真实的反映，包括非消费 GDP、最终消费 GDP 和再生消费 GDP 三部分。要想实现经济全面健康发展，就应该关注和发展全值 GDP。全值 GDP 是最完整的 GDP 统计或计算标准，SNA—2008 国民经济核算标准虽然更接近于全值 GDP，但还少了一项非消费 GDP，所以也是不完整的。

统计 GDP，是一个国家通过统计得出的购买 GDP、生产 GDP、有效 GDP、科学 GDP 或全值 GDP 数据。由于实际统计过程中，常常有误差，所以无论统计哪个数据得出的 GDP 和该种 GDP 本身相比都有一定的差距。统计误差分为客观统计误差和主观统计误差。客观统计误差与统计的组织、统计者素质与主观努力、人们的配合等很多因素有关。主观统计误差就是数据统计过程中，人们为了提高本期政绩或为今后留余地等原因而人为主观拔高或降低统计数据得到的 GDP 值。统计 GDP 也可以通过完善统计制度、改进统计方法、提高统计人员素质和责任心等来减少无效成分。

有效 GDP 反映的是当期社会消费品有效购买情况，实消 GDP 反映的是当期民众生活水平，科学 GDP 反映的是当期民众消费与经济健康状况，全值 GDP 反映的是当期全部价值生产总量。有效 GDP、实消 GDP 和科学 GDP 很难有效统计和计算，所以实际社会经济活动中，人们一般主要使用购买 GDP、全值 GDP 和统计 GDP。购买 GDP 一般用于 GDP 的快捷计算，因为生产 GDP 包括生产过剩（无效生产）部分，所以购买 GDP 更接近于有效 GDP。全值 GDP 一般用于 GDP 的全面计算，是 GDP 测算的发展方向。统计 GDP 一般用于经济普查，频繁的统计劳民伤财，所以一般不用于经常性的 GDP 测算，只是用来校正购买或全值 GDP。政府经济促进工作不但要促进购买 GDP 和全值 GDP 的增加，还要使购买 GDP 不断地接近有效 GDP，并使有效 GDP 不断接近科学 GDP。

第三节　封闭市场购买 GDP 的决定因素和通用计算公式

购买 GDP 主要由社会分配公平度和个人的消费边际决定，分配公平度越高，越多个人的消费能得到充分的边际满足，产生的实际总购买力越高；反之分配公平度越低，越少个人的消费能得到充分的边际满足，产生的实际总购买力越低。这种由个人的收入与消费边际共同决定的实际总购买力就是社会边际总购买力。社会边际总购买力，就是一段时间内由个人自主和共同购买最终消费品形成的购买力，即最终消费购买力，其所产生的GDP是最终消费GDP。

人们对一定科技条件下产品的消费是有边际的。无论原始社会人们茹毛饮血地吃生食，还是现代社会人们吃精心烹制的美食，每次吃到一定的量，就会觉得够了，每个人认为够了的时候，就达到了自己的消费边际。不光是食品，服装、房屋、道路，甚至文化产品、服务产品等在一定科技条件下，满足到一定程度，人们也会产生够了的感觉。消费有没有边际，能不能实现消费边际的充分满足，与消费的维度有关，科学维度的消费有边际，可以实现消费边际的充分满足；奢侈维度的消费没有边际，也就无所谓消费边际的充分满足。即在前一种消费维度下，在一定的科技条件下，产品增加到一定程度，人们会觉得够了，消费不了了，或再增加就是多余和浪费；而后者在同样的科技条件下，无论产品如何增加，人们永远也不会觉得够了，哪怕拥有了整个世界或宇宙的物质、文化产品，所有人都为其服务，也不会觉得够了。事实上，最终消费品和有限再生消费品都有消费边际，都可以实现充分的边际满足，但是无限再生消费品因为本身没有发展边际，所以不存在边际满足的问题——这样的消费品可以一直不断地生产提供。基础设施就属于典型的有限再生消费品，因为基础设施不可能无限增加或扩大；科研产品就是无限再生消费品，因为这样的产品可以无限增加和复制（有关内容后有详述）。

科学维度消费边际的充分满足又分为生存层次和生活层次。科学维度生存层次消费边际的充分满足，是指在当时科技条件下，实现必要消费品基本层次的满足；科学维度生活层次消费边际的充分满足，是指在当时科技条件下，实现所有消费品最佳层次的满足。由于个人自主支配收入、社会保障品和公共产品提供不足问题，无论是科学维度生存层次的消费还是生活层次的消费，都存在未充分满足的问题。

当一个人一生的自主支配收入超过满足其科学维度的身心消费边际所需的收入或平均收入口径大于平均消费口径时，多余出来的收入就是非消费收入，有多少非消费收入，就要从最大边际总购买力中减去多少购买力；另一方面，由于分配差距造成的收入不足，那些边际消费未获充分满足的个人的潜在购买力就不能形成，其中，边际消费获得充分满足的那部分人损失的购买力与边际消费未获得充分满足的那部分人未能形成的潜在购买力存在一定程度的重合，即前一部分人的收入如果（通过公平合理的方式）转移到后一部分人身上，那么转移多少就会相应形成多少新增购买力，但是如果后一部分人个人的总收入超过了充分满足科学维度生活层次消费需求所需，则不一定再产生购买力增长。

虽然奢侈维度的消费也会一定程度地带动消费增长，但是同样消费所带动的价值创造要小得多得多，因为奢侈消费就是低性价比消费。需要说明的是，奢侈品的性价比低，并不是其绝对价值低，而是等量货币对应的价值量更少。一般来说，一个人的收入越高、来得越容易，购买产品时，越趋向于购买性价比更低的产品。此处的前提是没有假冒伪劣产品或不买假冒伪劣产品。比如，当两个品牌不同但品质接近的同种产品放在一起时，收入高且来得易的人往往更趋向于购买价格高、知名度高的产品，而收入低且来得不易的人往往更趋向于购买价格低、知名度低的产品，并且收入差距越大，富人收入来得越容易，奢侈消费品的性价比越低。而且奢侈消费所带动生产的这些价值都是对环境影响和破坏较大，影响社会可持续发展的有严重负外部性的价值，换句话说，这些价值生产消费越多，造成的社会总价值损失越大。

也就是说，收入差距扩大，不但直接造成购买力减少，还因为奢侈维度的消费和生产造成负外部性扩大增加大量的负价值，对经济造成的是双重价值损失。由于后一种损失会因具体奢侈消费的不同而不同，需要具体分析，所以此处只探讨收入差距扩大造成的前一种价值损失，即社会边际总购买力和社会生产总值的减少。

在不对外开放的封闭市场经济下，一个国家一段时间的购买 GDP 就等于其社会边际消费总购买力。而社会边际消费总购买力与社会生产总能力、分配公平度和人们的边际消费率有关。所以，

购买 GDP（闭）＝社会边际消费总购买力＝分配公平系数×边际消费率×社会生产总能力

分配公平系数，分为劳动产品销售收入分配公平系数、资本投资收益分配公平系数、社会保障品分配公平系数、公共产品分配公平系数、资源租售收入分配公平系数、增发货币分配公平系数（货币发行的有关问题，后有详述），它们的值都介于 0 到 1 之间，所以分配公平系数的值也介于 0 到 1 之间。具体的计算公式为：

分配公平系数＝（劳动产品销售收入分配公平系数＋资本投资利润分配公平系数＋社会保障品分配公平系数＋公共产品分配公平系数＋资源租售收入分配公平系数＋增发货币分配公平系数）÷6

分配公平系数可以用“1－基尼系数”表示。这样纯自然竞争的资本主义社会分配公平系数，比如马克思所处的时代，大约在 0.4 以内；成熟社会主义的分配公平系数大约在 0.6 到 0.8 之间；共产主义社会的分配公平系数接近于 1.0。

成熟社会主义社会的收入分配已经十分公平了，为什么分配公平系数只有

0.6到0.8呢？这是因为，公平不等于平均，社会主义社会的劳动收入实行按劳分配，资本收入实行按资分配，每个人的劳动能力和努力程度不同，劳动收入不同；每个人的投资数量不同，资本收入也不同。

共产主义社会的分配公平系数为什么是1.0呢？因为共产主义社会实行的是科学维度的各取所需，从生理上看，每个人科学维度的各取所需所需要的开销是十分接近的，相当于平均分配——但实际上不再进行财富或收入分配，而是根据当时科技条件下科学维度生活层次的需求各取所需。

边际消费率，是每个人的消费都达到与其收入相适应的边际满足时，当期收入与消费之比。也就是每个人的收入中，有多少被用于消费。将所有人的收入和消费分别相加，再用消费总支出除以总收入，就是边际消费率。由于每个人的收入不同，其消费的层次也不同，获得边际满足所需要的货币量也不相同。

因为借贷消费的出现，人们的当期消费可能大于当期收入，所以边际消费率可能大于1。

综合起来，封闭市场国家购买GDP的详细计算公式为：

购买GDP（闭）＝（劳动产品销售收入分配公平系数＋资本投资利润分配公平系数＋社会保障品分配公平系数＋公共产品分配公平系数＋资源租售收入分配公平系数＋增发货币分配公平系数）÷6×边际消费率×（生产关系系数×生产力水平值×国家基本情况值）

发展GDP就是按照公式中指出的各种要素的关系，提高或降低公式右边各项算式的值。用公式以外的方法或不按各要素的关系来发展GDP，就可能出现不可预测的问题，或造成适得其反的非想要的结果。其中，提高边际消费率不能用增加信贷的方法，因这样做会出现入不敷出，是不可持续的；另外，在没有信贷的情况下，边际消费率不能超过1，否则就没有生产投资所需的资本了——即人们普遍应该保持一定量的剩余收入。

第四节　开放市场内企GDP的决定因素和通用计算公式

在市场经济下，由于三种原因，社会生产总能力总是大于社会边际消费总购买力：一是人们的消费是有边际的。随着技术特别是非畜力和种养殖技术的发展，只要环境能够承载，人们在单位时间能提供的产品量总是大于同期人们能够消费的产品量。二是一定时期内，资本要占用人们的一部分消费收入。由于生产特别是随着技术的发展，大量的生产都需要资本，而在共产主义社会实现以前，总是有一部分资本是人们节省消费的收入，这会减少一部分社会总购买力，即人们用于消费的收入小于个人的实际收入（信贷最终是要还的，长期看不影响这一原理）。三是个人价值直接或间接创造的差异。由于个人能力、勤奋程度等的不同，即使是按照按劳分配和按资分配的公平方法进行分配，人们之间的收入还是存在一定程度的差异，收入高的人因为边际消费获得满足会剩余一部分收入，这些收入往往不用于消费，收入低的人消费则不能得到当时科技条件下的最好满足，这也会减少一部分购买力。

所以，社会边际消费总购买力始终小于社会生产总能力，且约等于人们的边际消费能力之和。为什么是约等于呢？因为有一部分人并不会把全部收入用于该层次的消费，他们的边际消费并未得到与收入相适应的充分满足。

社会生产总能力大于社会边际消费总购买力，就为对外贸易提供了可能和动力。因为只有社会生产总能力有剩余，人们才有条件输出产品，进行国际贸易；同时，人们利用这些生产能力可以获得更多的收入以改善自己消费水平或储存更多的物质或货币财富，所以人们有对外贸易的动力。

开放市场的购买 GDP 计算公式与封闭市场是一样的，也是购买 GDP（开）=分配公平系数×边际消费率×社会生产总能力，只是开放市场的购买 GDP 是以开放市场的社会生产总能力为基础的。从前面知道，开放市场由于资源是全球资源、技术是全球技术，所以开放市场的社会生产总能力大于封闭市场的社会生产总能力。这就是开放市场对所有市场经济体都有利的原因，因为它通常会对各国购买 GDP 都形成增量。

如果各国之间不进行也不会进行任何技术、资源、产品的限制、封锁，也不进行任何经济制裁，且都只向在本国居住和消费的个人征收所得税与消费税而不向企业征税，那么产品是国内企业生产还是国外企业生产就无所谓，完全可以不用考虑，因为这时国外企业就几乎和国内企业一样，没有什么区别——就像是一个国家。但是，由于只要有一个国家出于成见、偏见、为了保护自身优势特权或其他目的对他国进行技术、资源、产品的限制、封锁或经济制裁，并征收企业税，而且对国内企业和国外企业区别征收，那么购买 GDP 中本国企业所占的份额就非常重要，否则一旦遭到他国的限制或制裁，该国经济就可能严重下滑或无法正常运转。

也就是说，技术垄断、资源独占、强权思想和税收问题是各国关注和重视购买 GDP 中本国企业所占份额的根本原因，在这些问题解决之前，各国在对外开放中不得不考虑购买 GDP 中本国企业所占份额，即内企 GDP。

内企 GDP 主要通过分析计算购买 GDP 中产品进出口和资本输入输出数据来考察，其公式为，

内企 GDP＝购买 GDP（开）＋（产品出口－产品进口）＋（外资输入产生的购买 GDP 增量＋对外投资产生的购买 GDP 增量）

由于市场开放通常既要开放生产市场，也要开放消费市场，如果产品进口大于出口且大到一定程度（超过因社会生产总能力提高而增加的收入产生的购买力），那么国内的边际消费总购买力所能带动的国内企业产品生产总量（GDP）就会小于市场未开放前的总量。如果产品出口大于进口，那么开放市场的GDP一定大于封闭市场，人们的收入和生活水平也大于封闭市场。其中，国民出国旅游属于产品进口，外国人到国内旅游属于产品出口。但是与一般产品出口不同，旅游产品出口会占用公共产品，所以这种出口应该有所限制，即必须限制在公共产品可以容纳的范围之内，以避免当地民众的公共产品消费受到影响。但如果是专门的旅游区，也可以通过扩大相关公共产品，如道路等的容量来解决。

开放市场，除了产品的进口与出口，还有资本的输入与输出。由于资本输入同时伴随着新技术或新经营模式的引入，输入资本也就意味着扩大了社会生产总能力，所以输入资本能扩大购买GDP。但是输入的资本也会抢占一部分国内企业市场份额，即占去一部分社会总购买力，如果输入资本在国内抢占的购买力大于它产生的购买力增量，那么就会造成内企GDP减少。出口加工型企业由于基本不占用国内购买力，所以通常能增加该国的内企GDP。

但是，内销型外资或合资企业则不一定，这主要取决于外国资本从国内输出的利润情况，如果其从国内输出的利润口径大于其投资产生的国内新增购买力口径（或者一段时间内从国内输出的利润大于在国内投资生产的新增购买力），则该国的购买GDP会减少；只要其从国内输出的利润口径小于其投资产生的国内新增购买力口径，都会带来该国购买GDP的增加。

相应地，对外投资通常会增加目标国的购买GDP，因为这些资本会提高输入国的社会生产总能力并转化为本国企业劳动者劳动薪酬和上下游企业的劳动和投资收入，从而增加该国民众的社会边际消费总购买力，因此对外投资通常会同时增加资本输出国和目标国的购买GDP。不过，如果资本输出国投资失败，没有利润输入国内，则会造成国内购买GDP减少。

也就是说资本输入或输出都不能绝对增加本国的GDP，即资本输入产生的GDP增量和资本输出产生的GDP增量都可能为负值。

第十五章　货币的类型与信用货币发行的根本依据

旧市场经济理论的问题述要：

西方市场经济理论，没有把产品货币与信用货币区别开来，没有弄清决定货币形式发展变化的因素和人们选择货币的主要决定因素，尤其是没有真正搞清信用货币与产品生产之间的联系与各自运动的规律，使政府一直以错误的方法在发行货币，影响了个人生活和企业生产，也导致货币不能充分有效地服务于经济。

第一节　货币的本质与功能

货币本质是一种市场交易的中介工具，具有价值衡量与交易支付、财富储存、生产组织四种功能。

货币的价值衡量功能，是指货币可以用来对各种资源、产品、劳动的价值进行量化的特性。这种量化功能和尺子、秤、温度计等的量化功能是类似的。

在量化的基础上，就可以对不同类型的价值进行对比和计算。对不同类型价值的量化、对比与计算，是这些价值进行交易的基础。不同类型的价值，如果没有统一的标准进行量化、对比与计算，一般只能进行偶发的、零星的个别交易，很难形成普遍的、经常的市场化交易。货币信用化后，价值的衡量功能从具体单位变成了抽象单位。比如，用粮食或黄金衡量其他价值时，衡量出的其他价值的价值单位是若干斗（升、公斤）的粮食或若干两（克、盎司）的黄金，而如果用信用货币衡量这些价值，衡量出的各类价值的价值单位则为元或镑，元或镑后面是什么呢，谁也说不清，因为它已经变成了抽象的价值单位。

货币的交易支付功能，是指货币可以作为通用等价产品或凭据向价值供应方进行对价支付的特性。在支付的基础上，需求方就能获得相应的价值，而供应方则能得到与自己商品出售价格等量的货币。其中，需求方的需求既可以是个人的消费需求，也可以是个人、企业或其他组织销售、传播、服务等的生产需求。货币的支付功能，方便了不同性质类型的具体使用价值（简称具体价值）进行市场化交易。

便捷性是支付功能的核心价值，货币的便捷性对交易速度、交易范围、交易成本等都有很大的影响。所以为了更好地适应市场交易的支付需求，货币一直在向便捷性方向发展。比如，从粮食等消费品货币发展为黄金等产品货币，从黄金白银等产品货币发展为铸币纸币，再到如今的电子货币，都是货币为改善支付功能，适应不断发展的市场支付需求而在便捷性上的发展。换句话说，货币的发展就是以提高支付便捷性为目的的发展，货币的发展史就是货币支付便捷性的提高史。

货币的财富储存功能，是指货币可以被作为财富进行更方便低成本的储存的特性。财富就是被储存的价值。从使用的角度看，价值分为通用价值和具体价值，通用价值即货币，具体价值即各种有价值的资源或产品。财富既可以是通用价值，也可以是具体价值。

因为货币本身有相对其他不同类型的财富更便于存储的特性，同时它又能方便地进行市场交易，所以把具体价值变成通用价值储存，就等于用方便和低成本的方法储存财富，同时储存货币这种通用价值可以随实际需要方便地从市场换取某种具体价值，比单纯地储存各种自己经常或偶尔需要的具体价值更方便和可实现。

由于有些具体价值，或者容易变质、或者无法储存、或者储存成本太高，一个人对每一种经常或偶尔需要的具体价值进行储存既不可能也不经济。鲜菜、鲜果、鲜肉等就是容易变质的具体价值。看病、咨询、旅游等服务就是伴随提供的具体价值，一般不能进行储存后随需取用。虽然有一种办法也相当于把服务买来先放着，比如私人医生，但是成本太高，绝大多数人无法负担。一个人想经常听戏，就养一个戏班子，就是典型的具体价值储存成本太高的例子。

货币的生产组织功能，即投资功能，是指通过货币能把某一种或多种产品生产所需的土地（房屋）、原料（材料）、技术（设备）、制度（模式）、劳动力和管理等要素组织起来并进行产品生产供应，以直接或间接满足人们的消费需求，同时也满足人们的发展需求的特性。

进行投资利润分配，是货币成为资本并产生生产组织功能的前提，如果不进行利润分配，货币就不能被集中起来用于购买某一种或多种产品生产所需的各类要素并进行生产。所以，要使货币成为资本组织生产，特别是大型的社会化生产，就要让出资人分配到资本的市场利润，否则就没有人愿意出资，也就无法产生资本和组织生产。资本的市场利润，是个人节约的货币进行市场化投资所获得的市场化利润。所谓市场化，就是去除产品供应主体和需求主体各自参与交易的条件（零价值或负价值生产除外），即不设置准入门槛，使供需双方各自都能根据自身的能力与需求自主进入市场进行相互选择。市场化水平越高，供需双方的自主性越高，受到的条件制约或不法干扰因素越少越小。

第二节　货币的类型与人们选择的依据

货币从自身性质上分为产品货币和信用货币两种主要类型。

产品货币，是在一定范围内被人们选作交易中介工具的某种产品。产品货币本身有相当的市场价值，有充分的安全性、可靠性，以及较好的稳定性。所谓本身有相当的市场价值，就是将这种货币按产品的常规非货币功能（如，大米的粮食功能，黄金的金属功能）用于市场销售能够获得的价值与作为货币所代表的价值基本一致。产品货币分为消费品货币和非消费品货币两类。

消费品货币，是在一定范围内被人们普遍选作交易中介工具的某种常用消费产品。如，米、粟、羊等产品历史上都曾充当过交易中介工具。消费品货币虽然安全性和稳定性较好，但是便捷性差、存储不便、容易腐败变质，随着市场经济的发展，交易量、交易频度的增加，变得很不适应，于是出现了非消费品货币。

非消费品货币，是在一定范围内被人们普遍选作交易中介工具的非消费产品。如，贝壳、黄金、白银。非消费品货币体积小、不容易腐败，好储存且耐储存，又有相当的市场价值，所以在较长时间内成为了主要货币。这也是黄金等产品被作为硬通货币，并持续到今天仍然是各国的储备货币的根本原因。但是，非消费品货币数量少、切割不方便，不适宜低价值产品的交易，也不适宜高频度、大量交易的要求，于是随着市场经济的发展，出现了信用货币。

信用货币，就是一定范围内被人们选作交易中介工具的本身没有相当市场价值的某种形式与式样的消费凭证或某种形式的统一记录。如，铸币、纸币、支票、汇兑凭证、电子货币、游戏币等都属于信用货币。本身没有相当的市场价值，是指将这种货币按产品的常规非货币（比如，铸币铜金属的功能、纸币纸张的功能等）用于市场销售能够获得的价值低于或远低于作为货币所代表的价格——即其面值。信用货币分为主信用货币和从信用货币。主信用货币，又叫通用信用货币或国家信用货币，是一个国家或地区（如欧盟）最主要和全面通用的信用货币，具有独立的币值。从信用货币，又叫局部信用货币或非国家信用货币，它是非独立的，通常参照主信用货币，按照一定的比例来确定自己货币的币值。比如，多少游戏币相当于一元人民币。由于从信用货币是非独立的，所以并不是严格意义的信用货币，而仅仅是一种支付凭据。信用货币虽然便于支付和储存，但是由于本身没有相当的市场价值，所以存在可靠性和稳定性问题。

货币是人们共同选择的结果。人们选择货币主要有四个依据：一是安全性，二是便捷性，三是可靠性，四是稳定性。安全性，是货币被损坏、造假、偷盗等的难易度；便捷性，是货币存储、携带、支付等的方便快捷程度；可靠性，是货币的发行方维持承认该货币的意愿和能力；稳定性，是货币在其适用范围内能够购买的价值量的变化情况。

产品货币只存在安全性与便捷性问题，由于产品货币的安全性基本相当，所以人们选择产品货币主要是选择便捷性，而信用货币还存在可靠性与稳定性的问题，所以人们选择信用货币还很关注信用货币发行单位（含个人）信用的可靠性和所发行信用货币币值的稳定性。

为了提高信用货币的信用可靠性水平，人们常常选择以政府信用为支撑来发行主要信用货币——全国性通用信用货币，如美元、人民币等。除此之外，商业银行、普通企业还常常用自身信用发行票证、虚拟货币等辅助货币，这些货币的信用等级通常比政府信用货币的信用等级要低。企业发行的信用货币，一般来说，企业越小、创办时间越短、知名度越低、历史信用记录越差、管理者个人信用越差，其货币信用的可靠性越低。信用货币发行方的管理者如果是个骗子或只想套利，那么他得利后或为了减少损失，就可能突然不再承认该货币；信用货币的发行方如果没有足够的实力和能力，就容易失去货币发行的权力或能力，从而导致该货币被否定或取代。无论货币发行方是没有意愿还是没有能力维持承认，都会导致该货币失效，从而给使用该货币的个人或集体造成损失。所以人们会选择可靠性高的货币，抛弃可靠性差的货币。而货币的可靠性主要由货币背后的个人或组织的信用和实力决定。政府信用不是某个人的信用，也不是某届政府的信用，而是一种政治体制的信用。政府是服务于民而不是追求自身利益最大化的组织——政府追求的是全民总体长远利益的最大化，对政府的监管体制通常比企业对管理层的监管更全面和严格，政府所代表的经济体量最大且有军队警察等武装力量保护，所以政府维持承认货币的意愿最强，能力也最强，因此政府货币通常是信用可靠性最高的货币。再加上，政府通常只允许自己发行主货币，所以政府信用货币通常成为一个国家人们共同的货币选择。

但情况并不总是如此，尤其是对一些合法性差、不稳定的政府来说更是如此，甚至还不如好一点的企业发行的货币的信用可靠性高。在这种情况下，如果有条件选择，人们往往会抛弃政府信用货币，而选择产品货币或他国货币。所以政府信用货币的可靠性主要是看其政府本身的稳定性、持续性，以及其基本政策的继承性、连续性，各届政府之间能和平友好地继承并延续基本政策，其货币的信用就能一直持续；反之，暴力夺权、政变、下届政府彻底推翻之前政府的所有政策，货币就会失去可靠性。因此，一国政府的稳定性、持续性和基本政策的继承性、连续性，远比黄金储备对其所发行的信用货币的支撑力更强。

信用货币在基本可靠的前提下，稳定性就成为主要问题。在信用货币的可靠性基本相同的情况下，人们总是选择稳定性好的货币作为支付工具或财富储存手段。因此，在货币的可靠性基本相同的情况下，稳定性就成为信用货币生存的根本依据。一种货币，如果其币值波动频繁且较大，就会被人们抛弃，而且波动越频繁、幅度越大，被抛弃的可能性越大。当一种政府信用货币的波动过于频繁，人们又无法选择其他信用货币时，就会重新选用非信用货币。需要说明的是，投机者不是将信用货币作为支付中介工具在使用，没有正常使用信用货币的本来功能，所以他们会喜欢信用货币的币值波动，真正使用信用货币正常功能的个人或企业是不喜欢其币值波动的，他们总是希望币值越稳定越好。

为什么信用货币的币值稳定性会成为人们选择该信用货币的主要依据呢？因为信用货币的币值不稳定会增加个人和企业的非生产性精力投入，给价值的度量、支付、储存与投资等带来困扰和不便，并造成个人非自身性或企业等组织非经营性损失，甚至导致企业非经营性原因倒闭退出。所以，除了少量投机的个人或企业以外，单纯的消费者和非投机性企业、事业单位都希望所用的信用货币的币值稳定，如果能够选择，总是把币值稳定性作为选择的主要依据，无论国内还是国际间都是如此。

由于在可靠性一定的情况下，稳定性是信用货币的生命，所以一个国家货币发行部门的核心工作是用正确的方法使货币的币值波动趋于最小——人为固定物价已被实践证明是一种错误的方法。

认为信用货币无法实现稳定，是人们对信用货币的运行规律认识还不清楚，导致信用货币发行的方法错误造成的。如果把信用货币运行的规律真正搞清楚了，再找到并使用了正确的货币发行方法，就能实现货币的高度稳定——永远不升值也不贬值，只在小到几乎不能觉察或可以忽略的范围内波动。类似电冰箱温控器为达到某一温度而允许的温度波动范围。

关于适度的通胀有利于经济的说法是错误的——它只是表面现象，货币发行的方法正确了，不需要通胀同样能促进经济增长，而且更有利于经济增长，同时更公平。

如果货币的发行方法正确，不但能彻底普遍解决货币的稳定性，而且黄金白银作为硬通货币备用的功能也将失去，届时黄金白银就仅仅是工业原料，其作为饰品的功能也会逐步淡出——因为黄金白银作为饰品，装饰功能是其次的，显示财富功能才是主要的，这时黄金白银已经不再用作硬通货币，也就不再是通用财富。

第三节 信用货币发行的主要决定因素及相互关系

一个国家信用货币发行主要由四大因素决定：一是科学发展总水平，二是人力资源分布值，三是投资货币总需求，四是社会消费总量。

科学发展总水平，是一个国家某一时点或时段的自然科学、社会科学和工具科学的综合发展水平，包括理论（规律）发现、工具创造、内容生产三个层次。理论（规律）发现、工具创造水平越高，该国该一时点或时段的社会生产总能力越高。

理论发现，是指物理、化学、生命等自然科学各学科，人性、历史、政治、经济等社会科学各学科，以及数学、逻辑、哲学等工具科学各学科规律的发现。

工具创造，是指生产、消费等各种工具（设备）的发明创造和制度（模式）的设计创造。包括生产工具和消费工具的发明创造、文艺和娱乐模式的设计创造、销售和服务模式的设计创造，国家（国际）和企业（事业单位）制度的设计创造，语言和文字（符号）的发明创造等。其中，文艺和娱乐模式，包括小说、歌曲、电影、足球、篮球、武术、益智游戏、竞技游戏等；销售和服务模式，包括综合市场、专卖店、便利店、超市、在线市场、守候服务、上门服务、在线服务等。

内容生产，是指自觉或不自觉地运用规律或生产工具进行物质、文娱、服务产品生产的活动。内容生产分为简单、专业和综合三个主要层次。人工拖地、洗衣、挖煤、搬砖，普通歌手表演时唱别人唱出名的歌，生产线上的组长的管理都是简单层次的内容生产；会熟练使用各种设备或软件的技术工人、能够唱出名自己歌曲的歌手、部门管理者都是专业层次的内容生产；设备和软件技术人员、歌曲编写人员或影片编导、（不进行理论和制度创新的普通）企业或国家主要管理者从事的都是综合层次的内容生产。

科学的发展并不是从理论开始的，而是从具体内容生产开始的。以采果子为例，人们最初是直接采果子，然后才开始进行相关的各种工具创造，如编篮子、做刀等，之后才发现相关的理论，如果树的生长规律、藤条的特性、铁器的特性等；而理论的产生，即规律的发现，反过来会极大地促进工具的发展与内容的生产，于是出现了果树种植，并出现了锄头、肥料，从而使果子产量极大增加。这就是自然科学实践与理论的作用与反作用的具体路径过程。社会科学实践与理论的作用与反作用的具体路径过程与之相似，只是分别改成了方法→制度→理论→制度→方法。

实际社会生活中，人们并不一定都是按三个层次进行绝对的分工，有一部分人是同时跨越多个层次工作，并且通常是从内容生产、工具创造向理论发现等逐步跨越。

人力资源分布值，包括最终消费和再生消费，是一个国家某时点或时段，不同行业不同性质和不同水平人力的总量及分布情况。人力与劳动力的区别是：人力包括管理类人员的管理劳动和各种非管理人员的非管理劳动，而劳动力只指非管理人员的各种非管理劳动，不包括管理人员的管理劳动。人力资源分布值包括两层含义：

一是各行各业从事内容生产、工具创造、理论发现等不同层次以及内容生产层次中三个小层次工作的人力分布情况。从事内容生产层次中专业和综合内容生产、工具创造、理论发现的人力所占比例越大且绝对人力数量越多（整个国家的人口越多），该国家该时点或时段的社会生产总能力越高。

二是在既有的有效人力中，不同品质的人力分布情况。内容生产、工具创造、理论发现三个层次的人力和内容生产层次中三个小层次的人力一般都有合格、优秀和出众三个层次的品质，处于优秀和出众层次的人力越多，该国家该时点或时段的社会生产总能力越高，而且从事工具创造和理论发现的人力占比越高，该国社会生产总能力增长潜力越大。

投资货币总需求，是一个国家某时点或时段，满足人们自主购买品、社会保障品和公共产品消费要求的生产规模需要的货币资本总量。

投资货币总需求是由总消费购买力决定的客观需求，它不等于这个国家该时点或时段所有企业实际投资的货币总量。实际投资的货币总量，既可能大于也可能小于投资货币总需求。当一个国家某时点或时段实际投资的货币量大于该国该时点或时段投资货币总需求时，该国该时点或时段表现为投资过剩；反之，当一个国家某时点或时段实际投资的货币量小于该国该时点或时段投资货币总需求时，该国该时点或时段表现为投资不足。此外，由于各种原因，还存在总体投资不足，局部投资过剩。即，一个国家某时点或时段某个行业实际投资的货币量大于该国该时点或时段该行业的投资货币总需求，但该国该时点或时段全部行业实际投资的货币量却小于该国该时点或时段全部行业投资货币总需求。比如，房地产暴利的时候，其他行业的资本就会流到房地产行业，造成其他行业资本货币不足。

由于货币是循环流动的，投资货币总需求在一段时间内可能是一批重复流过的货币，因此它并不等于投资货币的绝对数量。一个国家一段时间投资货币的绝对数量与该国该段时间货币的流速与平均循环周期有关，流速越快、平均循环周期越短，实际所需要的货币越少——即生产同样数量的 GDP 所需的货币量越少；反之，流速越慢、平均循环周期越长，实际需要的货币越多。货币的流速与平均循环周期是由一个国家该时段内全部单个企业的生产销售周期共同决定的——由于原材料等成本资金和销售收入的结算都存在延迟，所以实际上是由二者的结算周期决定的。各企业的生产销售周期越长，货币结算的延迟时间越多，货币的流速越慢、平均循环周期越长；反之，各企业的生产销售周期越短，货币结算的延迟时间越少，货币的流速越快、平均循环周期越短。

社会消费总量，是一个国家某时点或时段国民社会保障品、公共产品和自购产品消费的用货币衡量的总价值量。社会消费总量在不考虑通过货币反作用刺激的情况下，由分配公平度和个人的消费边际决定。其中，分配公平度越高，社会消费总量越高，分配公平度越低，社会消费总量越低。个人的消费边际是由生理因素决定的科学维度的最大消费量。

四者的基本关系是：科学发展总水平是发展因素、不同劳动资源分布值是条件因素，投资货币总需求是因变因素，社会消费总量是限制因素。其中，科学发展总水平、不同劳动资源分布值和投资货币总需求共同决定一个国家某时点或时段的社会生产总能力和最大投资货币总需求，而社会消费总量决定着社会产品的实际生产总量和实际投资货币总需求。

第四节　信用货币的循环与发行

信用货币是循环流动的，而价值是单向流动的。信用货币是在产品生产者（供应方）与消费者（需求方）之间来回地循环流动，并通过这种流动带动产品的生产与消费。其中，生产者包括企业、事业单位、政府等各种提供物质、文化或服务产品的个人或组织；消费者则指一切个人。在一段时间内，一个国家市场中的信用货币总是那些货币，是基本不变的，但是由这些货币循环流动带动生产的产品却在不断地全新产生，并且这些产品又因这些货币带动的消费购买而不断地消失（服务和部分物质因消费而消失）或积累（部分物质产品和文化产品）。

信用货币循环的这个过程好比用流体（或传送带）运输，水不断地循环（或传送带不停地转动），通过水（或传送带）运输的物资不断地积累或因使用而部分消失。

由于科学的不断发展，一个国家的社会生产总能力不断增加，但是既有货币的循环无法带动更多的生产和消费，所以需要增发货币来带动更多的生产消费，以使增加的这部分社会生产总能力变成社会实际产品生产和消费总量的增加。

信用货币增发的原理好比需要运输的物资增加，既有的水量（或传送带宽度）无法满足物资运送需求，因此就要加水（或增加传送带的宽度）。

信用货币发行的根本依据是社会生产总能力，随着社会生产总能力的增加而增发，随着社会生产总能力的下降而回收，从而既保持货币币值的稳定，方便人们生产交易，又能在社会生产总能力增加时，促进生产和消费的增长。

一个国家的信用货币发行，都是由首发与增发两部分工作构成的。首发是一次性的工作，而增发是经常性的工作。首发决定一个国家货币的基础币值，增发决定一个国家货币的即期币值与稳定性。

由于初始发行量和后期增发量与社会总产品的实有量或生产增加量的比例不同，一个国家的信用货币通常分为基础币值和即期币值。

一个国家信用货币的基础币值，即初始汇率，是由该国的该种信用货币最初发行时，一段时间的社会实际产品生产总量与当期货币发行总额之间的比例决定的。因为新发行的信用货币总是随着生产的进行逐步增发替换旧的信用货币或产品货币，而不能一次性全部发行和替换，否则可能出现严重的通胀，所以初始汇率的计算周期为旧货币基本被替换完成的时长。信用货币的基础币值是因为有不同的国家和不同的货币才出现的概念，如果世界上只有一个国家，那么也就不存在基础币值的概念，因为没有比对，任意总额的初始发行量都可视为产品生产总量与货币发行总额之比为1∶1。一个国家在信用货币替换期内实际生产的产品总量与货币总额的比值越小，该信用货币的基础币值越小，比如日元；反之，一个国家在货币替换期内实际生产的产品总量与货币总额之比的比值越大，该信用货币的基础币值越大，比如英镑。现实中，人们一般更为直观地用产品购买所需货币数额的多少来衡量不同国家货币的基础币值。比如，买一桶原油，用美元计是60美元，用人民币计是360元人民币，用日元计是3600日元。购买同一种资源或产品所用货币数额越小，该货币的基础币值越大；反之，所用货币数额越大，该货币的基础币值越小。

正常情况下，货币即期币值，即汇率变化，主要由本国货币增发情况决定。货币增发量或增发速度超过当期社会生产总能力增长所需要的货币增加量或增加速度，货币就贬值，这种贬值是绝对通胀；反之，在当期社会生产总能力没有下降的情况下市场货币总量减少，或者在社会生产总能力增长的情况下不增发货币，或者虽然增发货币但增发量或增发速度低于当期社会生产总能力增长需要的量或速度，货币就增值，这种增值是绝对通缩。有时候，因为某种原因一个国家一段时间的社会生产总能力可能出现下降，比如，在科学水平一定的情况下，自然灾害、战争或生育率下降等导致的人口减少，这时所需要的货币会减少，就需要货币发行机构及时回收货币，否则也会造成货币贬值，这种贬值也是绝对通胀。

在人口一定和对外开放的全球资源条件下，决定货币增发的主要因素是科学发展水平和人力资源分布值。科学发展水平，主要是自然科学和社会科学，其中自然科学又主要表现为科技——第一生产力；社会科学主要表现为制度（改革）——决定第一生产力的生产力。人力资源分布值，主要是技术型、创造型劳动力人口所占的比例，以及各类管理者经济政治管理思想和方法的正确性。科学发展水平和人力资源分布值提高越多，社会生产总能力增加越多，需要增发的货币越多。

那么，是不是只要根据社会生产总能力的增加随意增发货币就行了呢?

远非如此。

社会生产总能力只是确定了货币发行时的理论最大发行量，即货币发行时最大不能超过的量，货币实际发行时还有很多因素要考虑，如果没有考虑到这些因素而随意发行，就会出现各种各样的问题。

这些因素包括：

1. 货币发行的对象，是贷给企业还是发给个人；

2. 要不要发行专门的投资货币，是有多少投资就发多少还是有其他的原则；

3. 货币发行除了消费与投资因素，还要不要考虑其他因素；

4. 能不能通过货币增发的方法使社会实际生产总量接近或达到社会生产总能力，如何做才正确；

5. 货币发行是集中实施，还是细水长流，具体如何操作。

接下来将详述这些问题。

第十六章　信用货币发行的决定因素与影响因素

旧市场经济理论的问题述要：

西方市场经济理论，没有认识到决定货币发行的根本因素是社会生产总能力的增长，也没有搞清货币发行的正确对象和方法，造成增发货币因得不到初始赋值而产生通胀；同时，对影响货币发行的非必要因素没有具体研究，也没有消除和防范的措施，既影响了货币使用的效率，更影响了经济的充分发展。

第一节　信用货币的初始赋值与发行的对象方法

信用货币只有极低的货币制作成本，本身不是市场产品，它被生产出来后，市场上没有相应的产品价值与之对应，因此必须为其赋值，使之由无价值对应的货币变成有相应价值对应的货币。只有信用货币才有初始赋值问题，消费品货币、非消费品货币等产品货币，都不存在初始赋值的问题。因为这些货币本身就是人们生产的具有相当市场价值的产品，所以不需要赋值。

信用货币是通过直接或间接的消费购买而被赋予价值的，而且只有通过被消费购买才能被有效赋值。信用货币的赋值分为赋予初值和赋予即值，首次发行给人们用于消费购买是赋予初值，之后流动中的直接或间接消费购买是赋予即值。

将初始发行的货币平均分发给民众，就是对信用货币赋予初值。因为增发的信用货币是没有相应的价值（纸功能除外）对应的，这些货币成为人们的收入后，人们就会将其用于满足消费需求——进行消费购买，企业为了得到这些货币就得生产更多的产品来换取，于是这些一开始没有价值的符号或记录就变成了有相应物质、文化或服务产品价值对应的信用货币，这就是为信用货币赋予初值——其价值就是单位该信用货币初次在市场上购买的产品的价值。实际操作中，在社会既有分配方式不变的情况下，只有产生了创新，社会生产总价值发生增长时，才能增发货币；否则，如果没有创新和社会生产总价值的增加而增发货币，就会造成通货膨胀。

消费购买，可以是直接购买也可以是间接购买。直接购买，就是购买的各种用于自主消费、保障消费和公共消费的物质、文化和服务产品。间接购买，就是这些产品生产单位（含个人生产者）购买的各种生产要素，如生产所需的原料、水电、厂房、技术等。

如果消费品或其要素产品不能被消费购买，那么即使市场上生产了一定的产品，也不会与货币对应起来，这种生产是无效生产或过剩生产，这种因货币发行增加而生产但又不能被消费购买的价值是无效价值，说明货币未被成功赋值，或者说对货币进行的是无效赋值。比如，一个矿山被企业购买后，由于各种原因矿石无法开采或开采后都废弃了，无法最终变成人们消费的产品价值的构成部分，那么对货币赋值就是无效的。将增发货币贷给企业增加生产就是对货币进行无效赋值，因为增加的这些产品不会被消费购买或者会挤出其他相应的产品，即人们的产品价值购买总量没有增加。

因此，要使增发的信用货币能被成功赋予初始值，就必须将增发的货币平均发给民众或用来均等地提供社会保障品和公共产品，而不能贷给企业。

信用货币在被赋予初值后，还会成为本企业劳动者的薪酬和上游企业劳动者的薪酬及资本利润，并不断地在市场上循环流通，之后，随着时间的推移，这些货币在市场上所购买的产品的价值会不断发生变化，这时这些货币所购买的产品价值就是货币的即值。

信用货币初始发行时，对其进行正确的初始值赋予，就是信用货币发行时初始值赋予的合法性。信用货币初始值赋予的合法性，不是符合法律规定，而是符合经济规律和人性规律，包括发行对象是否正确、初始赋值成功率是否最大化、初始赋值量是否最大化、边际总购买力增长是否最大化、初始赋值是否公平等四个指标。实现发行对象正确、初始赋值最大化和边际购买力最大化就是符合经济规律，保证公平就是符合人性规律。

增发的信用货币平均分发给民众或用来均等地提供社会保障品和公共产品，就能同时符合四个指标，从而实现信用货币的初始赋值合法性。后者是直接最大化地消费购买，不做详细阐述。

首先，因为增发的货币需要被用于消费购买才能获得发行的初始赋值，平均分发给民众避免了将货币贷给企业导致的赋值失败。另外，平均分发给民众能调动最大量的人进行消费购买，从而使增发的货币尽量多地被成功赋予初值——个人将所得的分发货币用于投资，这些货币就是未被成功赋予初值的货币。

其次，因为个人拥有货币的多少与单位货币购买的价值量成反比，平均分发给民众能实现信用货币初始赋值最大化。由于一个人的收入越高、来得越容易，购买产品时，越趋向于购买性价比更低的产品，所以收入越高且来得越易的人单位货币所购买到的价值往往越少，即单位货币的赋值越低；而收入越低且来得越不易的人单位货币所购买到的价值往往越多，即单位货币的赋值越高。如果新增发的货币被少数人大量轻易变成了个人收入，那么这些人就趋向于购买性价比低的产品，从而导致货币初始赋值最小化；但如果新增发的货币被平均分发给全体民众，由于大多数人是中低收入者，他们趋向于购买性价比高的产品，从而实现货币初始赋值的最大化。

再次，因为个人拥有货币的多少与其边际消费购买力增长成反比，平均分发给民众能实现社会边际消费总购买力增长最大化。一般来说，只有占少数的高收入者科学维度的边际消费需求获得了充分满足，而占人口绝大多数的中低收入者科学维度的消费需求往往都没有获得充分的满足，在增发货币平均分发情况下，除了少数高收入者不会将这些货币用于消费购买外，占人口绝大多数的中低收入者中的大部分人都会将这些收入用于或最终用于消费购买，从而实现社会边际消费总购买力增长最大化。

最后，因为每个人都是国家的公民，都享有公共财富共享与分配权利，出于公平考虑，高收入者也理应平等获得增发货币的分配权，并且这有利于其增强集体认同感——虽然这点收入对其微不足道。另外，出于分发成本考虑，也应对增发货币实行平均分发，人为把高收入者与低收入者区别开来就需要专门的工作人员、机构设置、对违规者的惩处机制和机构的建设，再加上由此所引发的潜在矛盾，把为数很少的高收入者从增发货币的分配中剔除出来的做法极不科学和明智——何况他们本身在价值创造中的贡献可能更大。

另外，须要说明的是，货币是循环的，人们的绝大部分收入来自于已经处于循环之中的大量既有货币——劳动薪酬和资本收益，单位时间新增发的信用货币相对于市场中的既有货币，以及每个人单位时间得到的增发货币相对于人们的劳动和资本收入，所占比例很小，完全不用担心“养懒汉”问题。因为，增发的货币实质上就是一个国家一段时间的有效社会最终消费品实际生产总量（有效GDP）增长率，一个国家的GDP增长通常为百分之几，最快的时候也就百分之二十多。具体到每个月，也就是几十元，最多也就一百多元（按人民币计算），所以对个人收入的影响很小，人们不可能依靠它来生存，也不可能依靠它来明显改善生活。因此，完全不会对人们劳动的积极性产生任何负面影响。担心产生“养懒汉”问题，实际上是对这一问题未做深入研究和仔细计算的主观臆断和想象，相反，这些不多的收入会有力地增强民众的集体和国家认同感。

那么，人们为什么可以不劳而获，免费得到这些货币和产品呢？这其实要归因于科学的价值放大性功劳。因为科学具有价值放大性，劳动者以相同甚至更少的成本能生产出更多的产品，但是人们用于产品购买的货币总量是不变的，所以

要求另外增加资本货币的发行，这种因采用机器人而需要多追加的资本货币就是改进型资本货币。

第三节　资本货币的流动性与生产单位临时占款

那么，是不是当期需要多少投资货币，就要同步增发多少投资货币呢？不需要。

因为资本是流动的，资本进行投资购买生产要素，在为企业留下一堆资产后，自己就流动走了。即，作为货币的资本与作为资产的资本经过交易后发生分离，资产留在了企业，持续为本企业的生产服务；货币离开了企业，一部分成了本企业劳动者的薪酬，一部分成了其他企业的销售收入，这些销售收入最终会全部分解为不同上游企业的劳动者的劳动薪酬和投资者的资本收益。也就是说，一个企业的资本在进行投资购买后，最终会全部变成个人收入——不管被投资的企业是成功了还是失败了。而这些个人收入，又会不断地被分解成消费货币与投资货币。由资本货币运动的轨迹可见，对一个企业投资的投资货币，单位时间内可以在市场中对不同的企业进行多次投资，即在投资货币总量不变的情况下，这些投资货币所经过的企业的资产在不断增加。这样，在单位时间内，市场所需要的专门的投资货币其实小于同一时段内所有企业需要的投资货币总量，而且单位时间越长，所需要的专门投资货币越少——但到一定时长后会出现极限，即所需要的专门投资货币不会再减少（科学的发展可以提高这个极限）。

事业单位、政府为购买生产所需资产而进行的集中投入也是一样。

市场所需要的专门投资货币的极限是由什么因素决定的，如何确定呢？答案就在资本的临时占款，即通常所说的企业周转资金中。现在，更多地把企业的周转资金称为现金流，这种说法其实不如周转资金更准确。因为作为资本的货币都是流动的，并不是只有周转资金才是流动的。出现这种称呼，其实是因为从企业的角度把固定资产看作不流动的资本的缘故。叫周转资金更为准确，是因为这种资金本质就是为了周转所需而存在的，是为了应对生产异步导致的临时支付需要而特别保留的一部分货币资本。由于这些货币资本只是暂存于企业，会随时循环地用于应对所需的支付，所以此处叫资本临时占款。

生产单位临时占款，是一切产品生产单位（企业、事业单位、政府）为应对生产与分配中的定期或不定期支付需要而暂时储存于单位的货币。它包括资本临时占款、个人收入临时占款以及非法临时占款。

资本临时占款，是企业、事业单位、政府等生产单位预留的用于购买生产要素的货币资本。主要有：预留或留存的原料（商品）进货款，即为了应对预期或即时的原材料或要销售的商品采购而预留的货币资本；预留或留存的房租水电费，即为了应对预期的房租水电费支付而预留或留存的货币资本（若是购买场地则无房租）；预留或留存的税费，即为了应对预期的税费支付而预留或留存的货币资本；预留或留存的公杂费，即预留或留存用于产品生产单位正常的公务接待、差旅开销、福利发放等所需的货币资本。

个人收入临时占款，是生产单位先期得到并留存的用于支付劳动者薪酬、资本收益的货币以及各种应分配而不分配或暂时不分配的属于个人收入的货币。主要有：劳动薪酬，即销售得到或财政支付的计划用于分发给劳动者的薪酬货币；资本收益，即销售得到的计划用于资本分红但因未到分红时间而暂时存放在企业的货币；计提的资本折旧，即分期从产品中回收的资本货币；再投资收益，未分配资本收益再投资后获得的投资收益仍然未进行分配的那部分货币——包括若干次的“利滚利”；资本公积，企业得到的非生产性收入。

非法临时占款，是生产单位可能预留或留存一些灰色或非法收入形成的非法临时持有的货币。主要有：公款消费经费，即生产单位预留或留存的用于不合理的餐饮、旅游、娱乐等消费的货币；攻关经费，即生产单位预留或留存的用于非法关系维护的货币；隐匿经费，即生产单位部分人员，包括高管、部门管理者或一般人员利用职务便利，将属于单位共有的非常规收入隐匿后在小范围内私用私分的货币。

一般来说，资本临时占款为预留的货币资本，个人收入临时占款多为先期得到并暂时留存的产品销售收入（包括市场销售和财政支付获得的收入），非法临时占款既可能是预留的货币资本也可能是留存的销售收入。实际经济生活中，赊销常常使本来作为预留货币资本的资本临时占款变成了留存的销售收入；增值税取代营业税则使预留来纳税的货币资本变成了留存的销售收入。个人临时占款中，小企业的劳动薪酬通常是用销售收入来支付的，但是大中型企业前期的劳动薪酬往往是用预留的货币资本来支付的，所以劳动薪酬既可以是货币资本预留，也可以是销售收入留存。

非法临时占款和计提的资本折旧、再投资利润、资本公积等部分个人收入临时占款是非必要的，应该通过经济制度管理方式改革来减少或消除，但是在减少或消除之前，货币发行机构必须考虑到这些货币的存在，并为此扩大信用货币的增发量。因为这些货币具有先占效应，它会侵占正常生产消费所需的货币。这就好比要通过一条河床和河堤龟裂的河道放水，必须先填满这些缝隙，实际需要的水会比理论需要的水更多。

资本临时占款和劳动薪酬、资本利润等部分个人收入临时占款是生产分配所必要的，货币发行机构必须为这些占款专门增加信用货币供应。那么，这些货币又该向谁增发，如何增发呢？要回答这个问题，就要从资本的本质来源说起。

第四节　资本的来源类型及发展趋势

投资的资本从一开始就源于人们的节余收入。小商贩用自己的节余收入买个炉子、请人做副担子、再买点面粉和调料做旦旦面走街串户，由于资本投入比较低，所以这些资本通常源于自己的节余收入；铁铺、瓷窑需要的资本投资较高，往往会无偿借亲友的节余收入投资；盐商、布店需要的成本更高，于是通过银号有偿借货币投资，而这些货币是银号从各家各户收集来的节余收入。现代银行的出现更是如此，银行借货币给企业投资，这些货币大多源于储户们的节余收入。实际运行中，银行的货币中还出现了其他类型的货币，如央行贷款、生产单位临时占款。央行贷款本来应该发给个人，实质上属于未分配给个人的收入；生产单位临时占款是生产单位为应对临时支付而放在银行的货币，银行只是代生产单位收支货币，这些货币本质上都是个人的投资或未分配收入。所以，资本本质上都是个人的节余收入。

资本主要来自于个人以下四种用途的节余收入：

一是个人临时节余用于升级消费的收入。电视刚出现时价格比较高，人们的收入又比较低，为了买电视，就会在一段时间内节省开支进行储蓄，等钱攒够后，再一次性消费掉。中低收入群体非按揭的买车、买房也是如此。这种节余收入会全部被最终用于消费水平的升级或购买大宗商品，所以都是个人用于消费的收入，只是这些收入被延后用于消费。在这些节余收入用于消费之前，如果存入银行，就会被银行贷给企业用于投资，从而成为资本；如果用于购买股票获取红利，就直接成为资本。

二是个人用于预防意外之需储备的收入。在没有社会保障体系或社会保障体系不健全时，人们通常会尽可能地节余一部分收入用于应对生病、失业、灾害时的开支需要。这些节余收入存入银行会被银行贷给企业用于投资，也有些人会把这些收入用于购买股票获取红利，这时这些收入就成为了资本。

三是个人专门节余用于投资的收入。有些人会用自己节约或剩余的收入独自或合伙创业，以及通过购买股票获取分红，这些节余收入都是资本。以赚取股票价格差为目的投入股票市场的货币不是资本，只是投机货币，因为这些货币实际上并没有被用于企业生产投资。

四是个人用于遗赠的非消费收入。有些收入，个人终身也消费不了或者在离世时还有一部分剩余，无论其把这些收入存在银行还是用于投资并最终遗赠给他人，这些个人收入都成为了资本。

技术、使用期内的土地等都是可以交易并获得收入的，所以这些要素用于投资也属于个人节余收入。由于资本最终也要购买这些生产要素，如果直接折算参股，其实是不经过销售的个人节余收入，这种节余收入用于投资就不用再进行要素品购买，可以节省时间和成本费用。

企业计提的资本折旧、再投资留存利润、资本公积，实际上都是全体股东的股本和未分配利润，都属于股东们个人的收入。不过，现实中，这种本来属于所有股东们的收入，时间长了就被大股东或中高管事实占有了。

随着经济由自然平衡向公平平衡和自由平衡的过渡（有关内容后有详述），有些来源类型的货币会减少甚至消失。

第一种用途的货币只是延迟了本人的消费时间，随着大宗消费品租赁化和人们绝对收入水平的普遍提高，这种类型的投资货币会逐步减少；第二种用途的货币可能会被用于本人消费，也可能终生不会用于本人消费，随着社会保障体系的健全，这种类型的投资货币会减少，甚至最终消失；第三种用途的货币可能被用于本人消费，也可能终生不会被用于本人消费，随着追求发展自由的人的增加，创业的人会越来越多，这种类型的投资货币会不断增加；第四种用途的货币终身不被用于本人消费，随着人们对尊敬需求追求的增加，这种投资货币也会大量增加。

总之，资本本质上是个人节余的收入，虽然节余的原因和类型不同，随着社会的发展，其构成也会不断变化，但是个人节余收入的本质不会改变。

第五节　投资货币发行的对象与方法

根据资本的本质，增发货币要成为资本，就需要先成为人们的节余收入。

把增发用于投资地货币通过银行贷给企业直接投资并不能使这些货币成为人们的节余收入。把增发用于投资的货币通过银行贷给企业，这些货币会事实上成为没有所有者的无主货币。因为贷款企业只是投资者而不是这些货币的所有者，货币发行机构是货币发行的职能机构，不能成为货币的所有者——只有民众才能成为货币的所有者。虽然这些货币贷给企业用于投资后，成为本企业劳动者的薪酬和上游企业的劳动者的薪酬及资本的收益后，会成为有主货币，但是在初轮投资中它是无主货币。

由于初轮投资的这些货币是无主货币——不是人们的节余收入，所以这些货币在初轮投资中就没有所有者的有效监督，从而导致这轮货币投资效益很低；另外，这些无主货币的资本收益通常会被借贷企业的高中级管理者占有，从而造成收入差距扩大。

除此之外，把增发用于投资的货币通过银行贷给企业还会导致以下问题：一是生产过剩或更加过剩，二是通货膨胀，三是股市泡沫。原因如下：

因为企业通过借贷得到的那些增发的信用货币是要还的，而且还有成本——贷款利息，所以企业绝不可能把这些属于资本的货币直接发给员工，而是要让这些货币赚钱，企业用这些货币赚钱的正确和基本途径当然是投资，于是企业的投资就要扩大。

由于产品相对于其生产所用的成本是增值的，所以这些作为投资的货币必然要求有比这些货币本身数额更大的销售收入，而新增的这些货币用于投资并成为本企业劳动者的劳动薪酬和相关企业的劳动和投资收入后，最多能产生与资本本身数量相等的新增购买力，所以最终必然出现供大于求的问题，即投资与生产过剩。虽然，此时的社会边际总购买力相对于以前会有所增加，但是企业的购买力需求增加更多，即社会总投资产生的社会消费品生产总量相对于社会边际总购买力会过剩，如果社会消费品生产总量已经过剩，那么此时过剩情况就会变得更严重。购买力需求，是企业因为投资生产而产生的需要自己生产的产品被购买的需求。企业是以分配销售收入为目的生产产品的，企业投资生产产品必须最终直接或间接被人购买，否则这些产品就可能给企业造成损失，使企业难以为继。企业的购买力需求是相对个人的购买力而言的，是一个问题的两面，个人获得收入形成购买力，既满足了自己的消费需求，又满足了企业的购买力需求。

举例来说，一个国家一段时间内的企业如果有 1 000 亿元的投资，由于企业是要求赢利的，一定额度的投资就需要有高于这一额度的购买力，假如这些企业至少需要 1 200 亿元的购买力——即企业的购买力需求为 1 200 亿元，那么即使这 1 000 亿元的资本本身成为本企业劳动者的薪酬和其他相关企业投资者的收益或劳动者的薪酬后全部形成购买力，也只使社会增加了 1 000 亿元的购买力，企业还有 200 亿元的购买力需求无法满足。由于消费边际效应和收入差距问题，1 000 亿元的投资不可能产生 1 000 亿元的购买力，所以实际的购买力需求缺口会更大——可能有 300 亿或者 500 亿元。这就是投资虽然能整体增加社会总购买力，但是会使购买力需求缺口更大，投资和生产更加过剩的原因。

有人会说，这些货币经过一段时间的循环会产生大于货币本身的购买力，但问题是企业的购买力需求也是循环的，也会随时间而放大，所以总体看仍然是购买力需求缺口扩大了。

也可以假设，所有人手中都没有任何货币，现在一个国家要发行一种新的信用货币，并且只发行给企业。在这种情况下，由于人们手中没有可以用来购买企业生产的产品的信用货币，那么生产出的产品就会一件也卖不出去。产品卖不出去，企业的员工也就得不到销售收入带来的薪酬，同时因为没有股东，也就不存在收益分配，最终这些信用货币就无法带动生产和消费循环。也就是说，哪怕企业通过银行贷款生产出了很多东西，人们也都会饥寒交迫，甚至哪怕只生产了一件产品也都表现为生产过剩，这就是马克思所说的生产相对过剩——即生产的产品价值总量（首先是成本总量）相对人们所持有的货币量过剩。生产已经相对过剩的情况下，如果发行单位继续增发信用货币通过银行贷给企业进行投资，就会导致生产更加过剩。

由于信息的发达和专业调研机构的产生，绝大多数企业对增加投资会导致投资和生产过剩以及更加过剩都有预判和感知，所以当企业获得增发货币的贷款后，都不会把本应用于生产投资的货币用于投资，而是会将其用于资产或股市投机。企业在获得增发货币贷款后，当人们对未来经济预期乐观时，就会形成资产特别是能源、矿山、粮食等资源和原料投机，导致资源和原料价格上涨，当资源和原料价格的上涨传导到消费端时，通胀就形成了——这种通胀是相对通胀，因为货币发行的总量没有超过社会生产总能力，只是发行对象错误引发产品价格上涨造成的通胀；而当人们对经济预期悲观时，就会把这些钱投入股票市场，进行股市投机，从而导致股市泡沫。股市越涨，企业和个人投资股市的货币越多，用于生产和消费的货币越少，经济越不景气。这就是为什么类似的政策，前面进行四万亿投资刺激时物价特别是房价飞涨，后面再进行投资与货币政策刺激时股价飞涨的原因——前面进行四万亿投资刺激时，人们对短期经济预期乐观，后面进行投资刺激时，人们对短期内经济不是很乐观（这里的短期，指的是大约 1 年以上，3 年以内）。事实上，无论前面的政策，还是后面的政策，政策选择本身都是正确的，但是由于经济理论错误，所以导致政策实施的结果都难以达到预期目的，或产生了较大的负面性。换句话说，真正的问题是经济学家或经济理论发展水平滞后的问题。后来，经济刺激主要用于补齐社会保障和公共服务不均等及结构调整，问题就避免了。

因此，货币发行机构需要为投资专门发行货币，并不意味着这些货币应该直接发放或贷给企业，和消费货币一样，发行投资货币也只能平均分发给全体民众或用来均等地提供社会保障品和公共产品（后者阐述从略）。第一，只有把投资货币分发给民众，才能使这些货币成为人们的节余收入，变成真正的资本——变成和正常资本一样的性质。增发货币平均分发给民众并变成人们的节余收入后，会增加人们的节余收入，从而增加社会上的投资货币总量。第二，增发货币平均分发给民众后，就成为了有主货币，从而能提高资本的投资效益和减少收入差距扩大。第三，由于企业的贷款不会陡然增加，也就没有钱去投机炒作资源和原料，就不会出现通胀，也不会出现股市泡沫。第四，既会促进投资和消费的增加，又不会导致投资和生产过剩或更加过剩。

还是上面的例子，如果1 000亿元平均发给个人，就会产生1 000亿元的新增购买力，考虑到消费边际因素，实际新增购买力会低于1 000亿元，假设为600亿元，这时企业通过既有市场途径或许只需融资500亿（部分资本来自于增发的1 000亿元）就可以得到这600亿元的新增购买力；同时，这500亿元的投资因为成为本企业劳动者的薪酬和其他相关企业劳动者或投资者的收入还会产生一定的购买力，假设为250亿元，这样实际产生的新增购买力就是850亿元，实际新投资是500亿元，企业的毛利就是350亿元。可见，增发的投资货币平均发给个人，既会增加资本货币，也会增加消费货币，而且还能够减少而不是扩大投资和生产过剩。更重要的是，还会使每个人的收入直接得到一些增加，实现发展经济的目的——满足更多人的未满足需求（对中低收入者产生的边际满足感很大），同时也能一定程度地缩小收入差距，促进社会的和谐稳定。

但是，在一定科技条件下，这种货币增发也不是可以无限扩大的。因为人们的消费是有边际的，当增发的货币超过人们的消费边际时，购买力就难以增加了，企业的购买力需求也就不能再继续得到满足，这时就不能再增发货币了。不过，如果科技继续发展，产品更丰富或升级后，又可以按这种方法继续增发货币。

到了共产主义社会，增发投资货币也还存在有主货币与投资效益最大化问题，所以仍然需要平均分发给民众。由于人们的消费都已经得到科学维度的充分满足，增发投资货币不能增加既有科学维度的消费，但是能提高科学维度消费的水平，所以也能增加个人的购买力和企业的购买力需求。

也就是说，把增发的投资货币贷给商业银行并贷给企业虽然能产生新增购买力，但是会造成更大的投资生产过剩并导致通胀，正确的投资货币增发的发行对象和方式与消费货币增发的对象和方式是一样的——直接平均发给全体民众或用来均等地提供社会保障品和公共产品。实际操作中，增发投资货币，只是在增发消费货币的基础上适当增加货币发行的数量。

第六节　决定信用货币实际增发量的因素

影响货币实际增发量的因素有很多，除了消费与投资需要的必要货币外，因为企业管理制度和国家管理制度发展水平低或不健全，还存在很多非必要占用货币的因素。由于这些问题并不能通过货币发行的方法来解决，而只能通过企业管理制度和国家管理制度的发展来解决，所以相关制度未发展完善之前，货币发行机构只能适应——相应的增发，当然发行的方法也是与消费货币与投资货币的发行方法一样——因为这些货币本身是从消费货币和投资货币中渗漏出来的货币。

这些非必要货币除了前面所说的企业暂存的个人收入和非法收入外，还包括投机货币和沉睡货币。考虑到这些因素后，一个国家某时点或时段发行货币总量应等于满足该时点或时段的社会消费所需货币加非消费所需货币。即，

货币供应总量 = 社会消费货币量 + 非消费货币量

其中，

非消费货币量 = 临时占款量 + 投机占款量 + 沉睡货币量 + 损毁货币量

临时占款量，是一个国家某一时点或时段内资本临时占款、个人收入临时占款和非法临时占款量之和。

投机占款量，是既不用于生产投资，也不用于消费，而仅用于获取目标品买卖差价的不含生产或服务的纯买卖行为所占用的那部分货币的数量。

沉睡货币量，是既不用于投资和投机，也不用于消费，而是长期搁置不用的那部分货币的数量。如长期放在家里的现金。

损毁货币量，是使用过程中正常损毁的货币数量和运输存放过程中由于各种意外原因损毁或消失的货币数量。

市场经济下，货币发行除了要考虑总消费量之外，还必须同时考虑生产单位临时占款、投机占款和沉睡货币等非消费货币的规模数量与变动情况，才能保持货币稳定。也就是说，在满足消费所需的货币之外，还要满足投资所需的临时货币，而个人收入临时占款、非法占款、投机占款和沉睡货币在制度改进完善之前，还要为其发放货币，否则就会导致消费和投资所需的货币不足。

消费和资本所需货币的发行量并不是越多越好，必须与消费和投资所需的货币量相适应，多了和少了都会发生问题，多了会造成通胀，少了会影响正常的生产交易和 GDP 增长。

市场要尽量避免出现投机，特别是明显的投机，因为投机如果能赚到钱，人们就没有心思进行价值创造了，市场投机空间越大、氛围越浓、规模越大，用于投机的货币就越多，用于生产和消费的货币就越少，社会价值的生产总量就越少。虽然单个人手中的投机资金最终会部分或全部用于消费或投资，但社会总价值生产少了，另外这些投机得来的收入因为来得太易太多，单位货币购买的价值会极大减少，同时会形成奢侈的错误消费导向和浪费等环境资源破坏行为。

在无明显投机的情况下，货币发行机构要向市场增发适量的货币，如果出现明显投机，就要果断减少货币供应，避免投机蔓延和加重。因为投机就像是火，货币就像是油，油越多火越大，控制了油，火自然就会熄灭。

和投机货币一样，沉睡货币会造成社会生产与消费总量的减少，并且这种减少比投机货币更为直接和明显，因此在货币发行的同时需要考虑这种因素的存在，当沉睡货币产生时要补充相应的新货币来满足消费和投资的正常货币需求，当沉睡货币复苏——被重新使用时，要及时回收相应量的货币。

对于损毁货币，可通过提高货币纸张质量减少损毁，也可及时进行换补。另外，在条件成熟的情况下可以多用电子货币。

第七节 非必要货币占款的消除方法

非必要货币占款有四类：一是企业部分个人收入临时占款，二是生产单位非法占款，三是投机占款，四是沉睡货币。这些占款应通过货币发行之外的方法来减少和消除，而且不同的占款有不同的具体消除方法，既不能试图用一种方法解决所有的问题，也不能把问题和方法搭配错误，一把钥匙只能开一把锁。

非必要的企业部分收入临时占款主要有资本公积、计提折旧、留作再投资的资本收益、配股、延期分红等，只能通过建立以代理投资为核心的实模式投资体制才能减少和消除。

生产单位非法占款，主要通过完善企业特别是包括股份制企业在内的各种类型的公有企业管理制度才能消除，其中最主要的是由会计公司完全代理生产单位财务并向所有员工全面详细公开，同时由全体员工共同选择和更换会计公司。

从投机对象看，投机可分为产品、资源、货币和文物四大类型，减少投机占款的根本方法是减少市场投机行为，减少市场投机行为的最根本办法是市场供需透明化。不同类型的投机还有不同的具体防控方法。

产品投机，投机的对象一般是物质产品，包括各种可以投机的物质产品，如粮食、茶叶、钢材等。消除产品投机的根本方法就是供需透明化，即让供应方和需求方都准确或提前获知对方的信息，从而减少投机空间。正确的市场透明化不会造成企业或个人信息泄密、也不会让企业没有钱赚，因为供应方通过劳动创造了新的物质、文化或服务价值，所以需求方理所当然地会接受加价，虽然最终可能只会有很少几家甚至一家质量、功能和价格比最优的企业生存，但是这种对企业的优胜劣汰正是人们所需要的。虽然这可能造成自然垄断，但是只要保持市场准入的开放，性价比更高的企业同样有机会打破这种自然垄断并取而代之，所以这并不会造成真正的垄断，只是使竞争由平行竞争变成了垂直竞争。而且，这种垂直竞争对方便信息沟通、避免选择困难、减少资源与劳动力浪费都有积极作用。

资源投机，投机的对象一般是物质资源，包括各种可以投机的物质资源，如土地、矿藏、水源、野生动植物，以及钻、玉、石等。消除资源投机的方法是，使一切自然物质资源公有化，并且只能在政府与企业（含作为生产者的个人）之间通过市场公开竞价进行交易，不鼓励企业之间、个人之间以及个人与企业之间的资源交易，即资源只在生产确实需要时私有化给确实需要的生产企业，这样就能避免资源投机炒作。允许企业获得的资源在两种情况下交易：一是企业破产清算时。这时资源由政府以低于原价的价格收回——以避免企业过度储存资源，并由政府重新进行市场拍卖或拍租。二是企业并购重组时。这时资源转移到并购重组后新的指定的企业。政府必须详细向全社会所有单位和个人公布要交易的资源的全面而具体的信息，整个竞价交易过程必须全程全部公开，不能漏掉任何一个可能出现暗箱操作的环节和细节——如果发现要及时补充公开措施，并接受所有企业和个人监督。给个人消费使用的资源一律免费，如空气、水，但没有消费边际的消费资源要限量，如宅基地（最终会取消）。

货币投机，投机的对象一般是各种正式或非正式货币，包括金银等产品货币、政府信用货币（汇率投机）、股票投机（不以分红为目的的股票购买，俗称炒股）、期货投机（不以生产为目的的资源和原料购买）、游戏币投机、类比特币投机（比特币和类似比特币的所谓货币是模仿黄金建立的一种概念货币，它不具备黄金的产品性质，也没有信用货币的信用机构，所以它实际上只是一种以货币为名的投机对象）等。消除货币投机的方法是，建立实模式的投资与消费体制，使企业可以即时充足地获得满足当时科学（科技与企业经营模式）条件下其最佳规模所需当期资本，使个人可以即时方便地进行真正的投资，使大宗消费品的消费租赁化（本质上是把分期付款整体购买变为非整体的按时段购买使用权）。

文物是人类活动痕迹的实物记录，包括生产或购买者已经辞世而成为公共财富的科学作品（含自然科学、社会科学和工具科学的理论、发明专利、制度设计等，可以是文字、图片、雕塑、声音、视频等多种记载形式的文物）、生产工具（含源材料、工具设备、废弃的钱币等）、消费产品（包括生活所用的器物和书画等艺术品）。其中科学作品是活性文物或者具有部分活性的文物，其他文物都是失去活性的文物，原来的价值已经消失或过时，新的价值为观赏和研究价值（艺术品的原观赏价值变为新观赏价值）。

消除文物投机的方法是使文物公有化，并由财政专门预算充足的经费进行妥善保存，活性文物本身可以复制传播，任何人可以用任何方式进行利用，非活性文物在确保安全的基础上免费地展出和供人们研究，以实现文物价值的最大化。和自然物质资源一样，文物只要不私有化给个人或企业，就不会发生投机炒作行为。

所有投机都是二手交易，但是二手交易并不一定出于投机的目的。二手交易和投机一样，也分为产品、资源、货币和文物等类型。除投机以外，产品和资源的二手交易还可能是因为市场不透明造成的资源、材料购买过多，生产规模过大，或产品生产过剩等；资本的二手交易还可能是因为社会保障不够充分有效或大宗产品租赁消费体制未形成，人们急需用钱处理意外情况或进行大宗商品购买；文物的二手交易也可能是因为政府对文物的保存保护不够有力，或没有充分地用来供人们免费参观和研究，有人希望更好的保护或让人们更好地利用文物。

二手交易分为投机目的的二手交易和非投机目的的二手交易两种。投机目的的二手交易使用投机货币，纳入投机货币供应；非投机目的的二手交易分为生产性和消费性两种，分别纳入不同的货币供应之中。非投机目的的生产性二手交易属于正常投资生产活动，纳入投资货币供应；非投机目的的消费性二手交易属于正常消费活动，纳入消费货币供应。历史地看，投机目的的二手交易是阶段性的，随着经济体制逐步向高级阶段发展，会减少甚至完全消失。随着资源公有化和交易制度的完善，单纯的资源二手交易将消失；随着代理投资体制的建立和货币的稳定，货币投机将消失；随着文物公有化基础上的保护与利用制度的完善，文物二手交易将消失。非投机目的的消费性二手交易也是暂时的，也会最终消失。因为随着经济体制逐步向高级阶段发展，人们的绝对收入水平会较大提高，收入差距会不断缩小并趋于均等，再加上大宗商品消费的租赁化，所以消费产品的二手交易将消失。但是，非投机目的的生产性二手交易会一直存在，因为废铁、废纸等消费废弃价值的再利用是永远存在的，企业的破产重组和并购也是永远存在的。

沉睡货币是已经分配到个人手中的不用于或较长时间不用于消费或投资的货币。它与非法占款不同，非法占款是预留或留存于企业的未分配给个人的货币。沉睡货币有三种来源：一是合理所得，包括按劳动分配收入、个人的资本分红收入、公共资源租售分配收入、货币初始发行分配收入等；二是不合理所得，包括投机、赌博、个人遗赠、分配不公导致的多占等；三是非法所得，包括盗、抢、偷、骗、腐等得来的因为不敢暴露而藏匿的货币。不同来源的沉睡货币要用不同的方法来消除。

合理所得的沉睡货币应通过提高投资的安全性、便利性、基本利润水平和整体收益率，即让资本有可靠而较高的回报来消除，因为这样就能使人们放心地把节余的收入用于投资，避免货币沉睡。

不合理所得的沉睡货币应通过减少不合理所得来消除，比如消除投机存在的机制和土壤，把面向亲友的遗赠引导到面向全体公民的遗赠上来等。面向私人的遗赠不仅导致了人生而不公平，还会使被遗赠人因为轻易得到大量财富而不珍惜，更主要的是，可能导致这些人丧失劳动创造的积极性，甚至会影响其他人劳动创造的积极性，降低社会发展的动力；严重时，甚至可能导致经济社会发展不可持续。

非法所得的沉睡货币应通过健全经济政治体制和法规制度，堵塞非法收入的产生渠道、减少非法收入产生的可能性来消除。非法收入由于不能见光，所以大多会成为暂时或长期沉睡货币。

当引起非必要货币占款的因素减少或消除后，进行货币发行时就可以基本忽略这些因素，但在此之前，是不能视而不见或主观故意忽略的。

第十七章　信用货币反作用于经济的原则与发行操作

旧市场经济理论的问题述要：

西方市场经济理论，研究了通过政府来促进 GDP 增加和扩大就业的问题，但是具体的理论和方法不正确，错把消费当成投资，再加上不是通过增发信用货币而是通过政府负债来激活未有效发挥的社会生产总能力，从而导致了市场经济国家普遍的滞胀和政府债务不断扩大甚至国家破产问题。

第一节　再生消费与生产投资最大化的正确方法

市场经济下，由于分配不公平和消费边际造成的购买力不足的原因，一个国家某时点或时段的社会生产总能力通常大于有效社会产品实际生产总量（有效GDP），如果强行扩大投资来使社会产品实际生产总量达到当时科技与劳动决定的社会生产总能力，就会造成生产过剩。但是，有一个办法可以解决这个问题——既提高社会产品的实际生产总量，充分发挥社会生产总能力，又不造成生产剩余，这就是增加人们的再生消费品消费。

社会消费品分为最终消费品和再生消费品，再生消费品又分为有限再生消费品和无限再生消费品。无论最终消费品还是再生消费品，都存在个人自主购买与个人共同购买（即政府财政支付）两种情况，但是最终消费品个人自主购买的意愿比较强烈，而再生消费品尤其是无限再生消费品，个人自主购买的意愿很弱，所以通常只能由个人共同购买——即政府规划，用财政收入支付购买。

最终消费品，是指那些不用于再生产的个人自主或共同支付购买的产品，包括最终自主消费品、最终社会保障品和最终公共消费品。最终自主消费品是那些不再用于生产的个人自主收入支付购买的产品。如，食品、服装、私人汽车等。最终社会保障品，是指实物化保障的直接满足个人需求的医、食、住、娱等基本层次的个人必要的物质、文化、服务产品。目前，这种产品的提供还比较少，主要是医疗和对低收入人群的保障房。最终公共消费品，是指那些不再用于生产的用财政收入支付购买的产品。如，公园广场、树荫绿地、文体场馆、治安服务等。

再生消费品，是指那些可用于或为了最终用于再生产的个人自主或共同支付购买的产品。比如，教育、公路、铁路、港口等，它们既是个人的消费品，又可用于再生产。再生消费品也分为个人自主购买品、社会保障品和公共产品三类。自费的教育就是典型的再生自主消费品，义务教育就是再生社会保障品，政府财政支付建设的公路、铁路、港口，就是再生公共消费品。再生消费品又分为有限再生消费品和无限再生消费品两类。有限再生消费品，是不能无限增加或扩大，其生产和消费要受当时科技水平限制的产品。如，公路、铁路、站台、机场、航线、码头、航道、图书馆、不含科研的教育等。无限再生消费品，是其生产和消费可以无限发展的产品。如大学、科研院所的科研，包括自然科学和社会科学理论、发明专利和制度设计，航空航天等基础应用型科研试验等。其中，由个人用自主支配收入购买的是再生自主消费品，包括有限再生自主消费品和无限再生自主消费品；由政府财政支付购买的是再生社会保障品或再生公共消费品，包括有限再生社会保障品或有限再生公共消费品和无限再生社会保障品或无限再生公共消费品。但是，无限社会保障品通常以有限量形式提供。

最终消费品不会因为个人的自主或共同购买消费而形成更大的社会生产总能力，再生消费品会随着个人的自主或共同购买消费而形成更大社会生产总能力。食品、服装、住房、医疗、旅游、文艺、体育、游戏等都是典型的最终消费品，人们不会因为对这些产品的购买消费而产生更大的生产总能力；公路、铁路、教育、基础科学研究、前沿应用技术等都是典型的再生消费品，人们会随着对这些产品的购买消费而形成更大的生产总能力。因为最终消费品购买而形成的消费是最终消费；因为再生消费品购买而形成的消费是再生消费。

与最终消费相比，再生消费的主要特征是消费与生产的双重性。即，消费就是生产，生产就是消费，进行个人再生消费品消费就是增加社会生产总能力，进行再生消费品生产就是增加社会消费总量。正因为基础设施和教育、科研等的再生消费特征，所以在满足人们基本生存需求的前提下，要优先发展基础设施、教育和科研。这就是“要想富先修路”“再穷不能穷教育”“必须在高科技领域占有一席之地”的原因。

再生消费的这种双重性特征能够把单纯的消费与单纯的生产联结起来，在最终消费品消费达到边际时，通过增加再生消费品消费来扩大消费 GDP，从而既不会造成生产过剩，又能提高社会生产总能力，而社会生产总能力的提高又会反过来拓展最终消费品的消费边际，扩大社会边际消费总量，即最终消费 GDP。

但是，教育和基础设施消费也是有限制的，不能无限扩大，所以如果教育和基础设施已经达到当时成熟技术条件下的最高水平和充分且有适当余度的满足，就不能再增加这方面的生产和消费了。

而科研是可以无限生产和消费的，所以当教育和基础设施生产和消费达到当时科技条件下的最佳时，就只能而且应该通过扩大基础和前沿科研生产和消费来提高消费 GDP，直到使投资与就业达到科技与有效劳动人数决定的最大值，即充分调动全部社会生产能力，使全值 GDP 接近等于社会生产总能力。

基础科研、航空航天、生命科学、跨学科项目等再生公共消费品与人们的最终消费比较远，个人并没有进行消费支付的意愿，企业因为难以或短期内难以获得利润而不愿生产，但它又是对最终消费品生产有根本促进作用的价值放大型产品，所以只能由政府以个人共同消费品的形式规划和支付购买，通过事业单位进行生产。教育、基础设施也需要主要由政府以共同消费品的形式规划和支付购买，通过事业单位或企业进行生产，因为这样才能实现这些产品价值的最大化利用和放大。也就是说，凡是企业不愿生产——即企业通过市场化的方法无法赚钱而又能促进社会生产总能力提高的产品，都应该纳入再生消费品中，由个人共同购买，政府规划和支付，企业或事业单位生产；同时，通过企业市场化生产不利于价值最大化利用和放大的产品，也应纳入再生消费品中。

增发信用货币增加再生公共消费的具体思路和方法如下：

由于社会消费总量是由个人消费总量决定的，而个人消费总量又是由个人收入总量和均匀程度决定的（在不考虑公款消费的情况下）。在信用货币体系下，一切收入都可以用信用货币来表示，所以个人信用货币收入（包括用信用货币折算的其他形式的收入）总量和均匀程度就等于个人实际的收入总量和均匀程度。这就是说，个人信用货币收入的数量和均匀程度就决定了社会边际消费总量。

因此，投资货币需求的大小和有效社会实际产品生产总量取决于个人收入的信用货币的数量和均匀程度。继而，要增加某个国家某一时点或时段实际投资货币需求，就要增加该国该时点或时段个人信用货币收入数量和均匀度，要使该国该时点或时段的实际投资货币需求达到最大，即达到该国该时点或时段社会生产总能力所决定的最大数量，就要不断提高个人信用货币收入数量和均匀程度，直到达到社会生产总能力最大化实现的最大投资货币需求。

由于信用货币收入均匀程度的提高是有极限的——初次分配以平均为限，再次分配以公平为限（否则会影响生产积极性），所以当个人信用货币收入的均匀程度达到极限后，只能提高个人信用货币收入的数量。

又由于个人的消费分为最终消费和再生消费，而最终消费是有边际的，所以并不能无限增加个人的最终消费和消费收入，但是在基础设施还没有达到当时科技条件下最佳时，还可以增加基础设施消费，当基础设施达到当时技术条件下最佳时，还可以增加教育、科研等无限再生消费，由于无限再生消费是无消费边际

拌池搅拌并运送到晰出池分离。

随着用来生产工厂生产设备的矿砂的增长和被做成生产设备，工厂旧的生产线因磨损而被定期更换的同时，生产线还在不断增加，最终产品的生产能力也在不断增加，这时就需要不断提高矿砂的运送量，才能满足企业的生产需求。而要增加矿砂的运送量，就需要加水。

其中，工厂的最终产品生产能力就是社会边际消费总能力，最终产品生产能力的增加就是社会边际消费总能力的增加，加水就是增发信用货币，把更多的矿砂冲进搅拌池搅拌并运送到析出池分离，就是通过信用货币增发带动社会边际消费总能力的满足。

三、信用货币发行对象错误的原理模型

那么，信用货币增发时由于发行对象错误造成通胀的原理模型是什么呢？

这就相当于加水时，不是加在晰出端，而是加在搅拌池中。这时，新加入的水就不能冲入相应的矿砂进入搅拌池，搅拌池的混合物浓度就会下降，这就相当于通胀，即货币贬值。

同时，要看到，水的注入端错误时，只是首次循环过程中不能带动相应的矿砂，此后的循环则能带动相应的矿砂。这就相当于信用货币发行对象错误时，只是初次循环中不能带动相应的价值生产，但是当其通过成功或失败的投资成为上下游相关企业人员薪酬收入和投资者的收益时，其中的很大一部分就变成了消费，就能带动新增价值生产，这就是为什么即使信用货币发行错误，会造成初期失败企业比较多，一开始的社会边际总购买力不能增加，也不能带动有效 GDP 的增加；但是随着时间的推移，社会边际总购买力和有效 GDP 还是会有所增加的原因（后期，社会边际购买力和有效 GDP 的大小或增加量，主要受劳动和投资剩余价值造成的收入分配差距限制）。换句话说，错误方式发行的货币，最终还是会进入市场带动科技的应用和产品的生产供应，但是却不能改变造成的收入差距扩大。

这种单周期的通胀是相对通胀。

四、绝对通胀产生的原理模型

除了相对通胀，还有一种通胀是绝对通胀。这种通胀的原理模型如下：

再假设，矿砂滩不是天然的，而是一个矿砂厂持续生产形成的。如果矿砂厂的矿砂产量小于水的增加量，那么即使水冲过矿砂滩，也不会带走更多的矿砂，这时混合物的浓度就会下降。其中，矿砂厂就相当于科技决定的社会生产总能力。也就是说，单位时间的信用货币增发量——即信用货币增发速度，如果大于同期自然科学和社会科学发展所决定的社会生产总能力的增长速度，就会造成信用货

币的币值下降，这就是绝对通胀形成的原因。

如果水的增加量持续大于矿砂厂生产的矿砂的增加量，就会出现持续的通胀。如果超量后不继续增发信用货币或信用货币增发量低于社会生产总能力的增加量，随着一个国家科学的不断发展，也会逐步消化原来的通胀。换句话说，适度超量发行的货币，还是会被科技的发展最终吸收，但如果这个国家的科技一直不发展，且无其他外力作用，泡沫就会破裂，价格就会回落。

五、资本供应过剩的原理模型

在资本供应不过剩的情况下，只是货币发行对象错误，在经过一段通胀后，由于失败的资本变成人们劳动薪酬和一部分企业投资者投资收益，最终也能促进生产增长。但是，如果货币发行对象错误，还持续进行投资货币供应，导致投资货币过剩，就会出现从资源原料投机开始的严重通胀或股市投机泡沫。其原理模型如下：

假设工厂的生产区面积是有限的，生产线并不能无限扩大，当生产线达到极限时，即使矿砂厂的生产能力大于系统中已有水的运输能力，也不能再增加水。如果再增加水，由于最终产品生产厂和装备产品生产厂都消化不了这些矿砂，就会出现矿砂运输过剩。在过剩前，如果人们预期工厂矿砂消耗能力会增加时（比如工厂生产效率提高），这些水就会大量进入搅拌池，造成比较严重的混合物浓度下降；如果人们预期工厂矿砂消耗能力不会增加时，因为知道矿砂运输会过剩，就不会有水进入搅拌池中，并把水引到其他可以投机获利的地方去，如果其他地方的获利速度和比例更高，甚至会把原来的本应流向搅拌池中的水也引到该地方，从而导致系统矿砂运输量减少。这就是信用投资消费模式下，股市上涨越多，实体经济越低迷或将会变低迷的原因。

其中，矿砂过剩就是产品生产过剩，预期工厂矿砂消耗能力会增加，就是预期消费（经济）会增长；预期矿砂消耗能力不会增加，就是预期消费（经济）不会增长；比较严重的混合物浓度下降就是比较严重的通胀；水引到其他可以投机获利的地方去就是把货币投入到股票市场投机等非生产性活动中；系统矿砂运输量减少就是社会产品生产总量减少。

六、扩大再生消费的原理模型

当最终消费的生产出现过剩时，可以扩大再生消费，直到接近当时科技条件的最大社会生产总能力，其原理模型如下：

假设工厂生产设备的车间生产的设备可以用于矿山的采矿厂改进设备，生产出能用来生产更先进的最终产品生产设备的矿砂，那么就可以专门加水冲刷改进采矿设备所需的矿砂。这样随着新矿山采矿机械替代旧机械，能用来生产效率更高的最终产品生产设备的矿砂就会越来越多，当这种矿砂运送多了以后，设备车间就可以制造出更先进的最终产品生产设备替换旧的生产设备，从而提高最终产品的生产能力和用于生产最终产品的矿砂的消耗能力。

其中，能用来生产更先进的最终产品生产设备的矿砂就是再生消费品，用更先进的最终产品生产设备替换原来的最终产品生产设备就是边际消费总能力升级提高。

七、非法货币的原理模型

非法货币的原理模型如下：

假设沟渠中由于某种原因存在逆流，这些逆流不但会直接导致矿砂运送量减少，而且会降低流体的流速，更进一步减少矿砂运输量。非法货币本质是人们获取的方法途径发生错误的货币，它就相当于沟渠中的逆流，会影响和干扰系统的正常有效运行，造成产品生产消费总量下降。

八、沉睡损毁货币的原理模型

沉睡损毁货币的原理模型如下：

假设沟渠中有很多深浅不一的水凼，两岸有很多的裂口，这些水凼中储积的大量的水就是沉睡货币，从这些裂口中流出去的水就相当于损毁货币。

从这里也可以知道，现在西方主流经济学所说的货币投放的杠杆效应其实是一个错误的概念，因为货币与经济的关系本来就是一个通过货币循环带动经济形成流量的问题，这种错误是因为把某一时点的货币增加量问题与长期的货币循环产生的经济流量问题混淆了。这就好比，人们谈的是河渠流量的口径（截面）增加问题，却被用长期流量增加量来回答。

第三节　信用货币发行的操作方法

因为科技的发展是持续不断进行的，生产效率是不断提升的，产品是不断升级增值的，产品种类是不断丰富的，国家制度是向前发展的，同一制度下体制机制是不断改革完善的，企业的商业模式和管理模式是不断地创新和改进的，人力资源分布值随着教育的发展是不断提高的，所以社会生产总能力的增加像流水一样，是持续不断的。因此，货币的增发也应该是像流水一样，持续不断地进行，而不是阶段性地集中增发。

同时，由于科技与改革引起的社会生产总能力的变化是不均匀的，即社会生产总能力的增长速度是不均匀的，所以货币发行也要根据每个时点的社会生产总能力的大小不同而不断改变，而不能一直以一定的量均匀增发。

消费货币和投资货币都是个人收入，只是用途不同或暂时用途不同的收入，增发的消费货币只能向民众平均分发，增发的投资货币也应该平均增发给民众。在个人消费和投资收入货币之外还要考虑临时占款、投机占款、沉睡货币和货币损耗的存在，必须为此而增加额外的货币供应，但是都纳入个人收入之中，并且增发的对象和方法是一样的。

用于社会保障产品、最终公共产品和再生公共产品生产的货币可以不必发给民众个人而直接用于消费支付，是因为发下去又要收上来，不过是在浪费时间和劳动，没有必要，而这些产品的均等提供本身就相当于平均分发货币。政府必须牢记这些钱是属于民众所有的钱，而不是政府所有的钱，只能用于指定项目，不可以随意支配。而且，当社会保障品和最终公共产品达到当时科技条件下的最优水平时，就应将用于两项支出的增发货币平均增发给个人。

信用货币发行的具体方法是“倒油法”。当物价指数下降时就增发货币，下降越多增发越多；当物价指数上涨时就停止增发，直到物价指数出现下降。实际操作中，货币发行机构可预先以一个较小的常量每月向个人账户增发几元到几十元不等的货币——这些货币不是财政收入，而是直接印发的钞票或调整的电子数据（因为科技一直在缓慢地发展，制度改革通常也在或大或小地进行，人力资源分布值通常也在不断提高），然后根据 CPI 涨跌增加一个修正量。如果下跌就多增发一点货币，如果不跌就维持原来的常量，如果上涨就减少常量。如果单向长期上涨或下跌，就上调或下调常量。

这样就可以彻底避免通胀和通缩，使货币币值十分稳定，使企业生产交易更方便、损失更少，使投机者退出货币投机。

货币在便捷性方向上的发展是自始至终的，也是没有止境的，即使在信用货币高度稳定的方法没有找到的情况下，信用货币也会继续不断地向便捷性方向发展，如电子货币的出现。因为电子货币相对于纸质货币，在大额支付、远程支付和支付速度上有极大的优势，不但更便捷，也极大地节约了支付成本。

电子货币是纸质信用货币一定程度的替代形式——在较长一段时间是不完全替代形式。在这种情况下，纸质货币的发行必须考虑电子货币的存在，并做出相应的调整。

电子货币目前还有很大的局限性，即它需要专门的支付设备、网络条件和电力供应，所以在小额近距离支付上，其便捷性反而不如纸质货币，而且成本更高。在这些问题解决以前，纸质货币与电子货币会共生共存。此时，政府可以而且应该根据电子货币对纸质货币的替代程度，减少纸质货币的印刷和发行量——因为大部分支付所需的货币已经电子化了，政府只要保证现金使用所需即可，否则就是资源和劳动的浪费。如果出现特殊原因，电子货币不能正常使用，如长期大面积电网损坏，可以临时增加纸质货币供应，电力恢复后，可逐步收回，并用于替代损坏货币。

以上是假定资源全部为公有且根据生产和消费需求正确私有化情况下的货币发行。实现社会中，资源并不一定会被正确私有化，而且公共产品有时也会被错误地私有化，另外人们储存财富的方式也在不断升级变化，这些都会影响货币需求与发行的总量（有关问题后有详述）。

第十八章　财富的权属变化与信用货币发行

旧市场经济理论的问题述要：

西方市场经济理论，没有注意到资源是天然存在的人类公共财富，对产品公共财富对于人类的重要性和必要性也未予充分的关注和研究，过分夸大私有财富对个人生存发展的重要性和经济发展的作用，而忽视了公共财富的基础性、长远性作用，对资源的正确私有化方法也没有充分关注和研究，这是导致很多市场经济国家发展出现困境和不可持续的重要原因。

第一节　公共财富的类型

财富，就是尚未使用或没有用尽的持续保有的有价值的资源或产品。人类财富有广义和狭义两种概念，也有共有和私有两种所有性质。

自从科技与生产方式的发展使产品生产总量大于消费总量，产生剩余产品之后，就出现了通常所说的财富现象——狭义财富。

狭义财富，是指被确定为个人或国家以下（不含国家）某个集体成员共有且可由个人或该集体成员共同自主支配的资源、资产、节余消费品与货币态财富。比如农村的集体土地、企事业单位的建筑设备、企业未分配的利润、家庭买的住房及对应的若干年空间资源、个人生产或购买且尚未被消费的粮食、个人生产或购买的还可穿着的服装、家庭或个人节余的收入。在人类发展的较长一段时间内，存在大量被迫和主动的未有效满足自己消费需求的消费品节省现象，所以作为消费品的财富，并不都是剩余产品，也包括节省出来的产品。

广义财富，除了指所有狭义财富外，还包括社会保障品、公共产品、政府持有的货币态财富以及国家和人类未私有化的资源等。

货币态财富，不考虑货币发行错误的情况下，是已经有或将会有相应的具体价值对应的抽象形态的通用价值，它本身是由某种资源或产品通过市场销售转化而来，或者将调动某种资源的开发使用或产品的生产（比如因科技发展，资源开采或产品生产能力提高而增发的货币），持有这些抽象的通用价值的主体可以用它从市场上转换成所需要的任意具体价值，既可用来购买资源、资产，也可用来购买消费品，所以它本质上属于资源、资产或节余消费品中的一种或全部。

人类社会从根本上看，一直而且永远是一个财富共有共享的社会，人们对财富的共有和共享无时不在，也无处不在。从原始社会到当今社会，无论哪一个阶段，哪一个国家，都存在一定程度的共有共享的公共财富。比如空气、河流、湖泊、森林、道路、桥梁、公园、市政设施、典籍文物等。对人类社会来说，公共财富是必不可少的，没有公共财富的社会只会是自然社会，而不是人类社会。

公共财富，是由地球上的人类全体或国家的全体民众共同所有或享用的资源或产品。公共财富主要有两级：一是人类级，二是国家级。

人类级公共财富是地球上过去、现在和将来的所有人共同所有和按一定规则享用的资源或产品。如，太平洋、大西洋、印度洋、北冰洋等海洋，月亮、太阳、宇宙等地球之外的物质，万有引力、光合作用、量子现象等自然规律，人性、经济、政治等社会规律。

国家级公共财富是一个国家过去、现在和将来所有民众共同所有和按一定原则享用的资源或产品，如，一个国家的土地、海洋、天空、气候、湖泊、河流、森林、矿物，财政拨款生产的科研论文、发明创造，个人或企业过了知识产权保护期的专利发明、文娱产品，前人留下的典籍、文物、古迹等。

人类社会共有共享的公共财富从来源上看有两类：一类是天然公共财富，另一类是产品公共财富。

天然公共财富，包括各类自然物质资源和自然规律资源。自然物质资源，有的是直接免费共有共享，如（早期）森林中的动物和果实、江河中的鱼虾和植物，有的是销售后共享，如中东沙特等国家的石油销售收入大量用于国民的社会保障品和公共产品的提供，实际上就是民众在间接共享石油资源，土地租赁（销售）收入用于社会保障和公共产品提供也是资源间接共享。自然规律资源是人类级的免费公共财富，人们需要为发现者的劳动支付一定的劳动报酬，但是这种资源本身应该为全人类所有人免费使用，而不能让发现的个人、企业或国家独占。

产品公共财富，分为国家级产品公共财富和国家以下级产品公共财富。国家级产品公共财富，是一个国家的全民按一定规则贡献形成并按一定规则享用的公共产品财富。国家以下级公共产品财富，是由国家以下级的某个集体全体成员按一定规则贡献形成并按一定规则享用的公共产品财富。国家级公共产品财富的贡献和享用规则由国家立法机构确定，国家以下级公共产品财富的贡献和享用规则在不违反国家法律的前提下，由本集体成员共同自主决定。

国家级公共产品财富，分为社会保障品、公共产品和货币态公共财富，所以对于一个国家来说，公共财富具体可分为自然资源、社会保障品、公共产品和货币态公共财富四大类型。

货币态公共财富根据存在原因分为两类：一类是税收、国家股利润等财政收入中计划用于但尚未购买成社会保障品和公共产品的部分暂时性货币态财富；另一类是应急资金、储备资金等必须以货币形式存放的货币态财富。从其所代表的具体财富看，既可能代表的是资源财富——为资源销售而增发的货币或资源税，也可能代表的是产品财富——个人所得税。

第二节　产品公共财富的来源与发展

产品公共财富的来源分为国家级产品公共财富的来源、国家以下级集体产品公共财富的来源和人类级产品公共财富的来源。

国家级产品公共财富从来源的形式上主要分为四类：一是个人或集体义务生产的公共产品财富，二是政府财政收入及其购买的社会保障品财富和公共产品财富，三是个人或集体自产的产品贡献给全民形成的公共产品财富，四是个人或集体自愿捐赠的收入购买的公共产品财富。

个人或集体义务生产的公共产品财富，是指个人或集体通过被动或自愿的劳动直接生产的公共产品财富。如，古时的民众义务服劳役兴修的水利设施、修建城墙或修筑的长城等。

政府财政收入及其购买的社会保障品财富和公共产品财富，是政府用财政收入向企业购买生产的尚未消费或消费尽的社会保障品和公共产品，以及暂时未用的货币。财政收入形成的财富分为三类：一是社会保障品财富，二是公共产品财富，三是货币态财富。其中，社会保障品财富是财政收入购买的尚未消费的社会保障品；公共产品财富是过去（因为道路、桥梁等公共产品可以长期使用，有些是以财政收入购买的）和本期的财政收入购买的尚未消费尽的公共产品；货币态公共财富是历史以来留存或当期暂时未用的财政收入。财政收入的来源主要包括，个人或企业纳税、资源租售收入、处罚个人或集体违法行为收入及没收的非法财物、财政收入投资收入。

个人或集体自产的产品贡献给全民形成的公共产品财富，是个人或集体生产的产品按一定条件直接或被生产者主动捐赠给全民所有和享用的公共产品财富。这种来源的财富有三种类型：一是个人或集体非财政购买生产的非物质产品，适时主动贡献给社会。如，独立的理论研究成果一定时期后主动放弃知识产权收入，发明专利一定时期后主动免费公开，文艺作品一定时期后主动放弃版权收入等。二是个人或集体生产的产品因为知识产权交易期满而免费供公众和社会各类组织使用的非物质产品，如过期的药品专利、发明专利等。三是个人或集体因为消散而自动成为公共产品的物质或文化，如历史遗留的各类建筑、生产工具、交通工具、生活工具，前人的学术著述、诗文、音乐作品、书画作品、雕塑作品等。

个人或集体自愿捐赠的收入购买的公共产品财富，是个人或集体用自己的收入自己购买产品捐赠形成的公共产品财富，或捐赠给政府由政府规划购买形成的公共产品财富。一是个人或集体主动赠与社会的自产、自有或购买的物质产品。如，希望小学、逸夫楼、集美大学等。二是个人或集体直接将收入捐赠给政府，由政府统一规划购买形成的社会保障品或公共产品。这种类型的公共财富还比较少见，但是随着国家层次的贡献激励体系的建立，这种类型的财富将极大增加，甚至将占主导地位。

人类社会发展之初，第一种来源的公共产品财富是国家级公共财富的主要来源；随着社会的发展，到了封建社会和资本主义社会，第二、三种来源的公共产品财富成为国家级公共产品财富的主要来源；到了成熟的社会主义社会和共产主义社会，第三、四种来源的公共产品财富将成为国家级公共产品财富的主要来源。

国家以下级集体的产品公共财富主要来源于个人筹集，筹集的原则主要有五种：一是平均分摊，二是按经济实力分摊，三是按使用情况分摊，四是某一个或多个人自愿捐赠，五是一部分人自愿捐赠，其他人或平均、或按经济实力、或按使用情况分摊。

人类级公共产品财富的来源类似于国家以下级集体，只是筹集的对象由个人变成了国家。如联合国或一些国际组织的产品财富，这些财富都来自于成员国的会费收入，且来源一般不超出这五种情况。

第三节　公共财富私有化与信用货币需求

公共财富私有化，就是将资源公共财富或产品公共财富以拍卖、拍租或分配等方式授权给某一个或若干集体或个人所有。公共财富私有化分为资源公共财富的私有化和产品公共财富的私有化。无论资源公共财富的私有化还是产品公共财富的私有化，私有化这一过程都不增加社会价值总量，但是会增加社会信用货币需求的总量。

资源公共财富私有化，就是将尚未开发使用的属于全国过去、现在和将来所有民众共有的公共物质资源，如土地、矿产、水源、自然林地、原生草场、沙漠戈壁、海岸岛礁等以拍租、拍卖、分配等方式授权给某一个或若干集体或个人所有，或将规律资源，如发现的理论、发明的产品、设计的制度（模式）等授权给某个个人或集体所有。

农村集体土地本质是国家土地，即全民共同所有的土地，是国家在一定时期内把公共土地资源的使用权以分配（即无偿给予）的方式私有化给村组这一集体——这种只是私有化给一定的集体而没有私有化给个人的私有化是一种相对的私有化，本质上仍然是公有，但是又不是真正的公有，即国家或人类级别的共同所有。但是国家有权按照一定程序和方法分步或在一定条件下（建立均等化的全民社会保障体制后）完全收归公有。农民的宅基地、自留地是将公共土地资源以限量平均分配的方式私有化给特定人群（农村人口）。把农村土地变成城市用地按40或70年拍卖给个人、公司或事业单位，就是对公共土地资源进行拍租——即分段出售土地资源的使用权。这实质上是土地资源所有权回收为公有后，再单纯对使用权进行分段出让。

产品公共财富私有化，就是将已经成为过去、现在和将来全国民众共享的最终消费品和再生消费品，如公路、桥梁、公园、体育馆、景区、公立学校、公立医院、财政供养的科研院所通过有偿或无偿方式授权给某一个或若干集体或个人所有。

无论资源公共财富的私有化，还是产品公共财富的私有化，在进行私有化时，只是发生了财富所有权性质的变化和财富归属权的转移，并没有发生财富的创造行为。所以，公共资源或产品私有化前后，社会财富的总量不发生变化，即既不增加一个国家的总财富，也不减少一个国家的总财富。

在资源公共财富和产品公共财富私有化以及投机交易过程中，资源、产品还是那些资源、产品，其价值并没有因私有化和交易而改变或增加。土地私有化并没有增加土地的价值，只是对土地由不估值变成了估值，增加了土地的货币供应需求；既有的公有住房私有化也并没有增加财富，只是把已经变成公共消费品退出市场流通的公有住房重新放入市场流通，导致货币需求量增加。

资源公共财富和产品公共财富私有化后，对于一些集体和个人而言，财富总量的确是增加了，而且有的还极大地增加了，但是对于整个国家而言，财富总量并没有任何变化和增加。其中，某些集体和个人财富的增加是以全民公共财富的减少为条件的，这些集体和个人增加的财富量正好等于全民公共财富减少的量，二者是零和关系。

但是，无论是资源公共财富还是产品公共财富的私有化，都会改变一个国家信用货币的需求量，即，会使一个国家需要发行的信用货币总量增加。

资源公共财富的私有化实际上是增加市场流通价值的总量，所以需要被赋予一定量货币与之对应。资源公共财富在私有化之前，作为原始态的公共财富储存在那里，因为没有使用，是没有也不需要相应的货币与之对应的。但是，当一部分资源公共财富要私有化时，就意味着要使用这些资源，就要通过市场对这些资源进行租售，由于它们是市场流通中的新增在用财富，未曾赋予货币，所以需要增发货币来与这些财富对应，否则就会造成货币紧缩。因此，资源公共财富私有化需要增发货币与之对应，其货币增发量由该资源的市场价值决定，越多的资源公共财富被私有化，需要增发的货币越多。

产品公共财富私有化是已经退出市场流通的产品再回流到市场中去，所以也需要被再赋予货币。产品公共财富是企业等集体共同使用或个人消费的公共产品，作为公共产品，它们已经被购买并退出了市场流通，不再需要货币。对这些财富进行私有化，就是重新将其投入市场中流通，因此需要增发货币来使它们有相应的货币对应，即再赋予货币，否则就会造成货币紧缩。产品公共财富私有化的本质是一物两卖，相当于一个人把一栋楼卖给了一部分人，然后又将这些买主赶出楼去，再将这栋楼卖一次。产品财富抵押增加了将已经退出流通的产品财富再次推入市场流通的可能性——因为不能按期偿付贷款而拍卖的抵押产品财富，所以投资与销售抵押现象的产生或增加会要求增发相应的货币。

资源公共财富的私有化分为正确的私有化和不正确的私有化。根据当时科技条件下人们对资源公共财富需求量私有化，并将私有化收入用于全民共享或均等分配，是正确的私有化；超出当时社会需求量对资源公共财富私有化，或非全民化享用和分配这些资源收入，是不正确的私有化。

产品公共财富是人们用税收等收入已经购买或者个人（集体）贡献，并正在被个人或各类国家以下集体共同消费的最终消费品和再生消费品，是不能进行再销售和私有化的，只能按产品公共财富的使用原则来供人们消费使用。因为改造升级而将废旧产品拍卖是可以的，但所得收入全部归入国家财政。

产品公共财富是个人财富的共享形式，从根本上说是个人财富（其中集体捐献的产品属于部分个人共有的财富），个人拥有产品公共财富的部分所有权，或者对部分公共财富拥有初始所有权。机场码头、市政设施、公立学校、公共安全、国家安全等都是个人通过纳税（包括个人消费税和个人所得税，企业税本质上都是个人税。因为它最终会由个人通过消费分摊）购买的公共产品。民众对这些产品只拥有部分而不是全部所有权，所以个人的消费权是有条件的而不是完全自主的。个人或集体捐献给国家的产品公共财富，由于已经成为公共财富，其使用权和消费权不再由原所有者决定和控制，而是成为共同所有的产品，此时原所有者与所有其他人拥有的使用权和消费权是完全一样的——但原所有者会得到人们的尊敬。

如果对产品公共财富进行私有化，一是会影响人们的公共产品消费需求，其本质是剥夺个人的公共产品消费，减少个人公共产品消费总量；二是会影响集体对公共产品的使用，导致企业生产成本增加，并转移到最终消费品上，使个人的自主消费支出被迫增加，财富积累减少。无论是直接减少人们的公共产品消费还是最终提高人们的自主消费支出，其实质都是在降低人们的获得感与幸福感，同时也会降低对政府及其管理能力的认同感。

资源公共财富被不正确地私有化后，因为大多数集体和个人没有分配到这些资源收入，但却又要为这些本不需要付费的资源付费，所以会增加货币需求；产品公共财富被私有化后，本不需要付费的公共产品消费使用时要再付一次费，所以也会增加货币需求。

资源公共财富和产品公共财富被不正确的私有化还会导致投机，并增加货币需求。资源公共财富的过量私有化会导致投机，投机会导致相同资源的价格上升，从而增加信用货币需求。产品公共财富的私有化也常常伴随投机，如单位公有住房私有化后，房地产的投机一下子变得十分活跃，房屋价格不断上涨。这就是为什么大量农村土地私有化和单位公有住房私有化后，社会货币需求会猛然激增的原因。

资源公共财富和产品公共财富私有化导致的货币需求增加，会表现为当期GDP增加，但这种增加是非真实增加，因为社会并没有产生新增价值。即社会总财富并没有增加，只是把已经退出市场流通的部分公共财富重新纳入当期GDP计算了一次。

第四节　资源公共财富私有化的原则和方法

财富的公有和私有都是人类使用和消费财富必要的所有方式。资源公共财富不是不可以私有化，但是哪些该私有、哪些不该私有、什么时候该私有、进行多大量的私有，要根据财富的性质、科技发展的水平和人们的需求来确定，既不能对一切资源公共财富一概私有化，也不能一下子全部私有化，否则就会出现各种各样的问题。

资源公共财富的使用和消费的原则和方法分为两种：一种是按照公平原则和科学方法，另一种是按实力原则和达尔主义的方法。

按照公平原则和科学方法，物质资源公共财富根据财富本身的不同性质，分为不可私有化、可有限私有化和可完全私有化三类：

不可私有化的物质资源公共财富。太阳、月亮、空气、海洋、河流、湖泊等生命无限（相对单个的个人或集体——不包括整个人类而言）又不具有排他性的物质资源公共财富，属于不可私有化的物质资源公共财富，所有个人或集体完全根据自身的需求自由免费地消费使用这些资源。

可有限私有化的物质资源公共财富。土地、领海及其上下空间等生命无限性且具有排他性的公共物质资源，属于可有限私有化的物质资源公共财富，应采用租赁的方式出让一个时段的使用权——所有权不能私有化，使用权可分期私有化。因为这些资源的生命长于任何个人或集体，本质上无法被任何个人或集体所私有化，只能被个人或集体在一定时期内使用；同时，这是一种价值放大型工具资源，私有化产生的排他性会造成价值利用不充分，影响放大型价值的价值最大化放大。私有化虽然有利于提高生产效率，但是会减少放大型价值的价值放大效率。比如，同一时段内，出租车产生的利用价值通常高于私家车、公房产生的利用价值通常高于私房。企业生产中，规模或量越大成本越低，其实也是价值利用的充分性问题。即，土地房屋、机器设备、印刷制版、产品模具等利用越充分，其所产生的价值越大。但是，规模或量的扩大也是有极限的，这个极限就是物质工具的最大载荷或使用寿命。理论、方法、电脑程序等非物质型价值的价值放大没有极限，所以通过它们生产的产品量的扩大是没有极限的。

可完全私有化的物质资源公共财富。石油、煤炭、原始林木（用作燃料、家具）等生命有限的消耗型物质资源公共财富，应采用出售方式私有化——所有权和使用权全部一次性私有化。因为这种物质公共财富被一个个人或集体使用后就消失了，其他个人或集体再也无法使用，所以这种物质资源公共财富可以而且应该以出售方式对所有权和使用权都进行私有化，即完全私有化。

可有限私有化和可完全私有化的物质资源公共财富，其私有化的原则都是，需要时才私有化，不需要时不私有化，需要多少私有化多少，当期用不了的不私有化。原因有三点：一是随着技术的发展，资源利用的水平越来越高，资源的生产成本会越来越低或产生的价值越来越大，因此资源的价格也会越来越高，按需私有化既可以满足当前人们对资源的急需，又能确保对资源进行最恰当的赋值，使资源的销售收入实现最大化。在不考虑腐败的情况下，这就是个人或单位囤积资源之所以能赚钱的根本原因。二是物质资源的总量是有限的，资源被私有化就意味着被使用，资源越早被私有化和使用，利用的技术水平越低，利用率越低，造成的资源浪费越大，产生的负外部性越大，对环境破坏和对人健康的损害越大；反之，资源越晚被私有化和使用，利用率越高，造成的资源浪费越少，产生的负外部性越小，对环境破坏和对人健康的损害越小。三是把尚用不到的资源私有化，会给投机者制造投机和炒作题材与机会，不利于资源的合理利用，也不利于公平，会影响人们劳动创造的积极性，削弱经济发展的动力。另外，土地资源的使用还存在再利用成本问题，因为土地资源被低技术水平地利用后，要进行更高技术水平的再利用，就需要拆除，会产生很大的再利用成本，比如要把工厂恢复成耕地或者要把低层楼梯房改造成高层电梯房，都需要大量的再利用成本。

长期以来，物质公共资源的私有化，并不是按照公平和科学原则进行的，而是按照控制能力、利用能力与武装实力原则进行的。一是谁能控制某种资源，谁就会在其控制力范围内，尽可能多地将其私有化给自己。比如，猎人能打多少猎，就有多少猎物被私有化给自己；渔夫能打多少鱼，就有多少鱼被私有化给自己。二是谁有能力利用某种资源，谁就将其私有化给自己。比如，以前不能利用的荒滩，有人能利用了，就通过利用将其私有化给自己；以前不能利用的石油，有人能利用了，就通过利用将其私有化给自己。三是在利用能力和控制能力相当的情况下，谁武装实力更强谁就将其私有化给自己，如原始部族之间、非地方集体之间，特别是国际之间对土地、海洋及其所属资源的私有化，一开始往往是根据武力原则。

随着科技的发展，个人或集体利用能力，控制能力的提高和战争导致人类整体毁灭可能性的增加，无论是在国家内部和国际之间都呼唤和需要用公平的原则和科学的方法对可有限私有化或可完全私有化的物质资源公共财富进行私有化，这是人类发展的必然选择。否则，有一天，随着科技的发展和控制力与武力的增强，全部的海洋、南北极，甚至不能私有化的水、空气、月亮、火星等都有可能被某些国家甚至个人私有化，而在这个过程中，也极有可能因为分配不公平和利用不科学而造成人类的毁灭。

现实可行的原则是：已经私有化的资源遵循历史依据解决，对未私有化的物质资源公共财富，通过制定公平的法规，依据法规解决。为什么历史依据优先呢？道理很简单，如果不以历史依据优先，那么世界就只能完全打乱，重新平均分配，这显然是不可能的。

规律资源公共财富在统一付费或超过专利期后，可以不受到限制地免费使用——用于负价值生产的规律资源禁止使用。财政供养的规律资源从产出的那一刻起就是公共财富，就可以被国内所有个人或集体免费使用。非财政供养的规律资源为在较短的时间内让最多的个人或集体利用，或者让规律资源的价值放大性最大化，同时又使人们有动力探索发现规律资源，以及根据规律资源进行发明创造或制度方法设计，应该根据当时科学维度的消费需求水平，限制最高收入或缩短知识产权有效期。

具体操作方法有两种：一是某种知识产权达到某一预定的最高收入水平后，自动变成公共财富供个人或集体免费使用；二是调减知识产权的有效期，使其能尽快地成为公共财富让个人或集体免费使用，以实现利用价值的最大化放大。规律资源的生产者可以完全自主地从中选择一种。这样，既能有效避免收入差距过大，也能降低产品价格，从而更好地促进经济发展。

需要说明的是，这么做不但不会降低人们探索规律、进行发明创造或制度方法设计的积极性，还会更好地促进其进行更多的规律资源探索、发明创造或制度方法设计。因为，他们收入水平仍然是社会各类劳动者中收入最高的，同时由于不能一劳永逸——凭一个发现或创造就获得可无忧生活一生，甚至几世都用不了的收入，所以他们会进行更多的探索和创造。

第五节 公共财富私有化收入权属与分配

一切公共财富私有化收入都是全民收入，应纳入中央财政，由中央政府根据财政收入的支出顺序和支出方法进行使用。

对物质资源公共财富私有化，实质是对未利用的公共财富进行开发利用。为此，信用货币发行机构需要先向民众平均增发相应量的消费和投资货币，使市场产生的购买力和生产能力增长与要新开发的资源公共财富所需要的货币相适应，从而维持货币币值稳定和投资资本充足。增发货币时，如果某种物质资源是从零开始，并按照一定的量持续开发，那么货币增发一次后就不需要再增发了；如果在原有开发量的基础上要扩大该物质资源的开发量，就要根据扩大量增发相应的货币；如果因为消费减少或资源枯竭，在原有开发量的基础上不断减少或终止该物质资源的开发，就需要根据减少量回收相应的货币；向民众增发的货币并不仅仅是私有化这部分物质资源本身对应的货币，它一共包括三个部分：一是当时市场价的该资源租售总价，二是该资源成为最终消费品的各级生产总溢价，三是该资源各级企业扩大投资所需增加的资本临时占款总量。

对规律资源公共财富私有化，实质是通过对规律资源公共财富的生产性利用，使其产生价值放大，然后把其产生的放大价值销售出去。同样，规律资源公共财富的私有化，也需要货币发行机构先向民众平均增发相应量的消费和投资货币，以产生相应的购买力和生产能力。规律资源公共财富私有化的货币增发与其租售价格、私有化时间、应用范围（包括应用领域多少与区域及人口多少）等有关，租售价格越高、私有化时间越长、应用范围越广，需要增发的货币越多，反之则越少。其增发货币同样由三部分构成，但是如果该规律资源的知识产权已经失效，成为公共财富，那么第一项货币则不再继续增发——此处为知识产权销售或授权使用费。如果该规律资源停用，则要回收相应的货币；如果该规律资源被替代，则要根据价值差增减货币。

其中，民众只在货币初始增发时能无条件平均得到与物质资源货币对应的一定量的收入，能实现边际消费总购买力增加最大化；此后，矿物等会持续开发，土地会持续租用，货币会不断循环，这时民众就只能通过劳动或投资等方式来反复获得这些货币，并用这些反复获得的货币来购买并消费不断生产出的产品。而后面的货币分配就不再是平均的了，而是按劳分配和按资分配，这个过程中所产生的边际消费购买力会低于初始增发时的边际消费购买力。

政府租售资源收入则不同，随着物质资源因持续开发和出租的私有化，政府会不断地得到这些物质资源的租赁或销售收入。

也就是说，民众因物质资源公共财富私有化获得的货币增发收入是一次性的货币赋值收入，而政府因为物质资源公共财富私有化获得的收入是持续性的——这些收入本质上也属于民众。政府获得的资源租售收入才是资源私有化本身的收入。

由于物质资源公共财富是全民共有财富，所以这些财富私有化收入也属于全民并用于全民或应由全民平均分配。因此，物质资源公共财富私有化收入应全部归中央财政而不能归地方财政，应成为国家财政收入，即全民的共同收入，而不能成为某一地方的财政收入，即一部分人的共同收入。

规律资源公共财富的租售（授权使用或知识产权销售）收入归发现者，政府并不能获得该收入（只能得到一些个人所得税）。规律资源公共财富因知识产权到期解除私有化而彻底成为公共财富后，是完全免费使用的，政府同样不能因此而获得收入。因此，为了提高生产者的积极性而对规律资源限期或限价私有化的收入，归生产者而不是政府。这与物质资源公共财富是不同的。

其实，物质资源到最终消费品的溢价中除去资本收益和劳动薪酬以外的溢价（假设没有投机）就是规律资源的放大价值。当这些规律资源解除私有化后，这部分溢价就会因竞争而消失。从本质上讲，消失的这部分溢价对应的放大型价值都被民众所得到了。产品在市场竞争的作用下，性价比会越来越高，最根本的原因就在这里——民众获得了规律资源不断产生的放大型价值。

也就是说，竞争只是产品性价比提高的外因，规律资源的放大型价值，才是产品性价比提高的内因，没有规律资源的价值放大性，竞争就不能使产品的性价比提高——如果企业降价，必然导致利润减少，甚至无法生存下去。这就好比海绵，只有海绵里有水，才能挤出水，如果海绵里面没有水，再怎么挤，也挤不出水。

资源公共财富不正确地私有化和产品公共财富私有化导致的结果是，一部分集体和个人收入和消费水平上升了，而更多的个人的收入和消费水平却下降了。这就是资源公共财富不正确私有化和产品公共财富私有化导致地区发展不平衡和收入差距扩大的主要原因。此外，贱卖、腐败等也是导致收入差距扩大的重要原因。

由于经济理论发展滞后和腐败等的原因，现实中，对资源公共财富错误私有化的现象十分普遍，对本不该进行私有化的产品公共财富进行私有化的情况也时有存在。比如，将公立医院、学校、道路、码头私有化。如果出现公共财富错误私有化的情况，其收入也应该归中央财政，用于全民的社会保障品和公共产品提供，或由全民进行平均分配，这样至少能减轻一些其错误。

第六节 财政收入的支出顺序与方法

除规律资源公共财富外，其他资源公共财富私有化收入都应纳入财政收入。一个国家的财政收入，属于这个国家现在和将来的所有民众，应该由他们共同享用和分配。地方政府的财政收入和划分支配是由中央政府授权的，本质上是中央财政收入（有关问题后有详述）。加上物质资源收入后，政府财政收入支出的正确顺序与方法是：

首先，用于满足必要的最终消费品生产。主要是建立执政机构、议事机构、立法机构、行政机构、司法机构、社会安全和国家安全机构，并满足其服务提供所需的人员薪酬和运行开支。

然后，将剩余部分用于购买和均等提供社会保障品。包括从出生到本科的基本教育（高中以前为综合基础知识教育，大学本科全部为分类职业教育，包括从事基础科学研究的本科专业，从事技术、文化和服务等方面操作类的本科专业），基本水平的卫生防疫与疾病治疗，基本水平的居住条件，基本水平的食品、服装、通信、市内出行、安全保障等。

之后，再将剩余部分以当时最先进且成熟的技术为基础，按照均等、有适当余度的原则购买基础设施。如各类公路、铁路，设施齐全的机场、码头等。

再后，如果还有剩余，就分析这些剩余的财政收入的来源性质。如果剩余的财政收入是税收或人们的捐赠，则用于增加对政府部门的支出，如果这种财政收入足够，可以直到其机构设置、硬件设施（含军队装备）达到当时科技条件下的最佳水平；如果还有剩余，则用于扩大再生消费品生产，如各学科的基础理论研究，生命、航天、海洋科技试验等。如果剩余的财政收入是国有股分红、当期物质资源租售收入、货币发行赋值收入，就应该直接平均分发给民众。

为什么要将二者分开呢？因为前者是公共产品购买费用，后者是未分配的个人收入，在社会保障品供应体系建立完善和公共产品达到当时成熟技术条件下最优后，就应该及时将这部分个人收入分配给民众，以增加个人自主消费和社会边际总购买力。瑞士和澳门向人们普发货币的做法就具有这种性质，但是他们不是以此为理由进行的，也没有对二者进行区分。

最后，直接增发货币用于扩大无限再生消费品生产，直到达到当时科技条件下该国的最大生产能力。

为什么财政收入剩余的情况下还要增发货币呢？因为这两者的作用是不同的：财政收入和个人自主支配收入都是用来带动既有规模的公私产品生产消费的，而增发货币是用来扩大生产消费规模的，即扩大生产消费能力的，二者不能相互取代。

也就是说，用于适应科技发展的货币增发和实现当时科技条件下生产能力最大化的再生消费货币增发（由于这些货币增发后会促进科技的不断发展，所以这种货币增发是持续的），与财政收入盈余分配会同时进行，而且都是持续进行的。因此，在成熟的社会主义社会，每个工作年龄段有劳动能力的人一般都有五项收入：个人劳动薪酬、个人资本收益、国有股收益分红、增发货币赋值收入、当期物质资源租售收入。

如果一国市场经济还没有发展到公平平衡以上水平，通常会发生经济衰退或经济危机，由于这时一般不会出现财政盈余，所以可以通过货币增发的方法，按照以上顺序（从第二步开始）进行公共支出，从而走出经济衰退或危机。但是，仅凭这种方法只能暂时阻止经济衰退和解除经济危机，不能根本避免经济衰退，也不能彻底消除经济危机。

第十九章　个人财富的构成变化与信用货币发行

旧市场经济理论的问题述要：

西方市场经济理论，通常静态地研究当时财富储存的现象和方法，没有历史地研究其发展的动态和推测可能的变化趋势，对个人发展和政府规划国家发展不能起到正确有效的指导作用；同时对个人自主支配财富和公共财富出现负值的问题原因研究不够，对可能出现的后果估计不足，所以没有从根本上寻求解决问题的办法。

第一节　个人财富的构成及其变化

个人财富，是除去未开发的物质资源与未发现的规律后的所有财富。个人财富分为个人自主支配财富和非个人自主支配财富两类。

个人自主支配财富包括四类：一是已经私有化的物质资源及由其制成的尚未售出的产品。如，企业购买的矿石或生产出的钢材。二是规律资源及据其产生的未租售专利发明、制度设计和文艺创作。如，个人已经发现但还未发表的自然科学和社会科学理论、已经设计出来但未专利授权或销售给企业生产销售的生产设备或产品、已经设计研究出来但还未出版发行的政府与企业管理制度、已经创作出来但还未出版发行的文学或影音作品等。三是个人已经购买但还未消费或消费节余（不是指剩菜剩饭）的自主购买消费品。如，已经购买但尚未使用的房子、车子，用过一段时间的电脑、手机等。四是个人可自主支配的货币财富。如，现金、存款、股票、债券等。

非个人自主支配财富包括五类：一是个人因消费而上缴的消费税，二是个人因获得收入而上缴的所得税，三是个人因继承而上缴的遗产税，四是过期的知识产权产品，五是个人捐赠或遗存的价值。这些财富会以社会保障品及其供应系统（不包括人）、公共产品及其供应系统（不包括人）、财政收入中的现金、投资、购买的外债等货币态财富等形式存在。财政收入组建企业或入股企业投资产生的财富，财政收入购买外债产生的财富，都是个人非自主支配财富产生的财富，所以也属于个人财富。

换句话说，除了未私有化的全民和人类资源，其余全部财富都是个人财富，包括所有的政府资产。未私有化的全民和人类资源，因为还没有私有化给个人，暂不能共同消费使用，所以不属于个人财富。非个人自主支配财富，实际上是已经私有化后又再集中起来用于个人共同消费使用的财富，所以本质上属于个人财富。可见，财富的公和私其实是一种根本上一致的相对的概念，公共财富本质上是私人财富，私人财富都源于或依赖于公共财富，在一定条件下、一定范围内，对一定财富进行一定程度的公有化或私有化，其根本目的仅仅是为了更好地促进价值生产或消费。换句话说，财富的公有化或私有化不是目的，促进价值的生产或改善人们的消费才是目的。

随着科技的发展，以及人们绝对收入水平的提高，个人自主支配财富在个人总财富中所占比例会越来越小，非个人自主支配财富在个人总财富中所占比例会越来越大。原因有以下六点：

一是随着科技的发展，生产所需要的基础设施越来越多。比如，公路、铁路、机场、码头、农业设施、城市设施等。

二是随着科技的发展，生产所需要的政府服务越来越多。比如，立法服务、安全服务、执法服务、气象服务、交通服务、救灾服务等。

三是随着科技的发展，最终公共消费品种类和质量要求越来越高。比如，由主要提供治安等安全服务到提供更多发展机会与更公平的发展环境服务，由提供境内服务到提供境外服务。

四是随着科技的发展，生产与消费对再生消费品的需求越来越多。比如，通过公共远程教育，提高更多人直到所有人的知识水平和技能，通过基础科研和前沿试验，使人们掌握更多更深的规律，使企业获得更多或更好的生产技术。

五是随着科技的发展，人们对社会保障品的要求会越来越高。比如，最初的社会保障只是救灾或失业救济，后来则要求全面的生存层次的消费保障，再往后还需要不断提高这些保障品的品质。

六是随着环保意识的增强、文明水平的提高和更多人获得发展自由，奢侈浪费消费会被越来越多人放弃，个人自主消费所占个人收入的量，以及个人自主支配的财富都将大为减少。

最终，当自主消费品与社会保障品需求融合统一后，自主支配财富与非自主支配财富将实现融合统一，财富的自由消费与共同所有将实现完美统一。

第二节　个人创造的价值与收入和自主支配财富

公平情况下，个人创造的价值大于等于个人获得的收入、个人获得的收入大于个人自主支配的财富，但是由于不合法和不公平分配的原因，实际情况常常并不一定如此，一些人获得的收入或自主支配的财富远大于其创造的价值。

个人创造的价值，是指个人劳动或投资创造的价值，包括自产自用的产品、与人合作生产的产品中自己的劳动对产品价值的贡献份额、自己的资本对产品价值的贡献份额。

个人获得的收入，是指个人通过各种途径获得的资源、产品或货币。这些途径包括，自产自用的产品，劳动或投资公平分配获得的收入，继承、受赠、中奖等合法但非劳动投资途径获得的收入，偷抢、诈骗、腐败等非法途径获得的收入，投机、多占等不违法但不合理途径获得的收入。

因此，个人获得的收入并不总是等于其创造的价值，它既可能大于个人创造的价值，也可能小于个人创造的价值。

造成个人获得的收入与其所创造的价值不相等的原因主要有三类：一是共同劳动或投资生产的产品或销售收入分配不公平不合理（存在劳动或资本剩余价值），二是有人通过非劳动投资的方式获得收入，三是由于失业或身心健康原因接受救济。

在公平分配的情况下，个人获得的收入不应该大于自己创造的价值，但如果是社会制度和政策原因造成的个人失业或个人因为身心健康有问题不能正常劳动，那么即使其没有创造价值或创造的价值很少，社会也必须保证其生存层次的生活所需。这时，个人获得的收入大于其创造的价值是合理的。

而现实社会的很长一段历史时间内，有一些身心健康的人不创造或只创造较低的价值却获得了较高的收入，这些人获得的大于其创造的价值的收入包括劳动投资剩余价值和非劳动投资收入。造成这种收入的根本原因是理论发展还不充分、制度设计还不成熟、管理方法还不科学，因此应该通过认真的理论探索、科学的制度设计、不断优化的管理来减少或避免。

个人自主支配财富主要由两个因素决定：一是个人获得的收入，二是个人的支出情况。一般来说，个人获得的收入越多，其自主支配财富也越多；个人获得的收入越少，其自主支配财富也越少。除了个人获得的收入，个人自主支配财富的多少还与个人的消费情况有关。如果一个人进行的是奢侈浪费维度的消费，包括进行毒品消费、赌博等，那么即使他的个人收入很多，也不一定自主支配财富就多。因为这种维度的消费会使其收入很快被败光，所以剩余的收入、资产、产品等，即自主支配财富往往并不多。

第三节　个人财富与其信用货币需求

社会个人财富信用货币需求总量是当期社会个人财富总量中以信用货币形态持有的一部分财富和交易需要用到的信用货币。由于社会个人财富总量是历史累积的价值存量，有些价值已经退出市场不再交易，有些价值已经免费使用，这些财富都不需要信用货币。所以，社会个人财富总量总是大于其信用货币需求总量——社会个人财富信用货币需求总量。

这里要注意，社会个人财富信用货币需求总量与个人信用货币收入是不同的。个人信用货币收入，是个人劳动、投资等合法途径及投机、强占、贪腐、盗骗等不合法途径获得的货币收入，由于这些货币收入会不断用于食品、文化、服务等消费品购买消费而消失，所以个人财富只是当期收入消费后的剩余，随着这种剩余的不断积累，个人的财富及其所需信用货币通常会大于甚至远大于当期收入及其所需信用货币。

在没有社会保障制度或社会保障制度水平低且公共产品供应不足的社会，个人自主支配财富较多，个人的自主支配财富往往大于其所需要的信用货币。其原因主要有三点：一是此时大多数的个人自主支配财富都是消费品财富，而且这些财富一般不会再用于二手交易——少数以投机为目的的消费品购买除外，如炒住房、炒茶叶。个人自主支配财富中，以消费品形态持有的财富一般情况下都不需要货币，如已经购买但尚未消费的食品，个人购买且在用的住房、车辆、家具等。二是资本财富通常只在交易时短时（或瞬时）需要货币，大笔的交易一般是在需要交易一两天或瞬间需要货币。三是以现金形式储存的货币所占个人财富的比例通常比较低——少数人因为获得的收入是非法的，不敢用于银行存放或投资例外。

一般来说，个人自主支配财富中，只有以下四种情况下需要信用货币：一是自己存放现金时，二是商业存放的货币（如存放在银行或股市中的货币）需要投资与购买交易时——这就是为什么商业银行只需准备少量的现金就可以应对存款人取用，其余大量存款可以用于贷款获利的原因，三是持有的生产资源需要交易时，四是持有的消费品需要二手交易时。

同时，个人非自主支配财富信用货币需求总量一般也小于个人非自主支配财富总量。其原因如下：一是个人非自主支配财富中，占很大比例的财富是历史遗留的已经免费使用的财富，不需要对应的信用货币。如古代的子史经集、文娱作品、科技发明、各类文物，近现代知识产权过期的科学产品、文娱产品。二是社会保障体系和公共产品供应体系中有很大一部分是生产设施，它们都不再需要信用货币——人员薪酬、运转和维修经费除外。如党、政、军、法和事业单位的建筑及设备。三是大量物质类公共产品不再需要信用货币——因为维护需要的少量货币除外。如道路、桥梁、水库、码头、市政设施等。四是财政收入中储存和用于日常支付的货币态财富在个人非自主支配财富总量中所占比例通常比较小。

随着社会保障制度与公共产品供应制度的发展完善，以及大宗消费品消费的租赁化，个人消费会即时化，即个人的绝大部分收入会用于当期消费，个人自主支配财富的积累会大量减少（但是个人非自主支配财富积累会大量增加），主要是在企业的投资、服装、随身电子设备等，基本没有房产、私人汽车、私有飞机等实物资产（大多采用租用的方式消费使用）。此时，个人财富所需信用货币主要是在企业投资的资产因交易而产生的货币需求，也依然小于个人财富。

因此，社会个人财富信用货币需求总量一般来说也远低于社会个人财富总量。

第四节　个人财富负值出现的原因与最终的结果

个人财富是历史累积的存量，一开始都为正值。由于发展出了透支型借贷，个人财富的累积量才开始出现不一定为正值的情况，包括零或者负值。社会因为个人财富而发行的信用货币不断高于社会个人财富总信用货币需求量，甚至超过了社会个人财富总量。

个人财富为零，就是个人的债务与个人累积的价值相等；个人财富为负值，就是个人的债务大于个人累积的价值。个人的财富为零或负值，通常不是个人一无所有——当然也包括个人一无所有，而是指某些个人的财富已经全部被抵押为债务（这些财富已经不再属于该个人），这些个人实际占有、消费或控制的财富本质上是他人的财富。

因为债务模式下，个人很多的生产资源财富和消费品财富都被抵押成了货币，这时就需要为此额外增发大量的信用货币——虽然由于交易的先后问题，实际并不需要与抵押值相同的货币，但是增发的货币量还是很大的，特别是个人因为按揭住房、企业因为负债投资、政府因为经济刺激，有可能使实际货币发行量远大于社会个人财富倾向需求总量，甚至大于社会个人财富总量。由于个人、企业或政府，除了既有财富外，通常还有持续的收入，所以借贷给个人、企业或政府的债务总额可以大于其既有财富，但是不能大于其财富加还款期内的预期收入，如果大于二者之和，该个人、企业或国家就已经绝对破产。

实际社会中，个人、企业或政府还款通常并不是一次性全部偿还，也一般不用既有财富来还款（用既有财富还款只是作为不能到期还款的补救办法），而是用其当期节约收入来还款，只要不能如期偿还当期贷款，该个人、企业或政府就算债务违约——已经破产，这种破产一般只是相对破产，因为其还可以用既有的财富来还款。

但是，如果个人的自主支配财富与个人债务相加为零或负值，且不能支付到期债务，那么这个人就已经绝对破产。如果一个国家所有个人的自主支配财富与个人债务相加为零或负值，且普遍不能支付到期债务，那么这个国家的国民总体上已经绝对破产。借贷总是需要出借方的，没有节余也就没有借贷，一部分人的借贷总是建立在另一部分人的节余之上的，所以在封闭市场国家一般不会发生国民总体绝对破产——除非以国家名义向他国借债。国民总体绝对破产一般发生在开放市场国家，这些国家的个人通常是通过向银行借贷来实现国民总体绝对破产的，而银行是通过吸收外国的存款、向外国银行借贷或吸收外国资本来助其实现破产的。另外，如果一个国家的公共产品财富加上自然资源财富与公共债务之和为零或负值，又不能偿还到期债务，那么这个国家的政府总体上就已经绝对破产；如果这个国家的政府和国民总体上都已经绝对破产，那么整个国家就已经绝对破产。由于企业是中间机构，从根本上属于自主支配财富的构成部分——个人资本，所以在考虑国家破产时，考虑了个人自主支配财富就不需要考虑企业，而事业单位和政府资产都是个人的非自主支配财富，因此需要考虑。

相对破产，是个人、企业或政府不能偿还到期债务，但其所拥有的财富仍然高于其债务。个人、企业或政府多数情况下发生的是相对破产，但是如果不改变负债发展的模式，最终走到绝对破产的境地通常只是时间问题，就像一个吸毒的人，如不戒掉毒品，就很难避免毒瘾越来越大，并最终毁于毒品。比如，美国政府每过若干年就要调高一次联邦政府债务上限比例。

一个个人、企业或国家，财富总量加当期收入为零或负值，却可以通过某种方式占有、消费和控制大量的财富，这明显是不合理的。如果仅仅是授权管理的控制还可以，因为这些财富很明确是不属于他的，但是如果还能当成自己的财富占有、支配和消费就不合理，一定有人在为此买单或者有人要为此付出代价。

目前，当出现绝对破产时，解决的办法分别是：个人通过外逃、隐身、跳楼等方法逃避债务；企业通过破产的办法勾销债务；政府通过印钞、革命或国际减免的方法部分或全部赖掉债务。个人外逃、隐身、跳楼后，为他们买单的是出借人，而这些个人也为此失去了部分或全部自由；企业破产后，为它们买单的是投资者或供应商；国家破产后，为他们买单的是本国或外国民众。

出现这种情况的根本原因，是市场经济理论发展滞后和制度设计有问题，因此需要通过理论创新和新的制度设计来改变。

要从根本上避免这些情况的出现，就必须实行实模式的投资与消费体制（具体方法后有详述）。

第五节 个人财富储存方式的演变与信用货币需求

个人财富储存方式的变化趋势是，由实物储存到资本储存——即财富资本化，由物质产品财富储存到知识产品财富储存——即财富再生消费化，由自主支配财富储存到非自主支配财富储存——即财富公有化。

第一阶段——个人财富由实物储存到货币储存。主要经历了四种方式：

第一种储存方式是消费品储存。由于市场经济不发达，生产能力小于消费能力，财富的储存是以个人或家庭为单位进行物质消费品储存，如粮食、布匹等。“手中有粮，心里不荒”是这个阶段价值储存的主要原则。

第二种储存方式是货币储存。随着市场经济的发展，消费品由稀缺变为过剩，有了货币以后，就能很方便地获得消费品，这时消费品储存不方便，且易变质、损坏等不足的问题就变成人们进行财富储存时的主要考量因素，于是人们通常会将财富变为货币进行储存。

第三种储存方式是保值品储存。由于自然平衡市场经济下，货币波动和通胀严重，为了应对通胀造成的收入损失，人们往往将节余收入兑换为房产、金银、玉器、古玩等，因为它们既便于保存，不易变质损坏，还能应对通胀导致的货币贬值，甚至可以投机增值，这一阶段，财富保值增值成为人们的主要考量。但是，这些所谓的投资其实是投机，并不能真正产生新增价值。

第四种储存方式是资本储存。在实模式投资体制实现以前，个人财富以资本方式储存是很不安全的，所以通常只有中高级管理者和大股东的财富才以资本方式储存。中小股东通常只是在进行资本投机，而不是真正的以分红为目的的投资。只有当有了比较方便可靠且较高投资回报的实模式投资体制后，绝大多数人的绝大部分节余收入才会被真正用于投资，以资本的形式储存，实现财富的增值。

第二阶段——个人财富由物质产品财富储存到知识产品财富储存。

第五种储存方式是知识储存。因为物质产品除土地空间外，多为损耗型财富，会不断地损耗并最终消失，而知识是非损耗型财富，会产生价值放大。个人财富的知识化储存，分为自主支配财富知识化储存和非自主支配财富知识化储存两种。前者为个人把更多的节余收入用于学习培训，提高自己的知识水平和综合能力，尤其是创造性思维能力；后者为政府把更多的财政收入用于发展教育、基础科研、前沿科学试验等。因为很多物质财富是不会增值的财富——土地（含海洋）除外，它会产生动植物资源，而知识财富是具有无限增值能力和潜力的财富。事实上，大多数物质财富本身只会贬值，是不可能自发增值的，如建筑、珠宝、艺术品、文物等，它们本身的价值往往随着风化、磨损等原因在不断地减少，它们所谓的增值并不是自身价值的增长，而是知识和劳动创造的社会价值多了后或炒作原因给它们给予了更高的交易价格。

第三阶段——个人财富由自主支配财富储存到非自主支配财富储存。

第六种储存方式是共有储存。共有储存的财富分为两类：一类是非价值放大型财富，包括货币和损耗型产品；另一类是价值放大型财富，包括科学产品、文娱产品、土地空间和文物（文物本身的价值是一定的，且会随着风化、磨损而减少甚至消失；但是因为被人们观赏研究而产生的放大型价值是不确定，通常会不断增加，两种价值是不同的，后一种价值源于前一种价值，但是并不等于前一种价值，当源价值消失后，放大价值也就不再继续增加）。

人们之所以选择非价值放大型财富以共有形式储存有两个原因：

一是财富共有储存比私有储存能获得更高的安全感。在各取所需的共产主义社会建立之前，人们不愿意以共有方式储存财富，这是因为此时以共有方式储存财富，往往意味着财富被别人实际控制甚至据为己有，自己往往会丧失对财富的享用权，所以人们希望自己私有化储存财富，而且私有化储存的财富越多，人们的生存生活安全感越高。只有到了共产主义社会，人们才愿意以共有方式储存财富。因为在这种情况下，人们可以像自己享用自己的财富一样按需享用而不占有共有财富。由于此时绝大多数人创造的财富又都大于自己所消费的财富，整个社会总财富是不断增加的，而且共有财富绝对大于任何个人的私有财富，所以此时以共有方式储存财富能让人们获得最高的生存生活安全感，人们会更愿意以共有方式储存财富。

二是财富共有储存能让更多的人分享并感激。个人创造和获得的非价值放大型财富大于自己消费的价值时，会遗留下一些财富。从概率上讲，个人遗留同样数量的货币、物质产品等非放大型财富被越多的人继承和分享，记住和感激的人越多，被长久记住和感激的可能性越大；反之个人遗留的财富被越少人继承和分享，记住和感激的人越少，随着时间的流逝，继承者完全消亡的几率越大，彻底被忘记的可能性越大。这就是那些并不只想着把遗产留给自己亲友的人，如诺贝尔等能流芳百世的原因。如果个人消费不了或没有消费完的价值是通过不合法或不合理方式获得的，即使赠与公众，也不会被感激，但会减轻人们对其的罪恶感。

人们之所以选择价值放大型财富以共有形式储存，是因为这样才能使自己创造的财富的价值量得以最大化放大。价值放大型财富分为集体共同创造的价值放大型财富和个人创造的价值放大型财富，无论个人独自创造还是集体共同创造的价值放大型财富，最终遗赠给全民成为公共财富，才能被更多的人利用，才能使其价值得以最大化的放大，从而也才能实现个人价值的最大化。比如，毕昇发明的活字印刷术、爱迪生发明的电灯技术、福特发明的汽车技术。

科学产品和文娱产品等非物质价值放大型财富和其他广义文化产品的储存放大方式一样，一共有三种主要储存方式：一是通过人储存放大、二是通过专用储存放大介质和工具储存放大、三是通过产品应用储存放大。

土地作为价值放大型财富应尽量以原型方式储存，因为其升级或改变用途的利用会使利用成本加大。

文物、艺术品等以物质形式存在的价值放大型财富，私有化储存通常会被深藏起来，不要说其他人，就是自己也难得一见——由于怕风化、损坏、失窃等原因，往往会深藏起来，不能充分发挥其观赏和研究价值；但如果共有化储存，再免费提供给人们参观和研究，就能使该种财富以价值最大化放大形式储存，从而实现其价值的最大化放大。

前三种财富储存形式都是财富储存的低级形式，后两种财富储存形式才是财富储存的高级形式，第四种储存方式介于二者之间。

财富所有权与储存方式的变化只影响信用货币发行的量，不影响信用货币发行的方式。即，一个国家某一时点或时段财富所有权的变化与储存方式的变化只影响该国该时点或时段信用货币增发的量或供应的总量，不影响或改变信用货币发行的具体方式方法。正确的方法，仍然是倒油法。正确的私有化需要正确的货币发行方法，不正确的私有化如果加上正确的货币发行方法，可以一定程度地减轻贫富分化。当被不正确私有化的公共财富重新回归公有时，信用货币发行机构应该从市场上回收货币。

第二十章　纳税的原因与税收对象的发展变化

旧市场经济理论的问题述要：

西方市场经济理论，忽视了政府也是在生产和提供人们必需的产品，没有注意到纳税其实是个人消费的一种形式，是个人在进行社会保障品和公共产品消费，因而没有建立起公民正确的纳税意识；同时虽然关注了税收向企业转移的问题，但没有研究税收的回归问题，并导致政府服务主体发生偏移，个人的社会保障和公共产品需求得不到合理充分的满足——有关的满足是政府因为各种原因被动为之的，如选举压力或社会稳定压力等，而不是经济理论证明和要求的。

第一节　纳税的本质与两大税种

个人的消费品购买行为主要有两种：一种是自主消费品购买，一种是非自主消费品购买，前者是用个人的自主支配收入购买，后者用的是所纳的税（个人的非自主支配收入）购买。纳税实际是个人进行非自主消费品购买，一切税最终都是个人税，个人税主要有所得税和消费税两种，企业税、遗产税都是社会发展一定阶段的税种，最终将会消失。

纳税，是个人延期、当期或预先支付的社会保障品与公共产品消费费用，以及自主消费品消费中资源耗占或超量耗占费用。其中，前者为所得税，后者为资源消费税，也就是说，个人税有两大税种：个人所得税和资源消费税。

个人所得税，实质上是个人延期、当期或预先支付的社会保障品与公共产品消费费用。所以个人所得税，又叫社会保障品和公共产品延期、当期和预先支付费。延期支付，即工作期内，为尚未工作时期的社会保障品和公共产品消费进行补交；当期支付，即工作期内，为本段时间内的社会保障品和公共产品消费进行即期支付；预先支付，即工作期内，为退休后的社会保障品和公共产品消费进行支付。也就是说，个人工作期间要通过上缴的所得税同时为工作前、工作中和退休后的社会保障品和公共产品消费付费。个人所得税本质是个人用自己的一部分收入购买社会保障品和公共产品，但与一般的市场购买不同，这种购买是非自主购买，带有强制性，个人不可以放弃购买，也没有完全的产品自主选择权——在采用正确的社会保障与公共产品供应制度后会有共同选择权或一定程度的个人选择权。

社会保障品与公共产品的性质决定了，这些产品的消费只能而且必须按照“有能力者多付费，无能力者少付或不付费的原则”来进行。即，收入高的人累进多付费，收入低的人少付或不付费。这样的原则对所有人都是一样的，因而本质上是公平的；这样的原则是有能力者（中高收入者）完全可以承受的，对其科学维度生活层次的消费满足影响十分微弱，因而操作上是可行的；这样的原则有利于保护失业者的生存发展，即每个人的生存安全，有利于实现人生而平等，有利于身心不健全，劳动能力较弱或失去劳动能力者的生存，因而客观上是必要的；这样的原则有利于生产的发展和共同消费需求的实现，因而根本上是对所有人都有利的。

资源消费税，实际上是个人因资源耗占或超量耗占而支付的不同比例的资源购买费用。所以资源消费税，又叫共同自然物质资源个人耗占或超量耗占税。一切自然物质资源都是全民共有的，属于这个国家过去现在和将来的全体人民所有，应由这些人共同所有和共同享用，但是自然物质资源在一定时空内总量是有限的，其使用具有排他性，一个人消耗和占用过多，就会使其他人可以消耗和占用的量减少，因此应该在保证每个人都能获得生存层次所需必要自然物质资源基本量满足的前提下，对超过生存层次所需基本量的必要自然物质资源和非必要的自然物质资源进行付费购买——即征收自然物质资源耗占或超量耗占税。

根据自然物质资源的性质类型不同，征收资源消费税需要区别对待。自由使用的阳光、空气等非损耗型资源应免征资源消费税。消费边际可无限扩展、不可再生、再生成本比较高或消费产生的负外部性较大的资源，如土地、水、能源等实行累进税，个人对这些自然物质资源消耗和占用越多，税率越高。消费边际不可扩展、再生成本较低或消费产生的负外部性较小的资源，如食品、服装等实行正常税，无论消费多少，消费税的税率都相同，但消费越多的人纳税的总量越大。

在统筹普惠式产品化社会保障体制建立前，其中生存必需的资源在生存层次内应免征税，如乡村的宅基地；统筹普惠式产品化社会保障体制建立后，个人的自主消费都是在生存层次的必要需求以上，因此对个人自主购买的自然物质资源或间接耗占自然物质资源的消费品，都应该征收消费税。

资源累进征税只适用于个人消费，不适用于企业生产利用，因为规模化的生产利用，能提高资源生产利用率、降低劳动者劳动的强度、提高生产利用的效率，减少浪费和负外部性生成，对企业累进行征税不利于企业对资源进行规模化生产利用。而且，企业的生产是由最终消费决定的，管住了消费也就管住了根本，没有必要重复控制。但是，要避免企业等人员人为地将用于个人消费的自然物质资源性产品划为生产资源，这个问题属于腐败监管问题。对于消耗性资源，可通过生产与零售分离经营，防止内部购买来解决，比如，禁止天然气公司对内部职工实行低于市场价的天然气供应；对于土地资源可用限制企业和单位办公用房面积的方法来解决。

如果单纯从企业角度考虑，无论资源性产品还是非资源性产品，个人一次性购买的产品越多，企业节省销售成本越多，所以个人购买和消费的产品越多，企业反而越愿意降价；但是从资源利用的角度讲，多买应该征收累进税，即应加价，因为这样才能实现资源的最大化利用，即让更多人的都能用上资源，特别是暂时比较缺乏的资源，同时也有利于避免资源消费利用上的浪费。

进行正确的资源税征收后，既能保证每个人都能享有满足生存需求的必要自然物质资源，又能激发每个人的劳动创造积极性，还能形成节约利用意识，从而实现自然物质资源利用的公平化和资源价值的最大化实现。

遗产税是一定社会发展阶段的过渡性个人税，随着社会保障制度和公共产品供应制度的发展完善以及国家贡献激励体系的建立，个人遗产再留给子女已经没有意义，为了实现个人最终贡献的最大化，人们基本都会主动全部捐献给国家，遗产税也会随之取消。

第二节　税收对象的转移与回归

人类社会发展之初的纳税主体是个人（含家庭），只是由于征收企业税等间接税能降低个人的纳税痛苦指数，所以随着企业的出现和不断增加，政府才逐步从向个人征收直接税转为向企业征收间接税。

企业税的本质是个人税，因为企业经营正常的情况下，所有的企业税最终都会转移到消费者个人头上，实际上都是个人在随着消费而纳税。

征收企业税，必然造成重复征税，加重个人税务负担。即使是实行增值税，产品从原料到最终被人们消费购买，也要经过多次加税，产品分工越多、链条越长，加税越多，当一个复杂的产品被人们消费购买时，消费者为此付出的税可能等于甚至数倍于其无税的价格。

政府是民众推举、选举或认可来用以为民众提供公共服务的（有关内容，下本书详述），增收企业税还容易使政府在职能定位上发生错误，把主要的心思和精力用在为企业服务而不是为民众服务上，造成服务重点偏移和本来的服务目标丢失，该对民众服务时不能及时有效提供服务，该对企业负面性防控时却不及时有效地进行防控。

政府决策服务的根本对象是民众而不是企业，对于企业政府主要是控制其生

第三节 税收权的下放分解与回收统一

税收权是中央政府的权力，随着国家的扩大，中央政府为了进行有效的征税和降低征税成本，常常会将税收权下放，或者为了调动地方政府的积极性进行本属中央政府的社会保障品和公共产品规划提供，常常向地方政府分配税收权。但是，这样做的负面性也是很大的，一是难以避免税收腐败和加重民众的税收负担；二是造成各地社会保障品和公共产品提供水平出现巨大差异，发展极不均衡。为了避免这些问题，随着科技的发展和人们认识水平的提高，中央政府将最终收回并统一税收权，社会保障品和公共产品的规划与经费拨付也将由中央政府统一进行，从而实现财权与事权的完全统一。

在单一制国家，税收权本质属于中央政府。早期，由于信息不发达、中央政府无法直接掌握个人或家庭的准确信息，特别是收支信息，为了进行税收的有效征收和降低征税成本，中央政府一般都采用向下逐级授权的方式来征税。如果不这样，而由中央政府专门派人征收，一是不熟悉人口和收入情况，可能出现少征和漏征；二是额外需要的人手较多，会大量增加税收征收的成本。但这种征税方法的一个根本缺陷，是很难避免各级政府在征税时层层加码。

因为信息不畅，各级政府都尽量地故意隐瞒下级的情况，上级政府也没有时间和精力逐一核实，所以各级政府出于自身利益最大化考虑，都有擅自或悄悄增加征税量的动机和机会。

同时，交通和信息不发达，中央政府无法为各地的社会保障品和公共产品供应进行统一的规划及提供经费支持，因此社会保障品和公共产品的提供只能委托给地方政府。由于事权和财权必须一致，中央政府委托给了地方政府事权，所以也必须同时分配给地方政府一部分财权，即分一部分税权给地方政府。地方政府拥有这部分税权一般有三个方面的用途：一是为本地民众提供社会保障品，二是为本地民众提供公共产品，三是支付政府人员薪酬和政府机构运行开支。另外，封建社会还负责军队的招募和训练。这也给地方政府扩大征税提供了机会和可能。

税收权下放和向下分权，不仅造成了腐败和民众税收负担的加重，同时也造成了各地社会保障品和公共产品供应极不平衡，由于社会保障品和公共产品是一个地方经济发展的基础，这种不平衡就造成并加深了各地发展的不平衡。

随着信息技术的发展，以及人们对社会保障品和公共产品提供原则与提供方式认识的加深，社会保障品和公共产品将全部由中央政府规划，并由企业、事业单位和政府自身分别均等提供，中央政府将收回全部授予或分配给地方政府的税收权，各级地方政府的薪酬也将由中央政府统一支付，从而最终实现各地均衡和共同发展。

联邦制国家的税收权较为复杂，但是要想实现均衡、快速和可持续发展，最终也要选择统一税收权。

第二十一章　经济衰退和经济危机的根除方法

旧市场经济理论的问题述要：

西方市场经济理论，把经济衰退与经济危机的概念混淆了，从而一直没有分别找出导致经济衰退和经济危机的各自原因，也无法从二者的叠加效应中找到分别解决各自问题的真正办法，使经济衰退和经济危机历经数百年的反复而不能避免，甚至认为是不可能避免的，不但影响了个人和企业的生存发展，也制约了经济的可持续和向更高水平发展。

第一节　实模式投资消费体制的建立方法

经济衰退主要是由于劳动和资本剩余价值的存在造成贫富分化扩大，抵消科技发展带来的社会边际消费总购买力增长并使其下降造成的。劳动剩余价值可以通过统筹普惠式产品化社会保障模式消除，而资本剩余价值需要通过实模式投资消费体制才能消除。

实模式投资消费体制是一种非借贷的真正的投资体制和非透支的即期收支消费模式，既能保证投资资本充足、企业获取资本便捷，又能实现收入差距最小化、购买力最大化，还能彻底避免经济衰退、个人破产或国家破产等问题。

实模式投资体制，是一种企业新建或再投资时，可以即时一次性足额募集资本，资本利润不分大小股东全部按股数均等分配，保证本金安全且能获得稳定的基本投资利润和一定浮动利润的可以有效消除资本剩余价值的全新投资体制。

目前的政府政策，之所以禁止投资收益保底承诺，是基于单个企业的情况来考虑的。因为市场经济下，单个企业的赢利和存活率并不高，所以某个企业的投资收益保底承诺常常无法兑现，还容易被无限抬高保底率以用作类似旁氏骗局的集资诈骗。

但是，从全部企业来看，即一段时期内盈利和亏本、存活和倒闭的企业加在一起，通常是盈利的——一般只有在出现非常严重的经济衰退或危机时才有可能总体不盈利；不否则，绝大多数人就没有收入来实现生存。而且，如果通过分配公平化消除了经济衰退、通过市场供应透明化避免了投机导致的经济危机（有关内容后面有具体论述），则永远不会出现总体不盈利的情况。因此，如果建立投资保险制度，先从每个企业的资本中拿出一定比例的资本金放入一个总资金池，同时将资本收益分成固定和浮动两部分，并由政府设计固定收益上限（以避免旁氏骗局），就能够既保证投资者有保底投资收益，又能按实际业绩分得浮动收益。

一次性足额投资，就是企业可以根据当时最好或最成熟的技术，进行水平、质量、安全、效率、成本最优的投资，它是相对于传统的企业只能由很小规模通过自身积累或逐步扩大贷款投资的必须先经历低水平建设的模式而言的。这将彻底避免因资本不足而造成的质量受限、安全水平不高、环境污染等问题，整体提升一个国家产品生产提供的质量、安全与环保水平。一次性足额投资并不是规模扩张，一次性建立起全国或全球市场，而是每一个生产单位都根据当时技术条件下的最优方案确定生产投资规模，它往往也有一个市场试探或测试过程，也常常是根据市场对产品的反映和欢迎情况逐步扩大市场。它的发展是连锁式的，每一个连锁厂或连锁店都是最优规模的一次性足额投资。

实模式投资体制的具体方法，是建立以代理投资体制为核心，包括新会计支付体制、新投资保险体制和新股票体制在内的一系列全新的投资体制。

各代理投资公司发行自己的股票，在所投企业或项目需要时，按企业或项目的资金需求量即时向公众募集资金，需要多少募集多少，一分不多募、一分也不少募。代理投资公司获得的是投资劳动薪酬，个人投资者获得的是资本收益。资本收益包括两部分：一部分是有上限的固定收益。收益上限由政府设定，略高于银行同期贷款利率；具体固定收益由各代理投资公司自己决定——类似每个银行自己确定的存款利率。另一部分是按年分配的企业浮动收益。企业浮动收益，就是被投资企业每年的收入中去除成本费用（固定资产分类按统一比例折旧）和劳动者薪酬后余下的资本收益。这些收益每年分红时全部分配给股东，企业分文不留存。企业需要技术改造、扩大投资或组建新企业时，请代理投资公司再即时全部足额募集资本。这样就能彻底解决有的企业需要资本但却难以融到或足额融到资本的问题，也能有效避免有的企业融资太多而胡乱投资的问题，或恶意上市后圈钱走人的问题——目前不少风投公司都是这种行为的助推者。同时，按期计提的资本折旧费按预定折旧方案分期退还给投资者个人，本金退还完后，股票作废，不能再获得利润。国家股的本金退还给国资委，由国资委用来进行再投资，但是资本分红在统筹普惠式产品化社会保障体制建立后要分配给个人。

会计支付公司由全体企业员工投票选择，所有账目向企业员工公开，企业员工随时可查看本企业的业务往来情况账目明细、薪酬分配方案和详细的分红情况。

各代理投资公司募集资金时，提交一定比例的投资保险金给投资保险公司，当代理投资公司获得的当期投资收入不足以支付当期固定收益或应退还的当期计提资本时，由投资保险公司补足。

股票交易所是为急需用钱的投资者赎回现金和在一级市场没有买到合适股票的人购买股票而设计的。股票价值不会无限上涨也不会无限下跌，其价格不低于面值 - 累计折旧退款 + 该代理投资公司承诺的固定收益，也不高于面值 - 累计折旧退款 + 该代理投资公司承诺的固定收益 + 预期每股每年可分到的浮动收益。整个股票股份变动幅度较小，投机者和投机行为也很少。

各代理投资公司在各企业设投资观察员全面及时掌握企业产品、财务、经营管理等各种情况，并由具有相关专业技术背景的人参与到新技术、新发明研究的各个过程之中，以了解其应用与市场前景。

实模式消费体制就是不再实行个人信贷消费和发行政府债。由于届时住房、汽车等大宗商品消费的租赁化，使个人不必再进行贷款消费；再加上货币发行方式改革和财政收入充足，所以不必再发行国债来向民众提供社会保障品和公共产品。又由于收入均匀程度很高，边际购买力接近最大，所以也不需要刺激投资。

此时，商业银行的职能分解到两类公司中：一类是会计支付公司。会计支付公司负责企业和个人的会计支付职能，向收款方收取支付服务费，但只向企业（含个体从业者）收取，不向个人收取，小额支付可实行按期包干或按量包干，大额支付设置佣金上限，以确保会计支付公司平等对待所有客户。另一类是代理投资公司。代理投资公司由商业银行信贷部门、基金公司、风投公司、小贷公司、天使投资等演进而成。

第二节　公企管理体制的建立方法

由于公企事务与国家事务是互不重合的两种完全不同的公共事务，所以政府不能参与公企具体事务的管理，即不能参与公企的经营决策，也不能参与公企日常的人员和工作管理。但是，为了避免公企的自发无序性，确保公企管理与分配的公平有序，政府应对公企管理者的产生程序和分配原则进行规定，同时要对公企经营管理者的道德合格性与法律合法性进行监督。

社会主义国家的公企，在企业内部设立党委、支部等党的组织，主要工作有三项：一是执行道德和法律监督职能。只监督举报企业各级管理者违反道德与法律的行为，查处工作分别由党的纪律部门或国家司法部门执行。二是执行民主议事职能。企业所有劳动者都可以在这个平台上以合法的方式自由表达意见和提出建议。三是执行监事会的职能。代表投资者和劳动者执行对企业管理者的选举与经营行为的监督，避免损害本企业投资者和劳动者利益的行为。非社会主义国家可通过设立道德委员会暂时代行相关职能。

公企党委或支部书记由组织部（处）任命，负责组织公企管理者的选举和监督公企管理者日常执行社会道德、党的政策和国家法律情况。公企党委或支部不再专门设纪检委员会，但其下可设职能小组。因为公企党委或支部主要执行思想宣传引导职能和对公企管理者执行道德与法规的监督职能，主要工作已经包括纪检工作。公企党委或支部只对本企业管理者违反道德与法律的行为向专门的纪检或司法机关举报，不负责调查和处罚，调查和处罚职能只能由专门的纪检机关和司法机关来行使。

公企党委或支部书记没有干部任免权和公企经营决策权，但列席公企所有的决策活动，所有的经营方案与管理规章都必须报送公企党委或支部书记进行道德与法律审查，公企党委或支部书记还负责收集公企员工的思想，并向公企管理者提出具体的意见建议。遇到管理者违反道德，先口头提醒；若未改正，书面提醒；如还不改正，可面向全体员工对其进行一次书面公开谴责，但仅限有一次。如不更改，管理者若是党员，要依党纪执行党内纪律，但不能影响和改变其在公企的行政职务，其在公企的行政职务最终通过选举由全体职工决定。但选举时，党委或支部书记须尽到提醒责任。公企管理者如果违反法规、法律和宪法，应向政府行政执法机构、地方检察院或地方宪法监督机构控告。

公企党委或支部书记执行担任领导职务的公务员工资标准，基本工资由财政支付，以利于其保持客观独立性；奖金由公企发放，以促其行为对公企负责任。

公企党委或支部书记每年接受一次全厂职工的民主测评，若测评分低于60分，应免职，同时由纪检部门进行原因调查，如果只是工作方法和工作作风问题，要向其全面反馈意见，组织部（处）根据本人态度和综合情况仍可酌情考虑使用，但若发现道德品质问题应停止使用；若发现廉政或其他违法问题，应提交司法机构调查处理。

公企的管理者都是单个的人，而不是类似政党的专门组织，即使企业的管理者组织化提供，比如由职业经理人培训管理公司提供，但也是公企化提供，与政党的性质完全不同。同时，公企是任务单一且比较小的公共组织，公企成员与管理者之间关系密切度高，因而对其关注比较多，了解也比较全面、深入和细致。因此，更适合用选举的方式来选用或罢免管理者。但是，如果由公企自己组织，容易形成弱肉强食的丛林法则、分肥体制或造成贿选成风，所以公企管理者的选举应在共产主义政党的党委或支部组织下进行，并须经共产主义政党的组织部门进行确认生效，以确保选举的公正有序。

公企主管以投票方式由全体员工共同选举产生。公企选举的具体办法和程序由全国人大通过立法确定。公企管理者可以不是党委或支部成员，也可以不是党员。选举先由个人志愿报名，符合条件的都可以参与选举，如有贿选，一经查实，取消资格。每年由全体职工对本企业管理者进行一次满意度测评，测评分连续三年低于 60 分应撤职。无论是全民公企、不定多数人所有的公企还是二者的混合企业，管理者的任命都属组织部（处）。职工选举出的管理者需经组织部（处）任命。公企内部参选的管理者绝对票低于 50%，或者在公企内部选出的管理者管理下本企业业绩连续三次低于市场平均水平或职工对管理者满意度低于 60%，组织部（处）可以外调管理者。外调管理者一个任期满后通过选举决定去留。公企暂时缺管理者，组织部门可以临时指派，但半年之内应组织选举。职工选出的公企管理者如果没有违法，组织部（处）不能免除或调整其职务——本人同意的升职除外。

公企管理者是指企业的经营主管，每个公企只设一名副主管，且由主管自己选择并报组织部门确认。企业主管离任，副主管也一同离任。

公企不再设董事会，因为代理投资公司及其驻公企代表起到了董事会的作用。

公企的业务指导属国资委。国资委作为公共投资人的代表，代表全国人民进行具体投资、监测所投公企的经营情况、催收和检查股权收益兑付，以确保其资本收益及时足额地进入国库或进行全民分配。国资委与代理投资公司是性质与地位相同的两个机构，一个代表全体国民（政府任命的机构）、一个代表不定多数的投资者（民间自由选择的机构），二者可以合作投资，形成混合所有制企业。混合所有制企业，双方根据投资比例大小确定由谁派出驻企投资观察员，也可以同时派驻。

包括企业、事业单位、政府等一切有劳动能力人员的信息都纳入人力资源部注册登记。企业管理人员和非管理人员的学历、专业、等级、职务等变化信息都要及时报人力资源部备案。公企非管理人员的录用方法、开除条件、个人主动辞职后的要求等由全国人大立法确定。

公企的分配方案和财务向本企业所有员工、国资委和代理投资公司全面详细公开，具体薪酬与奖惩方案，由三方共同协商确定或调整。

公企的利润（含员工薪酬）分配，实行劳动者分配优先。原因有两点：第一，劳动者分配优先有利于社会稳定和人的可持续发展。劳动薪酬是合法收入的初始来源，也是绝大多数人的主要收入来源，关系到生存生活问题；而资本收益是节余收入用于投资获得的收入，是二次收入，即使不分配也不至于影响其生存生活（没有信贷的情况下）。在高级社会保障体制建立后，劳动薪酬虽然不关系生存问题，但关系到生活的质量问题。第二，劳动者分配优先才能实现边际购买力的最大化。因为，以劳动薪酬为主要或唯一收入的人通常未获当时科技条件下科学维度生活层次消费需求边际满足，而通过投资获得收益的人通常已经得到一定程度的边际满足。

劳动薪酬分为基本收入（工资）和激励收入（奖金）两部分，公企的利润低于社会主流基本工资水平时，全部用于发放劳动者的基本工资；公企的利润高于社会主流基本工资水平时，超过以后那部分利润的10%（可在实践中根据公平合理情况适当调整）用于员工激励。剩余90%利润由投资者分配。政府可按年或按季公布全国和本地的社会主流基本工资水平（不是平均工资水平）。

由政府设定管理者与普通劳动者的收入比例，管理者的收入不能超过职工平均工资的200%，管理者的薪酬应与劳动者的薪酬同步增减。部分优秀研发人员的收入可以超过管理者，少数优秀技术人员和一线生产者的收入可以接近管理者。企业部门管理者是兼职管理者，首先应是该部门的专业人员，应该继续承担专业工作，其管理工作的主要内容是管理决策执行，基本不涉及管理决策工作，是非全职的管理者，所以其收入是在专业收入的基础上增加一定的管理补助。

建立企业成员成就记录部门，专门及时记录并永久保存每个员工的具体工作成就，并在企业显要位置流动播出其信息。生产部门主要记录个人生产产品类型、数量、参与的工序、个人所在环节的合格率等；研发部门主要记录个人参与了哪些项目的研发、负责的具体分工及完成情况等；决策者主要记录做了哪些具体决策、决策原因、决策的具体内容或措施等。所有记录一律只记录事实，不作任何评价、也不允许有任何评价性文字。因为，只有事实是最客观、公正和有说服力的个人成就记录。评功评奖带有主观性，且由于名额有限，并不能真正使每一个人都受到激励。而这种方法能对每一个人全天候地产生激励作用，而且有利于防止形式主义和造假现象。

这样，就能既有效保证党对公企的思想和组织领导，又能彻底避免党干涉不属于自己职能范围内事务的问题，既使党组织减少犯错误的概率，又避免受到干预指责，既能提高党组织的现实合法性和威信，又有利于充分发挥企业管理者和员工的积极性和创造性。

在这种情况下，由于公企的普通劳动者和普通投资者的收入肯定总体高于私企，所以在成熟产品和行业中（即通常所说的红海竞争阶段），私企的竞争力会不断下降、数量会大量减少。但是，私企具有嗅觉敏锐和行为活跃的特点，在新创产品和新兴行业中（即通常所说的蓝海竞争阶段）可能因能够获得超额利润而存在——私人企业主及其员工可以获得高于公企普通劳动者和普通投资者的收入。也就是说，私企是创造新产品和新产业的十分重要的活跃因素，所以对私企业不能限制，而应允许其与公企一道进行公平竞争，发挥不同性质企业各自的优势。从这个意义上说，公企是正规军或主力部队，所到之处，会建立和形成稳定发展的产业；私企是游击队或侦查分队，能得到多少战果是多少——蓝海阶段的超额利润水平。私企开创的产品或行业，公企会迅速地取代占领——主要凭借对员工的薪酬吸引力优势；当行业利润水平整体下降后，私企再寻找和开创新的可以获得超额利润水平的新产品和新行业，如此不断循环。需要提醒注意的是，此处的公企、私企与现在的公企、私企是不同的，现在的很多私企，尤其是上市公司都是公企，此时的私企是指个体从业单位或少数人组成的合伙制企业。另外，由于蓝海阶段行业的利润水平高于红海阶段，所以私企业投资者、管理者和员工的薪酬和资本收益整体上会高于公企，但那些不成功的企业除外。

第三节　事业单位高性价比提供产品的方法

事业单位，是政府财政投资建立用来最大化地向社会提供不适合政府和企业生产的产品且不要求资本回报的产品生产单位。事业单位主要有公立学校、公立医院、基础学科理论研究院所、前沿综合应用研究机构等。公立教育分为两个主要阶段：第一阶段为认知教育，从怀孕到高中毕业；第二阶段为职业能力教育，从大学到博士研究生。大学以前的教育为全面知识教育，目的在于通过广泛接触和学习工具科学、自然科学、社会科学、文艺体育等各种知识，使学生从中选择和形成一种或几种兴趣，然后在大学将这种兴趣发展为职业能力。不再进行全国统一考试，而是由各大学各专业联合从本专业角度统一命题考试，并在此基础上进行双向选择，最终确保每个人智力正常的人都能上大学。

大学以上（含职业教育、大专、本科、硕博研究生教育、知识技能更新教育）的教育都是职业教育，硕士、博士和知识技能更新教育都在个人工作一段时间后，通过企业化的方式提供。职业教育分为两类：一类是专业应用人才职业能力教育，另一类是基础学科研究人才研究能力教育。

职业能力教育（含管理者），分为职业能力学历教育和知识技能更新教育两种。职业能力学历教育分为中级、高级，分别相当于硕士和博士学历教育——不再设学位，统一改为学历，主要反映个人对某方面知识的掌握深度，特别是知识掌握的详细程度和创新思考能力。知识技能的更新教育，既针对本科学历者，也针对中职和高职学历者。中高级职业能力学历教育由个人全额自主付费选择，知识技能更新教育由所工作的单位出资向教育机构购买。

硕士和博士称呼只限于从事基础学科理论研究的研究者。个人大学本科毕业后，需要工作满两年，才能申请读中职学历，从事基础科学研究的，须当两年的研究助理后才能申请读硕士学历；获得中职学历后，再在相应的工作岗位上工作两年方可申请高职或博士学历学习。这样做的目的是防止理论脱离实际，促进理论与实践相结合。任何人都可以从事基础和应用理论方法研究，只要他有兴趣或觉得有必要，无论年龄大小、学历高低，也无论从事的是基础学科还是应用学科工作。

由于网络与复制技术的发展，已经解除了中高级学历教育资源不足的限制，不再须要通过考试优选的方式来充分发挥有限教育资源的效率，所以每个人只要达到实践年限，都可以申请中高级学历教育，不再需要进行入学考试和面试，但是要进行严格的合格考试，专业课100分，必须85分以上才算合格。初级职业教育（大学本科——含专科和普能职业教育，均改为本科）之所以要进行考试和面试，是为了进行本专业的优选——即尽可能选出最适合从事本专业的人进行职业能力教育。

前沿综合应用研究所的人员一般从基础学科理论研究院所的博士和企事业单位中的高职人才中选聘。

为了促进医药水平的不断发展，公立医院之外，允许企业化成立私立医院。由于公立医院的医疗服务水平已经很高很好，所以私立医院的医疗服务只有更好更高才能生存。那些在某方面有一技之长或取得某种突破者可以成立私立医院并生存下去。私立医院的技术和药品在过了知识产权保护期后，应无偿公开并被公立医院采用。

事业单位也要求收入大于成本，但是其收入只用于人员薪酬，不用于回报资本。事业单位的投资全部由财政负担，不要求赢利、不计提资本折旧，需要更新设备等投资时，由政府分批统一再投资。由于事业单位没有销售收入来冲抵运行费用，所以运行费用也要由政府全额按期拨付。各事业单位的人员编制和硬件设施完全相同，由立法机构通过立法确定和调整。

事业单位人员的基本薪酬由中央财政全额统一拨付。研究型事业单位为足额薪酬，成就激励为主；非研究型事业单位，如公立医院、公共学校，奖金通过事业单位自身努力来获得。

非研究型事业单位及其人员增加收入的方法有两种：一是通过提高服务质量，吸引更多的人接受本单位的服务。单位吸引接受服务的人越多，获得的按人头拨付的专项服务费越多，单位的运营费越高，单位人员可获得的奖金越高。如果事业单位试图通过降低服务质量的方法来获得更高奖金，那么选择接受其服务的人就会减少，最终反而使奖金不断下降。二是通过适当的技术改造和优化管理，节约运行开支来获得更高奖金。这样就能提高事业单位工作人员的积极性和创造性，使各事业单位产品提供的效率和质量趋于最佳。

由于各非研究型事业单位的编制和硬件设施是完全一样的，服务都趋于最佳——虽然会有差别，但是通常只是很小的差别。在这种情况下，人们选择由哪个非研究型事业单位为自己或自己的亲友提供服务时，主要考量的因素将变成拥挤情况，并向人少的单位流动，于是各非研究型事业单位的服务客户数量会趋于相等，从而使各非研究型事业单位人员的奖金趋于相等，最终员工在选择非研究型事业单位时，也会更愿意向人员编制未满、人员不足的单位流动。

具体改革实施中，可以先把小的非研究型事业单位的人员和经费提升上来，使大的非研究型事业单位的相对优势减弱，待选择大的非研究型事业单位的人逐步减少后，再逐步实现基础设施投资、编制均等化，以防止出现各种不必要的矛盾和问题。

事业单位管理者的任用与监督参照企业。

第四节　经济危机的原因与根除方法

经济衰退，总体看是由于科技发展产生的购买力增量低于贫富差距扩大造成的购买力减量造成的。通过统筹普惠式社会保障体制、正确的公共产品供应体制、正确的信用货币发行体制和实模式的投资消费体制就能彻底避免经济衰退——重大疫情、灾害、战争或人为错误等原因造成的衰退除外。

经济危机，是市场不透明产生的投机泡沫破裂导致的严重经济收缩——生产供应量与收入及其所产生的边际消费总购买力低于正常水平的减少，即产品供应与需求同时低于正常水平的大幅减少。

导致经济危机最根本的原因是市场供需不透明，市场供需不透明产生投机，投机产生生产要素品与最终消费品的价格泡沫——没有实际价值增量产生支撑的产品虚假增值。价格泡沫会快速深度扩大收入差距，加上负债投资和消费，使大多数的个人实际持有的价值大幅减少甚至变为负数——个人实际持有的资产是一定的，只是账面价值增加了，与此同时负债和消费往往随账面价值的增加而增加，直到超过资产的实际价值。当泡沫破灭时，多数人个人实际持有的价值为负值的事实暴露后，由于恐慌导致的资产抛售、投资缩减和生产压缩导致大量的裁员和工资削减，会大幅加剧社会边际消费总购买力的缩减，从而导致经济危机。

经济危机时的经济下跌实际上分为两个层次的下跌，第一层次的下跌是泡沫破裂产生的正常下跌。这是实际购买力下降事实暴露后的正常现象，这种下跌是从虚幻回到现实，是回归真实与常态，是正常的和必要的。这一层次的下跌政府是不应该干预的。第二层次的下跌是恐慌引起的过度下跌。由于人们的恐慌情绪和先逃可以避免或减少损失的规律，所以当泡沫破裂时通常会造成投资量与生产量超正常需求下跌。这种下跌如果不进行干预和遏制，就会造成恶性循环，即投资与生产越少，人们社会总收入越少、购买力越小，购买力越小又会使投资与生产更少，如此不断循环，以至于很久都走不出经济危机。这一层次的下跌政府是可以而且应该干预的——通过一定方式提振企业的信心或扭转对经济衰退的预判，即在产品化社会保障体制和公共产品均等化供应体制建立并使社会保障品与公共产品的供应达到当时科技条件下最佳时，可以直接平均向民众发货币，在此之前，应该先建产品化社会保障体制均等化的公共产品供应体制，直到达到当时科技条件下最佳。

经济危机的根源在市场供需不透明引起的投机，消除经济危机的根本方法是实现市场供需透明化。即，企业的产品品质、供应能力等真实信息向消费者透明，个人的需求逐步由即时确定向计划化或预定化发展，提前向企业透明，企业再根据这些订单从消费端到自然物质资源端反向安排具体生产——企业的产品设计与营销前置，而生产后置，从而从根本上避免非必要库存和投资生产过剩。

市场透明需要政府建立免费的供需信息公共平台（属于公购型公共产品），随着供需信息公共平台的建立和完善，个人或企业选购商品将主要通过这个平台来进行，广告因素对企业销售的影响将不断下降，广告市场将不断萎缩，主要通过做广告或销售广告生存的企业将改变生存模式，企业产品的质量和技术水平将成为影响产品销售的关键和决定因素，企业的竞争将更加单纯和公平。

最全面、最彻底和变量最小（由于个人未来收入的不确定而导致的购买计划变动）的透明就是各取所需——个人根据自己科学维度且有偏好的消费需求向自己喜欢的企业订购一切消费产品。这时也同时存在计划变动，因为产品是不断研发升级的，人们会因为产品的升级而变动订购计划，从而影响到生产的各个环节，不过这时产品的升级更倾向于为节约成本与资源而集中升级，而不是现在企业为了获得更多的利润把本来可以一次大幅升级的产品分成多次小的升级。

经济危机与经济衰退虽然都与收入差距扩大和购买力减少有关，但是却属于两种原因引起的不同问题：经济衰退是由于分配不公平引起的，经济危机是由于市场不透明引起的，所以两个问题的解决方法也是不一样的，一种方法只能解决一个问题，一个问题的解决并不会带来另一个问题的解决，必须采用不同的办法分别解决。

第二十二章　法定劳动时间调减的原因与方法

旧市场经济理论的问题述要：

西方市场经济理论，虽然十分关注失业问题，但是并没有把三种原因导致的不同失业区分开来，从而无法分别对不同的失业采取不同的应对措施，尤其是在应对长期失业率上升方面，没有将其与法定劳动时间的调减联系起来（其法定劳动时间的调减主是工人运动或人权运动促成的），这是导致市场经济国家失业率居高不下的主要原因。

第一节　失业的三种性质与失业率变化的原因

失业有三种性质，一是临时失业，二是长期失业，三是不定期失业。临时失业主要是竞争引起的，长期失业是科技发展引起的，不定期失业是经济衰退和经济危机引起的。临时失业是必要的，不可控也不能控的；长期失业是非必要的，是可控也能控的；不定期失业是错误的，必须而且能够从根本上消除。

临时失业，也叫软失业，是新劳动力在达到劳动年龄或职业教育结束后获得工作之前，以及由于企业破产倒闭、结构调整、转型升级而造成的个人因无准备地被动转换工作的过渡期内出现的个人暂时性未就业状态。

临时失业率，是一个国家处于临时失业状态的个人占应就业人口的比例。应就业人口，是除去未成年人（含技术学校学生、大学专本科生）、退休人员、失去或部分失去劳动能力者、服刑人员、脱岗学习的成年人等后的劳动人口数。临时失业率的大小与变化主要与个人就业心态、职教水平（职业教育与用人单位劳动资源需求的契合度）、用人单位的薪酬水平等有关。

临时失业是必要的，不可消除也不能消除，但是临时失业率是可以减少的，有本身所决定的合理值，因而是可以优化的。同时，这种合理值会随着科技发展的变化而适当的调整。

长期失业，也叫硬失业，是社会实际能够提供的岗位数小于需要就业的人数产生的失业（通过正确的方法创业能自己为自己提供岗位或向社会提供更多的岗位）。

长期失业率，是一个国家应就业人口数减去社会提供的岗位总数再除以应就业人口数的比值。即

长期失业率 =（应就业人口数 - 社会提供的就业岗位总数）÷应就业人口数×100%

长期失业率的变化，从根本上看，主要是由于科技发展引起的。企业、事业单位和政府管理体制的优化也会减少就业岗位，增加长期失业率。科技发展既可能导致就业岗位减少，也可能导致就业岗位增加。

科技发展导致就业岗位减少，是由于工具技术发展造成的。工具技术发展对就业岗位的减少分为三种：一是减少原岗位的数量。比如，织布机更新换代，同一时间内生产同样量的产品，原来需要 100 个纺织工人，后来只要 20 个。二是用新岗位取代旧岗位。比如，原来是人工挖地基，同样时间内挖同样的土方需要 200 人，后来用机械作业，只要 3 名机械操作手。三是无人化（监控人员除外）。比如，采用无人作业的全自动生产线生产某种产品，或用智能机器人从事餐饮服务等。其中，第三种工具技术对非创造性就业岗位的减少最为明显和彻底，可能涉及各行各业的非创造性就业岗位。

科技发展增加就业岗位，是由于内容技术或工具技术发展引起的，包括三种类型：一是内容技术发展使产品满足人口范围扩大或程度增加。比如，肉鸡养殖技术的出现，使鸡肉消费人口和消费量扩大，会增加大量与肉鸡生产相关的就业岗位。二是内容技术的发展创造出新的消费项目。比如，家用汽车技术的产生和发展、手机技术的产生和发展，都会增加大量的就业岗位。三是新工具的研发生产。比如，集装箱和吊装工具的生产会带来本身及上游产品生产的大量就业岗位；又如，计算机和自动化技术应用于生产的同时，计算机及软件的研发生产也会创造大量的就业岗位。

当一个国家当期工具技术发展产生的失业人数大于当期内容和工具技术发展创造的新增就业岗位时，长期失业率就上升，反之长期失业率就下降。

长期失业是非必要的，是可以消除的，也是能够消除的。长期失业率可以为零甚至为负值。消除长期失业的办法主要有两种：一种是缩减法定劳动时间，另一种是发展创造性劳动岗位。其中，缩减法定劳动时间是控制长期失业率的必要手段和发展创造性岗位的条件，发展创造性劳动岗位是增加就业岗位的主要目的和根本出路。

随着科学不断发展，特别是智能机器人等自动化技术的发展，非创造性岗位会不断减少，创造性岗位会不断增加。由于创造性岗位的无限性，所以当绝大多

政府调减劳动时间的根本依据是科技与管理模式发展引起的生产效率的提高情况与科技发展增加需求项目和扩大需求满足范围新增的岗位情况，必须使调减的法定劳动时间总量与二者的差额相适应，既不能调减过多，也不能调减过少。调减太多，企业的劳动力不够，影响社会生产总能力，并且会导致人们的消费水平降低；调减太少不能有效减少长期失业率，达不到所需要的效果。政府调减法定劳动时间的具体公式为：

新劳动时间 =（现劳动时间 × 现实际劳动人数）÷ 现全部有效劳动人数

需要调减的劳动时间 = 现劳动时间 − 新劳动时间

政府调减劳动时间还要考虑社会资源占用、对企业生产组织工作的影响以及对个人利益的影响等问题，应按照社会资源占用最小、对企业生产组织影响最小、实现个人利益最大的原则优化时间缩减方案。

早期，调减法定劳动时间的方法，通常为减少每天的劳动时间或每周的劳动时间，比如，十小时工作制改为八小时工作制，每周六天工作制改为每周五天工作制，增加法定节假日等。这种办法确实能起到增加就业岗位的作用，因为同等生产效率的情况下，每个劳动者时间的减少必然使产品生产总量减少，为了保持产品生产总量，企业、事业单位和政府等用人单位正常情况下就只能增加劳动人数，从而增加就业岗位，减少失业率。但是这种方法会影响社会生产总能力，造成社会生产总能力下降；同时对增加就业岗位，减少长期失业率的作用也不十分明显。另外，同步休假必然造成人们集中消费，如购物、旅游等，形成明显的淡旺时段，使相应设施淡时闲置浪费，旺时不堪重负。

随着科技的发展和生产效率的提高，法定劳动时间需要继续缩减，但缩减的办法需要改变。具体办法有三种：一是每天四小时两班工作制。即，每周工作时间不变，但是每天只工作半天，同一岗位上半天由一人值守，下半天由另一人值守。二是每周三天两班工作制。即，每天仍然工作 8 小时，但是每周只工作三天，同一岗位前三天由一人值守，后三天由另一人值守。三是半年两班工作制。即，每周工作时间和每天工作时间不变，同一岗位上半年由一人值守，下半年由另一人值守。其中，管理岗位可以通过与副职轮岗处理日常事务来解决。将来，随着生产力的继续发展和生产效率的大幅提高，还可以同时采用其中两种或以上的法定劳动时间缩减方案。也就是说，随着科技发展和管理方式的改进，人们的固定劳动时间会越来越少，更多的时间将成为自由劳动和创造时间。

这些办法的核心思想是，分班生产，人休息但生产工作不停息，从而既避免削减法定劳动时间造成劳动力不足和社会生产总能力下降，又避免形成消费淡旺时段。

此外，现在很多国家通行的个人自由确定休假时间的法定带薪休假，也能增加消费，且不会造成明显的消费淡旺季，但是这种休假往往需要同事代岗，或造成该工作暂时停滞。如果是代岗，不但对工作质量和连续性有一定的影响，也会加重部分人一段时间的工作负担。如果造成工作停滞，则会影响社会生产总能力，而且还会给其他人的工作生活造成不便。

法定劳动时间调减之初，很多利润较低企业员工的收入短期可能会下降，但不会下降太多，并且会很快恢复甚至增加；部分利润较高的企业员工的收入并不会有明显下降。原因有两点：一是短期内会出现劳动力短缺，所以企业会尽量减少工资降幅以维持运营；二是就业岗位及人们因消费时间增加带来的边际消费总量增加，会较大地增加企业的总收入和总利润，所以一段时间后人们的收入水平又会恢复到原来水平甚至大幅增加。

法定劳动时间调减之初，企业成本肯定会上升，虽然会有部分利润水平低的企业被淘汰，但是由于激活了更多的消费潜力，社会总购买力反而会增加，所以企业的整体市场环境会更好——只是进行了企业之间的结构调整和优胜劣汰（市场经济的优胜劣汰只能针对企业而不能针对人，人是不能劣汰的，工作年龄段有劳动能力的人都应该有工作岗位，只是需要筛选到更适合他的岗位上）。另外，GDP 和国家财税收入也会增加，在征收企业税的情况下，政府可以让渡这部分增加的财税收入，降低企业税赋以增强企业的对外竞争力。

第二十三章　科学 GDP 和科学管理实现的途径

旧市场经济理论的问题述要：

西方市场经济理论，对 GDP 的类型没有研究，也就没有也不会研究如何提高科学 GDP 水平的问题，造成政府不能正确有效地促进 GDP 向健康科学的方向发展，影响了经济的可持续发展能力；同时对个人（包括各类管理者和非管理者）道德、能力和态度可能产生的两种 GDP 负值——绝对负值和相对负值，没有关注和研究，更没有相应的防控对策。

第一节　科学 GDP 及其与购买 GDP 相等的实现途径

消费需求的满足分为非科学维度的满足和科学维度的满足，无论是最终消费品、有限再生消费品还是无限再生消费品。一个国家消费需求非科学维度的满足率越高，说明该国的收入差距越大，经济越不健康、经济发展的可持续性越差；一个国家消费需求科学维度的满足率越高，说明该国收入差距越小、经济越健康、经济发展的可持续性越好。最终消费品和有限再生消费品是可以实现科学维度消费边际的充分满足的，当消费需求科学维度的满足率达到 1 且最终消费品和有限再生消费品的消费都达到当时科技条件下消费边际的充分满足时，科学 GDP、有效 GDP 和购买 GDP 都达到最大值并且相等，这时市场经济就进入了共产主义阶段。

科学 GDP = 社会生产总能力 × 消费科学维度的满足率

消费科学维度的满足率，是指一个国家有多少人的消费进行的是科学维度的满足。由于进行科学维度的消费的人，并不一定都达到了科学维度生活层次消费边际的充分满足，所以消费科学维度的满足率和消费科学维度的边际满足率是不同的概念。消费科学维度的边际满足率，是指一个国家有多少人的消费进行的是科学维度的消费，且这些人中有多少人的最终消费品和有限再生消费品的消费达到了当时科技条件下生活层次消费边际的充分满足。

消费科学维度的边际满足是一个随着科技的发展而动态发展的概念，所以人们的消费需求的边际满足总是指一定科技条件下的满足。引进外国技术和资本，往往意味着人们的消费边际满足水平的提高。比如，一个国家在引入汽车技术和资本前，马车是主流技术，这时人们消费科学维度的边际满足是个人有一辆马车或能够根据需要随时用上马车；而引入汽车技术和资本后，消费科学维度的边际满足就是个人有一辆汽车或能根据需要随时用上汽车。无论开放与不开放，最终目的都是为了使尽可能多的人实现消费科学维度的边际满足。

消费非科学维度的边际满足，包括低水平满足和奢侈消费。

所谓低水平满足，就是消费低于当时主流科技条件下的满足。所谓主流科技，就是当时已经成熟的最先进技术。比如，营养科学的发展已经要求膳食营养平衡，但是有的人因为收入低，每餐只能馒头就咸菜，虽然他的饮食消费的生理边际得到了满足，但是这种满足是滞后于科学发展水平的满足。又如，相关科学的发展已经具备使每个孩子都坐在安全宽敞的教室里听最优秀的网络互动课程的条件——老师主要进行课堂秩序维护、课后作业辅导、教学研究和讲课比赛。但是，由于一些单位或个人出于自身利益最大化考虑，只把这些课程给予少数出价最高的学生，大多数人只能坐在不那么好甚至危房里听质量比较差的课程，大多数人得到的这种教育需求满足就是落后于主流科技发展水平的满足。

所谓奢侈消费，就是追求当时既有科技条件下高生产成本和高资源耗占的极限产品、远离价格比的奢侈品，以及进行超出生理边际需要的产品购买和占有。比如，大空间、大排量的家用车，价格昂贵的服装、手表、手袋、首饰，太大面积的住房和多套住房，太多的服饰、车辆。

在一定科技条件下，选择科学维度消费的人越多，实现该科技条件下消费边际满足的人越多，消费科学维度的边际满足率越高，科学 GDP、有效 GDP 和购买 GDP 越接近最大值。消费科学维度的边际满足率是一个大于 0 且小于等于 1 的系数。自然平衡市场经济条件下，消费科学维度的边际满足率最低；成熟社会主义市场经济条件下，消费科学维度的边际满足率较高；共产主义市场经济条件下，消费科学维度的边际满足率为 1，这时科学 GDP、有效 GDP 和购买 GDP 相等且达到最大值。

消费科学维度的边际满足率是由人们的收入公平程度，以及有多少人选择并进行科学维度的消费决定的。人们的收入越公平，越多人的消费能够获得科学维度的边际满足，消费科学维度的边际满足率越高；越多收入超过科学维度边际满足所需的人选择科学维度消费，消费科学维度的边际满足率越高。现实社会中，存在大量的收入超过科学维度边际满足所需，却不选择科学维度消费而选择奢侈消费的人，尤其是暴发户、银行家、投机者和非科研出身的企业高管；也存在收入未达到科学维度边际满足所需，就开始进行奢侈消费的人，主要是自身缺乏能力的虚荣者和骗子；还有少量的人，收入超过科学维度的边际满足所需，却选择低于科学维度边际满足的消费，这些人中，有的是将节余收入用于捐赠，有些则主要是一种习惯，如葛朗台式的人物。所有这些行为，都是与科学 GDP 相背离的，应该努力减少或消除。

消费科学维度的边际满足率越高，社会边际消费总购买力越大。因为当人们的消费以科学维度的边际满足为限时，一个人一段时间的收入如果超过满足其科学维度的边际消费所需时，多余出来的收入就是非消费收入，有多少非消费收入，就要从社会个人总收入中减去多少购买力；另一方面，由于分配差距造成的收入不足，那些消费未获科学维度边际满足的个人的潜在购买力就不能形成。其中，消费获得科学维度边际满足的那部分人因收入剩余而损失的购买力，与消费未获得科学维度边际满足的那部分人的潜在购买力存在一定程度的重合。即，前一部分人的收入如果（通过公平合理的方式）转移到后一部分人身上，那么转移多少就能相应增加多少社会边际消费总购买力——如果后一部分人个人的总收入超过了满足其科学维度边际需求所需，社会边际消费总购买力就不再增长。

现实社会中，当人们的收入超过科学维度边际消费所需时，仍然会增加消费，从而继续增加社会消费总购买力。这时增加的消费就是奢侈维度的消费（实际上，有些非理性消费者在收入未达到科学维度的边际满足所需时就开始进行单项或多项奢侈维度的消费了），这时增加的购买力就是非科学维度的购买力。

一个国家在总收入一定的情况下，少数人因收入集聚而产生的奢侈维度的消费和购买力增长远低于多数人因收入下降而产生的科学维度的消费和购买力减少。由于收入差距扩大使少数人收入集聚产生的奢侈消费购买力增加远小于多数人收入下降造成的购买力减少，所以一个国家在总收入水平一定的情况下，收入差距扩大会造成社会边际消费总购买力减少，而且随着收入差距扩大程度加深，社会边际消费总购买力减少越多。有些国家之所以在收入差距不断扩大的情况下，社会边际消费总购买力还会增长，即购买 GDP 还会增长，是因为社会生产总能力在快速增长，使社会总收入也在以较快的速度增长，当社会总收入增长产生的购买力增加大于收入差距扩大导致的社会边际消费总购买力下降时，这种情况就出现了。这样的国家，如果出现社会总收入增速下降，社会边际消费总购买力和购买 GDP 增长率就会下降，当下降到一定程度时，社会边际消费总购买力就会出现零增长或负增长。

所以，扩大收入差距和增加奢侈消费并不能实现一个国家社会边际消费总购买力的最大化，而是会造成一个国家社会边际消费总购买力的最小化——虽然在一定条件下可能一定程度地提高社会总购买力。

更主要的是，奢侈消费产生的购买力是不健康的，是不利于经济、环境的可持续发展和社会和谐稳定的。

因此，一个国家必须尽可能地缩小社会收入差距，但是缩小收入差距不能影响劳动创造和投资的积极性，所以只能按分配公平原则来缩小收入差距，只把非法分配部分和合法但不合理部分尽可能地减少和去除掉，保护六种（有关问题，后有详述）合法分配并使分配的公平系数尽可能地提高到接近 1 的水平，在此基础上再把高收入者的消费引导到科学维度上来，这样就能实现消费科学率的最大化，并最终实现科学 GDP、有效 GDP 和购买 GDP 的最大化和相等。

如果一个国家低收入者的消费进行的是与其收入水平相对应的低水平满足甚至完全得不到满足，高收入者的消费进行的是奢侈满足，那么这个国家经济就处于资本主义市场经济阶段或不成熟的社会主义市场经济阶段；如果一个国家低收入者的消费获得了生存层次的边际满足，中高收入者的消费都进行的是科学维度的边际满足，那么这个国家的经济就进入了成熟的社会主义市场经济阶段；如果一个国家所有人的消费都进行的是科学维度的边际满足，这个国家就实现了购买 GDP 最大化，购买 GDP 就完全等于有效 GDP 和科学 GDP，就进入了共产主义市场经济阶段。

所以，相同社会生产总能力情况下，资本主义社会的购买 GDP 最低，较多人的消费未得到科学维度的边际满足，成熟社会主义社会的购买 GDP 较高，大多数人的消费都得到科学维度的边际满足，共产主义社会的购买 GDP 最高，所有人的消费都得到科学维度的边际满足。

从前面的论述知道，社会生产总能力大于人们消费科学维度的边际满足所需要的产品总量，所以科学 GDP 小于社会生产总能力，这时可以而且只能通过扩大无限再生消费品的生产和消费来使科学 GDP 接近社会生产总能力。

再结合经济增长与衰退的基本原理，可以发现，促进经济增长，并不能单纯通过缩小收入差距——提高最终产品边际消费总购买力来进行。即，不能认为只要不断缩小收入差距或提高人们的收入，使社会生产总能力与社会总购买力相等就可以了。由于受最终消费品的消费边际和环境承载能力的限制，最终消费品的消费必须坚持科学维度，在人们的收入达到最终消费品的消费实现科学维度生活层次需求充分满足时，就须要把社会剩余的购买力和生产能力转移到再生消费品的消费和生产上来，通过增加再生消费来使社会总购买力与社会生产总能力相等，从而在充分发挥社会生产总能力的同时，又促进社会生产总能力和最终消费品种类和品质的进一步提高。也就是说，要实现经济发展，而不仅仅是经济增长。

需要注意的是，这时说最大限度地发挥社会生产总能力，实际上主要是为了最大限度地发挥人的劳动能力（即避免非临时失业），而且劳动能力的最大限度发挥需要通过部分人的再教育或职业转换升级等方式改变劳动力结构，即人力资源分布值才能实现。

实际上，即使不受消费边际和环境承载能力的限制，仅仅通过缩小收入差距和提高人们收入来增加最终消费购买力的办法也无法使社会生产总能力与社会总购买力相等，因为在达到劳动年龄且具有劳动能力的人，人人都进入发展自由状态以前，收入差距是始终而且必须存在，否则就会影响人们劳动创造的积极性，导致社会生产总能力下降。

第二节　个人的道德、能力和态度对GDP的不同影响

个人（包括非管理者和管理者）对一国GDP的影响主要由三大因素决定，一是道德，二是能力，三是态度。道德合格者，能力越强，产生的GDP正增量越高；道德错误者，能力越强，产生的GDP负增量越高；道德有瑕者，取决于其瑕疵产生的负价值与能力产生的正价值对比，二者之和既可能为正值，也可能为零或负值。瑕疵越轻，能力越强，整体产生的GDP正增量越高，瑕疵越重，能力越弱，整体产生的GDP负增量越大。态度是个人行为在积极与消极之间所处的程度，主要对正负价值的生产起强化或弱化作用。

从道德上看，人有三种类型：一是道德合格者，二是道德有瑕者，三是道德错误者。当这些人成为一个集体的管理者后，该集体往往也会受其影响而形成三种相应的道德。其中，道德有瑕者的瑕疵有轻重程度之分。一个人在一定的条件下，可能会在三种道德类型之间发生正向或负向的转化，瑕疵也可能发生程度的改变。也就是说，人既可能从道德合格者滑向道德错误者，也可能从道德错误者转变为道德合格者。对于道德合格者来说，要时刻提醒自己保持道德合格，不要成为道德有瑕者，成为道德有瑕者后，就很可能会滑向道德错误者。一个人成为道德有瑕者或道德错误者后，如果情节严重，虽然理论上可以转变为道德合格者，自己也想要转变为道德合格者，但不一定有还有机会。所以，一个人应尽量使自己保持道德合格，因为滑出去，就不一定能再回得来了。

道德合格者，从经济上讲，就是通过创造正价值公平分配收益，不觊觎且未经他人或其他集体不带谋求非公平正当利益的真心愿意邀请，不使用和占有除公共资源和公共产品以外的一切资源、产品及货币收入的个人。除社会保障品和公共产品以外，道德合格只通过个人生产或合作生产的方式来获得或分配利益，不以非发展的方法获取利益。即，不投机、捡到的东西归还或交公、不骗偷盗抢，未经法律授权不伤害他人的人权自由和不损害他人占有的利益（只有执法人员经法律授权才可以）。

道德有瑕者，从经济上讲，就是通过生产或促进正价值生产获取收益，但却通过不公平分配和损害公平正义的行为为自己、亲友和本集体谋取不正当、不公平利益的个人。作为道德有瑕者，每个人的道德瑕疵程度是不同的，产生的 GDP 负价值大小也是不同的。道德有轻度瑕疵者，通常一定程度地影响公平，产生的 GDP 负价值较小；道德有重度瑕疵者，往往违反法律甚至严重犯罪，产生的 GDP 负价值较大甚至巨大。人既可能从道德轻度瑕疵者发展为道德重度瑕疵者，在还有机会的条件下，也可能从道德重度瑕疵者转化为道德轻度瑕疵者。

道德错误者，从经济上讲，就是以非正价值创造的方式获取资源、产品或货币收益的个人。道德错误者包括三类：一是直接犯罪者，如侵略国家或个人、抢劫团伙或个人、偷窃团伙或个人、诈骗团伙或个人；二是间接犯罪者，如故意生产销售不合格产品的个人或组织、投行进行有毒资产包装销售、失实的广告推销；三是投机者，如个人投机者、投机机构的管理者、投机国家的领导人，他们以不创造价值也不犯罪的方法攫取别的个人或集体既有或既已创造的价值；四是不以促进正价值生产为目的，而仅以获取身份地位和财富收益为目的谋取管理职位的个人。

在很长的历史时期内，道德有瑕者是主体，道德合格和道德错误者是少数，只有到了成熟的社会主义社会和共产主义社会，道德合格者才会成为主体。成熟社会主义社会以前，人们对政府管理者的要求是道德合格，可以接受企业管理者和非管理者有道德瑕疵；成熟社会主义社会，人们要求政府管理者和企业管理者都必须是道德合格者；共产主义社会，绝大多数人都是道德合格者。

为什么人们对政府管理者的道德要求最高，须要管理者是道德合格者呢？因为政府管理是影响范围最大、影响层次最多的放大型服务价值，一旦出现负价值言行，所产生的负价值放大速度很快、量很大，而且政府管理中的整体价值守护事关整个国家的整体价值存在，政府管理者很小的道德瑕疵都可能对国家整体价值造成巨大的损害甚至影响整体价值的存在。

道德错误者更不能成为政府管理者，因为他不但会攫取国家既有的价值和生产负价值，而且也人影响人们生产正价值的积极性，所以这种人会造成的 GDP 负增量要远大于道德有瑕者，因为他造成的是 GDP 的双重损失。

有道德瑕疵的政府领导人如果又恰恰是世界级国家的领导人，就会引起世界各国之间各种各样的矛盾冲突，造成世界不和平、不稳定。比如，美国出于控制日本，使其为自己的利益卖命考虑，明知钓鱼岛属于中国，却要把管理权交给日本，制造中日矛盾以从中渔利；明知南海九段线内的土地早属于中国，但因害怕亚洲国家的团结影响美国在该地区的影响力而不断挑唆亚洲国家之间的关系，甚至直接挑起中美军事冲突。道德有瑕的政府领导人领导世界，其实也不利于本国

GDP 的最大化，因为只有平等合作才能使新增价值最大化，对抗和战争不但不会产生新增价值——实质上会造成机会价值损失，还会造成既有价值损失——直接价值损失。

如果道德错误者成为一国的领导者，还常常会发动侵略他国的战争或追随侵略国谋取不正当利益。比如，本质为法西斯主义的日本军国主义政府及其追随者，其侵略行为对外就是在生产负价值，国内生产的价值越大，侵略对外产生的负价值越多，整体产生的负价值越大。对内长期看，这样的国家的 GDP 不但会最终受损，而且损失更大，因为不但被侵略国的反抗会给其造成价值损失并影响其价值生产，而且正义最终会战胜邪恶——只是时间长短的问题，届时道德错误国家必须加倍赔偿其侵占他国的利益或给他国造成的价值损失。

人们在较长时间内之所以能够容忍企业管理者的道德瑕疵，主要原因有两个：一是人们没有认识到企业管理者获得了剩余价值，或者认识到后一直找不到避免企业管理者获得剩余价值的正确方法——采用取消市场的方法就是因噎废食，把脏水和孩子一块倒掉的错误做法。二是单个企业管理者道德瑕疵产生的 GDP 负增量要小得多、而且这样的单位又特别多，在找到正确、通用、切实有效的方法之前，只能暂时容忍企业管理者的道德瑕疵。三是由于他们是最终价值创造的重要贡献者，人们有瑕不掩瑜的思想，所以能够在一定程度上容忍其道德瑕疵。在各类价值生产中，越接近最终价值生产——即人们直接消费的物质、文化和服务产品生产，越容易商业化、就越容易赚到超额的利润。也就是说，商人、银行家、明星赚到的钱多，并不是因为他们生产的价值比理论发现者、技术发明者、制度设计者和国家管理者生产的价值更大，或其生产的价值的价值放大性更大，而是因为他们的产品更接近于最终产品；同时，还由于他们的产品被赋予了不受限制的最大化获取利益的交易原则——而政府和事业单位生产的产品被赋予的交易原则是以既定的经费最大化地生产和提供价值，所以这些单位人员创造的价值再大或价值的放大再大，其正常收入也不可能很多。到了成熟的社会主义社会，因为人们找到了正确有效避免企业管理者获得剩余价值和权利私用等道德瑕疵的方法，所以对企业管理者的要求就会升级为道德合格。

个人在生产正价值时，态度越积极，产生的正价值越大，态度越消极产生的正价值越小；个人在生产负价值时，态度越积极，产生的负价值越大，态度越消极产生的负价值越小。道德合格者在 GDP 产生正增量时会积极工作，在 GDP 产生负增量时会消极应对。道德错误者，在 GDP 产生负增量时往往会兴奋积极，而在 GDP 产生正增量时常常会消极怠工。

第三节　道德合格管理者管理产生的两种 GDP 负增量与原因

不只是道德错误者和道德有瑕者等道德不合格者的管理会产生 GDP 负增量，道德合格者的管理也可能会产生 GDP 负增量。道德合格管理者管理产生 GDP 负增量包括两个层次：一是中央、地方等政府层次的管理，二是企业、事业单位等非政府层次的管理。

道德合格者管理产生的 GDP 负增量有两种：一种是绝对负增量，一种是相对负增量。

绝对负增量，就是由于思想方法与决策执行错误而导致所管理集体的价值生产总量下降。绝对负增量是相对于管理者管理该集体之前本集体的价值生产总量而言的。比如某国之前的 GDP 是每年 1 万亿元，之后却变成了 0.8 万亿元；或者某企业之前的年收入是 1 亿元，之后却变成了 0.8 亿元。

相对负增量，就是既有管理者由于客观能力与主观努力不足，给所管理集体造成的相对价值增长损失——因在同一时段内其所管理的集体未达到可能的最大价值增长而产生的相对性机会价值损失。比如，一个企业由 A 来管理，年收入增长是 5 千万，但由 B 来管理——假设 B 是可以参加本集体管理的最优秀管理者，年收入增长为 8 千万，那么 A 的管理对本集体造成的相对负增量就是 3 千万。政府管理也是一样。相对负增量是相对于当时的理论和潜在的管理者而言的，是在当时社会管理理论水平的基础上，既有管理者相对于所有潜在管理者中最好的管理者给所管理集体造成的相对机会价值损失。也就是说，这种价值负增量的比较不能脱离当时的理论发展水平，用后来发展了的理论水平作比较；也不能脱离当时可选范围内的潜在管理者，用可选范围之外的管理者作比较，或者用后来的掌握了未来知识的管理者作比较。

道德合格者管理产生 GDP 负增量主要原因有三个方面：

一是管理理论发展滞后。即国家管理理论（尤其是经济管理理论）和企业管理理论发展滞后，导致管理者一直找不到正确的方法来处理国民经济与企业发展中遇到的矛盾和问题。经济衰退、经济危机、计划经济的不可持续性、文革对经济的影响，从根本上讲都是具体的国家管理理论发展滞后，人们被迫主观决策造成的。

二是管理中的决策错误。造成决策错误的主要原因有：在有正确管理理论的情况下，管理者未及时全面掌握这些理论；在没有正确管理理论的情况下，管理者独立思考研究不够；在最终决策前，管理者发扬民主不够，信息掌握不全面充分；在决策时，管理者选择了错误的工具——辩证唯物主义和历史唯物主义是最根本的正确决策工具；掌握了正确的决策工具，但管理者不选用或运用不正确。

三是执行过程中的问题。正确的决策做出后被错误执行的形式有：因各种原因被拖延、被直接或消极对抗、被违背决策本意地曲解执行、被各取所需地选择执行。造成决策执行错误的主要原因有：制度问题、用人问题和决策本身不细致严密问题。

可见，并不是说管理者道德合格了，就一定能使 GDP 产生正价值，不产生负价值；也不是说选了道德合格的管理者就一定能实现 GDP 增长的最大化，而是在道德合格的前提下，必须选择当时最优秀的管理者，才能实现 GDP 增长的最大化。

作为某个集体的管理者必须要清醒地认识到，如果自己不尽最大努力学习和工作，就是在给集体造成负价值——机会负价值，所以任何一个集体的管理者都不能认为自己的管理促进了集体价值增长就觉得很了不起，而是要时时想到如果别人来管理是不是可能做得更好，自己有没有影响本集体的最大发展。

因此，道德合格的管理者既要有让贤的精神，也要有勇于担当的精神，即，如果明知别人能力高于自己，就要主动推举和配合其管理，如张闻天、华国锋；如果知道自己能力更高，就要主动站到管理的第一线，如毛泽东、邓小平。管理者一旦站在管理工作岗位上，就既要保持最积极的学习状态，也要保持最积极的工作状态，不能有丝毫放松和懈怠，因为管理者的一点点懈怠都将产生很大的放大作用，给整个集体造成巨大的价值损失。

第四节　经济调节的基本原则与监测的主要项目

当经济出现或可能遇到某种问题时，是需要进行干预和调节的，就像人生病了需要治疗、船偏离航线需要调整方向一样。经济的调节不能总是进行事后补救，而应该及早发现、及早调节，避免经济大起大落，造成资源浪费、增加企业经营难度和给个人生活造成不必要麻烦或困难。也就是说，防病胜于治病，高超的船长不会把船开得扭来扭去。要做到这些，前提是要先找到并熟悉经济运行的正确规律外，然后还要弄清正确的调节原则，而在实施正确的调节之前，必须先进行正确的项目指标数据监测。如果监测的项目指标错误，即使前两者都没有问题，也不能实现正确的调节，也达不到预期的目的。

经济调节的基本原则有三项：一是增长、二是公平、三是可持续。这三个原则合并后，最理想的情况是公平和可持续的增长，即在科学 GDP 的基础上实现增长。然而，由于认识水平和社会发展水平的原因，这种理想状态在人类社会发展之初后的很长一段时间内并不能实现，而且之后也并不会轻易实现——往往需要经过很多经验教训后才能总结和找到正确的理论和调节方法。

首先，公平增长并不是一开始就能实现的，也不是轻易就能实现的。原因有三点：一是由于人们对不同事物公平的具体原则和方法的认识需要一个漫长的过程，在一定时期内并不能正确认识公平的正确原则和方法。一开始，人们常常把公平等同于平均，认为收入均等就是公平，实际上，由于人们的劳动能力和实际贡献大小不同，收入平均其实是不公平。但是，并不是一切平均都是不公平，社会保障品和公共产品的提供，均等就是公平，不均等就是不公平；也不是拉开收入差距或收入差距拉得越大就越公平，收入差距的大小必须要与个人的实际劳动贡献或资本投入量相适应才是公平，与之背离的收入差距就是不公平。二是人们对公平与效率关系形成正确认识要经历一个不断发展的曲折过程。最初，人们认为公平与效率是矛盾的，要效率就必须牺牲公平，提出“效率优先，兼顾公平”，而“兼顾”在实际操作中容易变成“不顾”；后来，人们认为二者并不完全矛盾，提出“效率优先，更好地兼顾公平”，但是公平同样容易落空；最后，人们发现，公平与效率是完全一致的，越公平效率越高，越不公平效率越低，完全不公平的效率是错误的效率，其造成的社会价值损失可能远大于其眼前的收益。人们对公平与效率关系的错误认识，要么是人们误把不公平当成公平，要么是误把公平当成不公平，当人们对各个方面具体公平的原则和方法有正确的认识后，会发现公平与效率是完全一致的，相对的公平产生相对的效率，绝对的公平产生绝对的效率，没有公平的效率要么是错误的，要么是不可持续的。三是由于不公平得利者不愿轻易放弃自己的不当得利。即使是人们认识到了公平的具体原则和方法，也并不一定就能实现——或者要经过自下而上的革命，或者要经过自上而下的改革和立法调整才能实现。

如果一时找不到正确的理论方法，实现不了公平增长，可以先退而求其次，先促进民众总收入增加，在此基础上不断的探寻总结，找到实现公平的正确理论方法，再通过自下而上的革命或自上而下的改革建立公平的发展与分配制度，从而逐步实现公平增长。

可持续增长也不是一开始就能实现，或轻易就能实现的。主要限制因素有三点：一是认识水平。首先是人们在生产消费中对可能产生的潜在危害缺乏充分的认识。比如，生产消费对大气、土壤、水、辐射等污染的危害，人们一开始往往缺乏充分的认识，常常给生态环境和生命健康造成重大危害，造成环境利用和人发展的不可持续之后，才会意识到并重视这个问题。其次是对资源的有限性认识不足。比如，在工业化以前，人们的资源开发利用能力是十分有限的，所以对资源的开发利用往往没有总体限制，但是工业化后，人对资源的开发利用能力极大增强，水、森林、矿产资源的有限性问题就显露了出来，如果不合理利用，就可能出现枯竭，造成资源利用和人发展的不可持续。二是技术水平。认识到生产消费可能影响可持续发展的危害后，问题并不会轻易得到解决，技术水平如果没能及时发展和跟上，问题往往并不能得到十分有效的解决，除非减少生产和消费。只有技术的发展，才能在不明显影响、不影响甚至促进生产消费的基础上有效解决直接或潜在的危害。三是治理水平。光有认识和技术也是不够的，这些只是使问题的解决具备了条件和可能性，要真正解决问题，还需要相应正确的管理制度和管理方法支撑和维持，如果管理制度和管理方法有严重的缺陷或漏洞，问题同样得不到有效解决或者会反复。因为，有些人从中获得了既得利益，他们往往并不会轻易放弃这些利益，同时也有一些人一直在寻找那些虽然会影响可持续发展，却能使之获得利益的生产消费方式，制度和方法对这些人必须管得了和管得住。

可持续问题是一个等不起也输不起的问题，当技术不成熟时，宁愿牺牲生产和消费，也必须优先保证可持续；如果技术具备（含成本合理），就必须通过一定的制度和方法最大限度地发挥作用，并形成促进生产者和消费者不断积极主动减少危害可持续发展行为的激励和约束机制。

这些原则的运用和经济的调节，必须建立在对经济正确的项目指标监测基础上。经济项目指标的监测分为经济增长项目指标与经济健康项目指标两类。

监测经济增长不是监测 GDP 数据，不是监测采购数据、也不是监测能源消耗数据，而是监测民众的收入数据和消费数据。因为 GDP 是一个结果性综合指标，而不是征兆性和预判性指标，它既存在后知后觉的感知延迟的问题，也无法凭它直接得出出现问题的原因和给出正确的解决问题的方法；采购数据存在整体误判问题，特别是在经济处于泡沫积累或经济危机期内，这些数据的变化是完全不可靠，或者说与经济可能的变化形势正好相反，所以可能出现完全错误的误判；能源消耗数据如果遇到技术改进或不同能源利用方式的转换，也可能导致误判。所以，必须改变经济增长监测的项目指标。

经济增长需要监测的项目指标主要有三项：一是民众收入总增长情况、二是民众自主消费总支出情况、三是民众收入差距变化情况。如果民众总收入增长且高于总支出增长，那么经济在正常发展和增长，如果民众总收入没有增长或低于总支出增长，则经济出现了不正常的发展或衰退。如果民众收入差距在缩小、没有扩大或扩大的量小于增长的量，那么经济在正常发展和增长；如果民众收入差距在扩大且扩大的量超过增长的量，那么经济就出现了不正常的发展或衰退。当然，也可以统计其他项目，如民众收入中投资占比等，但这些都是非主要项目，只能作为参考或用来分析了解某方面的情况。

经济健康的监测项目主要有七项：一是各类生产主体平均生产单位量产品的

自然物质资源消耗率、二是各类生产主体平均生产单位量产品的环境负面影响度、三是民众平均消费单位量产品的环境负面影响度、四是民众收入差距变化情况、五是失业率变化情况、六是社会保障品供应均等合理情况、七是公共产品供应均等与水平情况。其中，民众收入差距变化情况既反映经济发展情况，也能反映经济增长情况。前三项反映人与环境发展的可持续性，物质资源消耗率或环境负面影响度越低，经济发展的可持续性越好，反之则越差；后四项反映经济本身发展的可持续性，收入差距、失业率越小，社会保障品供应越均等、水平越合理，公共产品供应越均等、水平越高，经济发展的可持续性越好，反之则越差。

对这些项目指标监测的根本方法是监测不同时长内的数据变化情况，比如三日、七日、半月、一月、三月等数据走势。通过不同时长内的这些数据的变化分析来预判经济的走势，以提前作出经济调节的对策措施，而不是根据较长周期，如月、季、半年或年的生产、采购或 GDP 数据，对已经发生的问题进行事后补救。

有实质性的发展——虽然凯恩斯的《通论》有所突破，在一定程度上遏止了西方主流经济学滑向彻底的经济统计学，但是由于《通论》的实施，常常导致严重的滞胀，且经济学家和国家管理者对此基本上束手无策，因此《通论》再现后也被受质疑。更主要的是它加深了既有市场经济模式错误的程度——出现了不断累积的国家负债模式，这是导致各国政府债务危机的根本原因。原因在于，他不是从缩小收入差距和寻找货币发行的正确方法等根本途径上解决问题，而是用发展国家信贷的方法来促进增长，从而导致的矛盾的后延和加深。

而哈耶克简单地从苏联计划经济模式（他最初的研究并不是基于苏联模式）的错误中对政府在经济中作用的否定和批判，导致自然平衡经济思想（目前人们一般称之为自由经济或新自由经济思想）泛滥。殊不知，苏联模式计划经济只是一次试错而已，苏联取消和否定市场的想法和做法肯定是错误的，但是并不能因此就认为政府在市场中没有作用或只会起负面作用。就像不能在爱迪生一两次灯泡试验失败后，就说灯泡不可能做出来一样，不能因为凯恩斯思想和苏联模式的错误，就判定政府在市场经济中是毫无用处的，事实上恰恰相反，市场经济要走出收入差距不断扩大、大起大落和不可持续的自然平衡状态，走向更稳定的可持续的平衡状态，关键要靠政府正确发挥对市场整体运行体系的设计构建与市场日常运行的管理维护作用。

由于以《国富论》为主的西方主流经济理论存在重大的理论缺陷，因此以此为基础发展起来的理论自身看起来无论多么完美，都逃脱不了这一缺陷所带来的各种矛盾和问题，所以需要对市场经济理论从底层开始进行彻底的系统重构——用马克思主义的发展观，即一切事物都是不断发展变化的，来研究和发展市场经济理论及市场经济的建设和管理方法。

当基于发展理论的科学市场经济理论体系建立完善后，相信会改变人们对于经济学家的印象——成为像物理学家一样的工程师，主要是设计经济制度、诊断经济问题，并给出调校经济的方案，且基本不会出错（真正完全搞懂并能正确运用新市场经济理论方法的经济学家），使经济更稳定、更高效和可持续地运行。

第三节　市场供需平衡的三种方式与三个阶段

从前面的研究，可以得出结论：市场经济最终会出现三种供需平衡模式，自然平衡模式、公平平衡模式和自由平衡模式。市场经济是从供需的自然平衡模式阶段逐步发展到公平平衡模式阶段，再发展到自由平衡模式阶段。

供需处于自然平衡模式阶段就是初级资本主义市场经济阶段，供需处于公平平衡模式阶段就是（成熟的）社会主义市场经济阶段，供需处于自由平衡模式阶段就是共产主义市场经济阶段。

以“弱肉强食、强者愈强”的自然法则作为平衡方法形成的不稳定不充分的市场供需平衡关系就是自然平衡模式——早期资本主义的市场平衡模式；以“环境公平、分配公平”的公平原则作为平衡方法建立的较稳定较充分的市场供需平衡关系就是公平平衡模式——成熟社会主义的市场平衡模式；以“各尽所能（以兴趣使命为工作）、各取所需（按个人带偏好的科学维度的需求而不是主观欲望进行消费）”的自由原则作为平衡方法建立的很充分很稳定的市场供需平衡关系就是自由平衡模式——共产主义的市场平衡模式。

欧美目前的市场既不是纯粹的自然平衡模式市场，也不是真正的公平平衡模式市场，而是一种介于自然平衡模式与公平平衡模式之间的过渡模式市场。发达资本主义国家的市场，由于建立起了社会保障体系和公共产品供应体系，特别是政府对市场公平的大幅强烈干预，使其已经不是纯粹的自然平衡模式市场。它比起纯粹的自然平衡模式市场在供需充分性和稳定性上有一定进步，但是相比真正的公平平衡模式市场又还有很大的差距。拉美、北非的市场则总体上处于自然平衡状态，供需的充分性和稳定性都很差。

欧美国家的市场经济之所以能从自然平衡发展为过渡模式的平衡，一个可能的重要原因就是社会主义国家的产生。因为社会主义国家，尤其是苏联当初的快速发展，使他们感受到了危机和自身存在问题，于是在社会保障和促进分配公平方面作出了一些调整。这就好比中国与古巴关系的发展反而促进了美国与古巴关系的改善一样。同样道理，欧美进行社会保障与促进公平的工作，也促进了社会主义国家（主要是中国）对苏联模式经济的反思，从而促成了新市场经济平衡模式——公平平衡市场经济模式和自由平衡市场经济模式的发现和诞生。

每一种供需平衡模式市场的产品供应与需求都包括两个平衡维度：一个是稳定性，即波动的幅度和频率，包括经济整体的波动和产品价格的波动两个层面；另一个是充分性，即需求获得满足人口占全部人口的比例，以及已满足者的需求所处的层次水平。

三种平衡模式市场下，供应与需求的平衡状态和平衡水平是完全不同的：自然平衡模式下，供需是不稳定、不充分的平衡，属于低水平平衡；公平平衡模式下，供需是较稳定、较充分的平衡，属于高水平平衡；自由平衡模式下，供需是很稳定、很充分的平衡，属于最高水平平衡。

市场经济的平衡问题中，平衡的充分性是由分配公平度决定的，平衡的稳定性是由市场供需透明度决定。政府促进经济发展的主要工作中，就包括用正确的方法提高分配的公平度和市场供需的透明度。

再分配。

6. 增发货币的公平分配原则是：全民人人有份、直接平均分配。但是，这有一个前提，就是必须在人人均等预算的产品化社会保障体制和均等化的公共产品供应体制建立之后；在此之前，这些货币会先用于补充这两项建设所需。

第五节　成熟社会主义社会的主要特征

任何集体的领导者（个人或政党），要实现对该集体的合法领导都，都必须实现两个方面、四个合法性：第一个方面是授权合法性、第二方面是现实合法性；其中，现实合法性包括三项：决策合法性、执行合法性和自身合法性。领导者在通过某种方式取得了授权合法性后，还必须保持现实合法性才能保持领导地位，四个合法中性中任何一个合法性的严重丧失都会导致管理者失去管理合法性，小到企业或民间组织，大到国家或联合国，都是如此。（有关内容，下一本书详述）

在成熟的社会主义社会，国家体制上，共产主义政党以其宗旨的绝对正义性（绝对先进性）而获得唯一的执政地位（授权合法性），通过实行共产主义政党领导下的多党合作制、宪治模式的依宪依法治国体制和管理公开，高水平地实现和保持决策、执行和自身三个方面的现实合法性；经济上，建立完善了公平平衡模式的市场经济体制，此时虽然也实行的是市场经济，但是已经彻底地铲除了经济危机和经济衰退滋生的土壤，非灾害原因不会再发生经济衰退，也不会出现周期性经济危机，每个人全面自由发展的环境已经形成，相当大的一部分人已经获得以发展自由为核心的全面自由，但是还有较大一部分人由于思想、能力等各种原因，还没有找到自己的发展兴趣或发展使命，即没有实现发展自由——但是生存层次的消费自由已经实现，人权自由达到人类历史的最高水平。具体来说，主要有以下几个方面的特征：

第一，在成熟的社会主义社会，由于共产主义政党宗旨的绝对先进性（即绝对正义性）——这是执政党获得授权合法性的根本依据，所以实行的是共产主义政党领导下的多党合作制；共产主义政党与各民主党派和政治团体在政治民主协商的基础上进行国家事务的决策和决策执行——这是执政党实现决策合法性的根本保证，来保证国家决定的科学性和正确性；通过完善的基于共产主义政党领导下的多党合作制的依宪依法治国体制（即宪治体制）——这是执政党实现执行合法性的根本保证（而资本主义国家实行的是基于多党选举制的依宪依法治国体制，这样的体制是宪政体制），来确保政策执行的有效性、正确性；通过国家政策决策和决策执行活动公开透明（涉及国家安全的除外）——这是执政党实现自身合法性的根本保证，来保证自身的廉洁和几乎无腐败。

第二，在成熟的社会主义社会，由于人人均等预算的产品化社会保障体制的建立基本消除了劳动剩余价值、实模式投资与消费体制的建立基本消除了资本剩余价值，收入差距极大地缩小，共同富裕（但不是平均富裕）完全实现，除重大自然灾害外，不会再发生经济衰退；又由于国家级公共市场平台的建立与供需信息透明化的实现，投机基本消除，经济危机从此不再出现。

第三，在成熟的社会主义社会，政府财政收入全部来自个人，包括三项：一是个人所得税、二是个人消费税、三是个人财富遗赠。

第四，在成熟的社会主义社会，每个公民都有五项收入：一是个人劳动薪酬（无劳动能力者、不在工龄段的人、服刑人员除外）、二是个人资本收益（未自己投资的人除外）、三是国有股收益分红、四是增发货币赋值收入、五是当期物质资源租售收入。

第五，在成熟的社会主义社会，每个人都进行着三种消费：一是社会保障品消费（为了应对竞争的负面性，由中央财政预算和支付，只提供生存层次的保底消费，且为实物保障而不是商业保险）、二是公共产品消费（按照均等和与科技发展水平相适应原则，由中央财政预算和支付）、三是自主购买品消费（由个人通过合法的劳动、投资等五项收入购买）。

第六，在成熟的社会主义社会，大多数人都同时追求三个层次的需求：一是消费品需求（含物质产品、文化产品、服务产品），二是尊重需求（通过工具科学理论发现或工具创造改进自然科学或社会科学理论发现、发明创造或制度设计、产品生产或管理活动来获得），三是尊敬需求（国家激励体系建立后，通过财物贡献激励体系、成就贡献激励体系、付出贡献激励体系等获得）。

第七，在成熟的社会主义社会，由于均等的生存层次的产品化社会保障体制已经建立完善和与当时科技水平相适应的公共产品的均等提供，社会已经为人们创造了个人实现三类自由的条件，这三类自由分别是：一是消费自由（一部分人为生存层次、一部分人为生活层次）、二是人权自由、三是发展自由，并以发展自由为核心；此时，实行计划生育，每对夫妻的子女，从怀孕到大学本科毕业，教育与生活费用全免，由财政全额均等提供，硬件设施与教育水平均等且达到当时科技条件下最佳，父母定期参加学校组织的亲子活动，由于收入差距较小，人们选择学校、专业和职业主要是根据自己的兴趣爱好和内心使命，从而实现了人人生而平等，并为以发展自由为核心的全面自由的实现创造了全部条件；虽然此时有相当一部分人已经实现了以发展自由为核心的全面自由，但是仍然还有较大一部分人，因为思想、能力原因，还没能找到自己的发展兴趣或发展使命，因而虽然具备了实现发展自由的条件，却没有实现发展自由——不过，他们生存层次的消费自由已经实现，人权自由也达到并保持着人类历史的最高水平。

只有当所有有劳动能力的自由（未因违法而失去自由）成年人都找到自己的发展兴趣或发展使命时，社会主义社会才会过渡到共产主义社会；此时，其他制度基本不变，主要变化是社会保障品供应将与个人的自主消费品消费实现融合统一。

第二十五章　个人全面自由的构成与人类全面自由的实现

旧市场经济理论的问题述要：

西方市场经济理论，没有关注和研究人如何实现消费自由问题（尽管很多人已经实现了消费自由——类似现在人们通常所说的财务自由），从而导致尽管科技的发展已经具备条件，但却没能实现国民普遍的消费自由；同时它没有把个人的人权自由、发展自由等联系起来，也没有认识到三者之间的关系，从而影响了个人发展自由特别是国民普遍发展自由的实现，即所有人（不包括无劳动能力者、不在劳动年龄段的人和犯罪者）全面自由的实现。

第一节　自由的本质及其行为的边界

自由的本质，是个人在集体中所享有的权利多少及行使权利的状态。任何自由都是指某项权利的自由，自由不能离开具体权利单独存在。自由需要集体的认可和赋予才能享有，也需要集体的保障和保护才能实现（需要有相应的经济实力和强力力量来支撑才能实现）。

某个集体，不仅指由其内部构成人员，也包括该集体所处的地域、地球、宇宙等不同级别的自然环境，以及该集体外部各种级别和类型的组织所构成的社会环境。因此，个人的自由不仅受本集体内部规定的影响，也受本集体整体行为对生态环境和外部社会环境的影响。比如，一些人进行环境污染，就可能造成对很多的人相应伤害，其中很大一部分受伤害者并不是进行环境污染的人。又如，军国主义政府发动对外侵略，最终导致其国内的很多国民失去一切自由——生命消失。

自由的大小，是个人获得的权利的多少及每项权利言行的边界的大小。自由的边界，包括与人的边界和与物的边界。即，与他人和由人构成的集体（社会）中的言语、行为的边界，以及与自然物质、自然环境和及人造的产品（含消费品、生产消费工具、智能机器人等）之间的行为边界。

兴趣，建立自己的发展路径，追求更高层次的需求和高级的自由，并保障发展自由的实现。

在人人追求发展的正确的舆论与环境形成之前，消费自由应控制在生存自由的水平而不能直接达到生活自由的水平，以激发人劳动、创造和发展的积极性。

人类自由发展的目标，不是实现某个人、某些人或某个国家人的发展自由，而是世界所有人的发展自由。在世界所有人都获得发展自由之前，可以先在一些国家内部实现人的发展自由，在此基础上，再逐步实现人类所有人的发展自由。列宁、毛泽东、卡斯特罗、胡志明等就是希望先从自己国家内部实现人的发展自由，成功之后，其他国家自然会学习模仿，最终让人类所有人都实现发展自由。但是，在具体实施过程中，由于经济社会建设的具体理论和制度设计还不成熟，存在严重缺陷，尤其是排除市场发展经济，致使出现了与预期严重背离的需求自由和人权自由都未能较好实现的局面。不过，邓小平及中国后来的探索正在更正这些错误，并重新研究经济社会建设的具体理论、重新进行经济社会的具体制度设计，如果不出意外，所有人的发展自由将在这些国家率先实现。

社会主义国家在内部率先实现所有人的发展自由，也就实现了所有人的全面自由。社会主义国家在内部实现所有人的全面自由后，并不会通过武力或强迫的手段来实现全人类每个人的全面自由，而是根据自愿原则和有关国家的申请来帮助或协助其他国家共同实现本国公民的全面自由，所以世界将最终以和平和发展的方法实现一体化和人类所有人的全面自由。其他国家之所以自愿加入，是因为这个平台的物质和非物质资源产品更多、水平更高，他们可以比封闭情况下得到多得多的利益，社会主义国家之所以愿意释放自己更大的利益给其他国家，是因为可以把自由平台做得更大，使更多的人获得更大的自由。

所有人的全面自由，无论是所有人的消费自由还是所有人的人权自由，都只有通过发展才能实现。包括战争在内的抢夺、零和博弈、投机等实现不了所有人的消费自由，对抗、攻击和不合作也实现不了所有人的人权自由。消费自由只能通过自然科学、分配理论和分配制度的发展才能实现，人权自由只能通过权利理论和权利保障制度的发展才能实现。

原始社会，可供人们满足消费需求的只有天然的果实、猎物或鱼虾，由于生产效率低下，获取的能力和数量十分有限，仅仅在食物上也无法让所有人实现消费自由。如果只看到既见的这些树上、林中、河里的果实、猎物和鱼虾，或者已经获取的这些果实、猎物和鱼虾，以包括战争在内的抢夺的方式来满足消费需求，由于总量有限，一部分人消费自由的实现必然以更多人的消费需求无法满足为代价，而且少数人通过抢夺获得的消费自由程度越高，消失或饿死的人就越多，因此这种办法永远不能实现所有人的消费自由，只是会造成大量的战斗伤亡或导致更多的人饿死。不仅抢夺无法实现所有人的自由，赌博、投机等非发展的零和的方法也都不能实现所有人的消费自由。

用发展的办法则可能实现所有人的消费自由。当人类发展出种植、养殖业后，可供人们满足消费需求的食品就不再仅仅是天然存在的那些东西，更多的来自于人们后天的生产，从而极大增加了食品的量。随着生产效率的提高和生物技术的发展，在量上实现满足所有人的消费需求是完全可能的。食品消费需求如此，服装、住房、娱乐、医疗等其他物质文化服务产品的消费需求也是如此。因此，消费自由只能通过产品的发展才可能实现。

产品的发展，只是为实现消费自由提供了量上的可能性，还没有解决方法上的可行性。如果不解决方法上的可行性，无论产品如何丰富，都不可能实现消费自由。马克思在《共产党宣言》中说，“资产阶级在它的不到一百年的阶级统治中所创造的生产力，比过去一切世代创造的全部生产力还要多，还要大”，也就是说工业革命后，产品已经足够满足人们的需求甚至出现了大量的相对过剩，但是仍然有很多人吃不饱甚至饿死，为什么？就是因为没有解决产品的正确分配问题。如何正确进行产品分配，是人类发展的关键问题，也是经济学要解决的核心问题，只能不断发展分配理论、改进分配制度，使之更加公平合理，才能使人们实现消费自由。

人权自由只能通过发展权利理论和权利保护制度才能实现。人权自由不是对抗、攻击与不合作能够获得的，只能通过权利理论和权利保障制度的发展才能够实现。如果人们都不知道自己人权自由的边界，利用各种优势不择手段地进行强势争夺，或者利用弱势打悲情牌进行投机，突破边界滥用自由而随意损害别人的安全、人权和自由，危害集体的安全或导致集体总体利益损失，那么少数人的人权自由就会造成大多数人的人权不自由，最后少数人的这些人权自由也会因为多数人的反抗而失去。如果搞清了人权自由的边界，但没有制度的发展对其进行保障，人权自由就永远是一句可望而不可即的空话。通过对权利本质、来源和边界的研究，不断厘清每个人的权利边界，调整权利保障制度，对越界侵犯他人权利的主体或权力者进行及时适当的处罚，强者就不会侵犯弱者的权利，握有权力者也不会滥用权力侵犯没有权力者的权利，个人的人权自由就能够得以实现。

发展自由的实现有赖于发展自由理论的发展。发展自由理论主要会经历三个发展阶段：第一阶段，认为发展自由就是进行自然竞争。这种观点认为，政府是无用甚至是恶的，政府只要保护好人们的私有财产和人身安全，当好“守夜人”就行了，人们像自然界的动物一样，按照成王败寇、弱肉强食、多者越多的自然生存法则进行市场竞争和自然淘汰就是发展自由。第二阶段，认为发展自由就是消灭一切竞争。这种观点认为，政府的作用是消灭一切竞争，让人们按照自己想的利他性，但都只看到了二者积极的一面，而没有看到各自可能的消极的一面。他从人利己性积极的一面出发，写出了《国民财富的性质和原因的研究》（简称《国富论》），又从人利他性积极的一面出发，写出了《道德情操论》。这实际上反映了他对人的利己性和利他性的思想矛盾与困惑，这不仅是他自己的矛盾与困惑，也让后人一直对他的思想和行为感到矛盾和困惑。这种矛盾和困惑实际上是由于他在思考利己性和利他性的积极面时都没有考虑到各自可能的消极面，从而没有把利己性与利他性统一起来造成的。后来的欧美主流经济学家过多关注人的利己性及利己性的正面作用，而较少关注人利己性的负面作用和利他性及其负面作用，所以自斯密以来，经济理论一直未能取得明显进步——到目前为止的市场经济理论相对斯密的理论并未实现任何实质性的突破，只是在他的理论的基础上做了一些修修补补的工作。

与《国富论》的关系？本书对《国富论》有继承、有否定、也有发展，可以看作是《新国富论》。因为西方主流市场经济理论都是建立在《国富论》基础之上的，但是他们却偏离了《国富论》对财富性质与原因的研究，而走向了主观假设，从而导致主流市场经济理论有一个致命的缺陷——其理论是建立在假设而不是普遍性的基础上。人们普遍知道和认可的假设是经济人假设，而张维迎概括了六种假设：经济人假设、经济活动没有或不需考虑外部性假设、竞争充分假设、信息对称假设、规模报酬递减假设、企业管理者都是市场信息全知者假设①等。临时的假设是可以的，但是假设完之后，必须要给出普遍性的情况和解决方案。如果一种理论完全建立在各种假设的基础之上，就是不可靠和无用的。这就是为什么主流市场经济理论面对经济问题时束手无策甚至越干预越糟糕，以致产生政府无用论和无政府主义思想的原因。为此，本人决定重新回到对财富性质与产生原因本质的研究上，建立一种不基于任何假设的理论——全都是基于人性、历史和现实，虽然其中存在一些临时性假设。本理论不仅更深入地分析了财富，即价值的本质、性质和产生的原因，更以此为基础对如何更有效地激发财富生产和进行更正确的财富积累做了分析、预测和方法设计。

与《资本论》的关系？《资本论》是指导进行推翻资本主义的社会主义革命的理论，本书是研究社会主义国家建立后进行社会主义经济建设的理论。用中国的哲学思想来看，马克思主义既有思想胜在道而弱在术，西方既有主流思想胜在术而弱在道——中国人民最终选择了马克思主义和共产党而不是西方主流思想和多党制，一个重要的原因是中国是一个重道和以道为先的国家。如果以马克思主义道的思想为指引，再运用西方术的方法进行重构，或许就能实现二者相辅相成和有机统一，找到比较完美的经济发展理论，即社会主义市场经济建设论——中

① 张维迎：《反思经济学》，http：//www. eeo. com. cn/2014/0429/259891. shtml。

国改革开放之前，马克思主义理论构建和发展一直侧重于革命理论；从中国改革开放之后，马克思主义理论开始侧重于建设理论的构建与发展。

道是什么？道就是正道，就是合德，就是正义，就是符合全人类总体长远利益的行为原则和行为方式。术是什么，术就是机巧，就是零和游戏或者博弈，就是社会达尔文主义，就是个人及其所在的某一小集体短期利益最大化的行为原则和行为方式。道与术的结合，就是把个人或某个集体局部短期的利益与人类整体长远的利益一致起来后，人们所应遵循的行为原则与行为方式。

"爱因斯坦说，我尊敬列宁，因为他是一位有完全自我牺牲精神，全心全意为实现社会正义而献身的人。我不认为他的方法是切合实际的。但有一点可以肯定：像他这种类型的人是人类良心的维护者和再造者。"[①] 这段话换句话说就是，列宁所依据的马克思主义思想是人类目前为止最正义的思想，他根据马克思主义思想设计建设的苏联模式社会主义只是在方法上不切合实际，但在正义性上没有问题(但后来斯大林等苏联领导人的思想行为偏离了列宁思想和正义性——实际上是以社会主义为壳的西方社会达尔文主义思想，包括对外政策)。

既然如此，那么我们所要做的就只是寻找建设社会主义的切合实际的方法，而不需要怀疑和质疑其正义性。

本书的写作，最初就是从寻找方法开始的，后来发现每一种方法都对应着具体的理论——方法原理，于是又在方法的基础上研究每一种具体方法的方法理论，在方法理论研究过程中，发现方法不够完善，于是又调整方法，如此不断反复，历时十三年，先后大改了五六次（而且这些版本从文字表述到结构都有很大的不同）才终于定下这个版本。之所以这样还有以下原因：一是希望这本书能让普通人都看得懂。因为社会主义和共产主义是每个普通人的信念、理想和信仰，如果人们看不懂或听不懂就很难真正地相信。本书几乎没有中间概念，即非本书的第三方专有名词——当然，这也与本书是市场经济的底层理论重构有关系，所以没有经济学背景的人，只要有兴趣和耐心，都能看懂。二是希望能让多数人都能够看得完。因为如果文字太多，不要说普通人，就是职业研究者可能也很少真正能看完，如果这样，要全面完整理解就几乎是不可能的。由于本书旨在建立一个观察人类社会行为的基础平台，需要从经济角度解释全部社会现象并预测其发展趋势，涉及内容非常广泛，因此只能在直接阐述结论和观点的基础上，进行尽可能简要的必要阐释。基于本书的理论，笔者还计划写两本书：一本是关于国家管理的，即目前通常所说的公共管理，除国家外还包括国际管理与行业管理；一本是关于企业经营管理的，即目前通常所说的工商管理，除企业外还包括事业单位等

① 爱因斯坦：《我尊敬列宁》，载《爱因斯坦文集第三卷》，商务印书馆1979年版，第8页。

所有政府以下集体的经营和管理。这两本书实际上是对本书部分未探讨问题的补充探讨和部分结论的深入详细论证及方法的细化补充，不是所有人都有必要和需要阅读。

本书写作过程中，中国改革正进入矛盾凸显期与方法调整期——对改革本身进行改革，所以大量吸收了各代领导集体的思想，同时对这些思想进行了学术层次的理论化——以他们的应用性理论为素材，一般化为普遍性理论。在此对他们为中国和世界做出的贡献和对我写作的启发表示敬意，更重要的是他们带领中国人民进行社会建设实践取得的不断进步，让我越写对自己所写的东西越有信心——与实践发展的方向一致。本书所依据的最根本思想是马克思主义的历史唯物主义和辩证唯物主义，欧美主流经济政治思想、苏联社会主义探索中出现的问题、中国国内学者的思想对我的写作都有启示和帮助，在此同样对他们表示感谢。由于本书涉及的内容十分广泛，所以写作过程中阅读和参考的书目很多，如《国富论》《资本论》《通论》《致使的自负》《货币平衡论》《论财富的分配》《正义论》《政府论》《道德情操论》《论自由》《论平等》《理想国》，这些书主要是大致了解其主要思想和观点，并选择性地重点阅读了自己比较关注的内容；而对中国改革开放以来历代领导人的讲话、课本（如《西方经济学》、《马克思主义原理》、《管理学原理》）则进行了全面深入的阅读；其他参阅的还有各种各样的报刊；并有大量对人行为及变化的独立观察，更主要的是对这些内容多为综合参考，较少具体引用，所以此处一并表达敬意，就不再专门详细列举参考书目了。

本书写作的目的不在于批评西方市场经济理论有哪些问题，而在于探索构建一个切实可用、真正能解决各种问题的市场经济理论。同时，当正确的理论方法立起来后，原理论方法的错误和不足就会不言自明，而花过多时间和精力去批驳没有多大意义，何况这种错误和不足本身是非故意的，而是认识必经的客观过程。

我需要全面了解西方市场经济学的思想，但又害怕陷入其思维定式而无法实现思维突破，进行创新思考，这确实是一个难题。在开始写作时还是受到了其既有思维定式的一些影响，经过几个版本修改以后，才逐步脱离出来。

本书只是从学术上搭建了一个市场经济新理论方法的框架，以我个人有限的学识与能力，不可能穷尽所有问题，而且也只能局限于当今的历史认识，未来世界还会不断发展。因此，本书的理论是开放的，欢迎各界的批评与指正，我也将针对被指出的问题和新的观察发现，不断对其修改。

本次对市场经济理论进行重构后，再过很多年，又会出现哪些新的问题，现在还无法想象和推测。之后还需不需要对经济理论进行再次重构呢？我想也是有可能的，就像福山曾经认为西方制度已经是人类制度发展的终点，但其实还远非如此一样。

附录说明

为了便于阅读者更好地了解本书写作的根本目标、主要内容、行文特点和结构安排，特地汇编以下附录一至附录四。

附录一：说明本书的写作目标正好契合了中共中央近期提出的，“要立足我国国情和我国发展实践，揭示新特点新规律，提炼和总结我国经济发展实践的规律性成果，把实践经验上升为系统化的经济学说，不断开拓当代中国马克思主义政治经济学新境界”的要求，只是我比理论界的很多人先行了一步——较早以前就因为偶然原因触发兴趣和使命在做这件事了，本书出版时正好赶上中央的号召和要求。

附录二：说明本书的写作目标正好契合了国内外大学学生、普通民众的呼声（国内的学生和民众少一点）和具有远见的经济学家对经济学的反思及对经济学研究的倡议（国内的学者更多一点）。

附录三：是云南省社会科学院有关专家对本书初稿的评价建议，以及我的书面反馈。

附录四：是云南大学经济学院施本植院长对本书初稿的评价建议，以及我的书面反馈。

对于要不要放入后两个附录的资料，我是有顾虑和犹豫的：一是担心读者看了专家的意见后影响对本书的评价；二是担心冒犯为我提出宝贵意见的各位专家（在此，我要特别说明的是，我内心毫无冒犯之意，有些意见未能接受，并不是专家们提出的意见本身不对，而是要么因为时间问题来不及做，要么因为我的知识与能力限制一时还做不到，要么因为本书的写作目标和追求非传统不能做）。最后，我决定放入后两个附录，是出于以下三点考虑：

第一，必须坦诚开放地面对阅读者。专家对本书的意见虽然有的很尖锐，但是整体还是肯定的，而且评价还很高。比如，云南省社会科学院专家认为“成果厚重”，云南大学专家认为“立意高远，内容浩瀚”，“对于进一步完善社会主义市场经济理论，推进社会主义市场经济实践具有重要的理论和现实意义”。不能只愿意听好听的，不敢面对问题，所以必须完整地呈现专家的评价和建议。

第二，本书只是起了一个抛砖引玉的作用。借此也向读者表明，由于个人知识、经历与能力等各方面的限制，本书并不完美。本书只是坚持了正面的研究导向，有一些创新的思想火花，要构筑起宏伟和完善的社会主义市场经济理论方法大厦，还需要更多和更有才智的人的参与和努力，唯愿这些火花能够点燃更多数人的广袤思维，促进新世纪的伟大变革和共产主义社会的早日实现。

第三，帮助阅读者更快速了解和理解本书的内容。专家提出的问题和建议具有代表性，是本书面世后，阅读本书的人都有可能提出的问题。这些问题，有的存在一定程度的误解，有的确实存在。有一定误解的地方，我认真做了解释说明；确实存在且能够改正的问题在出版时已经得到改正。对这些意见的吸收，使得本书更加完善；对有关问题的解释说明，有助于阅读者对本书快速了解和理解。因此，可以把这看作是非正式的公开“答辩”。

书中还有没有其他没有发现的问题？我想肯定是有的。因此，诚恳地希望政治家、经济学家和其他读者不吝赐教和指正，如有机会再版，我会认真阅读并积极采纳各种合理的意见和建议。

另外，还需要指出的是，本书中所说的新市场经济理论与旧市场经济理论或者叫西方经济学（市场经济理论——西方主流经济理论，即不包括马克思主义政治经济学在内的被目前世界上多数国家广泛采用的经济理论），并不是断然分隔的，因为在西方经济学的新近学说中，已经有了新市场经济理论的萌芽。比如，诺贝尔经济学奖获得者约瑟夫·斯蒂格利茨关于市场信息不对称、政府应在促进市场公平中发挥积极作用和避免盲目加强知识产权保护①（笔者理解其所表达的意思为，对知识产权要保护，但应有一定的限度——不保护和过度保护都会影响创新与发展）等。换句话说，传统的西方经济学在遇到发展困境后，已经部分地在向马克思主义政治经济学转型——但是这种转型是不自觉的，而且他们本人和该国的政治人物出于守护自己国家的意识形态的原因，可能并不一定承认。因此，本书所说的旧市场经济理论（或者叫西方经济学），实际上指的是一种旧的经济理论方法（主要指自由主义和凯恩思主义两大学派的理论方法），而不是所有的非马克思主义的西方经济学学者的著述。

周　强

2015年12月9日

---

①《李克强邀诺奖得主为“十三五”规划建言》，载《新京报》，http：//epaper. bjnews. com. cn/html/2015－12/09/content_ 612003. htm? div＝－1。